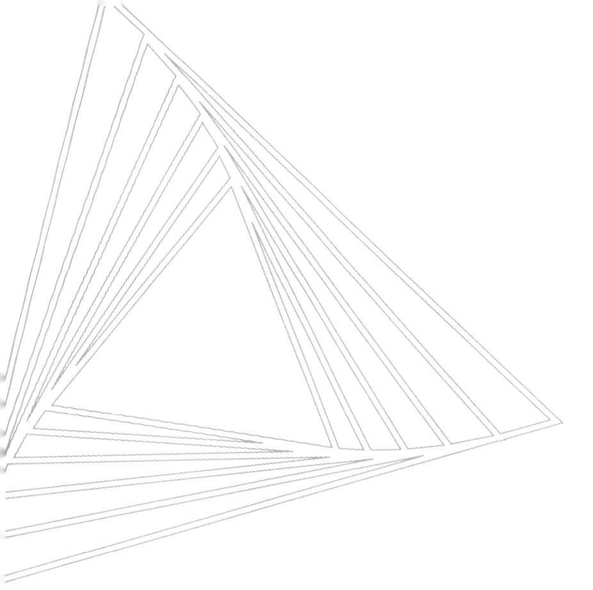

清华大学新闻与传播学院成立20周年纪念文集

传媒发展与经济传播研究前沿

Leading-Edge Research

in Media Development and Communication Economics

崔保国 杭 敏 / 主 编

中国社会科学出版社

图书在版编目(CIP)数据

传媒发展与经济传播研究前沿/崔保国,杭敏主编. —北京:中国社会科学出版社,2022.4
(清华大学新闻与传播学院成立 20 周年纪念文集)
ISBN 978-7-5203-9939-5

Ⅰ.①传… Ⅱ.①崔…②杭… Ⅲ.①传播媒介—产业发展—研究 Ⅳ.①G206.2

中国版本图书馆 CIP 数据核字(2022)第 049711 号

出 版 人 赵剑英
责任编辑 郭晓鸿
特约编辑 杜若佳
责任校对 师敏革
责任印制 戴 宽

出 版 中国社会科学出版社
社 址 北京鼓楼西大街甲 158 号
邮 编 100720
网 址 http://www.csspw.cn
发 行 部 010-84083685
门 市 部 010-84029450
经 销 新华书店及其他书店

印刷装订 北京君升印刷有限公司
版 次 2022 年 4 月第 1 版
印 次 2022 年 4 月第 1 次印刷

开 本 710×1000 1/16
印 张 26.25
插 页 2
字 数 391 千字
定 价 158.00 元

目　录

第三部分　案例分析

“清华大学新闻与传播学院成立20周年纪念文集”序

陈昌凤[*]

值此清华大学新闻与传播学院建院20周年之际，学院教师遴选了自己的一些近作，辑成此系列文集（五部），作为院庆的纪念。

20年，对于人生，是懵懂中才觉醒；对于学科，仅够打下最初的基础。诞生于2002年4月21日的清华大学新闻与传播学院，虽然后生后进，但是经过了严峻而又富力量的磨砺，成长于一个日新、日日新的时代，她生逢其时、恰逢盛世。人类历史上从没有哪个时代，有21世纪这么多的转型、新知、创造与不确定；新闻与传播学，也从未有过这么多的变革、颠覆、未知与求索。

清华大学新闻与传播学院见证了波澜壮阔的21世纪初期的20年，也努力以与时俱进的理念去回应时代的变迁。诞生于21世纪初的新闻与传播学院，既能立于中国新闻与传播教育研究的历史基石，又有条件充分批判借鉴发达世界的前沿经验；既见证了传统新闻业的巅峰时刻，也迎接了新兴科技、互联网的兴起与迭代的挑战和成就。清华大学新闻与传播学院在范敬宜院长领导的第一个十年，确立了学院的基本方针、奠定了发展基础，在柳斌杰院长领导的第二个十年，学院开拓进取、创新发展。20年来经历了王健华、金兼斌、胡钰三任书记，胡显章、李希光、尹红、陈昌凤四任常务副院长，以及数十位孜孜矻

* 陈昌凤，清华大学新闻与传播学院教授，常务副院长。

砣、奋发向上的“清新人”的努力，“清新”得以与时代同向同行。在清华大学一百多年积淀的新闻传播根基上，新闻与传播学科经20多年打磨凝练而成“两大脉络”“五个集群”。这五部文集，便是“五个集群”近年的一点学术探索。

“清新”的发展脉络之一，是建设中国特色的新闻与传播学。这个脉络可以上溯至晚清民国时期，最早的代表人物是梁启超先生。清华大学国学研究院四大导师之一梁启超56年的生涯中，投身新闻业约27年，担任了10种报纸的主编，为另外19种报纸撰稿。他创办或主持过的常常是引发社会思潮的报纸，“是19世纪中国新闻传播思想的集大成者”（方汉奇语），其新闻思想影响深远，在19世纪末的中国成为主流话语，并在20世纪的中国保持着影响力（张咏语）。他还致力于建立新闻的规范理论，曾撰写十数篇文章详述现代新闻业的重要性、功能，他的新闻理念被介绍到海外。他将新闻视为知识分子的政治事业，是中国第一位提出新闻媒体具有“耳目”和“喉舌”作用的人。他还论述了报刊之“去塞求通”的功能，他的中国本土新闻思想均深深根植于中国文化。梁启超从事新闻实践和研究，均以改造社会、振兴国家为己任。尽管他有时代的局限性，但是中国的新闻学的文化根脉是无法割断的。他的新闻思想具有超越时代的道德意义，因此也被当代中国的新闻观所吸收，具有持久的理论意义（张咏，2021）。清华曾经为中国的新闻传播事业输送过一大批杰出人才，比如历史系的胡鼎新（胡乔木），哲学系的章汉夫、乔冠华、杨述、韦君宜，法律系的王造时、王纬，外文系的李侠文，电机系的唐西民、常振铮、曾建徽，中文系的柏生，这些人有的成了著名记者有的成了著名“新闻官”，等等，在中国的新闻传播史上产生过重要影响。此外，一代报人、新闻教育家俞颂华，报刊评论家、烈士羊枣，著名记者、路透社远东分社社长、抗战后上海《新闻报》总编辑、新中国成立初期复旦大学新闻系教授赵敏恒，记者、报人、新闻教育家、《文汇报》总编辑徐铸成等，都曾就读于文理交融的清华大学。清华人的新闻思想、传播观念和新闻实践，对中国的新闻传播理论与实践具有重要意义。

清华大学经过近百年的积淀以及改革开放以后20多年的酝酿，在恢复文科教育的背景下创建了新闻与传播学院，目标是建设新时代中国特色的新闻传播学。首任院长范敬宜先生确立了马克思主义新闻观在新闻教育中的统领地位，确定了“素质为本，实践为用，面向主流，培养高手”的十六字育人方针，并将专业实践和社会实践结合起来作为培养人才的基本实践路线，其名言“离基层越近，离真理越近”，成为新闻实践的永不过时的指南。范敬宜的新闻教育思想与实践，也彰显了建设中国特色新闻学的时代追求。

“清新”的另一个发展脉络，是基于清华大学学殖深厚、学科交融的传统，将科学技术应用于新闻传播学，形成“清新”特色的科学应用传播研究。这里以控制论思想为例。世界著名应用数学家、控制论创始人之一诺伯特·维纳（Norbert Wiener）对自动化、信息通信的变革产生了深远的影响。1935 年 8 月至 1936 年 5 月，维纳受邀从美国麻省理工学院来到清华大学担任客座教授，在清华大学电机馆工作了十个月。维纳在自传中曾将 1935 年的中国之行大致作为控制论的创立起点。60 多年后的 2002 年，维纳工作过的、曾与中国的同事们在门前留影过的电机馆，改作新闻与传播学院院馆。虽然这只是一个历史的巧合，但是维纳所创立的控制论思想，正在深度融入传播学之中，却有着学科交叉发展的必然性。维纳传播思想中的人文主义面向、维纳对社会控制论的反思以及对人机关系的思考和实践，对于智能时代的传播研究，有着深刻的启发性。如今的国家发展战略中，强调要运用信息革命成果，推动新闻传播业的变革，“清新”近年开展的融合传播研究（如视听传播、经济传播），科学传播研究（如智能传播、健康传播、环境传播等），正是在这个脉络下开展的。

这两大脉络，一个厚基础，一个精前沿。在此两大学科脉络下，“清新”经过 20 多年的锻造，形成了五个学科集群。这五个学科集群，即此系列文集的五个主题：中国特色新闻学，视听传播与创意媒体，传媒发展与经济传播，智能与科技传播，国际传播与全球治理。这五个学科集群，既尊重了“清新”20 年的历史沿承，也进行了时代化的凝练与创新。冠以“研究前沿”，一方面确实涵盖了新锐的、新近的学术思考，另一方面也与建院十年时出版的“前沿”系列文集遥相呼应。

经过20年“清新人”的共同努力，“清新”的发展思路渐行渐明。“清新”是在服务国家战略和人民福祉、建设一流新闻传播专业目标中，寻求自己的特色之路；是在全球视野、中国特色、一流大学以及一流专业等四个层次中，确定“清新”两大发展方向：厚基础，精前沿。我们希望，在“清新”建院三十年、四十年乃至更久远的未来，“清新人”始终立于时代的前沿、勤于学术的探究。

20岁的青年，风华正茂；20岁的学院，朝气蓬勃！愿“清新”青春常驻！长风破浪会有时，直挂云帆济沧海！

2022年3月于北京

前　言

清华大学已迎来110周年华诞，清华大学新闻与传播学院将迎来建院二十周年纪念。回首清华大学新闻与传播学院建院二十年，我们秉持“素质为本、实践为用、面向主流、培养高手”的办学理念，坚持学术研究与精英人才培养相结合，为祖国培养了一大批传媒专业人才，为我国传媒产业发展输送了一大批国际化复合型人才，也为传媒业发展贡献了一批有质量、有高度的学术成果。清华大学新闻与传播学院二十年来发展的主要经验和最大特征就是从建院伊始，学科建设和架构就具有前瞻性和国际视野，我们的新闻传播、国际传播、新媒体、影视传播、传媒经济与管理等专业方向在当时的中国新闻传播学界都属于前沿性研究领域，我们同时注重与国际接轨，强调文理融合、学科交叉，对中国的新闻与传播研究起到了引领作用。

《传媒发展与经济传播研究前沿》是“新闻与传播学院二十年院庆学术文集”系列中的一部。该书由传媒经济与管理中心牵头，与清华大学文化创意发展研究院、经济传播研究中心、文化产业研究中心、全球财经新闻项目等多个部门、领域的老师和校友共同编纂。我们形成了以柳斌杰院长亲自参与和指导，以崔保国教授、胡钰教授、杭敏教授、张铮副教授、吕宇翔副教授等为核心的学术共同体，汇集了传媒经济与管理、经济传播、文创管理、文化产业、数字经济研究等多个学科方向的在校老师以及优秀毕业生近年来的代表性科研成果。在新闻与传播学院建院十周年文集系列中，我们出版了《传媒经济与管理研究前沿》，但随着传媒生态系统和国内外社会环境的变化，传媒的内涵和外延都发生了巨大变化，传媒的边界一次次被突破，媒介新形态、媒体新业态不断涌现，我们二十年院庆文集更具有包容性、国际性和学科交叉的特点。本书的各位学者、专家都活跃在教学科研及传媒行业第一线，都有长期的学术研究积累，本书凝聚着各位学者对中国乃至全球传媒业发展的思考和探索。

清华大学传媒经济与管理研究中心是新闻与传播学院建院时就开始建设的研究中心，以传媒经济与管理方向的科研和博士硕士生培养为核心任务。研究中心原来的名称叫“媒介经营与管理研究中心”，2008 年更名为“传媒经济与管理研究中心”，当年参与主办了在北京召开的世界传媒经济大会。研究中心的首任主任是孙宝寅教授，2004 年由崔保国教授接任中心主任，先后有陆地教授、詹正茂教授、赵曙光教授、杭敏教授、张铮副教授、吕宇翔副教授等在此中心工作，柳斌杰教授也在本研究中心招收和指导博士生。传媒经济与管理研究中心的科研工作强调跨学科和国际化，与学院内多个学科交叉，同时与国内外学界业界形成学术共同体联合创新。本院新媒体研究和文化产业研究方向的熊澄宇教授，影视传播研究方向的尹鸿教授，国际传播方向的李希光教授、史安斌教授，还有北师大的喻国明教授、社科院的唐绪军教授、天津大学的陆小华教授（原新华社）等多个学科的教授深度参与了本中心的科研、研究生的培养和建设发展，做出了巨大贡献。中心与国际上传媒研究的业界与学界都建立了密切的联系。中心聘请了世界传媒经济与管理学会主席罗伯特·皮卡特教授为特聘教授，美国南加州大学的著名教授曼纽尔·卡斯特也是中心的特聘教授。中心还先后建立了清华布隆伯格实验室、清华—日经传媒研究所等多个合作机构，并承担了多个合作项目。

二十年来，传媒经济与管理研究中心承担了多项国家及省部级重大课题和横向课题，培养了一百多名硕士生和数十名博士生。在推进科研和人才培养的同时，为国家传媒体制改革和传媒产业及企业发展建言献策，做出了突出贡献。特别值得一提的是，由传媒经济与管理研究中心牵头，联合院内多位教授和国内外学界业界专家形成的更广泛的学术共同体，共同打造了“传媒蓝皮书”——《中国传媒产业发展报告》，该项目已经走过了 18 年，出版了 17 部“传媒蓝皮书”，并于 2012 年入选 CSSCI 来源集刊，受到国内外学界业界的高度评价。另外，传媒经济与管理研究中心每年牵头主办的“传媒发展论坛”、清华大学文创院牵头主办的“清华文创论坛”、经济传播研究中心牵头主办的“清华财经新闻论坛”等学术会议，蜚声海内外，成为国内外传媒研究专家学者及文创传媒管理业界专家开展学术交流的重要平台。

面对百年未有之大变局，中国经济快速崛起，互联网高度普及，中国的传媒产业也伴随着中国经济形势蓬勃发展。在 21 世纪的第一个 20 年里，虽然没有出现像 20 世纪第一个 20 年爆发第一次世界大战那样的全球大动荡，但世界传媒业的发展可谓天翻地覆。新千年伊始，就出现了传媒大并购的浪潮；“9・11”事件现场直播直击全球；接着是门户网站、搜索引擎、电子商务风行各国；而后是 Facebook、微信、微博等一批社交媒体的全球普及；2012 年以后是大数据、云计算的时代，近几年人工智能、区块链、5G 等新技术纷纷登场；超级网络平台的崛起已经引发全球各国关注，也急需全球治理的协作；数字经济将成为改变人类社会生活的开辟新天地的大事件；2020 年新冠肺炎疫情的全球蔓延给人类提出了严峻挑战，也加速了数字经济和传媒数字化发展。本书的内容对于上述领域的前沿问题都有所涉及和探讨，是一部具有创新性和探索性的学术研究力作。

本书的出版得到了清华大学新闻与传播学院柳斌杰院长、清华大学原党委副书记胡显章教授、新闻与传播学院原党委书记王建华教授、陈昌凤常务副院长、党委书记胡钰、史安斌副院长等学院领导的大力支持，对此深表感谢，同时也感谢社会科学出版社各位编辑老师付出的心血。我希望本书在见证清华大学新闻与传播学院建院二十周年的同时，也能为从事相关领域研究的同行专家提供一些参考和借鉴。

崔保国

2021 年 8 月于清华园

第一部分

理论前沿

推动媒体融合向纵深发展*

柳斌杰**

摘要 以互联网和数字传播技术为基础的新媒体已经形成了强大的新媒体阵营，吸引了90%以上的信息读者或使用者，引起了传播革命的新浪潮，社会上出现了传统媒体、新媒体这样的概念，出现了不同层次的舆论圈。面对这样的传播局面，媒体行业要把握四个大势：国家大势、媒体大势、技术发展大势、舆论大势。传媒最终的落脚点是舆论，舆论塑造人的心理，构成人的思想认识、价值认同，发展新媒体就是要达到这个目的，用正确的舆论来改造人、改造社会、改造文化环境。

关键词 媒体融合；媒体行业；趋势与方向

2019年是中华人民共和国成立70周年，也是我国媒体融合发展非常关键的一年。1月25日，中共中央政治局就全媒体时代和媒体融合发展到人民日报社举行第十二次集体学习。习近平总书记在主持学习时强调，要运用信息革命成果，推动媒体融合向纵深发展，做大做强主流舆论，巩固全党全国人民团结奋斗的共同思想基础，为实现"两个一百年"奋斗目标、实现中华民族伟大复兴的中国梦提供强大

---

* 本文原刊于《传媒》2019年第19期，系作者在第二届中国新媒体发展年会上的致辞，发表时有删节。

** 柳斌杰，第十二届全国人大教科文卫委员会主任、清华大学新闻与传播学院院长。

精神力量和舆论支持。这是习近平总书记在新时代背景下就党的新闻舆论工作作出的又一次重要指示。习近平总书记的“1·25”讲话，开启了我国媒体融合的新时代，为下一步媒体融合发展指明了方向。这种顶层设计，是我国独有的体制优势、战略优势，我们应抓好这个最新顶层设计的战略机遇，推动媒体融合向纵深发展。

一 重视媒体融合发展新要求

以互联网和数字传播技术为基础的新媒体，借助手机终端，或者其他移动设备迅速崛起，形成了强大的新媒体阵营，吸引了90%以上的信息读者或使用者，引起了传播革命的新浪潮。于是社会上出现了传统媒体、新媒体这样的概念，出现了不同层次的舆论圈。

为了解决这两类媒体在各自领域里形成的强大舆论的分割状态，党中央提出了融合发展的传媒发展新战略，施行几年来也取得了一定的成效。这一战略提出以来，已经推动我国媒体在融合之路上发展得很好，从中央主流媒体的融合平台到县级融媒体中心，都在加快建设。

到目前为止，我国媒体融合基本实现了“我中有你”这样一个阶段。也就是传统媒体普遍使用了新媒体传播的技术手段，提高了自己的传播能力。《人民日报》、新华社、中央广播电视总台以及各省主流媒体都做出了重大贡献。但这是不够的，因为新媒体、自媒体发展更快，吸引了大量人群转场阅读，舆论挑战有增无减。

面对“全球一张网，信息找市场”这样新的传播局面，“你中有我，我中有你”已经远远不够。因此，习近平总书记在今年1月25日中央政治局第十二次集体学习时明确指出，推动媒体融合发展，建设全媒体成为我们面临的一项紧迫课题。习近平总书记给全党提出这样的问题，可见其重要性、紧迫性。习近平总书记进一步指出，“全媒体不断发展，出现了全程媒体，全息媒体，全员媒体，全效媒体。信息无处不在、无处不及、无人不用，导致舆论生态、媒体格局、传播方式发生了深刻变化，新闻舆论工作面临新的挑战”。习近平总书记这一段话讲得非常生动，全程媒体、全息媒体，是技术手段的问题；全员媒体，人人都成了传播媒体；全效媒体，信息无处不在，无处不及，无人不用，在很多方面影响着人的思想、作为。导致的结果是舆论生态、媒体格局、传播方式发生深刻的变化，新闻舆论工作面对新的挑战，这是总书记一段意味深长的话。面对这种情况怎么办？

习近平总书记指出必须要把握大势，做到因势而谋，应势而动，顺势而为。那么媒体行业该怎么回答总书记提出的这个课题，怎么理解总书记对我们提出的要求呢？笔者认为必须把握四个大势，明确三个方向。

二 把握四个大势

一是国家大势。2019 年是中华人民共和国成立 70 周年，也是中国共产党执政 70 周年，回望走过的路，我们为祖国的 70 年巨变而自豪；展望未来的路，全党、全国人民满怀信心，继续奋进，争取新的胜利，应该说国家应对了国际、国内巨大的困难，确保了稳中有进的发展态势。

从经济上来说，2019 年，我国在极其困难的情况下维持了平稳发展的局势，特别是三大攻坚战取得了决定性胜利，为小康社会的建设创造了条件。首先，大家最熟悉的大概是脱贫攻坚、环境保护这两大战役，人人都体会到了这方面取得的成就。其次，金融秩序攻坚战也减少了大量的风险。

紧接着，我国进行了周期性的经济调整，应对国际、国内问题带来的经济下行压力。保证了人民生活稳步提升，社会安定、市场稳定、人心思定，体现了中国共产党的执政能力和水平。特别是坚持对外开放、“一带一路”、和平发展，赢得了世界人民的赞誉。

2019 年我们遇到的困难前所未有，和美国的贸易摩擦升级，美方不断加征关税。现在我国的出口从过去百分之三十几，下降到 2019 年的百分之几，可以想想这个困难有多大？在这种情况下国家依然保持了经济平稳发展，这说明我国的发展还是很好的。

2019 年下半年，党中央又通过“不忘初心，牢记使命”主题教育，重温我们党一贯坚持的为人民服务的宗旨，始终把自己的工作方向调整到为中国人民谋幸福、为中华民族谋复兴的轨道上。要使全国人民紧密团结在共产党的周围，共同实现我们民族伟大的梦想，这一点我们做到了。国庆的阅兵和庆祝活动全面展示了中华人民共和国成立70年来的发展和变化，国家经济、科技、军事实力的变化，中国人民生活的发展变化，中国社会的发展变化。在这样艰难的情况下，我国仍然保持了这个发展势头，显示了中国共产党执政的能力和水平以及社会主义制度的优势。

2019年，我国面临很多大的困难。一个是中美贸易摩擦，摩擦的不断升级确实给中国造成很大困难。征税给国内企业造成巨大损失，国家要拿出钱来补贴给国内企业，还要保持货币市场物价稳定，这显示出我国制度的巨大优越性。另一个是国际斗争，先是新疆问题，三个月时间人权斗争，应对国际上集中攻击新疆问题，我们成功应对了西方的压力。紧接着是香港不断发生的暴力抗法事件，挑战“一国两制”的底线。我们止暴制乱，恢复了正常社会秩序。另外，还有美国全面遏制中国，在台湾问题上不断出手，不断提高驻台机构的等级，修订了美国官员访问台湾的法令，公开支持台独港独，而且还派军舰、航母在南海地区、海峡地区挑战中国的耐心。应该看到，这些问题的本质不是因为美元的问题、税收的问题，而是制度之争、道路之争、价值观之争，所以这个斗争还会持续下去。我们所有在意识形态方面工作的朋友，都要保持头脑清醒。

最近，习近平总书记在党校讲斗争精神，就是要我们做好准备，中国还要进行更加复杂的斗争。作为媒体人始终不能忘了这一点。

二是媒体大势。总体上，在融合发展的方针指引下，我国的媒体发展很好，主要表现在产业发展方面。2018年，我国传媒产业规模突破2万亿元。这是什么概念？全球是约20万亿元，我国是2万亿元，我国占了十分之一，体现了融合发展的巨大成功。

中国传媒产业总规模用15年时间达到这样的水平是不容易的，最近发布的“传媒蓝皮书”《中国传媒产业发展报告》，对2018年传媒工作做了总体评价，认为我国媒体发展市场是健康的，笔者赞成这个结论。

全球传媒产业发展也很快，但是相比起来，我国发展更快一些。

在国内传媒产业细分方面也有一些变化：传统的报纸、期刊、广播、电视呈下降趋势，有些下降幅度比较大；网络媒体是继续上升，但是上升幅度已经在变小；新媒体发展基本回归理性，野蛮生长的时代即将过去，一批已经被市场淘汰了。

同时，在习近平总书记融合发展的思想指导下，中央开始顶层谋划，采取了一些重大的措施。其中，一个是实施县级融媒体中心建设，把县一级基层的所有媒体融合进去，巩固基层的传播阵地；另一个是打造“学习强国”，把每一天生产的主流信息、主流舆论，集中在这个大平台上，让全国人民分享学习。这是全媒体迈进的两个重要措施，会极大改变整个媒体发展的格局。这些工作正在向前推进。

三是技术发展大势。5G 已经开始在区域城市进行测试，将越来越多地应用到传媒行业，为媒体融合发展提供新的强大动力。2019 年 6 月，工信部向我国 4 家主要的电信企业发放了 5G 牌照，预示着 5G 进入市场、进入社会成为现实。5G 现在的局面对整个格局改变不大，5G 也是使用基站，基站的密度决定了 5G 的适用能力。5G 有以下两个最大的特点。

特点一是 5G 使物联的世界更广阔了。一个城市的 5G 可以连接所有的物件和信息，家庭、社会、机器、设备等，以前连不了，现在可以连了，整个物联网扩大，这带来的是所有的物联网都能变成传播媒介，都有了传媒功能。为什么阿里巴巴和京东都被纳入了传媒？因为它们有很大的传播力，有很强的传播性，现在可以进行传播的组织不限于传媒机构，而是有互联网就能传播，它能把人联系起来，能够动员组织。5G 扩大了物联网的连接范围，将会使传播规模巨大。5G 直通家庭，没有中间环节，内容清晰度、时效性都要比现在好得多。

特点二是 5G 将为智媒体的产生提供支持。智能化要靠 5G，智能化是什么意思？智能化最大的依据就是无限的数据，数据越多智能程度越高，要把全国的机器设备全连在一个 5G 上，你就具有这个领域自动化创新的最大动能。自动化的程度实际上就是数据多少的问题，包括现在的自动驾驶汽车。智能化的前提是数据，数据越多，自动驾驶技术就越好，就能更好掌握周围环境的变化。

因此，5G 的这两大特点使传播更加扩散、面更广，不限于现在的传统媒体、新媒体的这种传播，其会带来习近平总书记所讲的全媒体传播的概念，实现万物互联，出现更大的传播面，达到高度自动化，所有的东西都能借助 5G 进行传播，到达所有的对象、空间。

依托第五代移动通信技术，全球将迎来新一轮的科技革命，人类的生产生活方式将被人工智能深刻渗透。虚拟数据将成为社会生产力的主要推动力。随着网络传播速度的提升，高清视频传播将进一步成为信息传播的主流方式。现在文字内容的传播还很多，主要是视频传播速度和清晰度不够，将来 5G 时代会解决这个问题，这是媒体发展的大势。

技术发展的大势，主要是智能化。现在全球有 6 万多个机器人在当记者，在采访，在作业区、地震区，在灾害现场，还有航天器上的那些机器人，不断采集宇宙中的信息、图片，也是通过智能化传播到地球上的。

随着进一步的人工智能化，智能传播将会占很大的主导地位，会及时、准确地给人们发出信息，甚至可以超越人工智能而产生机器智能传播。5G 推动了智能化，智能化推动了智能传播的发展，智能传播将成为下一代传播的重要形式，媒体行业要关注这个问题。

四是舆论大势。当前舆论斗争非常激烈，我们从过去的防御转向了进攻，现在开始强调在国际舆论场上也要斗争。中央主流媒体率先参与了这场斗争，人们每天都能看到。也有很多新媒体在这方面做出了积极的努力。

2019 年，国际新闻舆论给我们施加新的压力，发起了一轮又一轮的进攻，原因何在?

2019 年初，国外一些媒体借助我国国内一些偶发事件，污蔑我国的社会主义制度，攻击中国政府，我国及时打退了这股逆流，坚定自信地向前走。

接下来，国外针对新疆人权问题对我们发起进攻，我国与其进行了一段时间的较量，邀请了世界许多国家的媒体和政界人士到新疆参观访问，揭露了西方的阴谋。针对这一方面，50 余个国家发表联合声明，认可中国的做法，对新疆问题起到了一定的缓冲作用，但而后美国又宣布对有关新疆公司进行制裁，继续施压。

此外，还有制造乱港舆论。可以看出，香港暴力抗法完全是西方炮制出来的。2019 年 6 月 9 日，香港一伙暴徒打砸立法会，起因是反对“修例”。相关人士利用这个事件发动了一场挑战“一国两制”的事件。这是有预谋的、里外配合的动乱。当天发生冲击立法会事件，打砸抢的时候，西方舆论机构都在那里。第二天世界许多国家的主流媒体刊发的全是包含香港警察使用暴力、催泪弹、烟雾水等信息的新闻，全是这种报道，而没有报道我们正面的新闻。西方国家压制了我们的舆论，把暴乱分子说成“民主人士”，把维持秩序说成“镇压”，所以西方舆论罔顾事实、颠倒是非，是一边倒的。这就是他们标榜的“新闻自由”。

当然我国在舆论宣传上也有一贯存在的问题。当天早上发生的事情，第二天下午 4 点，香港警方才发布新闻，此时全球的新闻舆论已经定了向，造成了很被动的局面。所以一直到现在，外界的舆论仍是对我们不利的。我们再怎么说明，再怎么努力扭转这个局面都很困难，所以这场舆论战使我们遭遇了很大的困难。

然后就是中美贸易摩擦。我国原先也是采取忍让的态度，力争通过谈判解决问题，没有揭露美国的阴谋——长期遏制中国的战略思想。但是现在来看，我国不得不出手加强舆论宣传，在国际上争一个舆论引导的地位，我们也要发表自己的观点，争取世界上同情中国的人、有正义感的人的支持。

尽管国际上是这个态势，但是我们的国内舆论，无论是传统媒体还是新媒体，一直做得很好，紧紧围绕中央所部署的建设小康社会的三大攻坚战，围绕全党开展的“不忘初心、牢记使命”的主题教育，围绕我们“壮丽 70 年、奋斗新时代”的国庆宣传，三个大的节奏掌控了国内舆论的局面，总体上是很好的。下一步要继续做好国庆后的舆论宣传工作，不管是主流媒体、新媒体、自媒体，都要实事求是来看待我国 70 年的发展变化和辉煌的成就。世界上没有一个国家能够在这么短的时间发生这么深刻的变化，能够给人民带来这样幸福的生活，能够这样改变一个国家的面貌。所以借助中华人民共和国成立70周年，这方面的宣传一定要加强，以鼓舞人们向两个“一百年”目标奋进。

以上是笔者总结的四个大势：国家大势、媒体大势、技术发展大势、舆论大势。传媒最终的落脚点是舆论，舆论塑造人的心理，构成人的思想认识、价值认同，发展新媒体就是为了达到这个目的，用正确的舆论来改造人、改造社会、改造文化环境。

三　明确三个重要方向

基于以上四个大势，笔者认为未来媒体发展要明确三个重要方向。

一是发展融媒体。这是中央既定决策，大家也正在做，按照融媒体这个方向打造国内媒体。融媒体，不只是主流媒体去吸收一些新媒体的技术、方法，新媒体也要向主流媒体融合，融媒体是双向融合，习近平总书记的要求是“我就是你，你就是我”，而我们的媒体现在还远远没有做到。主流媒体主要是要学习新媒体的开放性，使用新技术、新平台，可互动、交流，吸引人才等优势；主流媒体的资源、平台、人才、设施、舆论把关机制，新媒体也要学习。双向融合才是出路。

近两年，今日头条已经和万余家主流媒体签订了合作协议。为什么签订合作协议？是要使用其资源进行融合发展。新媒体的同志也要主动参与到融合发展中去，帮助改造主流媒体，也可以和主流媒体合作打造新的平台，扩大发展的潜力。

二是建设全媒体。全媒体的提出是建设全媒体的一个很重要的动员，总书记说建设全媒体是“紧迫课题”。全媒体是什么？全媒体不是一个一个的媒体形态，而是一个时间、空间的概念。从时间上来说，我们要做到24小时不间断传播，既然是信息找人，就可以多发信息，让信息找更多的人，做到时时有信息；从空间上来说，就是全覆盖，5G目前还做不到，下一步5G和卫星的结合就能做到空间上的全覆盖，人们能到的所有地点、所有空间、所有时间，都会接受到其所需要的信息，这就是全媒体的概念。习近平总书记列举了“四全媒体”（全程、全息、全员、全效）。全程，就是整个过程都有媒体。全息，是技术手段，全息摄像是个技术概念，就是所有的技术都用来作情景传播。全员，所有的人都是传播者。这就讲到了5G能把所有的物连起来，所有的物又跟人有关系。家庭里是有人的，工厂里也是有人的，人人都是传播者，就形成了一个全员传播的局面，而不是现在只有媒体部门来传播。全效，就是我们所有的传播都要产生效力，而不是无效的传播。现在不管是主流媒体还是新媒体，其实都有大量的无效传播。人们感受到的信息垃圾、文化垃圾大量存在，就是无效传播造成的，将来要实现全效传播。全媒体是这样一个概念，媒体人要好好研究打造全媒体的思路和举措。

全媒体的最高境界是知识服务，把人类所创造的知识、当前所创造的信息全部集中在传播的领域里，给所有人提供相应的信息库、知识库，这是将来全媒体最高的境界，我们现在就要为这个目标奋斗。

三是打造智媒体。5G开始，智能化的程度就会增高，万物互联带来一个大的格局。互联网已经把人互联了，物现在还没完全互联，5G落地后万物互联又将前进一步，同时将会形成一个智能化的大环境，因为智能化不仅需要传播，而且需要环境。什么叫环境？大众使用的场景就是一个环境。比如，人们现在使用的手机、安卓系统，很快要改变，我国有国产化替代计划，使用华为的操作系统。华为的操作系统不只是技术开发的问题，能不能研究出来，能不能开发出来，这不成问题。最大的问题是环境，大家使用环境是安卓的，你要用一个华为的操作系统，这个适应和改造的过程是相当长的，就是换个环境，大家不可能把手机都扔了。国家有个几年替代计划，党政机关全部把这些换掉，换成国产的，有些部门已经开始带头在做了，这就叫环境。因此，智能传播的下一步，不仅是突破技术，还要营造这一环境。

基于当前的发展形势，所有媒体都应该明确发展方向，在习近平总书记制定的战略方针指引下，建立一个强大的现代传播系统，更好地传播中国声音，传播中国形象，讲好中华民族伟大复兴的故事。

出版集团实施多元化经营的条件研究*

孙宝寅**

摘要 多元化经营是企业发展战略层面的一种选择，国外大型出版集团的成功经验表明，多元化经营是做大、做强的“馅饼”。在激烈的市场竞争环境中，我们更应注重发展战略的制定，尤其需要客观科学地确定自身的市场定位，力求把集团打造成有专业特色的高品质出版集团。

关键词 出版集团；多元化经营；出版转型

多元化经营是企业发展战略层面的一种选择，是一种“做正确的事”的决策。国外大型出版集团的成功经验表明，多元化经营是做大、做强的“馅饼”。我国目前已经打造了30多家出版集团，与原来出版社分散经营的状态相比，在规模、实力上有了明显的提高，但集约化水平低、区域分割、结构同质以及管理体制和运行机制的改革仍相对滞后，使得大多数出版集团仍陷于产品结构单一、经营方式单一的困境。如今大多数集团仍将大部分精力用于完善内部整合，弥补行政牵引组建带来的一系列“先天不足”。但是，在激烈的市场竞争环境中，我们更应注重发展战略的制定，尤其需要客观科学地确定自身

---

* 本文原刊于《出版广角》2007年第12期。文集中对原文章节略有删改。

** 孙宝寅，清华大学新闻与传播学院教授，曾任清华大学新闻与传播学院传媒经济与管理研究中心主任。

的市场定位，力求把集团打造成有专业特色的高品质出版集团。出版集团开展多元化经营，笔者认为其应当具备以下四个基本条件。

其一，出版主业绩优。多元化经营是为了增强出版集团实力。出版集团是出版业的中坚，在繁荣我国文化产业、增强国家软实力的任务中肩负着特殊的使命。出版集团只有主业绩优才有实施多元化经营的资本，才能完成这个使命；反之，主业没有竞争力，多元化经营就会成为集团的负担。绩优，可以是主业实力、规模的优势，也可以是效益、品牌的优势。

其二，资源优势。出版集团天然占有信息资源优势，这也是出版集团实施多元化经营的基础。多元化经营项目需要出版集团在人、财、物、信息等资源上拥有一定的优势，才有可能达到多元化协同发展的效果。

其三，驾驭多元化项目的能力。多元化经营有多种形式和手段，如通过并购、参股进入相关或非相关领域，或通过自主开发、生产跨主业的产品等。不论采取哪种形式，都要求对所选项目的市场需求、竞争对手、风险规避等方面有比较充分的了解；都要求要有熟悉相关业务知识的经营管理人员。如果缺乏对投入资源的驾驭能力，好的项目也会失败。

其四，政策环境。出版行业目前正处于政府行政管理改革与制度创新的进程中，对出版集团跨媒介经营的放开试点的力度也在增加，这种环境为多元化经营创造了较为有利的条件。

要尽快创造好上述条件，出版集团当前应当积极做好四件事。

第一，解放思想，锐意进取，变多元化经营需求为实施多元化的动力。现在的出版市场和读者结构与10年前相比发生了很大变化，出版业面临着多方面的挑战，如果不励精图变，顺势调整产业结构，有可能会再一次跌入低谷。

当前，中国出版产业正面临着新媒介对出版市场的挤压：2005年我国11类出版物和新媒体产业的总产值为3205亿元，其中书刊占到了44.4%，而到了2006年，由于移动媒体和网络媒体的进入，这一比例下降了近5个百分点，为39.5%。从2005年各类图书销售比例来看，中小学教材占39.13%，大中专教材占8.64%，两者共占47.77%。更为严峻的是，1978—2004年的26年间，图书年销售量从33.11亿册增加到67.06亿册（1.03倍），而库存金额却由4.34亿元增加到了449亿元（102倍）。近几年，每年年末图书的库存金额都相当于当年图书销售金额的六七成。

所以说，改变出版产业结构，实施多元化发展战略是出版业繁荣发展的内在需要，而将这种需要转化为动力，则是对出版人的必然要求。

创新要有观念的变革，观念的变革要以思想的解放为先导。回顾出版业改革走过的30个春秋，可以说出版业的每一次重大突破都是跟思想解放、观念更新分不开的。当前，出版业由过去单一的出版模式向多元化发展战略转变，同样需要解放思想和锐意进取的精神。新闻出版总署署长柳斌杰说过，思想观念的转变是一大难点。现在新闻出版业从业人员中，相当多的人是在计划经济的事业体制下培养起来的，还是计划经济时的思维方式和行为惯性，容易过分依赖政府的计划和行政指导。我们不能过分夸大新闻出版业的特殊性而忽略其一般性，所以必须解放思想，转变观念。

此外，我们还应当看到，出版单位长期的事业单位性质和行政化管理体制，不但束缚了出版社的活力，也压抑了老总们的创造性。一些老总有着“小富即安”的思想，不愿意再去冒多元化经营的风险，这是消极的一面。但组建集团后，我们欣喜地发现，不少集团老总已经逐渐转变观念，励精图治，对多元化经营进行了探索和实践。在他们的带领下，出版集团一定会在不久的将来绽放多元化经营的花朵。

第二，抓住数字化机遇，进行出版业务流程再造。

当前，面对中国传统图书阅读率下降，而电子书和网络出版阅读率却大幅上升的局面，出版集团的多元化经营应当从有利于繁荣出版事业的这一根本目的出发，首先考虑围绕主业开发相关项目。新闻出版总署副署长邬书林指出：在数字化基础上，书刊业、报业、音像和电子出版业相互间的分界开始逐步模糊，传统出版遇到了前所未有的挑战。在国际上数字化革命已催生了一批新的大型传媒公司。同时，一些大的出版集团、传媒集团已成功实现了数字化转变。而与之相比，我国一些传统出版单位显得反应迟缓，还持观望态度。为此，我国出版业要积极应对数字技术的到来，找准自己的位置，积极探索新的商业模式，努力跟上世界数字出版发展的步伐。

互联网和信息数字化给出版业带来的变革之一，即出版物的载体不再是单一的纸介质，如今出版物的载体多种多样，图书、报刊、光盘、网页、手机等都可以成为媒体内容的载体。要实现这一转变，传统出版单位就要彻底摆脱原有编、印、发出版运营模式的束缚，利用数字技术实现资源共享，对出版业务流程重新进行设计。

出版业务流程再造的功能之一是将纸介质出版物与电子书、数据库出版、按需即印、网络出版等新型出版物的业务流程集合于一个生产平台上。当前，在西方国家的科技、法律、税务、医学等专业出版领域，数字出版的发展势头十分迅猛。一些大型的出版集团纷纷开发出了自己的出版物数据库，都获得了较好的经济效益，显示了出版业务流程再造的效果。

全球最大的科学与医药图书出版商——里德·爱斯唯尔（Reed Elsevier）集团，20 世纪 90 年代就涉足数字化出版领域，2000 年时将 1200 种学术期刊建成 SDOS（Science Direct On Site）全文电子期刊数据库并上网发行，不但打造了集团在该领域的权威性、全面性的品牌，而且在 2002—2006 年的 5 年中使在线收入占到了总收入的 37%。该出版集团还将几百种手册、工具书纳入 SDOS 中，并将陆续对出版的图书进行数字化。现在里德·爱斯唯尔集团已经成为名副其实的出版与出版信息服务提供商。

国外出版集团的成功经验表明，多种媒介经营不但扩展了集团的经营空间，满足了集团规模不断扩张的需求，同时也分散了集团的经营风险。

目前，我国已有类似的产品，如以同方为核心的“CNKI”（China National Knowledge Infrastructure）开发的中国期刊全文数据库、重庆维普资讯有限公司的中文科技期刊全文检索数据库以及万方数据库等。不同的是，SDOS 是出版商自主经营的，而我国这三家数据库都是由科技公司经营的。

第三，坚持出版改革，拓宽多元化经营的政策空间。

在我国，政策是影响出版业发展进程的决定性因素。改革之初，在出版宏观管理上给地方出版社“松绑”，短短几年，地方出版社的整体实力就超过了中央级出版社，成为我国出版事业的中坚；图书发行改革的“三多一少”，造就了流通渠道的半壁江山；整体转制的一道指令，使困惑出版界近 20 年的难题一夜之间得以解决。同样的道理，当前出版集团多元化经营的实施仍有赖于政策的推进。具体说，有以下三点。首先，加快传媒立法，进一步调整对媒介的宏观管理政策，打破因政府行政多头管理和行业条块分割而形成的媒体壁垒。其次，优化政府对出版集团的微观管理，使出版集团真正成为繁荣中国文化产业的市场竞争主体。处理好党委宣传部门、行政主管部门与出版集团三者之间的关系，真正确立集团职能和出版企业的法人地位。最后，制定和完善出版集团的投资与融资渠道，增强出版集团的经济实力，以利于实施多元化经营。

第四，逐步变革出版集团、出版社与主管部门的行政隶属关系，打破出版集团的区域壁垒，建立健全出版集团的现代企业制度，在出版行业内通过联合、收购、并购等手段加速集团的发展。

关于发展文化生产力的若干思考*

熊澄宇**

摘要 本文结合广东省文化产业发展现状，从如何认识文化、如何促进文化与经济的融合、如何进行文化产业化、广东如何发展产业四个主要问题入手，分析我国文化产业发展过程中存在的理论、战略、应用、对策问题，并从操作层面提出八点建议：党政领导，战略布局；职能部门，统一运营；专家论证，观念突破；科学决策，试点先行；群众参与，保持特色；市场运作，机制创新；立足本土，拓展海外；文化兴邦，产业富民。

关键词 文化产业；文化体制改革；融合发展

2003 年 8 月，在中央政治局集体学习之后的谈话中，胡锦涛总书记明确指出：要利用清华大学的多学科优势，就文化产业的相关问题，做跨学科、跨领域、跨行业的综合对策研究，为中央决策提供依据。

为落实中央的战略部署，2004 年 5 月，清华大学成立了以新闻与传播学院、经济管理学院、公共管理学院、法学院、人文社会科学学院、艺术学院、信息科学学院等 7 个院系为依托的跨院系研究机构——

---

* 本文原刊于《中国文化产业十家论集 熊澄宇集》，云南大学出版社 2016 年版。本文为笔者 2005 年 10 月 21 日在广东省委中心组演讲的提纲。

** 熊澄宇，清华大学新闻与传播学院教授。

清华大学文化产业研究中心。

2004 年 6 月，中央给我们下了一个委托课题，国家社科基金重大课题——“发展我国文化产业的理论与实践研究”，有 6 个行业主管部委的负责同志和专家、企业家共同参与研究。在一年多的时间内，我们走访了 11 个省，开了不少座谈会，完成了一些专题研究报告。在做研究的过程中，我们一直在领会胡锦涛总书记的战略思想，从跨学科、跨领域、跨行业的角度，思考文化产业的综合发展问题。

广东省是我国改革开放与经济发展的前沿，是我国文化经济与全球化接轨的战略门户，也是我国文化体制改革与文化经济发展的领先之地。广东省文化经济的发展，关系到我国文化经济模式的建立与国家文化产业创新体系的建构，直接影响到全球化过程中国家综合实力与国家文化资本竞争优势的跨越发展。广东的文化大省建设和张德江书记提出的文化经济思想一直是我们关注和研究的重点。

2005 年 9 月，清华大学党委书记陈希同志和我来广州，向张德江书记报告清华大学文化产业研究中心与广东在文化产业发展领域的合作思路。在交流中，张德江书记提出了四个问题：如何重新认识文化，如何促进文化与经济的融合，如何进行文化的产业化，广东如何发展文化产业。这四个问题正好涉及理论、战略、应用、对策四个层面。今天我主要就这四个问题的思考做一个初步汇报。

一 理论问题——重新认识文化

文化是什么？从广义上说，文化是人类物质文明和精神文明的总和。不同的人可以从不同的角度解读。今天我们主要从生产力和经济社会发展的角度来阐述文化的内涵。我们说文化是生产力，而且在一定的情况下，文化还是第一生产力。

我们先看看 2005 年我国被世界媒体关注的主要文化事件。

（一）标志着台海关系解冻的连宋来访

对于连战、宋楚瑜的来访陈水扁无可奈何，美国也只能表示出一种积极的关注、客观的观望。这样我们完全掌握了两岸关系的主导权。我访问过台湾多次，跟台湾三党的人士都有过交流，包括他们的高层。

连宋访问大陆以后，三党人士至少有一点的认识是共同的，就是对胡锦涛总书记个人的认同，赞不绝口。这种行为应该说扭转了两岸关系持续的停滞状态，使两岸经济文化有了进一步互动的空间。

（二）中欧纺织品贸易谈判的成功和中美纺织品谈判的搁浅

这个事件我们也把它从文化层面加以解读。中欧纺织品谈判的成功一定程度上是在整个全球化背景下中国“和平发展”力量和欧盟“轴心经济”力量形成的一种互动双赢的局面，从而打破了我们在世界经济斗争中的被动局面。和美国谈判的不成功和与欧洲谈判的成功实际上是相对的，都是一种大的文化力量在里面起作用。

（三）湖南台的“超级女声”事件

据说，赞助商投了2000多万元，湖南台自己说投入1.5亿元；有人统计其收入是25亿元，至少在短信收入方面就达到3000多万元。广告收入无法统计，因为每次3个小时的节目里有1个小时的广告。超过《新闻联播》的收视率使湖南台的影响力急剧上升。这种事件是知识经济、文化经济、媒介经济、市场经济、信息经济培养出来的一种大众文化意识形态，是可以提升的一种大众文化。它的关系是市场经济和主流文化的一种正面互动关系，里面有很多值得研究的现象，也是一种积极因素。

（四）“神六”的成功发射和返回

它构成了一个超过军事和国防意义的文化事件。因为它在国防意识和科学意识的整合中产生了中国自主创新、自立自强的一种现代民族精神，显示了我们的主流文化，这是一种综合国力的体现。这两年我们感受到国内的很大问题就是各方面的局部利益、部门利益、行业利益影响到整体利益、国家利益。在神六发射、回收的成功过程当中，我们感觉到这样一种合力，感觉到了与之相匹配的科技强国和军事强国的力量。

以上事例都是文化现象，但又不是单纯的文化现象，它们与社会的政治、经济、生产关系、上层建筑息息相关。从中我们可以进一步思考，文化是什么？让我们再看看相关的背景材料。

据2003年国家统计局报告：我国人均GDP已达到1080美元，这相当于美国1942年的水平。但这个数字告诉人们：中国人开始从温饱向小康过渡。文化需求、精神需求可以开始超过温饱需求。我们的生产和生活都是以人为中心的，是围绕人来展开的。人的动机决定行为，行为构成社会形态。

美国社会心理学家A. H. 马斯洛先生在20世纪40年代发表的名著《人的动机理论》中，率先提出“人的动机产生于人的需求”“激励源于人对需求的满足”等论断。为了阐明这些论断，他将人的需要分为两大类共五个层次，好像一座金字塔，由下而上依次是生理需要、安全需要、社交需要、尊重需要、自我实现需要。人在满足高一层次的需要之前，至少必须先部分满足低一层次的需要。两大类中，第一类需要属于缺失需要，可引起匮乏性动机，为人与动物所共有。缺失需要的满足是产生快乐的基础和前提，一旦得到满足，紧张消除，兴奋降低，便又失去动机。第二类需要属于发展需要，可产生成长性动机，为人类所特有，是一种超越了生存满足之后，发自内心的渴求发展和实现自身潜能的需要。

社会是由个体的人构成的，从人到人群，从人群到社区，从社区到社会是一个清楚的多层结构。在社会发展层面，我们通常把个体的需求整合成社会需求。马斯洛提出的个体的五大需求转换成社会需求，可以是三个层面：物质需求、精神需求、发展与可持续发展的需求。GDP指标是物质需求，文化产品是精神需求，和谐社会是可持续发展的需求。

历史唯物主义的原理是社会生产力决定社会生产关系。社会生产力和生产关系的统一体社会生产方式，作为社会经济基础决定社会政治和法律的上层建筑和社会意识形态。传统的生产力理论认为：社会生产力是由生产者、生产手段（或生产工具）和劳动对象三要素结合而成的。20世纪90年代，生产力理论有了新的发展。经济学家于光远提出社会生产力是由生产者、生产工具两要素构成的。目前，最新的生产力理论认为：社会生产力是作为生产主体的生产者自己所拥有的与自然打交道的能力的水平（通称为一要素）。我们说的文化生产力从生产力一要素的角度阐述比较容易理解。

文化生产力是一个综合的概念，它是与物质生产力相对应的精神生产力。文化生产力指具有一定智能知识的劳动者运用和掌握科学技术创造社会财富的能力；人的智力水平、文明程度、科学知识、生产管理、劳动组织等为其构成要素。

马克思认为，科学是生产力；邓小平提出，科学技术是“第一生产力”。当然，科学技术并不是那种直接创造物质财富的生产力，而是一种“知识形态”上的生产力，即潜在的生产力。它只有通过与生产力其他要素的结合，才能转化为现实的物质的生产力。

社会学界认为，社会现代化其实分为两步，一是从农业文明向工业文明转换，这又被称为第一次现代化（人均 GDP 约 1000 美元）；第二次现代化则是从工业文明向后工业知识文明转化（人均 GDP 约 3000 美元），也有人称为后现代化。

第一次现代化主要强调物质文明的发展和增长。物质文明是社会发展的必备条件，也是精神文明发展的基础。第二次现代化主要强调在物质文明基础上的多元差异，强调精神和文化的价值。现代化是社会发展的必然过程，这时如果不注意文化的凝聚力，不注意文化对人和社会的重要意义，社会发展就会出大问题。

从追求物质文明到追求精神文明，这是社会发展的不同阶段。整体社会环境的变化，将逐渐导致从“科技是第一生产力”，过渡到“文化是第一生产力”的阶段。物质文明发展阶段，科学技术是当仁不让的第一生产力。当社会文化需求、精神需求大于物质需求时，文化作为第一生产力的作用就开始发挥起来了。而这个时期，学者们认为是人均 GDP 达到 3000 美元以后，也就是我们说的现代化的第二个阶段。广东人均 GDP 现在已达到 2374 美元，已接近第二次现代化发展阶段。

文化生产力除了强调有文化、高素质的劳动者这一要素，强调社会的文化需求和精神需求外，还强调劳动者在生产生活中与生产对象、与周围环境的均衡、循环、生态和可持续，也就是中国传统观念中的天人合一，我们常说的人与自然的和谐。

从发展文化生产力的角度出发，国家提出了解决产业资源、经济能源、环境生态、投资导向与资源配置问题的可持续发展战略，提出了经济与社会和谐互动的科学发展观。目前中国的经济发展一方面是每个GDP消耗了发达国家10—20倍的单位能耗；另一方面每年消耗了世界1/7的淡水，1/6的钢材、煤炭，1/5的电。因此，循环经济、生态经济、环境经济、非稀缺经济与非物质经济的发展是我们下一步的发展重点。

2005年中国科学院中国现代化研究课题组的报告显示，中国的国家核心竞争力正在由经典的物质生产向非物质经济的综合发展过渡，主要指标体现在信息化科技竞争力、非物质化文化竞争力、生态经济环境竞争力，以及知识化创新竞争力等方面。在这种过渡和转化中，文化生产力作用得到明显的提升。

所以我们说，从经济和社会发展的角度，文化的核心价值体现为文化生产力。

二 战略问题——如何促进文化与经济的融合

这是一个非常重大的问题。文化与经济的关系是现代文明的一大难题。从英国的亚当·斯密以来，在资本主义大工业的原始积累阶段就提出过经济与道德的文明难题。资本主义发展原始积累是极其残酷的，但它是社会的进步。这里面就有一个经济与道德之间的冲突问题，由此产生的马克思主义的科学社会主义学说曾经试图提出通过暴力革命来解决。

在资本主义商业扩张期出现的是产业和资源的矛盾，出现了地区冲突、宗教冲突、金融风暴，这时候人们提出发展和可持续发展理论试图来解决这个问题。进入后工业文明时代的德国法兰克福学派曾经预言，文化与工业的矛盾、文化与经济的结构性难题要导致资本主义结构性的崩溃。所以现在世界上都在研究文化与经济这样一对矛盾的关系。

文化与经济的这样一种理论、一种概念的提出，是从文化与经济互动的正关系中来解决世界历史上出现的经济与道德、产业与资源、文化与经济的矛盾这样一种现代文明的难题。

文化经济理论将文化创新与知识创造、内容创意作为经济发展、产业重构的动力资源，介入了现代生产方式、经济增长模式以及产业市场规则的改造，形成社会再生产的全要素生产力和边际资本递增的新的生产方式。所以，文化经济主要是指文化的经济形态和经济的文化含量。

文化的经济形态可以是文化产业、内容产业，但不限于文化产业、内容产业；经济的文化形态是知识经济、科技经济、生态经济、绿色经济。文化经济与文化产业相比包容量更大，与经济的关系更密切。文化经济的核心是发展和可持续发展，其表现形式就是我们刚才谈到的循环经济、生态经济、环境经济和非物质经济。

在世界范围内文化经济有一个发展过程，它经过了从产业经济到知识经济再到文化经济这样的发展道路。所谓工业经济是以加工、制造业为代表的，这样一种工业经济是我们说的产业经济阶段，这种经济更多地体现为一种量的经济。而以知识为基础的经济，就是我们通常使用的创意经济、内容经济、信息经济，这样一种经济形态就是我们说的知识经济阶段，这种经济是一种质的经济。

文化经济包括文化的经济形态和经济的文化含量，但不是两者的叠加，是融合。在各种会议上经常会听到叠加和融合的阐述，叠加是简单的物理行为、物理反应，而融合是化学反应，从根本上改变了原始的形态。所以说文化经济大于知识经济，知识经济大于产业经济。

从概念的内涵和外延来阐述，文化经济的概念涉及很多具体的内容。比如涉及轴心经济、自主创新、服务贸易、国家资本（或者叫资源配置）以及可持续发展等五大要素的内容。产业经济是平行经济，它可以在不同的点同时展开；知识经济是轴心经济，它是以知识产权为中心而建构的一种经济状态，有的地方出思想、出创意，有的地方做加工，这是一种轴心经济。资源配置则在一定程度上涉及国家资本。

以美国为例对这两个概念略加说明。汽车制造业曾经是美国很重要的产业经济结构。美国的底特律、芝加哥都是产业工人的聚居地，五一国际劳动节就是芝加哥发起的。当时英国和其他一些发达国家在这样一种产业经济层面上是并存的，重点不仅仅在美国。但是到了计算机信息经济阶段，美国的轴心经济就表现得特别明显。

有一年我跟着一个政府高层的小规模代表团访问法国，与法国政府主管通信信息的高层官员讨论、交流国家信息化的发展。法国人提出目前以计算机为终端、以互联网为传输渠道的信息传播方式是美国的跨国资本在里面起作用，希望中国警惕。因为目前世界互联网的管理机制不是政府，是各种各样的技术协会，而这些协会的主导权多数在美国。所以欧洲的政府代表提出希望中国考虑欧洲模式。欧洲的信息终端是以它的通信线路为渠道，以个人通信终端为个人信息终端。

当然，中国的情况不一样，我们还要加以研究。回来以后我们给中央提出的思路是欧洲的模式、美国的模式都是有特定内涵的模式。就是信息经济下的一种轴心经济的模式。我们恐怕还得考虑自己的第三方模式。至少中国的电视平台是全世界最大的，目前中国有将近4亿台电视机。那么，我们可能就要考虑不同信息终端的融合。

目前，美国的经济政策是利用全球的资源、市场、劳动力来为美国的思想、文化服务，美国主导的版权政策实际上是不合理的。我在北京参加过美国版权协会、软件协会的一些讨论会和谈判，在这种会上他们总是居高临下、趾高气扬地指责中国违背了版权规则等。

在一次会议上我就提出来，我说你们的这些版权规则本身存在不合理的部分。因为所谓版权概念是双重保护，或者我们叫作适度保护，一方面是保护著作权人的利益，另一方面它要保护全社会、全人类的利益。当你著作权的保护超过了适度的时候，它就侵害了别人的权利，侵害了全社会的权益。我说你们就是利用“先入”的地位优势来掠夺“后入”的发展中国家人民的财富和资源。这样一种轴心经济和国家资本的概念是值得我们关注的，它是文化经济里面很值得研究的问题。

在联合国这个平台上谈到文化，是谈多元文化；谈到经济，是谈全球经济。多元文化和全球经济是两个并存的概念。所以在世界范围的平台上大家可以接受全球经济的概念，但是不能接受文化一体的概念。美国在这个领域里一直要推动的就是全球经济和美国文化的一体化。它的文化经济表现的是以美国为轴心的一种经济形态。

美国有个日裔学者叫福山，写了一本书，叫作《历史的终结与最后的人》（*The End of History and the Last Man*）。我在北京跟他有一次对话，我问他："历史怎么能终结呢?"他在书中提出世界文明是以法国革命为终点的，"自由、平等、博爱"等法国革命提出来的这些口号是人类文明的终点。而美国目前是法国革命这种精神的最直接的承受和发扬者，所以要用美国文化来一统世界。在北京我向他提出疑问。他说"英文里 end 有两个意思，一个是终结，一个是目标；我的阐述两个意思都有"。我和他争论的结果是谁也不能说服谁，但至少表现了他的一种观念。

美国还有一个学者叫亨廷顿，是哈佛大学的教授。他也写了一部很有名的书，叫《文明的冲突》。他提出文明的冲突不可调和，战争是解决冲突的最后途径。在他的书里描绘了一个场景，即 2010 年的一场世界大战。他写道，到 2010 年：由于台海战争及石油问题引发了世界大战，而世界大战的双方，一方是以美国、欧洲、俄罗斯为代表，另一方是以中国、日本和伊斯兰世界为代表，他认为这是两种文明。他的书里写道，在这两种文明的冲突当中，最后无非两种结果，一种是西方军队进入天安门广场，一种是双方筋疲力尽坐下来谈判。

所以我们说文化、文化经济一定程度上是和国家战略、国家利益联系在一起的，问题是看你采取哪一种方法去解决。像美国也谈它的资源可持续发展。美国 30 多个州，资源非常丰富。如得克萨斯州石油资源很丰富，但是美国不动这些资源，而是要去外面掠夺。所谓的海湾战争、所谓中东战略都是资源利益在驱动。

文化和经济的融合在国家发展当中是很起作用的。韩国 1997 年以后经济跌入低谷，它的翻身就是韩国的文化经济在其中起了决定性作用。文化经济里面涉及一个国家资本的概念。国家资本包括国有资产，但又不等同于国有资产。国有资产有的是无形资产，有的是有形资产。比如土地，比如政策，这涉及资源分配问题。在发展文化经济的过程中，如何利用这种资产也是一个在操作层面上值得关注的问题。英国、新加坡对这部分资源和资产都有非常明确的界定。如果进入产业化领域，国家必须要占有一定的份额，具有发言权。但是在转型过程当中，我们感觉到这方面有一些问题。怎么在文化经济行为当中保存国家资本的力量，至少让它在发展过程当中继续有发言权，这是一个值得研究的课题。

在文化经济的概念当中我们通常关注文化产品，但是文化产品是一种有形的文化经济，而文化的服务贸易是现在亟待开拓的一个发展空间，这是一种无形的文化经济形态。比如说美国商务部到中国来谈判，他们经常谈的是以版权为核心的贸易，这里面既包括产品贸易，也包括服务贸易。但是在对应的谈判过程当中，我们的商务部没办法和他们讨论这些问题，因为不在商务部的领域之内，我们有许多其他的部门。文化服务贸易是文化经济的一个新的增长点。关于文化服务贸易怎么在文化经济的整体发展当中发挥作用也是我们后面要讨论的。

文化与经济的融合不仅仅是内容、产品，不仅仅是产业，它涉及一个更宽视野、更高层面的思考。

三 应用问题——如何进行文化的产业化

文化产业的发展受多方面的影响，其中主要有历史传承、社会需求、经济状况、科技水平、政策导向等几个方面。

历史传承指文化的历史沉淀，包含语言、文字、艺术创作、科学发明等文化形态的历史延续。社会需求指的是社会发展到一定程度以后人们对全面发展、综合发展和可持续发展的一种需求。经济状况是指国民经济发展的总体水平以及受其影响的可用于文化产业的直接投入。科技水平是指在信息、材料、生物、认知等与文化产业关系较为密切的领域的科学发展水平。政策导向指的是政府利用行政资源在一定时期内对产业的发展方向进行的宏观调控措施。

在这里，我把以上几个方面糅在一块谈谈我对文化产业化发展的一些思考。中国关于文化产业的研究、推动是在2000年以后出现的。出现的时间虽然不长，但是发展很快，5年来一波一波地动作。

2003年6月，中央文化体制改革工作会议决定设立35个试点单位、9个试点地区，我们在座的各位都是领导干部，知道做试点是个什么样的概念，试点都是抓一个、两个、三个点，而像这样35个点、

9 个省市地区，那么可以算是投产前的中试了，这个动作是很大的。2003 年中央政治局学习关于文化产业的问题。2003 年 12 月底国务院发［105］号文，内容是关于推动文化体制改革和文化产业的相关政策。

2004 年十六届四中全会提出“文化生产力”这样一个概念。2005 年的五中全会再一次提出文化事业、文化产业，特别提到了完善文化产业政策，形成以公有制为主体、多种所有制共同发展的文化产业格局，和以民族文化为主体，吸收外来有益文化的文化市场格局，这是一种比较新的提法。既谈到了资本形态，也谈到了内外文化的关系。以前我们只谈一个方面——弘扬民族文化，这里谈到了与外来文化的互动。

我们跑了很多省，许多省都在提建“文化大省”“文化产业大省”等，我也参与了一些省文化或文化产业规划的制定。广东省做得比较早，而且影响和成效都比较大。广东省 2002 年省委决策，2003 年就召开建设文化大省的会议，2004 年 11 月首届国际文化产业博览会在深圳召开，2005 年 10 月在珠海召开南方文化产业论坛，今天省委中心组又在这里学习文化产业、文化生产力的问题。

这些都说明我国在战略上的部署是非常清晰的，发展形势也是好的，但是同时套用一句我们经常说的话“形势大好，问题也不少”。这种问题从理论到实践上都有。

首先我们说我国是文化资源大国，但不是文化产业强国，在世界文化产业的排名当中没有位置。一谈到文化产业，我们大家都能数得出的：美国的电影产业，好莱坞的电影打遍全世界；英国的出版产业，特别是学术出版，仍然占有统治地位；德国的会展产业，他们会展的规模、会展的类型，好几个城市作为世界会展中心的位置，显示出了德国在世界会展业当中的作用；日本的动漫产业，电视机里的动漫虽然是美国题材，但是基本是日本人制作的；韩国的游戏产业，中国电脑游戏 60% 的内容来自韩国。但是我们自己在世界上还没有叫得响的文化产品。

其次，另一个比较突出的问题是，虽然我们现在文化产业的范围扩大了，但是有行业没有产业的现象仍然非常突出。原来文化产业在2003年以前基本限定在文化行政管理部门所管辖的范围内，2003年以后，特别是2004年国家统计局关于文化及相关产业的统计规定下达以后，我们对文化产业的概念有了一个很大的变化。它里面分成了几个层面：核心产业、外围产业、宏观产业。核心产业又分7大类：新闻服务、出版版权贸易、广播电影电视、信息文化、旅游休闲、旅游娱乐、广告会展。然后扩展到其他相关产业，包括制造业。所以说范围已经很大了，但是文化的核心产业里面我们看到的仍然是有行业没产业的现象。

以传媒为例，全国有2000多种报纸，但是没有报业，虽然有上市公司，但那是试点，我们所有的报纸都是事业的。《人民日报》发行200多万份，算是最大的。《人民日报》不构成产业；广东三四家报纸的规模都是很大的，产值达到近20亿元，但是它不进入产业渠道。全国有1988座电台，广播没有形成产业。我们有1606座电视台，有4亿台电视机，但没有电视产业。每年我们国家大约有17万种图书出版，但是我们的出版社很少是独立的企业法人，它是事业单位企业管理。

此外，我们的文化事业、文化产业、体制改革的相互关系不明确，公共文化服务体系有待建构。还有，从认识上、理论上经常有人会提出这样的问题："发展文化产业是阶段性的工作还是长期的工作？是宣传文化部门的工作还是所有部门的工作？"我们做了大量的工作，有实践，但是在这方面抽象出规律，上升到理性认识，形成我们的政策还有距离。

所以我们说，虽然发展形势很好，但是问题还是比较明显的。要解决问题可以从文化产业的三个核心要素入手来思考。我们说文化产业由内容、科技、资本三个核心要素构成。由内容决定社会需求，由科技决定产业形态，由资本决定产业规模，这是我们思考问题的出发点。

所谓内容决定需求主要看内容的原创性和不可替代性，看老百姓是否喜闻乐见。韩国的青年学生在网上留帖子写道："韩国的经济再发达也不如中国，因为我们没有鲁迅。"在这里鲁迅就是一种原创的符号代表，他的思想深度、他的影响力就在于他的这种不可替代性。我说广东的报业做得全国最好，为什么？至少它成功的原因之一在于其内容的成功性。通常我们说传媒是党的喉舌，那么喉舌就要完成政令畅通、上传下达的任务。但是这还不够，因为我们通常说“媒体不仅仅是喉舌，还是耳目喉舌”。麦克卢汉是加拿大的一位传播学大师，他在这个基础上又发展了一步，提出“传媒是人的延伸”，是人体各部分感官和人的思维、神经中枢的延伸。这里面给予传媒赋予的内涵就更大了。所以说我们的传媒除了意识形态这部分任务需要完成以外，同时还有科学、教育、娱乐的功能，另外还有一个重要功能——信息服务。而广东的报业能做得这么好，内容方面的突出表现是重要因素。

当然我们谈到内容，经常会遇到一种争论，就是在社会效益和经济效益方面到底谁先谁后。如果进入产业层面，在文化产业的平台上讨论，这个问题应该不存在。因为这两个因素很难分割，除了类似古琴、昆曲目前中国仅有的两个世界非物质文化遗产，其他的文化产品，如果是产品，假如它不能实现经济效益，这样一种社会效益恐怕只能说是一种没有实现的潜在的效益，是没办法证明的社会效益。用户主导、市场调节是产业规则，所以产品如果不能被用户接受，用户不愿从口袋里掏钱，那么你的效益，不管是经济效益还是社会效益都没有。

国外学者总结归纳文化产品有 3 种基本的产品形态，在地产品、在场产品、在线产品。所谓在地产品指的是在某一地区固有的，由于物理原因和文化生态理由，无法移动的产品形态，比如特定的自然遗产和建筑，以广州来说，白云山、珠江都属于这种在地的文化形态，它具有一次性，不可重复。而与在地产品的消费直接发生关系的一种文化现象就是旅游文化。但是怎么把在地产品的内涵再挖深一点呢？这里面就有很多讲究的地方，就是我们说的“内容”。大家都知道桂林山水甲天下，所以大家到桂林旅游就是到此一游，看看山水就走。但实际上桂林是全国第一批文化名城，从古到今有许许多多的历史文化的传承，有遗迹、有旧居、有人物。如果能够让大量的旅游者为了桂林山水送上门来了以后多留一天，你的产值就要增加许多。

怎么能多留一天？那就是除了空间的文化概念以外，去发掘时间的延续性，也就是我们说的历史传承这个层面。这就是对在地文化的一种阐述。

所谓在场产品就是指突破了地域性局限，可以在异地得到表现的文化形态，接受者可以在特定的场合对它进行观赏。最典型的表现形式是艺术表演或者博物馆的巡展。云南拉到北京去的《云南印象》是在场文化产品一种很好的表现形式。目前《云南印象》不仅在中国上演，而且在世界很多地方上演了多场，据说合同已经签到一年以后了。这就是把在地文化向在场文化过渡转化的一种表现方式。

但真正能够突破文化产品的空间限制的是在线产品。所谓在线产品是利用电子模拟技术、数字技术将文化内容传承、上载，使它传遍世界的范围和空间。与这种文化相联系的我们通常说的是影视业和互联网。2005 年是全世界纪念电影 100 周年，那么对电影我们有一个说法，电影是第一个涉及输入、存储、输出的一种文化形态。通过拍摄变成胶片可以存在那里，什么时候需要就拿出来播放。我们说现在的电视、互联网形成了这样一种形态。

区分清楚了这些表现形式，我们对文化产业的内容可以得出一些基本的思路。首先，多数地区要考虑开掘一种不可替代的、具有历史传承的、具有鲜明地方特色的在地文化资源。对于在场和在线的文化生产主要以创新和复制为主要特征。而对在地资源缺乏的地区，这个是主要的文化形态，它是文化的主业。美国百老汇表演、好莱坞电影就是因为他们在地文化资源不够，所以才开掘出来这种在场的文化。当今全球化的发展过程中对文化流传有一条定律，叫作“流通决定流传”。在地、在场的资源的影响力取决于在线传播的最大化，那些文化资源小国能够变成文化产业大国，其主要原因就在这个地方。以上是谈内容，内容决定需求。

下面谈科技决定形态。现在的科技日新月异，给文化产业和其他产业都带来了无限的商机。这种科技表现其中一个非常突出的点是科技的融合创新。以前古代的学科大师们都是跨学科的，不管是亚里士多德、柏拉图，或是中国的孔子、老子，至少都是哲学家、教育家，还兼其他领域的专家。但随着现代科技的发展，学科越分越细，互相之间不来往。最近这些年在科学界有一个很突出的、值得关注的现象，就是融合，科学技术的融合。

目前在学界有一个专有名词，叫“融合技术”。这种技术主要指目前 4 个迅速发展的科学技术领域的融合：纳米技术、生物技术、信息技术、认知科学，这 4 个词的英文缩写为 NBIC。如果我们到网上去查一下，可以查到目前这方面在学术界非常热门。专家们认为以上四个领域的技术当前都在迅速发展，每一个领域都潜力巨大。所谓人类认知组计划、基因组计划、超级计算机、新型材料都取得了明显的进展。这 4 种技术中任何技术的两两融合、三种汇聚或者四种集成都会构成难以估量的影响。

科学家们对这四大科学技术有一段表述，“如果认知科学家能够想得到它，纳米科学家就能够制造它，生物科学家就能够使用它，信息科学家就能够监视和控制它”。这段话清楚地说明了融合技术的社会作用和相互关系。

在广东我觉得对这种融合技术感受最直接的是纳米科学与信息科学的结合体——超级光盘。据有关报道，现在的纳米光盘一个盘片可以装 20 部电影，容量是传统光盘的 150 倍，存储量达 100GB 以上。这样一种产品的出现将使光盘市场产生革命性的变化。前一个阶段已经出现了一种号称“音像 SARS”的压缩 DVD 碟片，这种碟片大概是现有 DVD 的 8—10 倍，它已经对广东的音像市场的发展产生了极大的推动。广东有关部门是从反盗版入手来控制事态的发展的，但是我觉得还需要看到，即使盗版得到控制，这样一种技术的发展趋势还是存在的。所以还要从技术发展和人的发展的角度去考虑我们的应对。

科技创新有无限的空间，但是在文化消费、文化产品、文化服务领域里面有它自身的内在发展规律。这种规律的基本特点是以人为中心，围绕人的需求来开展的，特别是那些与人的工作、生活有直接密切关系的产品。

有一年我去芬兰诺基亚的总部——赫尔辛基参观，看他们设备的研制，大家都知道诺基亚手机确实比较好用，我看到那里有各种形状的手机，我就问当时的技术人员："手机设计大大小小，最小可以做到什么程度?"设计师给我的回答出乎我的意料，但却又在情理之中。他说"手机的大小以你的耳朵和嘴巴的距离为标准"，我想这个回答非常准确。你哪怕弄得再小它也得兼顾听和说的功能。所以在文化产品和科学技术间是可以找到一些规律性的东西的。

我们前面说到不同的信息终端是不同的人的需求。比如说以工作为重心的同志们在办公室的时间多，他的信息的主要接收终端就是计算机；那些把家庭的温情、亲子关系看得比较重的，可能在电视机前、家庭客厅里待的时间就会多一点，那么对他们来说可能电视机就是主要信息获取终端；对我们很多同志来说，以个人为中心，经常在移动中活动，那么手机可能就是他的主要信息终端。那么我们的文化服务、文化产品就要根据不同人的需求去研究他的消费习惯、消费模式。

2005 年我去美国拉斯维加斯参加一个信息产品的展览，发现现在大家都提出一个"整合传媒"的概念，都号称我们现在已经具有了整合传媒技术。由于目前这么多终端，还必须要有一个放到一起的一个平台，一个整合平台。在中国由于部门利益的限制使我们现在终端的整合没有完成，但美国这件事情是完成了。

2005 年 6 月初，我在华盛顿见了美国国务院信息与通信政策委员会的主席，和他讨论中国与美国的信息政策。他举了个例子，说在他们家里没有什么三网合一的问题，他只需要选择一个供应商，任何一个本行业的供应商进来以后，一张账单解决问题。因为这个供应商会把他们家的电话、计算机网络、电视机有线网络全部办妥。技术上没有问题，而是政策问题。

所以在科技与文化的融合过程中，科技会影响到产品的形态和服务的方式。在今天，所谓手机、电视、网络、游戏都是新技术带来的发展空间，而在这个方面广东又走在全国的前面。广东有三家大的集团公司：广州网易、深圳腾讯、珠海金山，都是抓住了时机，都是这个方面成功的先例。

所谓资本决定规模，这里面涉及的问题比较复杂。从优势产业的角度来看，一些有基础的优势产业要参与竞争，要面向国际市场必定要有规模。这个规模就需要资本的投入。科技企业可以找到风险投资，其他以文化内容为载体的产品和服务在企业资本方面如何拓展思路，这是一个很值得研究的问题。

这次五中全会在文化产业领域提出了多种所有制并存。2005 年 8 月国务院的文件对外资进入是有明确限制的，但对国内的资本却给予了一种鼓励的态势，对 2004 年以后建立的文化企业给予了免税的优惠。但这里面的资本和经济领域里的资本不一样，经济体制改革过程中很多成功的经验能不能移植到文化产业领域里来目前还在探索之中。

在北京，中央建立了两个文化产业方面的集团公司，一个是发行集团公司，一个是演出集团公司。这两个集团公司明确定为企业法人，但是关于资本的归属到现在为止还没有得到一种非常满意的运作方式。国务院的思路由国资委来管理，因为它是国家资本、国家产权；中宣部的思路是由中宣部来管理，因为它涉及内容、干部、行业。最后协调的结果是放在财政部去管理。财政部管理当然有困难，因为中国的事情是管钱、管事还要管人。

文化产业的资本归属现在也在探索过程中，经济体制改革改到深处是产权问题，文化体制改革改到深处，在一定程度上说有可能涉及政权问题。

2005 年 8 月我接受一个任务，去蒙古国访问。蒙古国是在梭罗斯基金会和其他机构的作用下已经完成了颜色革命的一个地方。那里现在的政治形态是全民普选总统，两党轮流执政，所有的媒体除了发公报的机构是政府的以外，全部是民营化。但是它还有一个很有特点的现象，是别的西方国家没有的，它有 7 个政党，7 个政党都有党报，而这些党报是交给一家民营报业集团在运营的。所以我们的文化体制改革在经济层面上、资本层面上怎么去运作，关系到许多深层次的问题，目前正在思考研究过程当中。我们也很希望广东能够创造出一种模式。

四 对策问题——广东如何发展文化产业?

文化产业综合发展的基础是人以及人的社会需求。以人为最小的核心单元，以人群为中心的行为模式，和以社会为中心的文化形态，构成了我们讨论的文化产业的全部内容。这里面有几个要点：第一个是以人为中心的核心单元，第二个是以人群为中心的行为模式，第三个是以社会为中心的文化形态。这就是我们需要研究的文化产业。

按照国家统计局的界定，文化产业在核心产业方面包括七大类。从表象上看文化产业是创意和内容，是产业和经济，而实际上文化产业反映的是人类的生存环境、交往方式和社会结构。报纸和电视提供的信息和新闻是人们行动的依据，各种表演和艺术作品是人们流露感情和表达思想的方式。娱乐是调节，传媒是沟通。当代文化产业充分体现了人和社会相互依存的复杂关系。文化的发展和社会的综合发展是密不可分的。说到底文化产业发展就是人的综合发展、社会的协调发展。从这样一个角度来理解和思考文化产业的发展的思路和社会的协调发展，可能更为直接、更为亲切。

根据广东的情况，谈点不成熟的意见，因为我们对广东确实很不了解，虽然我来过几次，但都是非常匆忙，调研的地方还比较少，座谈的只有三个地区，分别为东莞、惠州、中山，这就难以准确地了解广东的整体面貌，但从看到的材料中有一些感觉。

第一，从发展思路上来说，建议要考虑从物质经济到非物质经济的跨越，从知识产业经济到以知识为基础精神的跨越，从工业制造经济到创意服务经济的跨越，从文化资源到文化技术体系的跨越。

广东目前文化制造业非常发达，占全国的大头。但是怎么能够把广东制造变为广东创造，创意产业的发展具有很大的空间。广东印刷业和制造业非常发达，印刷业占了全国50%以上，文化产品的制造业占了绝对优势。但与版权相关的文化产业排名靠后。音像制作和发行空前繁荣，占全国60%以上的份额，但是电视和电影创作跟音像的这种发行和制作来说不成比例。报业全国排名第一，但广电业排名达不到这样的程度。

我与东莞的宣传部部长在交流的时候，他说：我们把最需要钱的人吸引到这里打工，把最有钱的人吸引到这里投资，但是我们现在更需要的是把最有创造、最聪明的头脑吸引到这里来创造。这样一种创意产业，领导同志们曾经给我们举过一些例子，而且在很多场合大家谈过，这种创造值跟制造业不成比例。

第二，建议从政策和体制上做一些创新。创新是民族的灵魂，是广东的传统，也是改革开放的成功经验。中国历史上很多大事都是从广东发源的，例如鸦片战争、辛亥革命、改革开放等。

我到中山调研的时候，注意到一个现象：中山故居，它是文物保护单位和教育基地，每年有400万元的财政拨款，但它又是4A级旅游景点，每年有800万元的门票收入。它一年包括发展的经费需求，大概要700万元左右。按照我们的现行政策，它这两个部分有冲突，体制不顺，怎么办？

我们说文化产业的三个核心要素，有内容引发的社会需求，有科技推动的形态变化，有资本决定的产品规模。而这三点的发展都受到了政策、机制、体制的制约，我们的体制是有很多地方不顺。比如说，我做互联网研究，前几年接受的一个国家课题，是网络安全的法律体系研究。当时我们做这个题目的时候，公安、安全、信息、广电、新闻出版，这些部门的一些同志一起来讨论，公安的同志就跟我说，我们现在无法可依。我说与互联网相关的法律法规，全国一共出台了200多项，这200多项怎么会无法可依呢？后来我们经过仔细的分析发现这些法规大都是申明式的，没有办法依此来执法。比如，规定中已明确某些单位没有执法权，但他自己却宣布我有执法权，这个事情该归我管。像这样参与管理的部门就有18个，到现在为止这个管理关系还没有理顺。把我们传统的、物质形态里面的管理模式移到这样一种虚拟世界里面就遇到了问题。比如说我们现在管理机构，有管网络出版的、有管网络学术的、有管网络新闻的、有管网络视频的、有管网络游戏的、有管网络文化的。你们说在网络上可能这么分吗？网站的老总告诉我，如果这十几个部门同时开会，我这个老总都不够派，这就是体制造成的。

这种体制不容易一下子改过来，因为我们现在的政策要承认现实，兼顾这样一种利益，所以有一些突破就只能由基层从不同层面来做。十六大报告里面的三句话，三个“一切”，我觉得很好。一切妨碍发展的思想观念都要坚决冲破，一切束缚发展、一切影响发展的体制和弊端都要坚决革除。从理论上、从观念上我觉得可以做，当然在实践操作上有难度。

怎么从实践操作上也能做到这三个“一切”呢？第一，是否符合中央的整体改革精神；第二，是否有明文规定不许你这么做；第三，是否为改革的试点单位和试点地区，如果这三个条件都具备，我觉得就可以做。因为我们现在关于文化产业的改革，有很多地方都有一句话，限于试点地区和试点单位，广东就是试点地区。

当然除了这三条，还有最后一条就是你是不是真的想做。我曾经跟有些领导干部做过交流，他说我们经常遇到这样的报告打上来，说我要做什么事，而这种事是突破现行体制、现行政策的，那么你这个报告放到我这里来有两种可能，第一个可能性是要我给你承担责任，你去干；第二个可能性是你并不是真的想做，但是躲不过，要做一个动作，放到我这里来。以上这四条可能在一定程度上能够促使我们在一些思路上、在有关做法上做一些突破。

第三，建议从社会的综合发展出发，把文化产业发展和公共服务体系联系起来思考。目前，公共服务、公共文化服务体系都是在文化发展过程中、在和谐社会建构过程中比较关注的点。

公共文化服务体系主要是指政府向公民直接或间接地提供公共文化产品或公共文化服务。所谓公共文化产品是指全社会所有公民能够共同和平等享用的公益和准公益性产品。所谓公共服务是指以满足社会成员文化需求为目的，着眼于提高全体公众的文化素质和文化水平并且维持社会生存和发展必要的条件。

对公共文化服务，各个国家有不同的做法。全世界大概有三种模式：第一种是以法国和日本为代表的中央集权模式，或者叫政府主导。这个从中央到地方都有行政管理部门，然后由行政管理部门来做这些事情，并且对文艺团体和非营利组织给予支助。第二种是美国、加拿大、澳大利亚的模式，这样一种市场分散和主导的模式，政府主要管政策法规，建立优惠政策让不同的部门在市场中生存发展，寻求一种空间。第三种是英国为代表的政府和民间中间有一个中介的这样的一种非政府的公共机构。一方面向政府提供咨询，一方面负责给民间的事业单位拨款。

从我国的国情来看，我们现在的公共文化服务体系，涉及政府的行政框架、队伍建设，涉及公共文化的设施，如图书馆、博物馆、文化站，涉及公共文化的网络等。我们过去习惯把这样一些层面全部由政府统包，叫作为人民服务。而公民也习惯接受这种无偿服务，但是在北京我们讨论过几次，觉得目前应该发展到新的阶段，即使对公共文化服务也要采取不同的思路。

这样的思路至少有三种形态。第一，公益性的无偿服务。第二，适当补偿成本的有偿服务。所谓补偿成本就是政府拨款不足，但是你不能以盈利为目的，你还要分担社会成本。第三，进入市场的公共文化服务。就是你享受服务你就付费。在发展文化产业的过程中，使文化产业的发展和公共文化体系的建构产生互动，可能是一种探索的模式。

这样一种模式的前提是要有经济积累、有经济基础。我们走了十来个省，有些省经济基础比较好，有些省经济基础比较差，我觉得要做这样一种尝试，在经济基础比较好的省，可能能够先做起来。广东是经济基础比较好的省份。如果能够结合这样的一种社会建构，把文化产业融合到这里面，既有经济效益，又有社会效益，公民的文化效益得到保障，服务决策也得到发挥，可以做一些事业。

第四，从操作层面提点建议，也是我在调研过程中总结出来的“八句话”：党政领导，战略布局；职能部门，统一运营；专家论证，观念突破；科学决策，试点先行；群众参与，保持特色；市场运作，机制创新；立足本土，拓展海外；文化兴邦，产业富民。我把这 8 句话做一个解读。

党政领导，战略布局。我觉得这是由我们的体制决定的。社会主义体制，国家体制的优越性，能够集中力量办大事，所以党政领导这样一种战略布局在于能够集中力量集中资源。在我们调研过程中，很多的省里面的同志，特别是与宣传部部长交流的时候，他们都谈到一个观念，说这件事情光靠宣传文化部门来推动是很难推动的，如果党政主要领导来推动事情就好办得多。广东的经验也刚好看到这一点，正是领导的大力推动，文化大省才走得比较快。

职能部门，统一运营。它涉及跨领域、跨行业、跨部门综合协调。也就是胡锦涛总书记谈话的时候提出的这样一种想法：跨行业、跨部门、跨领域，这样一种“跨”，是职能部门的一种综合协调。

专家论证，观念突破。科学决策是有必要的，这个专家论证也只是提出一些观念，有时认识和观念的突破是我们行动的一个基础。一个依据，当然也不能尽听专家的，有时专家也只能纸上谈兵。所以后面这句话也重要，科学决策，试点先行。要论证，要做试点。

群众参与，保持特色。我们说文化产品它有一个独特的特点，就是它的地方性。地域文化、民族文化，而这样一种地方文化和民族文化的保持和保证就在于需要有足够多的群众的参与。只有群众的积极参与，才能充分地保持和保证这样一种地域文化的演示，文化基因得以发挥。

市场运作，机制创新。既然它是产业就有产业的规则，就有投入产出，要遵循市场的规矩。

立足本土，拓展海外。因为我们的文化产业不仅仅是为我们当地的人服务，它确确实实存在着弘扬文化，存在着“走出去”的任务。更重要的是，世界市场是一个更大的市场，比如广州每年的广交会，其主要目的就是面向世界，那么我们做文化产业也要面向世界。

最后一句话叫文化兴邦，产业富民。文化兴邦，我们前面在谈文化的基本概念的时候已经说过。产业富民在文化产业这个层面，跟其他产业不一样。文化产业，它是先富民然后给政府带来税收，你首先会使这一片地区的老百姓收入增加，这是各地在开发旅游过程当中普遍得到的一个感受。文化产业、文化服务业在这个层面上它首先是一个富民的产业，然后才能使这个地区得以壮大。

今天我的发言是以胡锦涛总书记的指示作为我们思考的出发点，

结合张德江书记提出来的四个问题，做一个学习心得的汇报。前面我们说了，广东省是我国改革开放和经济发展的前沿，是我国文化经济和全球化接轨战略门户，也是我国文化体制改革和文化经济发展的领先之地。广东的文化产业和文化经济的发展关系到我国文化经济模式的建立和国家文化体系的建构。所以，我们衷心祝愿广东在文化经济的理论和实践中继续保持优先地位，为我们国家经济社会的全面发展探索出新的思路、新的模式。

传媒经济与管理研究的回望与前瞻[*]

崔保国　杭　敏[**]

摘要　本文对传媒经济与管理研究的发展历程进行了回顾与梳理，对国内外传媒经济学领域的研究现状和最近成果进行了介绍，总结了该领域中外研究的特点、热点及未来发展趋势，并力图借鉴国际经验，为中国传媒经济学研究的发展立下路标。虽然传媒经济学学科在中国的形成与发展仅有二十多年的历史，但如今这一领域的教育与研究议题丰富、视角多元且成果丰硕，不仅形成当前新闻与传播学领域中一个重要的交叉学科，更是直接服务于传媒产业的发展，成为推动和引领传媒产业创新的重要力量。希望借此文分享我们的思考，我们也期待，在继续探索传媒经济管理前沿与推动产业发展的道路上，既知初心与来路，亦得进路与未来。

关键词　传媒经济与管理；议题；范式；路径；特点

传媒经济学研究在中国能有今天的发展格局，主要依托于两个渊源，一是国际传媒经济管理研究的发展，二是中国自身对传媒经

---

* 本文原刊于2016年《传媒经济与管理研究》。

** 崔保国，清华大学新闻与传播学院教授、博士生导师，传媒经济与管理研究中心主任，清华大学文创院副院长；杭敏，清华大学新闻与传播学院副院长，教授、博士生导师，经济传播研究中心主任。

济管理的思考和探索。虽然传媒经济学学科在中国的形成与发展仅有二十多年的历史，但如今这一领域的研究议题丰富、视角多元、成果丰硕，不仅成为当前新闻与传播学领域中一个重要的交叉学科，更是直接服务于传媒产业的发展，成为推动和引领传媒产业创新的重要力量。

一 筚路蓝缕，一路走来

中国传媒经济学的体系主要是受西方传媒经济学的影响。传媒经济学诞生于20世纪50年代的美国，早期研究主要集中于报业经营和广播电视产业运营与管制等，其后开始不断向外拓展。随着广播电视为代表的电子媒介的高速发展，20世纪80年代传媒经济学进入发展的“黄金期”，其中标志性事件就是以《传媒经济学刊》为代表的一批有质量的传媒经济学刊的创办，以及世界传媒经济大会的创立，罗伯特·皮卡特教授作为传媒经济学创始人之一成了该大会的主席，借此，一个遍布全球的传媒经济学学术共同体得以形成。近年来，传媒经济学研究已经与媒介实践、经济学研究、传播学研究形成了相互滋养、相互促进的良性关系，并且紧跟信息消费、互联网、新媒体发展步伐，向更广阔的社会领域渗透。

中国传媒经济学研究虽然受西方学科体系的影响较多，但其实也有自己的渊源。中国最早涉猎传媒经济研究的应该追溯到徐宝璜先生所写的《新闻学》，此书于1919年12月由北京大学新闻学研究会出版。全书共14章，从新闻学定义，到报纸工作的编辑、采访、发行、广告诸方面，都作了理论与实践的探讨。这是中国历史上的第一部新闻学专著，也是第一本涉及报业经济的专著，因此被蔡元培称为“破天荒之作”。此后戈公振先生的《中国报学史》从纵横两方面对中国报业进行梳理和总结，也涉及报纸的经营管理等问题。

现代中国传媒经济与管理研究的起步相对较晚，大概也就20年时间。20世纪80年代中期，传媒业界学界相继提出报业的“事业单位企业化管理”“报业经济”等探索性概念。随着改革开放的进一步深入，20 世纪 90 年代中期传媒经济领域研究开始兴起。[①] 跨入 21 世纪，传媒经济研究已经在国内新闻传播学科中形成了一股热潮，研究逐渐深入，社会影响也更为广泛。其中具有代表性的成果有：《从注意力经济的角度看媒体品牌》[②]《影响力经济——对于传媒产业本质的一种诠释》[③] 等。与此同时，国内学术界也开始积极与国际学术界展开对话。2006 年，中国学者第一次组团参加了在加拿大蒙特利尔召开的第六届世界传媒经济学大会，并在这次大会上成功申办到 2008 年在北京举办第七届世界传媒经济学大会的主办权。在郑保卫教授、周鸿铎教授、崔保国教授、麦莉娟教授、陈中原主任、杭敏博士等学者的共同努力下，由中国人民大学新闻与社会发展研究中心、清华大学传媒经济与管理中心、中国传媒大学传媒经济研究所、北师大珠海分校传播学院、中国教育报刊社新闻研究中心联合主办的“第七届世界传媒经济学术会议”在北京成功举办。2005 年 4 月，由清华大学传媒经济与管理研究中心牵头主编的“传媒蓝皮书”开始发布，同时举办了“传媒发展论坛”，并且此后每年都发布“传媒蓝皮书”和举办论坛，目前已连续进行了 12 年。2009 年，世界传媒经济大会主席罗伯特·皮卡特教授在“传媒发展论坛”上为几位中国学者颁发了“中国传媒经济与管理教育杰出贡献奖”的奖牌。2012 年，在由上海大学影视学院、中国广播电视学会上海学术基地、上海大学传媒经济研究中心等主办的“传媒新经济：中国与世界的对话”国际研讨会上，与会者围绕“各国传媒体制政策新考量”“新媒体经营管理新理念”等主题展开讨论。如今，中国传媒业在与世界接轨中产生的新问题和新现象，特别是中国互联网经济在世界范围内的异军突起，正吸引一大批国际知名的传媒经济学者来到中国，调查思考并与国内学者共同探讨。

---

① 吴信训、金冠军主编：《中国传媒经济研究 1949—2004》，复旦大学出版社 2004 年版，第 1 页。

② 喻国明：《从注意力经济的角度看媒体品牌》，《现代广告》2000 年第 5 期。

③ 喻国明：《影响力经济——对于传媒产业本质的一种诠释》，《现代传播》2003 年第 1 期。

二 传媒经济与管理研究的学科定位

中国传媒经济学的研究正逐渐走向成熟，不仅拥有了清晰的学科定位、明确的研究范畴和具体的研究议题，更涌现出了一批专业化的研究团队和大量丰硕的研究成果。目前，中国传媒经济学是一个处于新闻传播学一级学科之下的二级学科，其主要涉及的是传播学与经济学的交叉领域，但该学科研究领域的广泛性又使其与管理学、广告学、营销学等学科有着紧密的联系。

在经济学视野下，传媒经济学可以被视为应用经济学的一个分支，产业经济学、制度经济学的研究理论在传媒经济学中多有运用。世界传媒经济大会主席罗伯特·皮卡特在给传媒经济学下定义时就认为："传媒经济学是致力于研究经济和金融力量如何影响传媒体系和传媒组织的学问。"而以我们的观点来看，传媒经济学是用经济学的方法研究传媒经营与信息消费领域的经济活动和经济规律的学问。它的研究领域可以涵盖：传媒产业经济学、传媒企业管理学、广告经营学、整合营销传播学、传媒市场研究、传媒法规与政策研究等。同时，传媒经济学的核心研究对象是以媒介、媒体、传媒企业、传媒产业为代表的不同层面、不同维度的"传媒"。学者们所探索的也是"传媒"领域发展变化中所涉及的经济规律。

在新闻传播学视野下，传媒经济学可以被置于媒介研究的范畴，新闻学与传播学的基本理论在传媒经济学领域中同样适用。而市场经济规律也直接作用于全球绝大多数媒介企业、传媒产业，甚至直接决定着它们的生存方式、组织形态和运作机制等。事实上，人们对于信息的消费、传媒企业提供的信息产品以及传媒产业信息生产机制都属于传媒经济行为的范畴，而不同于一般经济行为的是影响信息消费和传媒运行的要素是多元的，主要的有市场因素、制度因素、文化因素、国际局势等。无论在资本主义国家还是在社会主义国家，传媒经济都是在适应其社会制度与经济体制的前提下而发展的。因此，传媒经济学作为新闻传播学研究中的经济学视角是不可或缺的，也是举足轻重的一部分，甚至从传媒产业发展的大趋势来看，传媒经济学应当是被置于最前沿中流砥柱位置的新兴学科。

三 中国传媒经济学研究的三支力量

中国传媒经济学研究的群体大体上可分为三支不同来源的力量：高校的教师和研究生，专业研究机构，国际大企业的传媒研究机构。

1. 高校研究团队

首先在各大高校形成了一批有实力的研究与教学团队，并率先形成几个最具影响力的研究机构，且相继开设了硕士生、博士生层次的专业教育。其中，2003 年中国人民大学在全国率先自主设立传媒经济学二级学科，并于同年 11 月设立传媒经济学硕士、博士点；中国社科院新闻与传播研究所于 2002 年开始建立传媒经济研究中心，设立了传媒经济学硕士、博士点；中国传媒大学经济与管理学院也设立了传媒经济学硕士、博士点；清华大学从 2002 年起建立了传媒经济与管理研究中心，开始传媒经济与管理方向的硕士生培养，2008 年开始博士生培养，并于 2006 年设立了国际合作研究机构“清华—日经传媒研究所”；上海大学自 2002 年开始传媒经济研究方向的硕士研究生培养，2007 年开始博士研究生培养；武汉大学于 2005 年开始媒介经济与管理方向博士研究生及硕士研究生培养；暨南大学从 2006 年起招收传媒经营管理方向的博士研究生；南京大学从 2005 年开始传媒经营管理方向硕士生培养，2013 年开始传媒经济与管理方向的博士研究生培养；华中科技大学、华东师范大学、暨南大学等也较早开始媒介经营管理方向硕士及博士研究生培养。

作为中国传媒经济学科崛起的标志，2008 年 10 月 24 日，中国新闻教育学会下属分会——传媒经济与管理学会第一届常务理事会在上海大学召开。会议审议并通过了中国传媒经济学会章程；选举了会长、常务副会长、副会长、秘书长、副秘书长，建立了国际学术部、国内学术部、博士硕士学术部以及学术顾问委员会等常设领导机构，宣告了学会的正式成立。由此，中国传媒经济学科有了与新闻学科、传播学科并列的学会组织。在教育部最新一轮的学科目录调整中，传媒经济学被列为二级学科。2012 年，学会还隆重举办了“首届中国传媒经济与管理学会优秀成果奖”颁奖典礼，5 种期刊、辑刊荣获“杰出期刊/辑刊奖”，19 种专著和 19 篇论文分别获得优秀科研专著及论文的一、二、三等奖。这是我国传媒经济学科优秀科研成果的一次生动展示和检阅。2016 年，作为中国传媒经济与管理研究会会刊的《传媒经济与管理研究》（集刊）的创办，成为中国传媒经济与管理研究发展中的新亮点。

2. 市场化专业研究机构

近年来，中国传媒经济研究已不仅仅在高校，业界的研究力量也异军突起。目前有央视市场研究所（CRT）、央视—索福瑞媒介研究公司（CSM）、AC 尼尔森公司、艾瑞网络研究公司、易观国际传媒研究公司、人民网研究院、浙报集团传媒梦工场研究院、广州日报报业集团博士后科研工作站、深圳报业集团博士后工作站、大众报业集团博士后科研工作站、南方报业传媒集团的南方传媒学院等。相较于高校的研究机构，业界的研究机构更专注于传媒市场、受众研究、媒介转型以及产品研发等与产业实践直接相关的领域。

3. 跨国公司的传媒研究机构

近年来，还有一批更新锐、更国际化的研究团队和研究机构也在快速崛起，如：谷歌（Google）研究院、微软研究院（Microsoft Research）、创新工场、IBM 商业价值研究院（IBM Research）、阿里研究院、百度统计流量研究院、腾讯研究院等。这些研究机构依托新兴互联网企业建立，不仅拥有资金上的雄厚实力，且掌握大数据的资源便利和互联网技术上的优势，其关注领域主要集中在传媒投资、传媒市场数据和传媒新产品研发方面。

四　传媒经济学研究的中国视角与中国议题

传媒经济学（Media Economics）到底应该研究什么？应该怎么研究？这是一个长期困扰传媒经济学研究和学科发展的问题。从传媒经济学研究历程来看，学科在美国经历了六十多年的发展，在中国也有了二十多年的积累。学科研究的主要议题也经历了从早期对于报业市场和广播电视行业政府规制到对跨地区、跨领域各种媒介集团和传媒产业交叉研究的转向，尤其是近年来开始重点考察媒体在经济和社会发展中的作用问题。[①]

从中国传媒经济学研究脉络看，传媒市场化的出现成为学科研究的原动力。其后，随着媒介产业的快速发展，实践领域中层出不穷的新问题、新挑战则又成为中国传媒经济学关注的焦点。进而，怎样在国外传媒经济学的研究经验中把握对该领域的定义和体系成为关键所在。目前，中国传媒经济学的主要研究议题大体上可分为如下几大领域。

媒介形态与媒体业态的议题：传媒技术创新、市场状态、媒介形态、媒体业态、传媒生态、全球势态；传媒相关行业的研究，如报业研究、影视业研究等。

传播市场与绩效的议题：传播行为、信息市场、媒体企业、传媒行业、传媒与社会、全球传媒格局等。

传媒产业经济学的议题：研究传媒产业内部各企业之间相互作用关系的规律、产业本身的发展规律、产业与产业之间的互动规律以及产业在地理空间区域中的分布规律等。主要议题包括传媒产业结构、产业组织、产业发展、产业布局和产业政策等，也包括文化产业、信息产业等相关交叉领域的研究。

媒体企业管理的议题：围绕传媒企业经营管理活动的研究，如传媒企业管理、科技创新、财务管理、人力资源管理、战略管理、传媒投融资、资本运营、知识产权、版权国际贸易等。

公共管理与制度经济学的议题：制度经济学重视对非市场因素的分析，诸如制度因素、法律因素、历史因素、社会和文化因素等，强调这些非市场因素是影响社会经济生活的主要因素。科斯在制度分析中引入边际分析方法，建立起边际交易成本概念，为制度经济学的研究发展开辟了新领域。

广告学、营销学范式的议题：广告、公共关系、营销、整合营销、互动营销，以及信息与媒体技术相交叉的技术经济学研究等。

---

① 崔保国：《传媒经济学研究的理论范式》，《新闻与传播研究》2012 年第 4 期。

过去十多年，围绕上述议题的传媒经济学相关著作出版与日俱增，并形成较大的社会影响力。清华大学的学术团队出版多部学术专著，每年出版一部的《传媒蓝皮书》，从 2012 年起被收入 CSSCI 集刊索引。武汉大学团队出版学术专著、教材二十余部，代表性成果如《中国大陆报纸转型》《中国报业：市场与互联网视域下的转型》《传媒市场研究：理论与实践》《大众传媒的竞争与合作研究》等。中国人民大学喻国明团队出版了《媒介革命》、《植入式广告：操作路线图》、《微博：一种新传播形态的考察》、《中国人的媒介接触：时间维度与空间界面》、《新闻传播的大数据时代》、《传媒经济学：理论、历史与实务》、《电视广告视觉注意研究》、《传媒经济行为：策略与博弈》、《中国传媒发展指数报告》、《中国社会舆情年度报告》（中国社会舆情蓝皮书）等著作。中国传媒大学周鸿铎团队出版了《广播电视经济学》、《中国广播电视经济管理概论》、《电视节目经营策略》、《传媒产业经营实务》、《网络经济》、《传媒经济丛书》（8 卷）、《媒介经营与管理丛书》（12 卷）等著作。上海大学吴信训团队自 2003 年以来出版了《中国东西部传媒经济研究》《中国传媒经济研究 1949—2004》《现代传媒经济学》《新媒介与传媒经济》《美国新媒体产业》《日本新媒体产业》《印度新媒体产业》《发达国家与新兴国家的数字电视产业》等十余部著作；自 2008 年开始主编出版辑刊《世界传媒产业评论》，迄今已出版 11 辑；自 2011 年开始，与中国社会科学院新闻与传播研究所联合编辑出版《中国新媒体发展报告》（新媒体蓝皮书），迄今已出版 5 辑。武汉大学新闻传播学院等自 2002 年主办的辑刊《中国传媒发展研究报告》也一度成为 CSSCI 学术集刊。暨南大学团队则出版了《媒介管理》《中国报业的产业化运作》《新闻事业经营管理》《西方媒介产业化历史研究》《媒介经济学》《娱乐产业经济学》等系列教材与论著。浙江大学团队则成功创办了富有特色的中英文两种版本的学术期刊《中国传媒报告》（*China Media Research*）。南京大学媒介经济与管理研究团队，自 2005 年以来出版了二十多部专著、教材和研究报告，专著如《传媒竞争力——中国媒体发展核心方略》《广告决策的理性与非理性》《中国传媒制度绩效研究》《中国信息传播国家竞争力研究》，教材如《媒介管理学》《广告策划与创意》《整合营销传播》《营销传播》，研究报告如《中国新闻传媒影响力研究报告》《2015 中国数字营销白皮书》等。

2015 年 7 月，中国人民大学新闻学院广告与传媒经济系以及中国人民大学新闻与社会发展研究中心发布的一份《中外传媒经济学科十年发展研究报告》，用科学知识图谱的方法对近十年来的传媒经济学研究领域的论文进行了统计分析，在一定程度上反映了传媒经济学研究论文发表的情况和研究议题分布状况。这是一部很规范且扎实的传媒经济学基础研究成果，对于我们审视这个学科的发展，规划这个学科的未来方向都有十分重要的意义。当然，传媒经济学科的成果并不只是代表性论文，还包括已出版的专著、辑刊、论文集以及不在 CSSCI 收录范围内但在行业内有影响的刊物。

五 传媒经济学的国际研究

传媒经济学在西方的研究与发展迄今已有半个多世纪的历史。然而，这一领域形成重要的学科体系，并建构其特有的学术研究范式则是在传媒经济学的第一本学术刊物《传媒经济学刊》（*Journal of Media Economics*，JME）创刊之后。2014 年是 JME 创刊 25 周年，该学刊的创立者罗伯特·皮卡特教授在纪念刊辞中说："创办《传媒经济学刊》是一个鲁莽而疯狂的想法。"（The *Journal of Media Economics* was an impetuous and mad idea）诚然，在 1989 年草创之初，《传媒经济学刊》只是一本装订得并不规范，一年只出版两期，且经常担心稿源不足的刊物，它只为少数学者所关注，而且只是来自美国加州大学弗雷顿（Cal-State Fullerton）的一本版权私有的刊物。但是，二十多年前这个"鲁莽而疯狂的想法"却源自学界对跨越经济学、管理学与传播学的传媒经济与管理议题的高度关注，源自对传媒发展中各种管理经济议题研究与探索的巨大需求，也源自学者们本身对跨学科研究探讨的浓厚兴趣。这样的需求和兴趣在过去二十多年中不断积聚，不断增强，也正是由于这种兴趣和需求的有力支撑，传媒经济与管理的研究在过去二十多年取得了长足的发展。

20 世纪 90 年代中期 JME 逐渐成熟，并以此刊创办者为核心，在波罗的海的一艘名为“海盗船”（Viking Line）邮轮上发起了传媒经济与管理研究领域的学者联合会议——“世界传媒经济大会”。90 年代后期，劳伦斯·艾邦联合出版社（Lawrence Erlbaum Associates）从皮卡特教授手中收购了 JME；五年之后该出版社又被 Taylor and Francis 集团收购，《传媒经济学刊》也正式成为 Routledge（劳特利奇）出版集团旗下的刊物，进入了更为专业的管理与运行时期。如今这本刊物已经成为传媒经济与管理研究领域最核心的学刊，被大量检索引用（譬如 CSSCI 索引），JME 刊出的文章也成为考察和理解传媒经济学研究最新发展的标志性成果。

二十多年来，JME 记录了传媒经济与管理的研究从初始到发展再到成熟的过程，记录了一个学科研究领域不断活跃与规范的过程，也记录了这一学科中研究议题从集聚到发散再到多元化的过程。这种研究的多元化发展也促生了这一领域中其他相关学刊的创立。90 年代后期，由于传媒产业领域对管理议题而非单纯经济议题的不断关注，建立专注于传媒管理研究的学术成果发表平台的呼声越来越高。与此同时，由于传媒经济管理研究国际化进程的推进，越来越多从事传媒经济和管理研究的学者来自美国本土之外，尤其是在欧洲地区，对传媒经济与管理的研究成为众多学者关注的热点。于是在 1999 年，瑞士圣加伦大学商学院（Business School of St. Gallen University）创办了传媒经济与管理领域的第二本核心期刊《国际传媒管理学刊》（*International Journal on Media Management*，JMM）。有别于 JME，JMM 将研究的视角拓展到美国之外更为广阔的地区，关注传媒研究的国际性议题；JMM 侧重对传媒管理问题的研究，多应用管理学的理论与方法，这与 JME 强调规范、传统的经济学理论与方法迥异。由于提供了多样化的视角，JMM 也很快得到了学界和业界的广泛关注，成为讨论和追踪传媒管理议题的核心期刊。

进入 21 世纪，传媒经济与管理研究中涌现出更多新议题，其中一个明显的趋势是对微观传媒组织管理的重视。随着传媒数字化转型、媒介资本市场的进一步开放与活跃，需要对越来越多的微观组织决策、组织战略与组织管理议题进行深入研究。在这样的背景下，

2003 年在瑞典延雪平大学国际商学院（International Business School of Jönköping University）创立了传媒经济管理研究的第三本核心期刊《传媒商业管理研究学刊》（*Journal of Media Business Studies*，JOMBS）。JOMBS 侧重于研究传媒公司的微观层面，重点探讨传媒组织管理战略、传媒组织创新与创业等新兴议题。至此，传媒经济与管理研究领域中从经济层面到管理层面，从宏观领域到微观领域，各方面的议题都得到了系统的覆盖与关注。

JME、JMM 和 JOMBS 这三本学刊汇集起来，形成了传媒经济学研究的核心学术阵地。如今，JME 已走过 27 年，它如一个风华正茂的年青人，充满自信、英姿勃发；2016 年是 JOMBS 创刊的第十三年，作为这个领域中的少年，它无处不在地展示着新兴活力与创新气象；2016 年是 JMM 创刊的第十七年，在通往成熟的道路上，它经历着组织的重新整合和内容的重新定位，也更显成熟。这三份学刊展示了传媒经济学研究的国际成果，呈现了多元的研究视角，也引领着传媒经济学研究的未来发展趋势。①

六 传媒经济学国际研究的议题与特点

通过对 JME、JMM 和 JOMBS 三本国际学刊近期成果进行回顾与分析，我们可以发现，传媒经济学的研究在议题与理论方法的应用方面都体现出对传统的坚持、对创新的探求以及跨学科理论方法的融合应用。

1. 对传统的坚持

传媒经济学的理论构建于传统经济学与管理学理论基础之上，是经济学与管理学原理在传媒产业的应用与拓展。因此，在国际学刊中，大量研究体现出对传统经济学理论与非学院派经济学方法的应用。尤其是在 JME 所刊发的论文里，对经济学基本理论与模型的应用是体现其理论规范性的重要标准。比如，其中，市场均衡模型被用来探讨广告商与受众的福利经济收益，市场集中度 HHI 指标被用来研究影响卫星电视节目多样化的因素，经济学市场理论也被用来探讨 IP 电视市场

① 杭敏：《鲁莽与疯狂之后的第 25 年：2014 年国际传媒经济与管理研究综述》，《全球传媒学刊》2015 年第 1 期。

的议价能力。[①][②][③]

一些非学院派的经济学研究方法，比如长尾经济模型也被应用在研究中。例如，研究者运用长尾经济模型对在线新闻市场的特征与绩效进行了分析；同时，利基市场分析等新经济学方法也得到应用，以对社区报纸的利基效应进行探讨。[④][⑤]

国际学刊所刊发的论文也体现出对基础管理学问题的研究，而传统管理学议题则是研究的重点。研究者应用战略、市场、品牌和产品运营等相关理论来进行讨论与分析，覆盖的议题包括：传媒公司动态能力、媒介品牌管理、报业与电视网站品牌管理对比与内容战略等。[⑥][⑦][⑧][⑨][⑩]

同时，国际研究对传统的基础研究议题也给予了不少关注。比如，学者们在研究中探讨了媒介政策、文化与知识产权等基础研究议题，对媒介法规伦理是否影响传媒公司的组织规章与制度、北欧的出版支持政策、传媒组织

---

① Hansen, B. O. & Keiding, H., "Equilibria in a Random Viewer Model of Television Broadcasting", *Journal of Media Economics*, Vol. 27, No. 1, 2014, pp. 3 – 19.

② Asai, S., "An Examination of Terrestrial and Broadcasting Satellite Broadcasters' Programming by Type: What Factors Influence Program Diversity in the Multi-channel Era?" *Journal of Media Economics*, Vol. 27, No. 1, 2014, pp. 20 – 37.

③ Guo, W. & Lai, F., "Media Bias When Advertisers Have Bargaining Power", *Journal of Media Economics*, Vol. 27, No. 3, 2014, pp. 120 – 136.

④ Powers, A., Sohn, A. B. & Briggs-Bunting, J., "Family-owned Newspapers: Filling Niches in Local U. S. Communities", *Journal of Media Business Studies*, Vol. 11, No. 2, 2014, pp. 79 – 91.

⑤ Huang, J. S. & Wang, W., "Application of the Long Tail Economy to the Online News Market: Examining Predictors of Market Performance", *Journal of Media Economics*, Vol. 27, No. 3, 2014, pp. 158 – 176.

⑥ Holmes, T. A., "Media Sales Management and New Product Launch: An Exploratory Study", *Journal of Media Business Studies*, Vol. 11, No. 3, 2014, pp. 63 – 85.

⑦ Malmelin, N. & Moisander, J., "Brands and Branding in Media Management-Toward a Research Agenda", *The International Journal on Media Management*, Vol. 16, No. 1, 2014, pp. 9 – 25.

⑧ Guo, M., "Relationship Marketing in an Online Social Media Context: Newspaper Versus Television Brand Websites Comparison", *Journal of Media Business Studies*, Vol. 11, No. 4, 2014, pp. 1 – 26.

⑨ Goyanes, M. & Diirrenberg, C., "A Taxonomy of Newspapers Based on Multi-Platform and Paid Content Strategies: Evidences from Spain", *The International Journal on Media Management*, Vol. 16, No. 1, 2014, pp. 27 – 45.

⑩ Oliver, J., "Dynamic Capabilities and Superior Firm Performance in the UK Media Industry", *Journal of Media Business Studies*, Vol. 11, No. 2, 2014, pp. 57 – 77.

的应急性文化，以及电视生产中的知识产权等问题都进行了深入探讨。①②③④

2. 对创新的探求

随着传播技术的发展与传媒业态转型的推进，创新性议题也成为国际学刊所关注的重点。管理创新和变革是传媒管理研究中最受关注的议题之一，近期有不少研究讨论了推动传媒管理发展变革的力量，同时传媒公司中的战略变革驱动力是研究者实证探讨的热点议题。⑤⑥

网络新媒体和社交媒体也是国际传媒经济研究中频繁涉及的主题。国际学刊近期探讨了包括互联网时代传媒公司的定义、数字化时代利用读者偏好优化新闻内容生产的方式、新媒体时代受众价值的体现、媒介融合的多平台媒体建构、视频网站受众互动、网络社交媒体的关系营销，以及影响智能电视使用意愿的要素等议题。⑦⑧⑨⑩

---

① Sjvaag, H., "The Principles of Regulation and the Assumption of Media Effects", *Journal of Media Business Studies*, Vol. 11, No. 1, 2014, pp. 5 – 20.

② Ohlsson, J., "Fading Support for the Swedish Press Support", *Journal of Media Business Studies*, Vol. 11, No. 1, 2014, pp. 39 – 60.

③ Harisalo, R., Rajaniemi, J., Stenvall, J. & Vallin, T., "Emergent Positive Culture in a Media Organization: Satakunnan Kansa a Newspaper Case Study", *Journal of Media Business Studies*, Vol. 11, No. 3, 2014, pp. 43 – 62.

④ Green, T. & Erickson, K., "For Those Playing Along at Home: Four Perspectives on Shared Intellectual Property in Television Production", *Journal of Media Business Studies*, Vol. 11, No. 2, 2014, pp. 1 – 23.

⑤ Mierzejewska, B. & Shaver, D., "Key Changes Impacting Media Management Research", *The International Journal on Media Management*, Vol. 16, No. 2, 2014, pp. 47 – 54.

⑥ Maijanen, P. & Jantunen, A., "Centripetal and Centrifugal Forces of Strategic Renewal: The Case of the Finnish Broadcasting Company", *The International Journal on Media Management*, Vol. 16, No. 3/4, 2014, pp. 139 – 159.

⑦ Kanuri, V. K., Thorson, E. & Mantrala, M. K., "Using Reader Preferences to Optimize News Content: A Method and a Case Study", *The International Journal on Media Management*, Vol. 16, No. 2, 2014, pp. 55 – 75.

⑧ Bechmann, A., "Non-informed Consent Cultures: Privacy Policies and App Contracts on Facebook", *Journal of Media Business Studies*, Vol. 11, No. 1, 2014, pp. 21 – 38.

⑨ Amatulli, C., Guido, G. & Barvarito, C. M., "Does Popularity in Social Networks Influence Purchasing and Lifestyle Decisions The Meaning of Online Friendship", *Journal of Media Business Studies*, Vol. 11, No. 3, 2014, pp. 1 – 21.

⑩ Im, H., Jung, J., Kim, Y. & Shin, D. H., "Factors Affecting Resistance and Intention to Use the Smart TV", *Journal of Media Business Studies*, Vol. 11, No. 3, 2014, pp. 23 – 42.

3. 跨学科理论方法的融合应用

传媒经济学国际核心学刊的成果还体现出跨学科理论与方法的融合应用。比如，在近期研究中，Panico，Raithel 和 Michel（2014）融合了议程设置、启动效应、框架理论与经济学方法来探讨新闻报道对企业雇主声誉的影响。[①] Arango-ure，Garz 和 Rott（2014）以心理学、经济学的风险厌恶理论与意识形态偏向理论为基础来研究新闻从业者的社会监督角色。[②] Xu 和 Fu（2014）则应用信息处理理论，结合经济管理学方法来研究观众的从众行为。[③]

这些跨学科理论与方法的交融，贡献了传媒经济与管理研究中的多元视角与多维度的分析基础，丰富了传媒经济与管理学研究的理论体系，也进一步提升了这一领域研究的深度与广度。

七　传媒经济学研究的范式与路径

对传媒经济管理研究范式与路径的分析是归纳这一领域研究状况的重要方法。回顾传媒经济管理的发展，其主要的研究范式有三种：理论型范式、应用型范式与批评型范式。理论型和应用型范式在研究中常常相互胞生，而批评型范式往往与其他两个独立开来。这三种范式基于不同的学术基础，也关注着不同的研究议题和研究重心。

理论型范式最早由经济学家所创导，基于新古典主义经济学，一般用来研究制约和推动涉及传媒体系和媒体的力量，常见于旨在支持对传媒发展的前景和影响力进行预测的研究，或见于指导传媒决策的研究，或见于探讨传媒政策选择的研究。

应用型范式主要来自商学院、新闻传播学院以及传播行业协会的研究者。它目前是传媒经济管理学研究使用的较为普遍的一种方法。

---

① Panico，M.，Raithel，S. & Michel，E.，"The Effect of Media Coverage on Employer Reputation"，*Journal of Media Economics*，Vol. 27，No. 4，2014，pp. 181 – 198.

② Arango-ure，M.，Garz，M. & Rott，A.，"Bad News Sells：The Demand for News Magazines and the Tone of Their Covers"，*Journal of Media Economics*，Vol. 27，No. 4，2014，pp. 199 – 214.

③ Xu，X. & Fu，W. W.，"Aggregate Bandwagon Effects of Popularity Information on Audiences' Movie Selections"，*Journal of Media Economics*，Vol. 27，No. 4，2014，pp. 215 – 233.

应用型范式探究传播行业及其市场结构，强调对趋势和变化的认识和理解，其研究目的是应用，旨在为公司或政府制定战略和为政策提供参照，以便对经济和消费者行为中的变化进行控制并作出快速的反应。

批评型范式始自政治经济学家和社会批评家，它集中应用在传播学研究领域，主要关注福利经济学等问题。应用批评型范式的学者一般有强烈的文化和社会倾向，这使他们能专注于诸如传播的集中化和垄断、文化影响、工作与工作者以及社会怎样正在被工业经济转向信息经济所改变等问题。这一范式也受到英国文化研究学者和新马克思主义学者的影响。

理论型范式和应用型范式都使用了宏观经济学和微观经济学方法来探讨传播机构与管理问题。近年来，管理学的理论与方法在其中的使用也越来越多。批评型范式的学者则持有更宽泛的观点，他们研究传播制度的经济、政治和社会基础，整体影响以及制度的制约性等。他们探究制度或是政策性制约的终端结果，考察由此引发的问题，并寻求通过公共政策来克服效率低下的办法。

上述三种研究范式的倡导者和实践者之间经常存在很多争论，但是实际上每种范式都贡献了重要的理论依据和实践方法，而且这几种范例之间也存在着互补，它们的共存使彼此更具说服力，并为彼此提供了更多的发展空间，体现了传媒经济管理研究多元化、多样性和多视角的特点。

我们应用以上的研究范式框架对近期国际学刊的研究进行了归纳，发现：体现应用型范式特征的研究占大多数，主要集中在 JMM 和 JOMBS；体现理论型范式特征的研究其次，主要集中在 JME；而体现批判型特征的研究所占比例极少，仅见于 JOMBS。所以，在对研究范式的分析中，批评型范式的缺失是主要问题。这意味着在目前的研究中，对媒介政策的社会效果、对媒介制度和文化的关注严重不足——而非常有趣的是，在传媒经济与管理研究的初创时期，对媒介政策和制度的研究曾经是最受关注的热点议题。现今的关注缺乏应该出于至少两方面的原因：其一是在传媒经济与管理研究中对市场和公司效益的过度关注而忽视了其社会效益；其二是从事传媒经济与管理研究的学者大部分接受的是应用型和理论型研究的教育与培训，而擅长批评性研究的政治、文化与传播学者已很少在传媒经济与管理这一领域中发声，这恐怕是这一领域最需要面对和思考的问题之一。

除了对传媒经济与管理研究范式的分析，研究路径的归纳也能为我们理解这一领域的状况提供启示。尽管传媒经济与管理研究传统存在着差异，但随着这一领域的发展，一些普遍性和共同性的路径也逐步形成。它们被聚合为：面对行业市场的研究路径、面对公司的研究路径和专注于传媒影响的研究路径。

这些研究路径使人们不仅可以加深对当前传媒发展的理解，还能够对不同的传媒行业以及它们的问题进行对比，并对各种传媒公司的战略和绩效进行思考。同时，利用这些路径方法可以比较研究导致企业成功的市场机制和管理步骤，比较国际化和本土化公司之间的区别，比较集团行为与专业化公司的行为。结合这些路径方法还有助于加深对传媒公司影响力、行业体系和运营等各个方面的理解。

我们利用以上路径分类对国际核心学刊近期的研究进行了分析，发现：因循行业市场研究路径的研究占绝大多数，因循公司研究路径的研究在其次，而因循影响力研究路径的研究所占比例最小，主要集中在 JMM 和 JOMBS。这也提示在目前的传媒经济与管理研究中对传媒社会影响层面的分析与重视不足，呼应了之前在研究范式中的归纳，即国际传媒经济学研究越来越缺乏对批判性议题的关注。

八　对传媒经济学研究的思考

基于对近期传媒经济与管理研究成果的分析，我们可以发现，在研究议题与理论方法的应用方面，既有成果体现出对传统经济学与管理学理论更加规范的阐述与应用，以及对传媒领域战略、政策等基础性议题的持续关注；同时，新媒体与技术的发展也推动了对社交媒体、网络平台和媒介融合等新议题的研究，传媒公司的创新管理本身也得到了重点关注。另外，跨学科理论与方法的融合应用也进一步体现在传媒经济与管理的研究中，显示出该领域的跨学科特性。

在研究范式与研究路径方面，既有研究呈现出对理论型范式和应用型范式的充分应用，但是考察传媒管理政策和制度对社会政治以及文化影响的批评型范式的使用明显不足。在与此相关联的研究路径分析中，行业市场研究路径与公司研究路径被广泛采纳，而影响力路径采用较少，这同样说明对传媒社会影响的研究明显不够。这样的状况是否说明目前的传媒经济与管理研究正朝着过度产业化和商业化的方向发展，而逐渐偏离了对其社会功用应有的重视？这是未来需要持续关注和讨论的议题。

除此之外，关于研究范式，JOMBS 在近期提出了是否存在传媒管理研究北欧范式的问题。这就使我们进一步思考：对研究范式的归纳和定义是否需要增加社会以及地理维度的考量？在不同的社会传媒体制和地域经济发展空间之下，传媒经济与管理体现出不同的特性，也会形成不同的研究范式特征。在我们讨论研究范式问题的同时，加入对社会政治经济制度及地理文化等的考察，会使我们的研究更有针对性，也更具应用价值。

综述学刊的成果，我们还可以发现传媒经济与管理领域的研究体现出以下特点。

1. 更加国际化

研究的国际化一方面表现在国际学刊研究议题覆盖了不同的国家与地区的传媒发展研究，讨论的案例包括西班牙、日本、挪威、瑞典、美国等不同国家的传媒产业与组织。国际化的另一方面表现在研究者的背景更加多元化，来自美国、欧洲、亚洲等不同地区，这与这一领域研究的初期状况完全不同——在 JME 第二任主编 Alan Albarran 的回顾中，他提到 20 世纪 90 年代这一领域的学者大多来自美国，且女性凤毛麟角，尤为可喜的是，这一领域的亚裔学者越来越多。根据对样本年份（2014 年）论文作者背景的初步统计，我们发现样本中共计 79 位作者里有 20 位来自亚洲（占比 25%），其中 10 位具有中国背景（占比 13%）。这也显示出，近年来亚洲对传媒经济管理研究的重视与投入——当然，这其中的一大部分原因得益于这一地区传媒产业的活跃变革与迅速发展。

2. 更重实证性

这一时期的研究更加强调实证性。JME 发表的文章绝大多数采用了量化的实证研究，分析模型与方法更加专业，也体现了数据采纳和模型分析方面的诸多创新，比如在研究中开创性地使用了模糊集定性比较分析模型等。在 JMM 和 JOMBS 发表的文章中，大部分也采用了定性和定量的实证性（positive）研究，规范性（normative）的政策建议和分析研究占比越来越少。

3. 更具理论性

在近期发表的文章中，对经济学与管理学理论的应用也越来越深入。尤其是在 JME，其中的研究越来越倾向于专业化的经济学分析与理论阐述。这一方面要求从事传媒经济与管理研究的学者构建扎实的经济学理论基础，另一方面也提出了一个新的问题：传媒经济与管理的研究变得越来越以经济学为主导，那么传播学学者在其中应该如何发声？

对这一问题的争议由来已久，尽管这一学科的传播学属性也一直为学者们所强调，但事实上在目前该领域最具代表性的学术研究平台上，传播学属性议题研究的式微已经越来越明显。其结果是传媒经济与管理的研究虽然在学术理论性和规范化方面越来越精致，但是在社会应用和影响效果之上的功用却越来越低。这也再次提醒我们关注研究范式和研究路径的归纳中得出的结论：是否目前的传媒经济与管理的研究正在逐步缺失批判性的视角，缺失对传媒社会功用的重视？

因此，我们不得不思考关于传媒经济学研究的一个根本性问题，即为什么要研究传媒经济与管理？

“我们研究传媒经济与管理不仅仅是因为求知若饥，更是为了能够理解和说明媒介组织进行选择与决策的过程和原因。我们研究是为了理解影响企业的各种市场力量，以及如何利用这些力量成就事业。我们研究是为了理解消费者，以及他们在消费媒介产品时所做的决策。我们研究是为了理解个体利益和社会利益的平衡。尤其在媒介与公共政策息息相关之时，我们还必须要意识到，个体利益并不独立于公共利益，公共利益是个体利益的凝合。当然，我们也要意识到，即便经济学能够通过各式模型分析阐明多种决策和互动，但它并不能涵盖个人和社会决策的全部。这就像我们研究 DNA，不是为了拿小白鼠做实验，而是为了真正提高人类生存发展的质量。”①

回归到问题的本源是我们对传媒经济学研究分析和思考之后的启示。可以预见的是：在国际研究层面，有着鲁莽与疯狂基因的 JME 会继续带领我们前行，JOMBS 也会显示出创新的新生力量，JMM 在转型与变革之后将注入更多新动力，更加稳健地走向成熟。

在中国，得益于不断变化的传媒环境与巨大的市场潜力，传媒经济学的研究也将持续向前发展。我们希望，对于国际传媒经济学研究的思考能为中国的研究提供更多启示。我们也相信，传媒经济与管理是一片研究的沃土，在过去的几十年中，这一领域的研究和教育显示出了越来越丰富的内涵，而在未来，这一领域也将体现出越来越持久的发展活力，显示出越来越重要的引导意义。我们期待，在继续探索与前行的路上，既知初心与来路，亦得进路与未来。

---

① Hang, M. & Picard, R. , “History and Development of Media Economics Research in China”, *Journal of Media Business Studies*, Vol. 3, No. 2, 2006, pp. 23 – 39.

数字时代传媒产品经济学特性研究*

杭　敏　［美］罗伯特·皮卡特**

摘要　在数字时代，传媒组织在经济运营中的一个重要特性是生产联合产品（jointproducts），即同时提供线上和线下产品。联合产品特性使传媒生产的经济规律不同于以往，也使传统媒体的发展与演变更具复杂性。本文以传统媒体为例，引入经济学终止点（Shut-down Points）和分离点（Split-off Points）的原理来探讨传媒生产决策。文中提出了传媒生产临界点（Tipping Points）的概念，这是传媒转型从量变转化为质变的重要节点，传媒临界点在很多领域已经出现，需要我们应用经济学方法对此进行分析。本文开启了对传媒联合产品经济学特性以及临界点的关注与研究。

关键词　传媒经济；联合产品；终止点；分离点；临界点

一　为何纸媒仍未消亡

从20世纪60年代开始，在北美地区和一些欧洲国家，电视媒体的兴起导致了大量报业公司停业和小众报纸停产，报纸消亡论由此出现。随着技术的发展和传媒产业格局的不断变化，这一论断在过去的

---

* 本文原刊于《现代传播》2017年第2期。

** 杭敏，清华大学新闻与传播学院副院长，教授、博士生导师，经济传播研究中心主任；罗伯特·皮卡特，美籍学者，英国牛津大学政治与国际关系学院教授。

半个多世纪中被更加频繁地提及。

近年来，24 小时全天候有线新闻的全面覆盖、互联网技术的巨大发展和移动终端的广泛使用，使人们获取资讯和消费媒介产品的方式发生了根本性的变化。纸媒收入锐减，受众需求急降，专家学者与产业人士也开始更加具体和深入地讨论报纸消亡的问题；其中一些观点甚至对纸媒消亡的具体时间进行了大胆预测。如《经济学人》在 2006 年曾鲜明地提出："Who killed newspaper（谁杀死了报纸）?"[①] 美国资深市场研究专家 Paul Gillin 预测，到 2017 年报纸将消失，他还创建了"报纸死亡观察"博客，对报纸的消亡进行跟踪；微软前 CEO 史蒂夫·鲍尔默则预言道，2018 年报纸将不复存在。[②]

虽然平面媒体的衰退有目共睹，然而，时至今日，世界范围内仍未出现平面媒体的大范围消亡。世界报业协会（World Association of Newspaper，WAN）的数据表明，2014 年全球共有 18000 家报业公司为 6.86 亿印刷版读者和 1180 万名电子版读者提供了服务。报业公司通过发行和广告共获得 1790 亿美元的收入，其中 900 亿美元来自印刷版发行，770 亿美元来自印刷版广告，25 亿美元来自数字发行，95 亿美元来自数字广告[③]。普华永道（Pricewaterhouse Coopers，PwC）的数据也显示，从 2013 年开始，由于在发达地区市场的报纸出版改革，全球报业发行量甚至还出现了微增长，虽然广告收入下降，但是发行占比上升，预计到 2018 年，发行占比约为 49%[④]。在中国，2015 年传媒产业发展报告发布的年度传媒产业数据表明，2014 年全国报纸广告经营额为 352.1 万元人民币，报纸发行收入 223.9 万元，虽然经历收入

---

① The Economist，"Who Killed the Newspaper"，*The Economist*，http：//www. economist. com/node/7830218，2006. 8. 24.

② Whoriskey，Peter，"Microsoft's Ballmer on Yahoo and the Future"，*Washington Post*，http：//www. washingtonpost. com/wp-dyn/content/article/. html，2008. 7. 5.

③ WAN-IFRA：*World Press Trends*，Paris：World Association of Newspapers and News Publishers，2015.

④ PwC：http：//www. Pwc. com/gx/en/industries/entertainment-media/outlook，2016.

大幅衰减，但仍然保有一定的产业规模。[①]

基于目前的数据，虽然我们能够清楚地看到平面媒体所面临的巨大危机，但是，产业实践也证明报业公司仍然具有一定继续存在与运行的空间。那么，为什么被不断预测将会很快消失的报纸却依然能够存活？关于纸媒消亡的预言会不会最终实现？在数字技术的冲击下，传统媒体的发展与转型又将呈现什么样的趋势与规律？这些都是传媒经济学研究在数字转型时代所需面对和探究的核心问题。

要回答以上一系列问题，需要我们充分考虑数字时代传媒存在和发展所置于的宏观环境，也需要我们细致分析传媒生产和产品构成的微观特性，正是这些特性使传媒经济学的研究有别于一般的经济分析，也正是这些特性与经济学方法结合为我们理解传媒组织的未来发展、研究与预测传媒产业的转型奠定了基础。

本文以传统媒体的发展为例，分析传统媒体生产线上和线下联合产品（Joint Products）的经济学特性；同时，从传媒微观生产和宏观管理的角度，引入经济学中终止点（Shut-down Point）、分离点（Split-off Point）和临界点（Tipping Point）的概念，来对传媒生产决策进行考察。笔者提出了在数字化时代理解媒介生产转型与发展的经济学框架，并讨论与建构了未来可以进一步引入实证数据的研究议程。

二　数字时代传媒产品的特性：联合产品

对于报纸消亡的很多推断，其论据主要来源于一般意义上的经济分析和技术推理，而忽略了传媒产品所特有的经济属性和产品特性。其中关键的一点是把报纸看作经济学意义上的单一产品（Single Product），而忽略了在数字化转型的过程中，大部分传统传媒企业趋于提供线上线下联合产品（Joint Products）甚至是多样化产品（Multiple Products）这一事实。对于报业公司来说，生产联合产品即同时生产印刷版报纸和数字版产品是非常普遍的。

从经济学基本面来看，若成本高于收入或者无法获得资本或资本

---

① 崔保国：《传媒蓝皮书：中国传媒产业发展报告（2016）》，社会科学文献出版社2016年版。

成本太高，抑或消费者失去消费产品的意愿，企业就会停产，导致公司倒闭，退出市场竞争。[①] 但是，从传媒公司来看，仅仅是技术进步这一因素并不会直接导致公司停产。近年来，报纸产业中的很多企业，尤其是在北美和欧洲这些成熟市场的纸媒，都在积极通过形势认知、缩小规模、压缩成本和生产联合产品的方式[②]，以及积极采用其他数字化创新革新策略[③]，来应对市场的变化，使公司持续发展。[④]

提供联合产品的特性改变了传统媒体所遵从的一般性经济学原理与规则，正因为此，我们需要从不同的角度来对媒体生产进行经济投入和产出分析，而这些因素是唱衰纸媒的论断者之前所没有充分考虑的。

一般意义上的联合产品（或简称联产品）是指用共同的原料，经过同样的投入及生产过程，采用无本质差别的联合成本，生产出两种或两种以上的产品[⑤]。这些产品在经济上可以有不同的性质与用途，服务于企业发展的不同目的。[⑥]

互联网的发展为传统媒体既带来挑战，也提供了机遇。传统平面媒体公司利用互联网技术开发了提供数字化阅读的线上产品，并利用数字平台来拓展影响力，吸引更多受众关注。这种数字化产品的生产与传统纸媒的内容采编共享资源成本，形成服务于受众分层需求的联合产品组合。这样的产品策略是目前报业公司应对市场变化挑战的普遍性做法，而纸媒并没有很快走向消亡，也是由于联合产品的生产在

---

① Mankiw，N. G.，*Principles of Macroeconomics*，Cengage Learning，2014.

② Picard，Robert G.，“Twilight or New Dawn of Journalism? Evidence From the Changing News”，*Journalism Studies*，Vol. 15，No. 4，2014，pp. 1 – 11.

③ Doyle，G.，“Re-invention and Survival：Newspapers in the Era of Digital Multiplatform Delivery”，*Journal of Media Business Studies*，Vol. 10，No. 4，2013，pp. 1 – 20.

④ Küng，Lucy，*Innovators in Digital News*，London：I. B. Taurus，2015.

⑤ Hirschey，Mark，*Fundamentals of Management Economics*，Marion，O. H.：South-Western，Cengage Learning，2009.

⑥ Hsu，P.，“A New Proof of the Joint Product Moment Distribution”，*Mathematical Proceedings of the Cambridge Philosophical Society*，Cambridge University Press，Vol. 35，No. 2，1939，pp. 336 – 338.

现阶段仍然具有一定的经济学合理性和市场需求。①

因此，当我们论及是否要终结印刷产品以及何时终结时，我们必须充分考虑联合产生的成本与产出，目前的大部分报纸既有印刷版，也有电子版，所以，从经济学角度来看，合理的印刷出版生产终止点很可能出现在印刷产品的亏损点之后，因为印刷产品和数字产品是作为联合产品出现的，而并非离散的和独立的产品。

基于报业公司生产联合产品的特性，我们在下文中将进一步引用终止点和分离点的概念，来探究传统媒体的联合产品生产是否会经历分离点，以及在分离点之后，传媒转型的临界点又将如何出现。

三　传媒生产中的终止点、分离点与临界点

终止点（Shut-down Point）与分离点（Split-off Point）② 这两个概念一般用来衡量产品何时不再具有市场价值，而基于此，公司可以做出停产的决策。虽然这两个概念相互关联，但是在传媒经济学的分析应用中它们并不可完全替换。因为两者适用于不同的情境：前一概念更适用于对单一产品的分析，而后一概念则更适用于考察联合产品。

（一）终止点（Shut-down Point）

当生产单一产品的公司③不能够使亏损最小化、盈利最大化，生产所获得的收益小于生产的可变成本（但仍需支付固定成本）时，这个公司便到达了“终止点”，即标示继续生产不再是合理决策的节点。

如果用TR代表总收益，VC代表可变成本，那么，企业的生产决策可表述为：

---

① Hang, Min.,“Issues and Strategies in Managing Media Portfolios across Borders and Cultures”, in Robert Picard Ed., *Media Product Portfolios: Issues in Management of Multiple Products and Services*, Lawrence Albrum, 2005.

② 分离点（Split-off Point）在有些地方被称为Spin-off Point，我们倾向于使用前一种说法，以避免与投资分析中的“分拆”（Spin-off）概念混淆，分拆是指从母公司将新公司分离出去的组织变化。

③ 在平面媒体生产中的单一产品指印刷版报纸。这里的单一产品不应与二元产品或双面产品（Two-sided Product）的概念相混淆；这两个概念描述的是销售发行品，然后将读者信息销售给广告商的情形。

如果 TR < VC，企业决定停止生产。

将不等式的两边除以产量 Q，则可以表述为：

TR/Q < VC/Q，即 P < AVC，当物品的价格低于生产的平均可变成本，企业决定停止生产。

以上的标准是非常直观的，在选择是否继续生产时，企业会比较价格与生产这一单位产品所带来的平均可变成本。如果价格没有弥补平均可变成本，企业作出停止决策可以挽回一些损失（虽然它仍然必须支付固定成本），但如果继续生产，损失将会更大。如果将来条件改变，以至于价格大于平均可变成本，则企业可以重新开张。

终止点的概念是基于新古典经济学提出的，该理论体系认为，商业决策是由理智行为指导的利润最大化策略。① 然而后期的制度经济学和行为经济学研究表明，很多公司并没有完全按照经济学原理进行决策。许多决策者在价格高于平均可变成本时仍然持续生产，推迟做出停产决定，并在心理层面上忽视产品盈利亏损的表现。② 这是因为，是否持续经营还取决于经济学成本和利润之外的一些其他因素。这些因素在传媒行业有更加具体和集中的体现。由于传媒生产既服务于商品市场，又服务于社会文化传播的二重性特征，传媒公司的经营在很大程度上与非财产目标相关联，其社会服务功能、公众影响和政治目标等，都使得经营者在收益微薄，或需要动用其他资金来源维持其运转媒介经营与管理的情况下，依然坚持继续传媒生产。

是否应该终结某产品的生产以及何时终结的决策，也要求在宏观层面上对产品投入成本、投资资本和达到的生产力水平有明晰的认识。在衡量投入对产出的影响时，我们可以使用柯布—道格拉斯生产函数

---

① Himmelweit, Susan, Roberto Simonetti and Andrew Trigg, *Microeconomics: Neoclassical and Institutional Perspectives on Economic Behaviour*, London: Cengage Learning, 2001.

② Horn, John T., Lovallo, Dan P. and Viguerie, S., Patrick, "Learning to Let Go: Making Better Exit Decisions", *McKinsey Quarterly*, No. 2, 2006, pp. 65–75.

(Cobb-Dauglas Production Function) 作为指导[①]。生产函数 (Production Function) 表示生产中所使用的各种投入要素的数量与产量之间的关系；而柯布—道格拉斯函数在生产函数的一般形式上做出改进，引入了技术资源这一因素来观测产业体系中的生产与发展。这是经济学中使用得较为广泛的一种生产函数形式，也可以应用在传媒经济的分析中，对媒介生产的总投入与产出变化进行分析，具体可表述为：

$$Q = AL\alpha K\beta \quad (0 < \alpha,\ \beta < 1)$$

其中，Q 为总产量，L 为人力资本投入，K 为资本投入，A 为要素产量，α 和 β 分别为资本和劳动力的产出弹性，而这些要素普遍受到传媒技术发展的影响。

生产函数综合考虑产出与投入的关系，为传媒企业管理提供参考，基于投入的增加会不会带来产出的增加，以及增加的投资是否合理等因素，管理者可以做出企业生产的决策。决策人结合成本数据还可以判断何种价位可以实现效率最大化。当涉及联合产品的生产时，因为公司通过同样的生产过程和成本产出两种或更多的产品，所以，一方面，在生产投入的考虑中，管理者必须从产品聚合的公司层面来进行考量；另一方面，管理者必须认识到，在联合产品的生产中，扩大生产规模，除了带来规模经济效益 (Scale Economy) 之外，还有可能带来范围经济效益 (Scope Economy)。范围经济效益来自联合产品之间的相互支持、补充与替代，为此，传媒公司必须从联合产品的生产方面进行考虑，使产出和价格达到最优。

报纸即将消亡的看法无疑是草率且错误的，因为这些论点大多是基于企业生产终止点的概念提出的，忽视了传媒生产的特殊性，即在数字时代，传统媒体大多已开始提供联合产品——纸质产品和数字产品在分享投入资本的基础上组织生产——而这一过程确实需要我们用不同的经济学思维来进行分析。

---

① Satō, K., *Production Functions and Aggregation*, Amsterdam: North-Holland. Douglas, 1975; P. H., "The Cobb-Douglas Production Function Once again: Its History, Its Testing, and Some New Empirical Values", *The Journal of Political Economy*, 1976, pp. 903 – 915.

（二）分离点（Split-off Point）

考察传媒联合产品的生产决策，需要我们理解分离点这一核心概念。企业的原材料在经过同一生产过程以后，可以从中分离出各种联合产品；而联合产品分离的这个点被称为分离点。分离点是联合生产过程停止的节点[①]；在分离点之前，成本是共同的，到达分离点之后，成本分开并直接配置给某种产品。[②]

联合产品生产中的成本分配主要指可变成本的分配，因为在生产实践中，一般固定成本（包括厂房、设备等投资）是保持不变的，而可变成本（包括产品制作费用和人力资源费用等）则随着投入的要求而发生变化。[③]

对于联合产品生产成本的分配可以采用两种基本思路。一种是基于产出的量化测量，比如所生产的产品数量和财务利润等；另一种是基于市场的价值衡量。前者适用于对工业化产品的分析，后者则更适用于对传媒类产业的分析，传媒组织提供物质性和非物质性产品，带来市场和社会的双重效益，因此更应遵循市场价值来进行成本分配。

对联合产品成本分配的具体财务测算可以根据分离点销售价值或每种产品的毛利率来进行[④]。在实际操作中，大多数公司选择根据销售价值作为依据来分配成本，因为该方法较为简单；当分离点的产品销售价值无法确定时，公司往往会根据毛利率分配成本。在这种方法中，分离点后的所有成本会按每种产品计算，并从每种产品的收入中扣除。

因此，在决定是否停止生产纸媒产品时，管理者必须运用分离点

---

① Hartley, Ronald V., "Decision Making When Joint Products are Involved", *The Accounting Review*, Vol. 46, No. 4, 1971, pp. 746 – 755.

② Schneider, Arnold, "Simultaneous Determination of Cost Allocations and Cost-Plus Prices for Joint Products", *Journal of Business Finance & Accounting*, Vol. 13, No. 2, 1986, pp. 187 – 195.

③ Horngren, Charles T., Datar, Srikant M. and Rajan, Madhav V., *Cost Accounting: A Managerial Emphasis*, 14th Edition, Upper Saddle River, N. J.: Prentice-Hall, 2011.

④ Bragg, Steven M., *Cost Accounting Fundamentals: Essential Concepts and Examples*, 4th Edition. Centennial, C. O.: Accounting Tools, 2014.

的分析方法，将印刷产品和数字产品所带来的收入区分开，再将联合固定成本，包括基本的行政、管理、设备以及基础信息技术成本分离出来。之后再从两方面来考虑可变成本：印刷产品的可变成本包括印刷设备、纸张、原料、发行和相应的人工费用等；数字产品的可变成本包括信息技术处理、加工、编辑、数字发行和相应的人工费用等。

在明确上述数据之后，才可以确定某种产品是否盈利，以及若终止某产品的生产，是否可以保证另一种继续生产的产品不仅可以收回该产品的成本，也可以收回联合固定成本。

同时，由于传媒产品可以带来市场和社会效应的二重性特征，在衡量产品收益时还应当对传媒产品的社会价值予以赋值，综合考虑产品的社会影响力、品牌辐射力和宣传传播力，唯此才可以作出是否应该终止传统传媒产品生产的决策。

（三）临界点（Tipping Point）

在关于战略和决策的文献中，发生本质改变的点通常被称为“临界点”。临界点是指由于社会、经济或其他环境因素所创造出的强大推动力，而促使某些重要改变或影响发生的节点[①]。临界点的概念起初源自病毒学和进化生物学，后来被逐渐应用于多个学科，现已普遍见于多种社会、健康和政治议题的讨论中[②]。

在经济管理领域，由于技术、生产或行业标准变化的推动而造成不可逆转的改变，促使某些产品无法维系其原有状态，甚至退出市场，带来产业结构调整和转型时，临界点的概念尤其清晰。[③]

随着时间的推移，单个的改变聚合起来会将系统或市场的变化推到临界点。在公司层面上，临界点是指公司决策人做出关键决定的节点。这样的决定要求决策者采取与以往完全不同的做法，也往往会承担极大的不确定性与风险。因此，对临界点的讨论已成为转型期产业

---

① Gladwell, Malcom, *The Tipping Point: How Little Things Can Make a Big Difference*, New York: Little Brown, 2000.

② Bissell, John and Caiado, Camila, *Tipping Points: Modelling Social Problems and Health*, New York: Wiley, 2015.

③ Berger, Jonah, *Contagious: Why Things Catch On*, New York: Simon & Schuster, 2013.

研究中的热点。

近年来，由于技术、社会环境条件以及受众需求情况的变化，传媒产业中出现了很多的临界点，值得我们予以重视和分析。这些重要的临界点出现在以下方面。

第一，当绝大部分消费者掌握必备技术来使用新一代产品时。在传媒发展情境下，重要的必备技术是互联网数字技术。当大部分国家和地区建构了网络基础设施，信息和传媒内容可以通过个人电脑、网络接入和移动智能电话来进行传播的时候，这样的临界点即会出现，标志着媒介传播与使用方式的重大转型。目前，发达国家和很大一部分发展中国家已经渡过了这个临界点。

第二，当内容所带来的收入高于广告收入，因而消费者成为新闻产品的主要客户时。这个临界点可以通过报纸企业的读者收入和广告收入来衡量。在 2014 年，从世界范围来看，全球报业的发行收入达到 926 亿美元，超过了广告收入的 870 亿美元，标志着全球综合发展水平已经达到了这个临界点。当然，我们也可以看到各个国家之间还存在巨大的差异，对于很多发展中国家和地区来说，这个临界点还远未达到。

第三，当数字收入超过印刷收入，使数字产品对报业公司的重要性高于印刷产品时。这个节点可以通过数字和印刷产品的收入数据来判断。从行业整体来看，这个节点还未达到，但一些专门提供新闻产品，尤其是数据新闻产品的传媒企业已经达到该临界点。

第四，当移动终端的使用超越台式电脑，意味着智能手机和联网平板电脑已成为首要的数字产品时，我们也需要予以更大的关注度。这个节点可以通过读者不同的阅读渠道——包括台式电脑、智能手机和平板电脑——的比例来予以衡量。

第五，当消费者用于在线新闻的时间大于或等于阅读印刷新闻的时间时。在这个节点上，读者会越来越多地趋向于在线新闻，而这样的趋势更加明显地体现在年青群体中。

第六，当印刷产品入不敷出时。在这个节点，如前所述，企业需要结合财务经济指标和社会价值评估进行终止点、分离点和成本分析，来决定是否应该继续生产印刷产品。

图1例举了传媒产业中已经出现的一些临界点。这些临界点的出现，标志着传媒发展与转型从量的积累汇聚成质的改变，势必带来大规模的产品更新、组织重构和产业重组，迫切需要产业领导者能够充分理解和把握这些临界点，了解这些临界点所带来的宏观产业与微观组织变化。

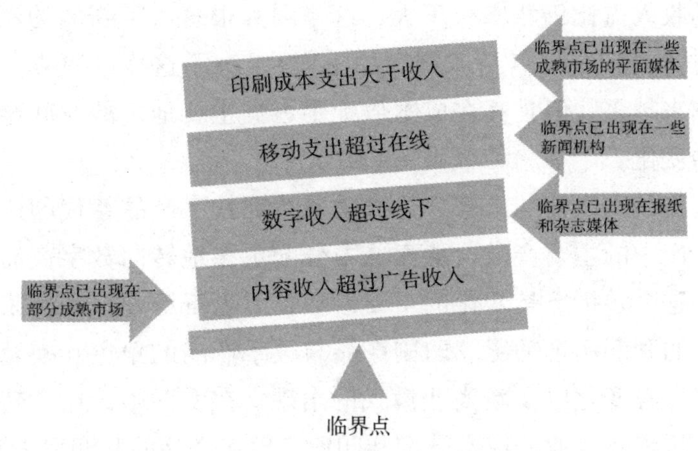

图1　传媒产业中的临界点

而对于传媒经济的研究者来说，如何利用经济学和管理学的科学方法，对这些临界点进行分析与预测，从而帮助产业实践者掌握媒介的生产变化与产品转型的规律，则是数字时代传媒经济学研究的重要议题。以下部分对基于此议题的具体研究进行了规划，并提出经济学分析的初步思路与论证框架。

四　如何展开对以上议题的研究

在数字化转型中，媒介变化与转型的研究应该聚焦在生产层面。如前所述，数字时代传媒组织大多生产线上和线下联合产品，因此，对这一议题的研究应该从分析联合产品的生产过程出发，分层推进。

在联合产品生产的初期阶段，印刷产品是生产过程中的主要产品，其成本也主要分配于印刷产品，而数字产品是次级（二级）产品，其成本只占联合产品成本的一小部分。

随着时间的推移，由于数字技术的进步以及媒介消费模式的进一步变迁，消费者的媒介使用越来越多地向线上转移，市场对于数字产品的需求逐渐超过印刷产品。因此，从消费的角度来看，数字产品超越印刷产品而成为主要产品，它也随之得到更多的成本资源配置。当然，在现阶段的产业实践中，虽然数字产品的消费越来越多，但是其所带来的收入占比仍然增长不大，这是因为很多数字新闻的消费者是不需要付费的，这一点与印刷产品不同[①]。由于这样的特点，虽然数字消费越来越多，但是其在成本分配中占据主要地位的时间会滞后于其消费的变化。

要预测印刷媒体的未来，关键是要找到数字产品替代印刷产品成为联合生产中的主要产品，从而成本分配更多地转向数字产品生产的转折点。这个转折点是变化的重要参数，因为资源配置的决策依据是主要产品的利润实现情况。印刷产品与数字产品的角色互换意味着生产的战略核心变化以及新商业模式的出现。在实践中，这个转折点可以通过分析媒体企业的成本分配和印刷、数字产品的利润率来获知。

达到以上的转折点之后，印刷行业可能会继续下滑，最终达到第二个节点，即需要做出分离决策的节点。因此，研究的第二步是找到联合生产终止的分离点。在这一过程中，可以采用基于市场价值的衡量方法，以每种产品的销售价值或毛利率为参考指标。开展这些分析时，经济学逻辑是通过对比产出与投入来确定利润。会计原则使用盈亏平衡点的概念（总收入 = 总成本）来促成合理决策。然而，在传媒经济学分析中还要结合编辑活动和行政管理等其他相关因素，将数字产品和印刷产品的成本与利润分离，再进行评估。在这样的分析中，传媒产品二重性特点将使该分析更加多元复杂。

实证研究的下一步是结合使用行业数据，观测传媒转型与变化的临界点。临界点可以通过产业宏观数据来评估。比如，当绝大多数的消费者阅读数字新闻，内容收入高于广告收入、移动终端的使用多于

---

① 杭敏：《版权保护与盗版侵权的经济学分析》，《出版科学》2012 年第 4 期。

台式电脑、消费者阅读在线新闻的时间超过印刷报纸以及印刷产品所获得的收入低于其成本时，即是临界点出现的时刻。通过对行业数据的应用，我们也可以对临界点使用时间轴分析法来实现趋势的可视化。时间轴分析法可用来支持未来预测、形势评估和事件推断。图 2 是利用时间轴分析法来标示盈亏点、分离决策和临界点的具体展示。

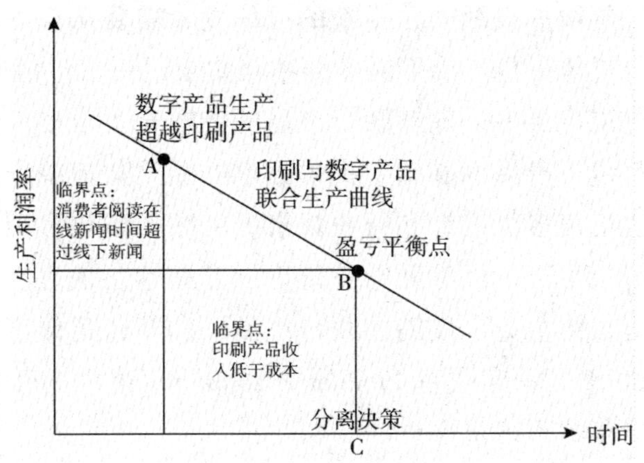

图 2　时间轴分析

在上图中，随着时间的推移和数字化进程的加快，最先会出现消费者阅读在线新闻时间超过线下新闻的临界点，因此，在印刷与数字产品联合生产曲线上出现 A 点，标示数字产品的生产超越印刷产品；随后，印刷产品收入不断减少，乃至低于成本，在联合生产曲线中出现 B 点，标示生产突破盈亏平衡点；进而在时间轴上出现传媒组织线上线下产品分离决策的 C 点。在实践中，C 点意味着传统媒体停止对线下产品的生产，纸媒进入消亡状态。

当然，我们也应该认识到，在不同传媒板块和不同地区，临界点出现的时间有很大差别。目前，在新兴国家，印刷媒体还存有较大发展潜力，而发达国家正在更快速地向数字方向转移①。因此，对临界点分析要结合不同地区的经济发展状况与不同国家的行业发展水平来

① 王斌、郑满宁：《大数据时代传统出版业的行动空间》，《出版广角》2013 年第 23 期。

进行。未来研究应基于传统产业发展的宏观背景，抓住传媒组织发展的微观特征，利用企业运营中的经济特性来全面分析。

五 传统媒体的发展前景与未来研究

基于以上讨论，我们可以了解到，确定何时终结印刷产品生产活动并不容易，要增加报纸消亡推断的可信度，需要从企业微观角度和宏观层面进行具体分析。当下对于传统媒体来说——包括报纸、杂志、书籍和广播电视产品——理解联合产品的特质至关重要，因为大部分传统媒体在其线下产品的基础上提供数字产品。如何确定传统媒体的发展前景？这给很多决策者和行业观察者带来了困惑，困惑的根源之一来自联合产品生产中经济和财务管理的复杂性。加之在数字媒体时代，很多传统媒体企业不仅销售联合产品，甚至还延伸至销售多样化产品（Multiple Products 或者 Product Portfolio），这些为传媒的发展与转型增加了更多的不确定性。

关于是否终止及何时终止传统媒体产品生产的决策，不仅要考虑技术和成本收益因素，还涉及对某种产品达到终止点的经济分析，以及基于联合产品成本特点分析得出的分离点状况。在本文中，作者提出理解联合产品生产中的分离点是传媒转型的重要节点。这种分离点的出现，最先会以数字产品取代传统纸媒成为联合产品生产中的主产品作为标志，随着生产中的资源分配更多地配置至数字产品生产，而经过成本分割的计算后，传统媒体产品确实失去了盈利的可能性之后，生产过程被完全分离，纸媒生产进入终结状态。

以上的讨论必然会引出两个问题：其一是当下形势如何？其二是我们现在正处于什么样的位置？这些问题是传媒经济学研究在数字转型时代所面对的重要问题和重大挑战，因为只有理解和把握了这些问题的实质，我们才能制订有效的战略转型规划，才能在数字时代实现传统媒体的可持续发展。本文提出了回答这些问题的基本思路和经济学分析框架，下一步来自企业和产业的实证数据将为我们理解这些问题提供更切实的思路，我们期待有更多来自不同国家与地区的产业领导者与研究者加入，汇集不同层面的成果，共同探索传媒转型的未来。

文创理念：当代文化发展的新观念*

胡　钰**

摘要　文创理念是在当代文化发展实践中逐渐形成的新观念，也是新时代的新发展理念在文化发展中的具体体现，其根基在“文”，即文化；其关键在“创”，即创意；其目标在“新”，即基于文化传承与文化融合的文化创新创造。文章分析了文创理念形成的时代背景和基本内涵，阐释了文创理念的文化主体意识，分析了运用文创理念观察文化发展的创意视角、科技视角和生活视角，运用文创理念进行文创赋能打造新型文化业态的故事、体验与授权的三个着力点，提出用文创理念加快推动中国文化发展。

关键词　文创产业；文创理念；文化发展；媒介；传播

当代中国的发展面临两个重要的冲突：一是中国与世界的冲突，当中国从一个贫弱的远东国家逐渐走近世界舞台中央，如何让世界认识真实而美好的中国；另一是物质与精神的冲突，在实现温饱、技术进步的社会里，如何让大众获得身心安定过上充实而美好的生活。这两个问题都对当代中国的文化发展提出了紧迫的要求，换言之，文化发展不再是一个补充性、附带性的战术问题，而是一个全局性、关键

---

* 本文原刊于《湖南师范大学社会科学学报》2019 年第 3 期，《红旗文摘》2019 年第 8 期摘登。

** 胡钰，清华大学新闻与传播学院教授、博士生导师，清华大学文化创意发展研究院执行院长。

性的战略问题。与此同时，对文化发展的思维也提出了全新的要求，换言之，文化发展不能仅仅是传统性、重复性的思路，而是需要时代性、创新性的思路。

一 文创理念的内涵与形成

文创理念凸显了对文化创造力与文化多样性的追求，是在当代文化产业与文化事业快速发展的实践中逐渐形成的，也是与当代日趋青年化的时代文化特征相适应的。

（一）文创理念的内涵

中国的文化发展主要由两部分组成：一是非商业性的文化事业发展，二是商业性的文化产业发展。在这两部分中，前者由政府主导，在新中国七十年来处于稳步发展状态，而后者由市场主导，在改革开放四十余年来逐渐兴起并快速发展。值得注意的是，近年来，包括企业、非商业性社会组织、个人等各种社会力量进入文化领域，推动了大量公益性或半公益性的文化发展。

文化发展的多主体参与带来文化发展的多样性视角。政府视角、企业视角、社会视角在看待文化发展上各自拥有不同的理解。与此同时，在全球化深度推进的条件下，各种异文化视角、文化工业视角、创意产业视角、版权产业视角、内容产业视角的引入，更是让当代中国的文化发展突破了单一视角、单一形态，呈现出越发多彩的形态。

整体来看，对当代中国文化发展发挥影响的有四种重要力量：一是政府力量，文化自信成为新时代中国特色社会主义思想的重要内容，公共文化服务水平不断提高，国家文化安全、文化软实力受到政府高度重视；二是市场力量，文创产业成为资本关注的热点领域之一，通过文化获取商业利润、打造新商业模式成为新的经济增长点；三是技术力量，新媒介、新技术等改变了文化产品的呈现形式，也改变了人们获取文化内容的接触方式；四是国际力量，国际经验、国际元素、国际市场日益成为国内文化发展看重的因素，全球视野下的文化发展意识日益增强。

在这种新的环境中，围绕文化发展的理念也在逐渐发生改变，向着更加开放性、创新性的方向转变。2016 年，有学者首次提出“文创理念”的概念，认为“其核心特征是创新与跨界，以一个更广阔、更多维的视角推动文化发展，实现以文化人的时代任务”。[①] 2017 年初，中共中央办公厅、国务院办公厅印发了《关于实施中华优秀传统文化传承发展工程的意见》，这是第一次以中央文件形式专题阐述中华优秀传统文化传承发展工作，文件中提出“坚持创造性转化和创新性发展”和“坚持交流互鉴、开放包容”的核心原则。[②] 同年，党的十九大报告中提出“激发全民族文化创新创造活力，建设社会主义文化强国”。[③]

文创理念是在当代文化发展实践中逐渐形成的新观念，也是新时代的新发展理念在文化发展中的具体体现，其根基在“文”，即文化；其关键在“创”，即创意；其目标在“新”，即基于文化传承与文化融合的文化创新创造。

文创理念作为当代文化创新发展的指导理念，以积极的姿态吸纳、鼓励多主体参与文化发展，推动政府力量、市场力量、技术力量、国际力量在文化发展中形成合力，探索当代中国文化发展的新内容、新机制、新业态，在实践创造中进行文化创造，在历史进步中实现文化进步。

（二）后喻文化是文创理念形成的时代文化特征

文化发展是为了文化传递，让文化在一代代族群中传递，成为身份认同、安身立命的根本依据。但当代文化传递的代际间沟通出现了崭新的现象，即全球化、技术化、信息化的社会趋势已经使得年青一代可以轻易知晓老一代的世界，而老一代却并不完全知晓年青一代正在经历的和可能经历的一切。美国人类学家玛格丽特·米德认为，“代际之间的这次决裂是全新的、跨时代的：它是全球性的、普遍性的”。过去，老一代可以毫无愧色地训斥年青一代，“在这个世界上我

① 胡钰：《文创理念与文创产业》，《中国文化报》2016 年 10 月 26 日第 6 版。

② 中共中央办公厅、国务院办公厅：《关于实施中华优秀传统文化传承发展工程的意见》，《人民日报》2017 年 1 月 26 日第 6 版。

③ 习近平：《决胜全面建成小康社会　夺取新时代中国特色社会主义伟大胜利》，人民出版社 2017 年版，第 41 页。

曾年轻过，而你却未老过”。但是，现在的年青一代可以理直气壮地说，“在今天的这个世界上，我是年轻的，而你却从未年轻过，并且永远不可能再年轻”。①

玛格丽特·米德对人类代际之间交流的前喻（pre-figurative）、并喻（co-figurative）、后喻（post-figurative）三种文化类型进行了极富洞察力的描述：“前喻文化，是指晚辈主要向长辈学习；并喻文化，是指晚辈和长辈的学习都发生在同辈之间；而后喻文化，则是指长辈反过来向晚辈学习。”她明确提出：“我们今天进入了历史上的一个全新时代，年轻一代在对神奇的未来的后喻型理解中获得了新的权威。”②

在这个后喻文化凸显的时代里，大众传媒、社交媒体已经成为全新的教育传播手段，全球化生产、数字化生存、城市化生活已经成为全新的青年存在状态，仅仅让年青一代重复老一代的文化内容与形式，显然已经无法大规模、持久性地打动年青人的心。换言之，在代际的文化传递中，仅仅展示单一文化而没有多样文化的比较、仅仅固守传统形式而没有现代创意与技术的介入，其效果都是有限的。

文创理念关注文化创新创造，是与进入后喻文化时代的当代文化特征相适应的。这一理念强调的正是适应年青一代文化接收与接受行为的新规律，推动传统文化与年青一代文化需求的代际间对话，最大限度地吸收年青一代的热情和创意加入当代中国文化的创新创造中，让传统文化积极与新媒介、新技术融合，让中国文化在广博吸收不同文化的过程中成为具有时代特征、世界意义的当代人类文化中的引领性内容，让中国年青一代成为中国文化的坚定传承者与有力创造者。

（三）文化产业与创意产业是文创理念形成的产业实践

观察人类的文化产品创造有两个维度：一是生产者的维度，另一是使用者的维度。早期阶段，不论是中世纪欧洲还是封建时代中国，

---

① ［美］玛格丽特·米德：《文化与承诺：一项有关代沟问题的研究》，周晓虹等译，河北人民出版社1987年版，第74—75页。

② ［美］玛格丽特·米德：《文化与承诺：一项有关代沟问题的研究》，周晓虹等译，河北人民出版社1987年版，第27页。

文化产品都是“小众生产、小众消费”的格局，此时的文化生产是以个体性的资助、定制行为为主。进入工业化时代，大规模生产成为可能，文化产品形成“小众生产、大众消费”的格局，此时的文化生产是以文化商品化、规模化生产行为为主。进入后工业化时代、信息化时代，文化产品出现“大众生产、大众消费”的格局，此时的文化生产越发强调以文化创意化、创意文化化行为为主。

“以创意和文化理念为基础的发展战略于20世纪90年代末和21世纪初在全球繁荣起来。”① 随着创意在现代新经济中发挥的作用越来越大，“创意”则成为一个热词、好词，成为学术界、产业界、政策界里具有普遍搭配功能的流行词，如创意产业、创意城市、创意集群、创意劳动等都成为新术语。用英国著名的文化研究学者雷蒙德·威廉斯的话来说，“没有一个词能像创意这个词一样，自始至终都受到正面的评价”。②

对文化产业发展来说，更重要的是形成了当代的“文化创意产业”(CCI)的概念和产业形态。2015年12月，联合国教科文组织推出了首个全球文化创意产业发展报告——《文化时代：第一张文化创意产业全球地图》，时任联合国教科文组织总干事博科娃提出，文化创意产业部门已经成为发达国家与发展中国家经济增长的重要引擎，对收入、就业与出口产生影响，有助于为全球创造美好的未来。报告中数据显示，亚太、欧洲和北美成为全球文创产业的前三大市场，亚太占据全球文创市场收入的33%、就业的43%，报告中特别提到了一些文创领域的领军企业，其中包括腾讯、CCTV。③

中国的文化创意产业持续快速发展。国家统计局的数据显示，

---

① [英]大卫·赫斯蒙德夫：《文化产业》，张菲娜译，中国人民大学出版社2016年版，第131页。

② [英]大卫·赫斯蒙德夫：《文化产业》，张菲娜译，中国人民大学出版社2016年版，第130页。

③ Cultural times, “The First Global Map of Cultural and Creative Industries”, 2015, https://en.unesco.org/creativity/sites/creativity/files/cultural_times._the_first_global_map_of_cultural_and_creative_industries.pdf.

2012—2017年我国文化产业年均增长13%以上，文化产业增加值达34722亿元，占GDP的4.2%。[①] 引人瞩目的是，北京、上海、深圳等城市的文化创意产业高速发展，产业增加值占地区GDP超过10%，且增速远高于GDP增速，成为城市经济的重要支柱产业，助推经济高质量发展和城市转型，而地方政府围绕文化创意产业新兴业态制定的发展规划与政策体系也具有很强的引导性。

在文创产业实践的蓬勃发展中，围绕如何有效推动文创产业发展的观念逐渐清晰。文创产业不是标准化、规模化的工业生产，而是需要个性化、多样性的创意引领；不是单纯的文化传播，而是需要金融工具、市场机制支撑；不是狭义的文化内容，而是需要与互联网、大数据、人工智能等新技术手段融合。这些理念的形成逐渐体现在各地出台的支持文创产业发展的政策内容中，从近些年各地的文创政策来看，越发体现了对文创产业发展规律的认识深入。根据北京市2018年出台的《关于推进文化创意产业创新发展的意见》，明确“两个聚焦”：聚焦高端、高新和高附加值，推动文化创意产业结构升级、业态创新、链条优化；聚焦文化创意产业体系构建中的九个新兴业态，即创意设计、媒体融合、广播影视、出版发行、动漫游戏、演艺娱乐、文博非遗、艺术品交易和文创智库。[②]

二 文创理念的文化主体意识

文创理念的根基在文化，这种文化是由文化基因决定的，是基于民族历史传统形成的文化共识，尽管“日用而不知”，但却深刻决定文化选择与文化意识，也成为文化创新创造的深层营养与根本动力。

（一）文创理念与文化自信

提出文创理念的目的是推动当代中国文化发展，进而为世界文化发展和人类新文明建设做出中国的贡献。这一理念具有鲜明的文化主

① 张贺：《文化建设，持续释放创新创造活力》，《人民日报》2019年1月4日第4版。

② 中共北京市委、北京市人民政府：《关于推进文化创意产业创新发展的意见》，2017年7月5日，http://bj.people.com.cn/n2/2018/0705/c82840-31779277.html。

体意识，文化创新创造的根基是民族文化、传统文化，其内在逻辑是文化自觉基础上的文化自信，并通过自主性的文化创新创造实现文化自强。

楼宇烈认为，“所谓自觉的文化主体意识，就是对传统的认同、尊重，对自己的传统文化有自信，我们才有可能平等地跟其他的文化比较、交流，才能比较清楚地看到自己文化的不足和其他文化的长处，反之亦然”。[①] 这种文化主体意识对于当代全球化条件下的文化交流与发展至关重要，换言之，这是一种身份的主体意识、能力的主体意识、方向的主体意识，有了这种意识，才能进行文化建设上的主动选择。

文创理念作为当代中国文化发展的新观念，强调不忘本来、吸收外来、面向未来。事实上，中国的深厚文化底蕴要在新形势下进行大力度的转化与发展，才能释放出其对内的凝聚力和对外的吸引力，才能让国人更加具有文化自信。培养并运用文创理念，中国优秀传统文化和当代中国文化发展都将展现出全新的面貌。

（二）文创理念与新轴心时代

近代科技革命和工业革命以来，西方文明以武力、科技、宗教为依托一统天下，“文明”一词具有很强的欧洲中心主义色彩，而在“二战”以后，西方殖民体系解体，各民族独立身份逐步确立，汤一介认为，“自己民族的独立文化正是其确认自己独立身份的最重要的因素。因此，我们可以说21世纪将形成一个文化上的新的轴心时代”。[②]

“新轴心时代”是一个战略性的判断。这一时代是否能够出现，取决于各种文化能否找到自己的本源、实现自主发展。单一文化的强大不可能形成一个“新轴心时代”，只有像公元前500年那样，欧美文化、东亚文化、南亚文化、伊斯兰文化等共同而自主发展，再加上当代的拉美文化、非洲文化也同样自主发展，才能形成人类文化异彩

---

① 楼宇烈：《中国文化的根本精神》，中华书局2017年版，第167页。

② 汤一介：《瞩望新轴心时代——在新世纪的哲学思考》，中央编译出版社2014年版，第29页。

纷呈的新局面，才能出现一个新轴心时代，建设起体现文化多样性、平等性、开放性的人类新文明。汤一介认为，在新轴心时代，“各种文化将由其吸收他种文化的某些因素和更新自身文化的能力决定其对人类文化贡献的大小”。[①] 从这点上看，中国文化无疑具有极强的优势。中华文化的内敛性、包容性强，历史上鲜有对外族布道传教的意识，但吸收外族文化的能力很强，所谓“杂取种种、自成一家”。对当代中国文化发展来说，在坚持包容性的基础上广泛吸收各种异文化的内容是必需的，与此同时，还要强调坚持自主性基础上的创新创造。事实上，在当代中国文化发展中，文化是土壤、创意是种子，本土文化是土壤、外来文化是种子，只有充分吸收本土文化、传统文化的营养，多样性的创意种子才能扎根、开花。

从建设文化上的“新轴心时代”的角度看，中国文化面临难得的发展机遇以及巨大的挑战，既要融入文化多样性的时代，又要保持文化独特性的发展，以全新观念加快文化创新创造，目标是形成新的中国文化，同时，也是形成新的世界文化。

三 文创理念的观察视角

以文创理念观察当代文化发展，可以发现，文创发展的实质是把大众的无形需求有形化、个性需求共性化。为此，就要敏锐地把握当代文化的特征，以多视角来推动发展。从当代中国文化看，经过四十余年的改革开放，表现出很强的现代性与后现代性并存的特点。法国批评家波德莱尔把现代性描绘为现代城市生活的碎片化体验，人们追求“当下的新”与“稍纵即逝的时刻”。[②] 后现代哲学家利奥塔则把后现代简单定义为“对元叙事的不信任”。[③] 在这样的社会形态下，推动

① 汤一介：《瞩望新轴心时代——在新世纪的哲学思考》，中央编译出版社 2014 年版，第 29—30 页。

② ［英］阿兰·斯威伍德：《文化理论与现代性问题》，黄世权等译，中国人民大学出版社 2013 年版，第 146 页。

③ ［英］阿兰·斯威伍德：《文化理论与现代性问题》，黄世权等译，中国人民大学出版社 2013 年版，第 161 页。

当代文化发展，可以从创意视角、科技视角、生活视角来观察，如此，当代中国文化发展会更加活跃与多样，更加贴近时代与青年，更重要的是，在全球范围内更加具有吸引力。

（一）创意视角

创意视角是一种个性化视角。没有创意的文化是重复的，没有文化的创意是单薄的。当代社会的文化生态是“超市型”的存在，即多样性的文化产品与自主性的个体选择并存，而在后喻文化时代，引领“文化超市”消费方向的是年青一代，因而标准化、重复性的文化产品缺乏魅力，而个性化、差异性的文创产品才能吸引关注。传统的文化发展是一种精英主义的、前喻文化的视角，由少数人创作、多数人接受，但是，“在许多作家看来，后现代意味着转向民主和开放的文化的真正倾向，并最终结束精英主义和封闭的现代性”。①

当代中国的经济结构正在从劳动密集型的、低附加值的、大批量生产的传统产业转向智力密集型的、高附加值的、定制性生产的现代产业结构，由此带来公众素质结构与文化需求结构的转变，被动地、规模化地接受单一文化内容被排斥，主动地、个体地选择多元文化产品成为普遍。与此同时，越来越多的大众不仅是文化的消费者，也成为文化的生产者，比如中国网络文学的兴盛就是鲜活的体现，数以千万计的网络写手已经成为推动网络文学蓬勃发展的不竭力量。②

从中国文化的传播来看，特别是非物质文化遗产的当代传播，让“传统”成为“时尚”，让“中国”的成为“世界”的，真正流行起

---

① ［英］阿兰·斯威伍德：《文化理论与现代性问题》，黄世权等译，中国人民大学出版社2013年版，第164页。

② 根据中国互联网络信息中心2018年8月《第42次中国互联网络发展状况统计报告》，中国网络文学用户超过4亿。根据2018年9月第二届中国“网络文学+”大会开幕式上的报告所公布的数据，国内45家重点网络文学网站的驻站创作者已达1400万人，其中，签约作者达68万人，47%为全职写作者，约32万人。考虑到重复注册等原因，估计网络作者超过1000万人。更重要的是，英文翻译和原创网文作品等也吸引了大量海外用户。有人认为，中国网络文学与好莱坞电影、韩国电视剧、日本动漫并称为当代世界的“四大文化现象”。

来，需要很强的创意能力。21 世纪初开始流行的“女子十二乐坊”，因以二胡、琵琶、扬琴、古筝、笛子等中国民乐乐器作为演奏乐器而走红东南亚乃至世界，其创意组合与设计成为重要因素。博科娃认为，“非物质文化遗产是我们通过创新与创意实现包容性可持续发展的重要一环，也是去直接体验其他‘活态遗产’的机会，从而感知人类无限的多样性、生命力和创造力”。①

（二）科技视角

科技视角是一种现代化视角。没有科技的文化是边缘的，没有文化的科技是乏味的。描述当代社会行为的普遍特征时，互联网与手机的使用无疑成为最具典型性的存在，从一定意义上说，互联网已经与空气一样重要，成为各种公共场所的标配，而手机已经成为“人体的器官”，侵入人们所有的私人空间，从接触程度上看也成为每个人“最好的朋友”。媒介化社会、数字化内容对于当代文化发展来说，已经是基本的时代背景，换言之，没有进入现代媒介进行数字化呈现的文化内容，严重缺乏时代气息与传播能力。

早在 1948 年，梁思成在清华大学做过一个讲演，题目是“半个人的时代”，谈的就是文、理分家导致人的片面成长问题。当代文化要融入当代社会，必须融入已经高度科技化的当代社会。从文创产业中最具显示度的电影来看，随着后期制作技术、数字特效技术、智能影棚等的普及，对先进影像技术的使用要求越来越高。媒介技术的改变带来文创产业形态的改变，在互联网普及的条件下，传统电视网越来越式微，而各类网络音乐、网络剧、网络电影等大规模兴起。同样，在各类主题公园、实景演出、舞台表演秀中，虚拟现实、人工智能、全息成像、人机交互等先进的娱乐设备和技术的使用更是迅速而自觉。这些先进科技手段在文创产业中的运用，得益于最重要的推手——资本。究其原因，资本为了打造具有盈利可能的文创项目，具有强烈的

---

① 2018 年 2 月 27 日，联合国教科文组织前总干事博科娃到访清华大学并作了题为《文化与文化遗产——可持续发展的桥梁》的演讲，笔者主持了这次演讲，在演讲中，博科娃阐述了文中内容。

引进先进科技手段进入文创产业的冲动，而这种科技与资本的结合也成为好莱坞、迪士尼等发达文化工业产品体系得以全球扩张的重要力量。用美国批判学者丹·席勒的话说，“互联网构成了跨国程度日益提高的市场体系的核心生产和控制工具”。[①] 科技手段的引入不仅带来文创产品物质形态、表现手段的变化，也形成了文创产品内容中的科技意识，近些年来经常出现的科幻题材、未来题材等不断成为文学、电影等的热点。

（三）生活视角

生活视角是一种社会化视角。没有文化的生活是无趣的，没有生活的文化是无力的。当代中国社会的一个突出特点是大众在物质丰富之后的精神需求上升，换言之，文化需求已经不是大众日常生活的奢侈品而是必需品，文化消费成为消费热点，文化选择成为情感需要与身份认同。

与物质紧张的时代不同，当代人对生活的审美意识越发凸显，对饮食、穿衣、日常用品、活动空间等的文化特征要求越发提升，这种日常生活审美化可被视为唯美主义和消费主义的叠加，尽管大众对审美感与文化感理解的角度不一、深度不一，但“诗意栖居”“快乐生活”越发成为一种共同趋势。文旅小镇是当代中国文创发展中的典型形态，在地化、生活化、艺术化成为普遍特征，就地取材、渗入日常的设计理念让接触者充满亲近感。国内首个以戏剧为主题的文旅小镇是坐落在中国女子越剧诞生地浙江嵊州的“越剧小镇”，该小镇在保持天然山水田园风貌的基础上，打造集戏剧、文化、生活于一体的生态园区，以越剧为核心，以包含戏曲、话剧、舞蹈、曲艺、音乐剧等在内的常态演出为支撑，以剧场、戏剧工坊、艺术教育、非遗体验馆、工匠艺术村落等为板块。[②] 从文创理念看文旅产业发展的内涵，是树立“好好生活”理念，推动城市再生、乡村再生、心灵再生。

---

① Dan Schiller, *Digital Capitalism: Networking the Global Marketing System*, Massachusetts: MIT Press, 2000, p. 14.

② 梅生:《越剧小镇：戏剧之魅与生活之美》,《人民日报》2019 年 1 月 17 日第 20 版。

同样，从文创产品开发比较活跃的博物馆行业来看，与日常生活用品结合、让文物“活”起来成为共同特征，故宫博物院、国家博物馆等的馆藏文物主题设计与笔记本、手机壳、马克杯等紧密结合，获得很好的市场反应，故宫日历等成为常销、热销产品，故宫博物院也成为博物馆文创发展的引领者之一。

四 文创理念与文创赋能

文创理念对于以文创赋能各个传统行业、打造新型文化业态具有指导意义。按照这一理念，可以形成包括“文创 + 旅游”“文创 + 乡村”“文创 + 制造”等的“文创 +”生态体系，有效引领产业升级，推动乡村振兴，助力城市转型。文创理念以文化为根基、创意为关键，这就要求在文创赋能过程中，以创意来推动赋能对象的文化内涵的挖掘、呈现与转化，其着力点在于故事、体验与授权。

（一）着力点之一，故事（Story）

好莱坞著名电影人塞西尔·德米尔说过，“世界上最伟大的艺术是讲故事的艺术”。[①] 讲故事是人类的重要能力，其原因在于，听故事是人类的基本需求。在一定意义上，人类的历史与文化正是靠故事传递的，《圣经》《论语》等人类经典历史文化文本中都充满了生动的故事。从实质上看，故事是文创理念的最好体现，好故事是文化内涵和创意表达的紧密结合。

旅游产业中的文创赋能最能体现挖掘故事的重要性。对旅游地点的历史文化的梳理、知名人物足迹的再现、文化象征意义的凸显等，都能让观光式的旅游成为文化式的旅游，增强旅游的文化感与获得感。同样，在制造业的文创赋能中，对于产品的文化意义挖掘就更具有提升产品品牌附加值的特殊作用。瑞士 IWC 万国表业在推出其新款产品 TOP GUN 时就借用了汤姆·克鲁斯主演的电影《壮志凌云》的故事，

① 笔者在 2016 年访问美国派拉蒙公司总部时读到美国著名电影人塞西尔·德米尔（Cecil B. DeMille）的这句话，其原文是“The greatest art in the world is the art of storytelling”。美国电影电视金球奖的“终身成就奖”就被命名为塞西尔·德米尔奖。

将产品与顶级飞行员的卓越成长历程与“壮志凌云”气质联系在一起。情境故事法是文创产品设计中经常使用的方法。与传统的设计师导向的产品设计理念不同，“情境故事法则是在产品开发过程中，透过一个想象的故事，包括使用者的特性、事件、产品与环境的关系，仿真未来产品的使用情境，透过使用情境的模拟，探讨分析人与产品之间的互动关系”。[①] 在文创赋能中，这一方法突出的是文创产品设计中使用者的中心位置，重点在产品使用过程中的文化环境营造和使用者文化心理接受。

（二）着力点之二，体验（Experience）

体验经济是一种新的经济形态，与关注功能性的产品开发不同，强调通过设计与服务让使用者获得好的感受。体验产业与文创产业有着天然的联系，共同点在于都强调使用者的非功能性的主观感受。“所谓体验产业，是指那些设计、创作、生产、加工或除了具备一般性功能之外，能够给人们带来体验感受的产品或服务的生产部门，主要代表部门可以包括如旅游、体育、音乐、互联网、电影、广告设计等部门。”[②] 因此，在文创赋能中，体验感的设计也成为重要着力点。体验感设计要考虑主客观两方面的因素：一方面是场景的真实性，任何场景的设计都要符合该场景自然存在的状态；另一方面是主体的参与性，让进入场景的使用者具有沉浸感、互动感。前文提到的瑞士IWC万国表业在2012年日内瓦推出其新款产品TOP GUN时，将展台布置成一比一航空母舰模型，配置指挥中心岛、飞行甲板、蒸汽弹射器、机库、飞行控制器和飞行员更衣室，现场也是由身穿白色制服的地勤人员负责办理嘉宾登记手续，加之持续播放海军空战部队精英飞行学校训练短片，整个现场营造出极为特殊的航母场景，带给参与者极为特殊的心理体验。

在中国，文创赋能乡村振兴促使了大批高学历的青年乡村创客群

---

① 李雪松：《在产品设计中讲故事——浅析情境故事法》，《美苑》2014年第6期。

② 赵放、王淑华：《体验经济与中国体验型产业发展的研究》，《社会科学战线》2013年第11期。

体的出现，促使了热气腾腾的“乡创”实践的兴起，围绕新乡村的建设，如何以“不旁观、不破坏”的姿态沉浸在乡村中，成为有机融入的“外来原住民”，通过自己的深度体验，打造出具有良好体验感的乡村文创空间和文创活动，成为当代乡村文创的重中之重。

（三）着力点之三，授权（License）

从国际经验看，要培育“文创+”的新型文化业态，核心是基于文化 IP 的品牌授权业发展。要注重挖掘各类文化品的核心情感元素、价值元素，将其名称、形象等形成 IP 并进行创造性转化与创新性发展。从全球范围看，品牌授权业的市场规模已经超过 2400 亿美元，而中国的文化资源正在成为越来越重要的授权资源，中国的市场更是具有巨大的增长潜力，中国的授权市场以年均 9.2% 的速度增长，成为世界上发展最快的品牌授权市场，远高于美欧年均 1.7% 的增速。[①] 近年来，包括国家博物馆、故宫博物院在内的中国博物馆行业越来越重视创造文物 IP，开发周边创意产品，吸引了大量年青粉丝。在今后的中国文化发展中，不但要进一步发掘文物等中华优秀传统文化中的老 IP，还要善于通过当代文学、动漫、电影等创造新 IP。更重要的是，要善于将这些 IP 进行更广泛、更多样的商品转化，形成新型文化业态，比如国产动漫电影《大鱼海棠》、国产原创动漫形象阿狸等通过 IP 开发与转化，都取得了不错的成绩。

国际品牌授权业协会前主席赛丹杰认为，品牌授权业务本质上是一个跨界的过程——通过商品，将娱乐内容、生活方式、企业品牌和零售融为一体。它凝结了包括市场营销、会计学、法学、电影学、工业设计、心理学、建筑学和计算科学等多个学科的集体智慧，是一种差异化、交叉型、移植性的创新思维结晶。他认为，中国的游戏、电影等内容产业已经超过美国，成为最大的市场，中国的文化元素、文化品牌也在进入美国等世界各国，从某种意义上说，品牌授权将成为文创行业内最高的天花板。在中国，品牌授权业有着巨大的空间，对

① ［美］赛丹杰、格里高利·巴特斯比：《品牌授权原理》，吴尘等译，清华大学出版社 2016 年版，第 1 页。

现在和未来的文创产业发展都非常重要。①

推动文创发展，从根本上看，还是要培养具有文化使命感和文化创造力的文创人才。文创理念的核心特征是创新与跨界，对文创人才的素质要求也是复合型、交叉性的。2001 年，澳大利亚昆士兰科技大学成立了世界上第一个“创意产业学院”，旨在整合表演艺术与创意艺术、媒体与传播、设计等不同学科，为新知识经济中的创意产业培养毕业生。② 从文创人才培养的专业上看，有三个专业成为重要支撑：媒体（media）、艺术（art）、设计（design），恰巧，这三个单词首字母合起来就是 MAD（着迷的），这也暗合了文创发展给人带来的喜悦感和冲击力。③

文创理念对于当代中国的文化发展和国家形象塑造具有重要作用，既能够通过创意性传播来展示中国的文化形象，又能够打造新型文化业态来推动文化事业和文化产业繁荣，更重要的是，具有文创理念的年青一代将成为全民族文化创新创造活力的重要体现。运用这一理念，中国的经济增长、文化自信、社会和谐、生命质量都将持续改善，具有鲜明人文精神特质和深厚历史底蕴的中华文化也将在当代世界多样性文化表达中更具魅力与活力。

---

① 2017 年 3 月 9 日，国际品牌授权业协会前主席赛丹杰到访清华大学并作了题为《全球娱乐 IP 的品牌管理与授权》的演讲，笔者主持了这次演讲，在演讲中，赛丹杰阐述了文中内容。

② ［澳］约翰·哈特利：《创意产业读本》，曹书乐等译，清华大学出版社 2007 年版，第 5 页。

③ 2018 年 12 月 5 日，笔者在意大利罗马召开的“中意创新合作周”中作了题为《文创理念与全球文化传播》的演讲，谈到这个内容时，引起现场听众的热烈反应。

新时代社会文化新需求分析*

张　铮**

摘要　近年来，我国文化领域改革取得了巨大成就，在有效地满足了人民群众文化需求的同时，也催生了人民群众的文化新需求。文化新需求集中体现在文化的业态革新、模式迭代、内容垂直及其结构升级、观念更新、诉求多元。对此，我们应立足中国语境，将文化建设制度纳入“五位一体”总体布局和“四个全面”战略布局之中，使其成为国家治理体系和治理能力现代化的有机构成，以此作为满足人民群众文化新需求的有效保障。

关键词　文化需求；幸福感；美好生活；文化建设制度

文化之于现代社会的发展和国家之间的竞争，已经不仅是“软实力”，也是构筑从基础设施到上层建筑全方位的竞争力量，更是决定了中华民族自立于世界民族之林的根本因素。以习近平同志为核心的党中央从中国特色社会主义文化的内核到性质、方向、手段做出的战略部署，体现了对广大人民群众在新时代的历史征程中和追求美好生活的道路上展现出的社会文化新需求的深刻洞察和准确把握。

---

* 本文原刊于《人民论坛》2020年7月15日，系清华大学自主科研课题“‘互联网+’背景下我国城镇居民文化消费与幸福感的关系研究”（项目编号：2019THZWJC55）的部分成果。

** 张铮，清华大学新闻与传播学院副教授，清华大学文化创意发展研究院副院长。

一 当前人民群众文化新需求的具体表现

近年来，我国文化领域改革取得了巨大成就，文化事业、文化产业快速发展，体系不断健全，文化市场日益繁荣，有效地满足了城乡广大人民群众在改革开放中迅速变化、愈加旺盛的文化需求。但是，我们仍然需要清醒地认识到，越是超越了“供给贫乏”的短缺状态，越不能忽视那些“多层次多样化需求”。这正是党的十九大对中国特色社会主义进入新时代，我国社会主要矛盾已经转化为“人民日益增长的美好生活需要和不平衡不充分的发展之间的矛盾”这一重大政治判断的正确性的体现。因此，只有从需求侧去深刻认识当前人民群众文化需求的“新”特点、“新”结构、“新”问题，才能有效地进行文化领域的“供给侧结构性改革”，才能精准把握和有效引领社会主义先进文化的前进方向。

（一）文化新需求体现在业态革新、模式迭代、内容垂直

首先，当前文化发展领域最显著的特点，莫过于文化与科技深度融合的发展态势。过往几十年飞速发展的信息技术给全球文化生产与消费的格局带来了颠覆式的变化。截至2020年3月，中国网民规模为9.04亿，较2018年底增长7508万，互联网普及率达64.5%；手机网民规模达8.97亿，网民使用手机上网的比例达99.3%。对所有依托互联网的文化产品和服务来说，直播、长/短视频、网络游戏、网络文学等产业新形态不断涌现且用户数量激增，如网络文学、网络自制剧等部分数字内容已经在全球形成影响力；此外，博物馆、图书馆、文化站、主流媒体等公共文化服务机构和文化阵地也开发了“云看展”“云赏春”“云观景”“云讲座”等文化公益服务新手段。因此，从需求侧来看，人民群众的文化新需求越发向“线上迁移”，而且线上线下的呼应和整合仍在诞生很多新的应用场景。近年来，物联网技术、平台型智能硬件、云计算、大数据应用，VR/AR/MR、区块链等新兴技术形态不断涌现，会催生更多的新业态和新服务。

其次，文化的新需求还体现在文化商业模式的快速迭代。随着文化消费日渐上“云”，各类智能媒体通过算法技术与移动媒介终端的

融合，对用户的行为数据进行收集和建模，并据此进行精准的新闻分发、音视频推荐和广告投放。文化业态与其他行业深度整合，催生出直播带货、信息流广告、社交电商等新兴交叉业态，让公众的精神文化需求与物质需求变得更加密不可分，文化新需求的弹性不断降低。

最后，人民群众的文化新需求依据其兴趣、口味、审美划分为不同的“趣缘”群体。内容需求会变得更加垂直，更加分化。特别在社会主义市场经济体制下，“人的现代化”同时伴随着经济现代化、社会现代化的进程，对文化意义的追求更成为个体发展不可或缺的组成部分。在现实生活和学理研究中，我们可以发现除了早已被深入研究过的影响文化需求的收入、闲暇时间、受教育程度等因素之外，社会阶层、代际差异、工作类型、社会融入水平、家庭结构、个体心理等多重因素，都会让个体产生不同的文化需求水平和文化需求类型。于是，我们可以看到文博机构对中华优秀传统文化的创造性转化、创新性发展受到年青人的欢迎，“国潮”成为文创发展亮点。同时，众多身处基层、在不同工作岗位上的人，如快递小哥、农村种植户养殖户、长途货车司机、出海作业的渔民……他们也在快手、抖音、小红书等短视频平台创作专属于自己的文化产品，成为传递职业自豪感的“网红”。

（二）文化新需求体现在结构升级、观念更新、诉求多元

首先，当前我国人民群众的文化新需求还体现在文化需求结构的升级。如果说上文所述基于“趣缘”的、对垂直内容的需求是个体集合为群体的需求表现，那么结构的升级则超出了以统计数据为基础的判断，而是要从需求结构的角度去理解。有研究表明，对当当网七千余种儿童图书的类别、内容等进行分析，揭示出中国儿童主流图书普遍存在性别不平等和文化多样性的缺失，敲响了对于千禧一代的儿童群体文化多样性塑造的警钟。这种文化需求结构升级的判断是基于全民族的文化自觉和文化自强进行的，也是绝对不能忽视的。

其次，文化新需求体现在人们对文化发展的观念更新。无论是文化产业还是文化事业，“文化 + 科技”“文化 + 旅游”“文化 + 金融”“文化 + 社区生活”“文化 + 城市规划”“文化 + 基层活动”等新形态蓬勃兴起，文化不仅是阳春白雪，更是“下里巴人”，是每个普通老百姓身边都可触可感、可亲可见的实实在在的物质存在，应进一步激发公众的文化需求。

最后，文化新需求还集中表现在我国的文化发展面向更加多元的文化诉求。改革开放四十余年，大量的人口处于求学、务工的候鸟式迁徙生活状态，出现了“空巢青年”“空巢老人”“蚁族”“一代二代农民工”等具有特指意义的社会群体。随着我国与世界的融入程度不断加深，20 世纪 90 年代末香港、澳门相继回归祖国怀抱，越来越多的外国人在中国求学、工作甚至定居，越来越多的中国人在海外长期工作、生活……面对这些新变化，这些群体的文化需求同时还与他们的身份认同、情感协商、文化适应等密切关联，这同样是我们在考虑和设计文化服务体系的时候必须重视起来的。

二　满足人民群众文化新需求的意义

习近平总书记指出：“核心价值观是决定文化性质和方向的最深层次要素。”社会主义核心价值观正是当前人民群众的文化新需求中最为迫切、最为核心和最为重要的需求。同时，人民群众的文化新需求也是“坚持以社会主义核心价值观引领文化建设制度”的现实依据。

（一）文化消费能够带来更为持久和稳固的幸福感

习近平总书记指出：“要推动文化产业高质量发展，健全现代文化产业体系和市场体系，推动各类文化市场主体发展壮大，培育新型文化业态和文化消费模式，以高质量文化供给增强人们的文化获得感、幸福感。”增进人民福祉、促进人的全面发展是我们党立党为公、执政为民的本质要求。文化，正是“增进人民福祉、促进人的全面发展”的重要手段。相较于食品、衣物等物质性的消费，看电影、观赛、看演出等文化消费更能够提升公众的主观幸福感，特别是那些发展型的文化消费更能正向预测个体的主观幸福感，而且文化消费带来的幸福感更加稳固而持久。因此，文化是人民群众追求个体幸福的方式。

（二）满足和创造人民群众追求美好生活的文化需求来增强文化自信

文化自信是更基础、更广泛、更深厚的自信。要增强文化自信，就要求我们以文化发展来满足文化需求的不同领域，如教育文化、科技文化、休闲娱乐、文体融合等；还要满足文化需求的不同层次，如生存性需求、保障性需求、享受性需求和发展性需求；满足文化需求的不同时空特征，如省时性与耗时性的文化需求、室内和室外的文化需求等。同时，需要强调的是，这些文化需求的领域、层次、时空特征等划分维度，并不是彼此互斥、截然分开的，喜欢交响乐的乐迷同样也可以喜欢看网络漫画，接受过海外高等教育的年青人一样可能回到农村去经营民宿，文化艺术创作、文化旅游产品设计、文化授权衍生品开发也在越发“跨界”“破圈”，所谓文化内容与渠道的“杂食”或“单食”等二元对立的类型学划分，现在更多呈现出文化触达、文化消费的多义性与多重取向。我们更应该重视的是，文化需求是可以被创造出来的，是可以经由供给来引领的。因此，文化需求还应提供增强“文化自信”的力量，让“秀肌肉”的硬实力和传递观念、塑造情感的文化软实力相融合，将社会主义核心价值观浸润于具体的文化产品和服务之中。

三 坚持和完善文化建设制度是满足人民群众文化新需求的有效保障

尽管由文化自信到美好生活的路径已经描述清晰，但是不可否认，当前我国文化发展中仍然存在诸多不可回避的问题，导致人民群众的文化新需求不能得到很好的满足，文化权益仍然得不到有效保障。

第一，“互联网 +”背景下，个体的文化消费不再依赖实体场所与具身交互，一个可移动的屏幕足以承载个体的文化消费需求。线上文化消费激发了更多上行社会比较，容易带来个体的心理健康水平下降；媒介依赖、游戏成瘾等现象越来越成为社会问题。

第二，当越来越多的文化内容成为触手可及的资源时，人们文化触达的“线上化”又将文化的采择权交给了内容平台。在智能算法技术的底层逻辑之下，缺乏媒介素养的个体极有可能被囚禁在“信息茧房”之中，重复性地消费同质性的文化内容。处于相对文化弱势的群体很容易助长其极化的文化品位，甚至成为文化单食主义者，长此以往则会影响整个社会时代精神的振奋、道德水平的提高和文化素养的提升。

第三，一些亚文化形态不可忽视。有些非主流文化承载着丰富的情感表达，又经过社交媒体广为分享，形成了较大影响，与主流文化会产生交融和抵抗。同时，大量文化内容产品会被贴上意识形态领域的标签，甚至部分有害信息会危害意识形态安全。

第四，老龄群体、“空巢青年”、“社畜”等群体的文化需求亟待深入研究，夹带着各类错误观点和错误思潮的文化产品仍然需要我们保持高度的警醒，以充分的文化自觉和文化自强，去增强思想的免疫力。

对于以上问题，首先，要立足于中国的语境思考制度的定位和含义。在日常生活中，文化的存在随处可见，很多跟文化有关的概念早已潜移默化在我们的生活之中，习以为常。然而我们必须清醒认识到，很多概念是立足于西方的语境产生、传播、生长的，在植根于中国的语境成长之后，有哪些新的特定含义、需要经由哪些新的建构是必须经过审慎思考的。例如，习近平总书记曾在多个讲话中阐述“文化软实力”的重要地位，指出“提高国家文化软实力，关系‘两个一百年’奋斗目标和中华民族伟大复兴中国梦的实现”，“核心价值观是文化软实力的灵魂、文化软实力建设的重点”。

其次，立足中国语境思考文化并非一味地排斥西方的优秀文化成果，要充分吸收全球优秀文化的精髓，为我所用，为我所化，融入中国文化发展的伟大实践。现代化进程中科学技术扮演了重要的角色，中国科研工作者在科学技术领域勇攀高峰，科学文化也需要为大众所认知，以达到自然科学与人文科学的认知平衡。科学文化是未来中国文化发展的新方向，是改革开放以来中西文化相互融合的结果，科学文化的发展与繁荣更是推动经济建设、弘扬优秀文化的要求之所需。

最后，文化建设制度需要纳入“五位一体”总体布局和“四个全面”战略布局之中，成为国家治理体系和治理能力现代化的有机构成。文化活动从来不是孤立的，而是整合到社会发展的宏观图景。例如，有研究发现，参与文化活动能够提升个体的知识和技能、增强个体的自尊与自信并创造新的关系链接，这将增加个体找到工作的机会，提升个体参与公共生活的意愿、渠道与能力。因此，区域文化产品消费能力的提升将会降低该区域的社会排斥并提升区域社会纳入的程度。进而，社会纳入将强化个体的公民身份与社会身份，增强个体对主体社会的认同，使得边缘群体逐渐纳入主流社会中，并增进其经济幸福感、心理幸福感与情绪幸福感。可见，文化建设制度需要与政治、经济、民生、生态文明等领域的制度体系形成有效呼应与有机衔接，才能更好地体现“国家治理体系与治理能力现代化”的要求。

第二部分

传媒实践

数字经济浪潮下传媒经济研究的创新*

崔保国**

摘要 网络空间崛起和数字经济的浪潮成为世界范围内技术和经济发展的背景性共识，而中国的数字经济发展更是令世界瞩目。数字经济成为传媒经济研究的大前提与大背景，两者存在着交集又有区别，在研究范畴和研究方法上都有所不同，原有的传媒经济研究的产业划分方式和分析模型难以体现传媒产业的全貌与变化。因此，在数字经济背景下我们需要重新思考传媒经济研究的议题和重点，而数据跨境移动和数据监管的问题成为当下最受关注的议题。在互联网下半场中，由此引申的互联网全球治理问题成为中国传媒业研究的重点议题，应通过国际关系、全球治理等更广泛的视角进行研判。

关键词 数字经济；传媒经济；研究创新

网络空间的崛起，数字经济的浪潮，都是影响全球社会经济的大趋势，传媒经济研究不能不关注这个休戚相关的趋势。数字经济是当今世界范围内达成高度共识的经济发展形态，应该成为传媒经济研究创新的新背景和新方向。马云辞去了阿里巴巴董事会主席的职务，担任了联合国数字合作高级别小组的主任，在日内瓦总部，他主持召开

---

* 本文原刊于2018年《传媒经济与管理研究》。

** 崔保国，清华大学新闻与传播学院教授、博士生导师，传媒经济与管理研究中心主任，清华大学文化创意发展研究院副院长。

联合国数字合作高级别小组第二次全体会议，远在纽约的秘书长古特雷斯还专门以视频方式参与了讨论。由此可见国际社会对数字经济的重视程度。在数字经济大潮下，传媒经济和传媒产业研究需要开始新的思考和探索，我们需要重新认识和定义今天的传媒经济与传媒产业，传媒经济的研究视野与研究范式的调整和转化成为我们传媒经济学界需要关注的重点。

一 中国数字经济的发展令世界瞩目

中国数字经济的普及与快速发展更是令世界瞩目。马云在谈到杭州的数字经济发展时说："必须用好今天的优势，数字经济一定要考虑数字化的实体经济，两者不应该对立。""欧洲还在用现金，美国还在用信用卡，杭州只要一部手机，没有手机连要饭都要不到。这是个被数字化改变的时代，同时我们也改变着杭州。"杭州目前有 900 万人，有 700 万人使用移动支付。在中国，数字经济已渗入人们生活的各个方面，从支付宝、微信支付到网络银行，从停车场到买菜的摊点都可以手机扫一扫，数字经济已经成为最基础和最普遍的经济形态。根据中国互联网络信息中心（CNNIC）的最新统计，截至 2018 年 12 月，中国网民规模已超过 8 亿，庞大的网民数量是中国互联网近 40 年来快速发展的基石。

数字经济是传媒经济研究的大前提与大背景。2016 年杭州 G20 峰会上发布的《G20 数字经济发展与合作倡议》说明了一个事实，"数字经济正迈向体系重构、动力变革与范式迁移的新阶段"①。关于数字经济的研究，对于今天的中国有着非常重大而现实的意义，对于我们传媒经济学研究的领域也异常重大和重要，我们必须开始新的思考和探索。

二 数字经济的研究方法对传媒经济的启发

传媒经济学是一门交叉学科，主要研究传媒的经济属性，研究

① 中国信息化百人会发布的《2017 中国数字经济发展报告》，2018 年 2 月 3 日。

传媒产品、媒体企业和传媒产业的运行规律和生产管理规律。从经济学的角度看，传媒经济学属于应用经济学和产业经济学的分支领域，研究范围包括传媒市场的运行规律，传媒产业的资源配置，传媒产品的生产、流通与消费，受众市场、广告市场和资本市场上的传媒企业表现，以及信息科技和传媒生产对社会经济系统的影响与规律等问题。

数字经济的研究方法更多的是借鉴信息经济和信息产业的研究方法，与传媒经济学主要采用的产业经济学的统计方法和研究方法有很大不同。

那么，数字经济怎么定义呢？杭州 G20 峰会上发布的《G20 数字经济发展与合作倡议》中将“数字经济”定义为：“以使用数字化的知识和信息作为关键生产要素、以现代信息网络作为重要载体、以信息通信技术的有效使用作为效率提升和经济结构优化的重要推动力的一系列经济活动。”①

中国信息化百人会发布的《2017 中国数字经济发展报告》（以下简称“数字经济报告”）是中国学者开始关注数字经济研究的一个标志和代表性成果，数字经济报告对“数字经济”的定义是：“全社会基于数据资源开发利用形成的经济总和。”② 在这个报告中，数据被描述为一切比特化的事物，是与物质、能量相并列的人类赖以利用的基本生产要素之一，并且将数据资源开发利用分成五个层次（见图 1）。2017 年发布的数字经济报告中把数字经济的总体构成分为基础型数字经济、融合型数字经济、效率型数字经济、新生型数字经济、福利型数字经济等五个层面。其实，从报告的结构逻辑上来看，更容易理解的方法是把数字经济分为基础型数字经济和融合型数字经济，或者更直接的理解方法是把数字经济分为两大部分：数字产业化与产业数字化。数字产业化部分包括信息设备生产和信息传输服务，产业数字化部分则是测算数字技术对传统产业增加的边际贡献。信息化百人会发

① 杭州 G20 峰会上发布的《G20 数字经济发展与合作倡议》，2016 年 9 月 4 日。

② 中国信息化百人会发布的《2017 中国数字经济发展报告》，2018 年 2 月 3 日。

布的《2017 中国数字经济发展报告》对数字经济的统计测算方法主要还是从信息经济的测算方法转换而来的，其发布的美国的数字经济总体规模就是按照基础型数字经济和融合型数字经济两大部分来统计的。2016 年美国数字经济的总体规模是 108318 亿美元，其中基础型数字经济规模为 13423 亿美元（占比 12.4%），融合型数字经济规模为 94895 亿美元（占比 87.6%）①。

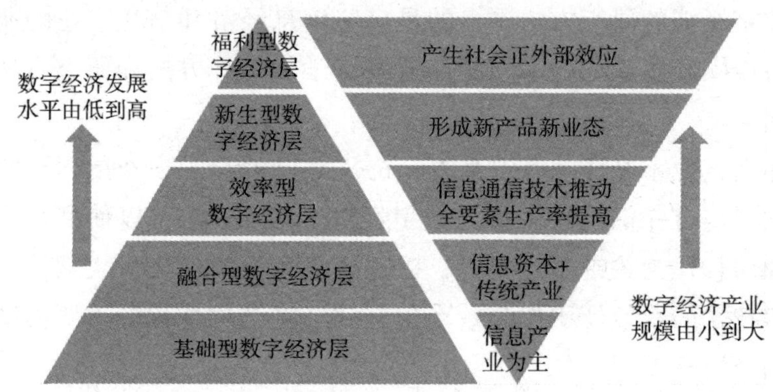

图 1 数字经济时代数据资源开发利用的 5 个层次与特征

该报告在分析数字经济发展整体现状后认为②，全球数字经济规模持续扩张，占 GDP 比重快速提升；融合型数字经济的主体地位进一步巩固，在数字经济中的占比持续上升。2016 年中国数字经济总量是 22.6 万亿元，同比增长 18.9%，增长速度位居全球前列，数字经济占 GDP 的比重为 30.3%，低于全球其他主要国家③。由此可见，中国的数字经济仍有很大的发展空间，中国是全球第二大数字经济大国，呈现快速增长、规模庞大、潜力巨大的特征。

---

① 中国信息化百人会发布的《2017 中国数字经济发展报告》，2018 年 2 月 3 日。

② 《数字经济报告》按照目前国际上通行的数字经济规模的统计和测算方法，以基础型数字经济和融合型数字经济两大类对国家数字经济总规模进行测算而成。

③ 中国信息化百人会发布的《2017 中国数字经济发展报告》，2018 年 2 月 3 日。

三 传媒经济的研究范畴有必要重新界定

互联网的发展和数字经济席卷全球，使我们不得不重新思考传媒产业的边界和传媒经济研究的范畴。

传媒产业（Media Industry），按原来我们比较通常的认识，是生产传播各种以文字、图片、影像、声音等内容的产品以及提供各种服务的企业形成的企业集群。传媒产业可按产业链、不同区域、不同行业形成产业组织体系。最常用的是按照媒介形态与功能细分为若干行业，如：报纸、期刊、图书、电视、广播、电影、门户网站、网络视频、页游、手游、搜索、社交媒体、自媒体、平台媒体等。

随着互联网技术和应用的不断创新，传媒产业的结构和分类一次次被颠覆和重构，至今也还在动态变化之中。十年前传媒产业结构还可以说纸质媒体、电波媒体、互联网媒体、手机移动媒体四分天下；如今传统媒体相加起来也就只占到整个传媒市场的五分之一左右。市场整个颠倒过来了，互联网广告和网络游戏成为传媒产业发展中最快的部分，网络视频、手机游戏、数字音乐与付费阅读是增长潜力最大的细分市场。原有的行业划分方式和分析模型难以体现传媒产业的全貌与变化。

从传媒产业内部结构的变化看，传媒市场结构的变化速度越来越快。从 2011 年平面、广电、互联网、移动互联网“四分天下”，到 2013 年演变成传统媒体、互联网和移动互联网的“三足鼎立”，2017 年则已转向“一超多强”的局面——移动互联网的市场份额接近一半，传统媒体总体规模仅占五分之一。

互联网广告、网络游戏、网络视频、手机游戏已成为传媒产业中的支柱行业。数字音乐与数字阅读是增长潜力最大的细分市场，这些内容付费业务已成为新的关注热点，用户付费模式已经被接受，内容将会成为竞争中取胜的关键。以用户为中心的定制化服务在新兴媒体中不断被强化。内容产品有价值、有特色，渠道有针对性、有扩展性，就能获得受众青睐。未来的传媒从业者，也不会是单纯的记者或编辑，而是内容创意人。[①] 网络传播的新特征和新规律不断刷新互联网新闻传播的速度和广度，只有不断顺应互联网传播的特点和移动化、社交化、视频化、互动化趋势，重视用户体验，才能不断生产出更多具有吸引力的融媒体产品，不断壮大用户规模、增强用户黏性。

原有的传媒经济研究的产业划分方式和分析模型难以体现传媒产业的全貌与变化。我们需要调整研究方法，借鉴数字经济的研究方法，以更新的视角观察传媒产业发展。

四 在数字经济的背景下考虑传媒经济研究的议题与重点

随着互联网与传统媒体的融合走向深化，传媒经济中的网络经济和数字经济成分越来越高，也越来越成为数字经济的重要组成部分。互联网已经成为受众获取信息资讯和娱乐的主要通道，互联网也已经成为全球传媒业发展的主要驱动力。从中国传媒行业细分市场发展状况看，2017 年中国网络广告市场规模超过 3800 亿元，网络游戏收入首次突破了 2000 亿元，网络视频市场规模也将近 1000 亿元，并以每年 30% 的速度快速增长[②]，网络广告、网络游戏、网络视频成为拉动传媒产业发展的三大动力。移动互联网则已经超过传统互联网的市场规模，移动广告占网络广告市场规模的比例达到 69. 2%，远超传统媒体广告市场的总和。

传媒经济与数字经济有交集又有区别，传媒产业与信息产业有重合又有所不同。传媒经济目前采用的统计方法和范围主要是按照媒介形态划分的行业经济来展开的，与数字经济中的基础型数字经济部分有所交集，从数字经济的角度来看属于数字产业化的范畴。实际上传媒经济与融合型数字经济也有很多交集。

数字经济目前在全球范围内最受关注的议题是数据跨境移动和数据监管的问题。这属于网络空间全球治理或管理的议题。在 2019 年联合国数字合作高级别小组第二次全体会议上这就是主要议题之一。

---

① 崔保国：《2017 年新型主流媒体发展概况及展望》，《新闻战线》2018 年第 1 期。

② 根据艾瑞公司数据整理。

联合国秘书长古特雷斯认为，不能用传统的治理办法处理技术问题，应该制定新的灵活机制和体系。

下一代互联网和互联网的下半场这两个概念是引人注目的议题，但又是经常使人们产生困惑的新概念。笔者的理解是，这是两个不同领域的概念，下一代互联网是技术领域的概念，互联网的下半场则是市场领域的概念。

下一代互联网是一个特定的概念，也是一个相对的概念，作为一个特定的概念的“下一代互联网”是指 IPv6，下一代互联网的发展趋势已经可以看清。其应用将主要在物联网、大数据、云计算、移动 5G、量子通信、人工智能、虚拟现实等几大领域。其中人工智能可能成为下一代互联网发展的引爆点。

未来智能研究与神经科学、认知科学深度交叉融合，将推动人工智能向深度发展。机器的实时学习、音视频内容识别与搜索、计算机摄影、阅读理解、事实核查技术以及视觉预测、语音交互等技术及应用将深刻影响媒体的未来发展。下一代互联网的发展必然带来一个网络空间新时代，网络空间是一种建构新的世界体系的框架。

而随着下一代互联网时代的到来，新技术也将推动传媒产业的进一步迭代升级。从 4G 发展到 5G，移动互联网开始向物联网应用领域扩展，物联网的发展推动了物理世界、数字世界和人类社会之间的融合，进入“人、机、物三元融合”发展期。区块链应用前景非常广，通过加密技术能形成一个去中心化的可靠、透明、安全、可追溯的分布式数据库，推动互联网数据记录、传播及存储管理方式变革，实现互联网从信息传播向价值转移的转变。

互联网野蛮生长的时代已经结束，互联网进入下半场，主要指消费互联网（2C）逐渐饱和，产业互联网（2B）开始发力。经过一两年的发展，互联网下半场明确指向产业互联网。2018 年 9 月 30 日，腾讯启动第三次战略升级，新成立了云与智慧产业事业群，宣布其战略从消费互联网向产业互联网升级。随着 BAT 以及美团等巨型互联网企业的纷纷发力，通过重新建构事业群结构，布局产业互联网，产业互联网从概念走向实操已经全面启动。

数字经济的浪潮式发展对传媒业来说是一次充满西部淘金色彩的旅程。传媒经济和传媒业的格局变幻莫测。展望未来，媒体系统内嵌于社会系统，媒介变革需要与整体宏观社会环境互动方能成就，中国传媒业的发展应置于更广阔的网络空间语境当中，应通过国际关系、全球治理等更广泛的视角进行研判。当前宏观经济下行压力大，加上中美贸易摩擦前景未明朗，面临诸多挑战，传媒经济研究唯有不断创新，才能有更广阔的未来。

财经深度报道的融合创新*

杭 敏**

摘要 专业媒体可以将财经深度报道作为价值核心，带动垂直深耕，在媒体内容生产中构建立体布局，在融合创新发展中实现价值链延伸。随着数字媒体技术的发展，视图融合，视频融合，互动式图表和信息图像等已成为财经深度报道常见的报道方式。通过内容生产端的融合与传播方式端的融合，财经深度报道可以将技术手段与人工投入相结合，更好体现报道价值。

关键词 数字媒体技术；视频融合；深度报道；融合创新

财经深度报道是财经新闻报道的一种重要类型，能够通过对报道议题的深入挖掘和深刻分析来揭示真相，分析事件之间的因果关系，系统反映社会问题，达到提供监督、带动监管和推动经济金融市场有序发展的目的。

做好财经深度报道需要新闻工作者对于财经议题的专业性、社会问题的复杂性、新闻报道的真实性以及受众传播的有效性等都有较好的理解与把握，从而保证报道的内容质量与传播效果。一直以来，深度报道都是学界业界在探讨财经新闻报道时所共同关注的重点议题。

本文基于笔者在近期《证券时报》财经深度报道研讨会中分享的

---

* 本文原刊于《新闻战线》2021 年第 1 期。

** 杭敏，清华大学新闻与传播学院副院长，教授、博士生导师，经济传播研究中心主任。

些许思考，选取深度报道融合创新的视角，从技术融合和组织融合的路径展开讨论。文章首先从内容生产融合与传播方式融合两个角度来阐释财经深度报道；继而从财经媒体组织的视角来探讨如何在新时代做好财经深度报道的融合创新，以更好地彰显财经媒体在报道与传播中的专业性价值，以及服务社会的公共性价值。

一　什么是财经深度报道

根据《新闻学大辞典》的界定，深度报道是指“运用解释、分析和预测的方法，从历史溯源、因果关系、矛盾演变、影响作用和发展趋势等方面报道新闻的形式”。[①] 何光先认为，深度报道是“一种系统地提供新闻事件的背景，用客观形式解释、分析来延伸和拓展新闻领域的报道方法。它包括解释性报道、调查性报道、预测性报道、实录性报道、传记性报道和连续性报道”。[②]

相较于新闻报道，深度报道对于时效性的要求有所不同，讲究适时与及时，而非一般意义上的快。在选题和写作技巧上，深度报道也有其自身特色。在财经报道领域，深度报道主要包括解释性报道、调查性报道和预测性报道。在选题上，财经媒体的深度报道多选取与受众日常生活息息相关的话题，采取小切口、深挖掘的方式，对读者有较好的启发作用。从内容上看，大部分财经深度报道是在一定的调查基础上展开的，一般先阐述调查结果，后加以分析解释。从报道方式来看，随着数字媒体技术的发展，财经深度报道越来越多地采用多媒体技术手段：视图融合、视频融合、互动式图表和信息图像等是常出现的报道方式；同时，数字技术也进一步助力深度报道的数据收集、事实判断与内容分析，帮助提升报道的内容质量。[③] 为此，下文从融合赋能财经深度报道内容生产以及融合推进报道传播两个方面来予以详述。

---

① 甘惜分：《新闻学大辞典》，河南人民出版社 1992 年版。

② 何光先：《深度报道刍议》，《中国记者》1991 年第 12 期。

③ 杭敏：《国际财经媒体发展研究》，中国财政经济出版社 2016 年版。

二 财经深度报道的内容生产融合与传播方式融合

（一）财经深度报道内容生产融合

1. 数据技术应用与新闻专业投入融合成为必然

从内容生产端来看，数据技术发展推动新闻内容生产。近年来，新闻内容的标准化生产与机器写稿已形成规模化应用趋势。比如：从2009年开始，《福布斯》等国际媒体即开始尝试机器人写稿，内容涉及商业、政治等领域；Stats Monkey等人工软件在帮助记者进行内容编辑、校核等方面发挥了极大的功用。① 国内的第一财经DT稿王、今日头条研发的新闻机器人Xiaomingbot等也都为新闻写作与内容编辑提供了极大的便利性。

此前，不少研究认为，媒体发展的重要瓶颈之一在于优秀的编辑记者在繁重的重复劳动中失去了创造深度分析报道的时间机会，也错过了为读者提供更好决策依据的可能。而数据技术赋能之下的标准化人工智能应用显然在新闻内容生产的准确性、即时性和完整性方面都有极大优势。然而，标准化报道也存在明显的边界：在面对更具复杂性的逻辑和非数据分析挑战时，标准化的智能工具显然乏力。因此，即便在智能时代，我们也应该充分认识到，新闻生产中的数据和速度可以交给智能应用，而深度调查和调研还是要依靠优秀的大脑。尤其在今天优质深度调查报道严重不足，专题调研分析还拥有巨大需求的背景下，人工与智能的交叉——将数据技术应用与新闻专业投入深度融合就成了必然。

2. 内容生产融合的技术趋势

以调查性报道为例，早期具有影响力的财经调查性报道，比如《基金黑幕》《银广夏陷阱》《达芬奇谜中谜》等在调查报道中还是大量采用人工手段来收集与分析数据；而近年来，数据技术在信息收集方面所提供的帮助越来越大。比如，在2017年财新报道《“福远渔冷999”鲨鱼从何而来 中概股疑为猎鲨真凶》中，大数据举证成为记者

① http：//www. apstatsmonkey. com/Stats Monkey/Statsmonkey. html.

发现线索、找出真相的重要手段。[①] 在调查中，记者利用世界海洋保护组织（Oceana）和Google合作的全球渔业监测项目Sky Truth船舶自动识别系统跟踪数据（AIS tracking data）来收集数据。同时，为审慎核实，记者又找到建立全球首个航运数据平台的以色列数据公司Windward。Windward是世界领先的基于卫星数据分析全球航运数据的公司，能智能分析和使用大数据，追踪远洋船只在海上的航行路径，并快速检测到船只在运行途中的异常行为，包括与其他船只进行接触或行驶的可疑路线等。在这篇报道中，Windward与AIS的数据形成有力举证，与记者的专业分析和调查相结合，从而揭示了调查中的中概股公司的猎鲨真相。

以上AIS tracking data和Windward数据都属于近年来不断受到关注，并能为媒体报道与学术研究提供富饶资源的开源情报数据。所谓开源情报（Open Source Intelligence，OSINT），指从合法、免费、公开来源收集的信息，包括在互联网、社交媒体平台、公开出版物、数据库、政府信息平台等渠道收集的公开信息，用于政府机构监管、商业金融企业管理、新闻媒体报道与学术研究等。

除了开源情报之外，还有不少开源工具也可以为财经深度报道提供帮助。比如，在国际财经报道中，对于新闻内容的追踪，Crowd Tangle可以按时间、地域等条件筛选用户分享在社交媒体上的内容，对记者发现新闻线索、进行事实核查很有帮助；而另一款工具Hoaxy则可以追踪并可视化社交媒体虚假信息和事实核查的传播时间和路径。

对于网站背后的元数据，Wayback Machine可以使用户方便地查看特定网页在某个时间点的快照，找回被修改或删除的信息；而Panjiva、Import Genius则可以帮助挖掘特定产品供应链的国际贸易数据库，查询跨国供应商、采购商和货运记录等信息。

在数据分析方面，Python免费开源的数据处理模块Pandas集成了数据库、电子表格、可视化等程序的功能，可以完成网页抓取、数据

---

① https://m.china.caixin.com/m/2017-09-28/101151737.html?Sfrom=SinaWeibo&cxw=Android.

分析、图表处理等工作；而如果不会编程，也可以应用 Excel 来建立时间线，帮助跟进调查及组织证据。

在图片和视频分析方面，TinEye、Yandex 等图片搜索引擎可以提供海量、优质的图片资源。比如，The Photo Investigator 可以用来查看照片背后的元数据，包括相机类型、快门速度和地理位置，验证报道中的消息来源，帮助记者发现照片背后的编辑记录以及其他有用信息。①

因此，从内容生产端来看，创新的融合信息源与数据工具可以在信源抓取、线索收集、信息整理和数据分析等方面赋能深度报道，并与记者的专业分析与深入论证相结合，提升报道的信息质量、分析深度与内容生产效率。

（二）财经深度报道传播方式融合

从呈现方式端来看，在优质的财经深度报道作品中，全景呈现、专题链接和数据可视化等都已经成为必备要素。比如，2019 年 Barlett & Steele 财经调查性报道奖（Barlett & Steele Awards in Investigative Business Journalism）的两篇获奖作品：《PG & E：注定失败》（PG & E：Wired to Fail）（见图 1）和《为钱所污》（Polluted by Money）（见图 2）都是典型代表。而在 2020 年普利策新闻奖获奖的调查性报道《被蒙骗的人》（They were Conned）中（见图 3），全景视图、动态呈现、数据可视、声视频融合等手段更是相辅相成，有力地提升了该调查性报道所展示出的内容长度（通过时间轴的方式）、深度（辅以数据分析呈现）以及丰富度（用多媒体方式来综合表达）。

同样，在国内财经深度报道中，技术融合的创新表达也越来越常见。比如，在近期的“脱贫攻坚”重大事件报道中，央视推出的融合深度报道就是较为典型的案例（见图 4）。该报道在呈现方式上利用多媒体技术来实现场景再现。报道中使用了无人机航拍、360 度全景拍摄、三维建模，以及深度仿真等技术手段，来立体化还原新闻现场；同时，借助智能机器人语音讲解，来了解当地村貌整改的具体措施。受众可以通过拖动鼠标浏览当地扶贫示范区的现场全景，通过点击场

① 根据 Global Investigative Journalism Network，GIJIN（https：//gijn. org）工具栏目整理。

景中的视频按钮连接传统媒体平台端的权威视频发布，也可以通过数字和图表等数据来了解当地人均收入等情况。在叙事技巧上，报道通过非线性超时空表达，营造与新闻场景中人或事“同时空”的临场体验。在呈现选择方式上，受众可以按照自己的意愿来调整观看角度，获得更加立体全面的视觉传达效果。①

图 1 《PG & E：注定失败》

图 2 《为钱所污》

① http：//news. cctv. com/yuanchuang/VRcfzsjfpzj/index. shtml.

'They Were Conned': How Reckless Loans Devastated a Generation of Taxi Drivers

By Brian M. Rosenthal

Photographs and Video by Kholood Eid

May 19, 2019

图 3 《被蒙骗的人》

图 4 央视“扶贫攻坚”融合报道

财经深度报道也可以应用 VR（Virtual Reality）技术来展示企业组织生产的真实工作场景，深度再现组织流程与生产过程。比如，图 5 中财经视听实验室推出的一则报道应用了 VR 技术实现立体呈现，帮助受众近距离感受智能物流如何通过大数据和云计算等技术手段来提升智能物流仓的智能分拣成功率，营造出在场的浸入感与真实感。[①]

混合现实 MR（Mixed Reality）是虚拟现实技术的又一应用发展，可以通过在虚拟环境中引入现实场景信息，在虚拟世界、现实世界和

① http：//video. caixin. com/2016 －08 －25/100981698. html.

用户之间搭起交互反馈的信息回路，实现现实世界中的虚拟数据化表达，增强用户体验的真实感。图 6 中 CGTN 关于服务贸易的视频深度报道则应用了 MR 技术，将虚拟与现实结合，呈现出创新的效果。①

图 5 智能物流仓库生产流程报道

图 6 CGTN 服务贸易 MR 报道

① https：//m. weibo. cn/status/4545762099208409.

综上，从财经深度报道的内容生产端来理解融合创新，我们可以看到，融合体现在数据技术对于内容生产的支撑与推动：开源情报信息和各种多元的数据工具可以和人工报道与专业投入相融合，帮助提升财经深度报道中的数据分析质量，使深度报道的视角更广、触角更深。而从传播方式端来看，融合的技术呈现则可以进一步推动报道创新，让深度报道更有冲击力，使受众感受更为生动、更加互动。

三 财经深度报道融合创新的组织性启示

（一）财经深度报道价值链

通过内容生产端的融合与传播方式端的融合，财经深度报道可以将技术手段与人工投入相结合，更好地体现出报道的价值。从价值链的视角来看，财经深度报道的价值首先体现在事实呈现方面，融合创新可以使事实呈现得更加完整、视角更加多元、呈现方式也更具活力。在核心价值体现方面，融合创新可以使报道在技术赋能下更好地体现专业性，对内容进行深度挖掘、深入阐释与深刻分析。而在报道影响力方面，融合创新则可以使深度报道发挥更大的影响力，使市场获得更优监管，企业获得更好监督，民众获得更高素养，社会获得更多进步（见图7）。

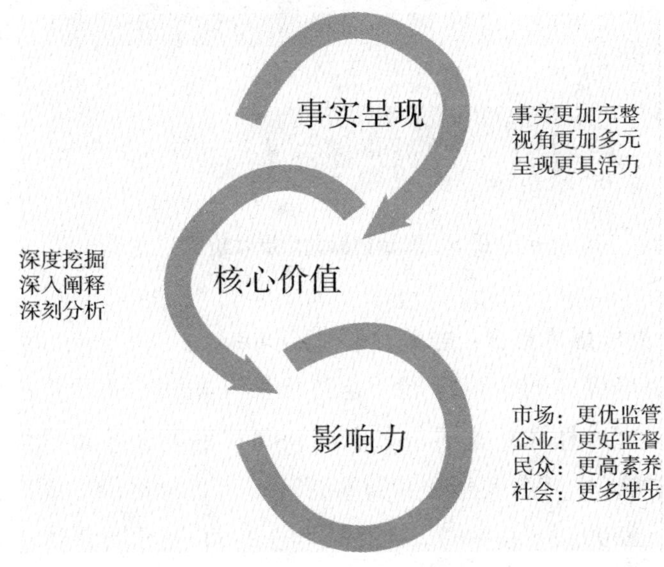

图7 财经深度报道价值链

同时，从财经媒体的维度来看，融合创新也意味着我们可以将技术与人工相结合，去进一步发掘深度报道的延展性价值。这种延展性价值首先体现在发现报道议题的前后逻辑以及体系关联，获取超越该报道议题本身的系统性认知。比如，我们可以借助信息数据整理的逻辑链工具对资本市场改革的相关议题在时间维度上进行关联，以找寻市场改革与政策变化的内在逻辑。其次，延展性价值也体现在融合创新可以使我们对媒体组织本身的资产价值进行更为深入的挖掘，对资源有效配置进行更多的探索。再者，深度报道的延展性价值还可以帮助我们对产业价值链有更好的洞察，对财经媒体的定位有更多的思考（见图8）。

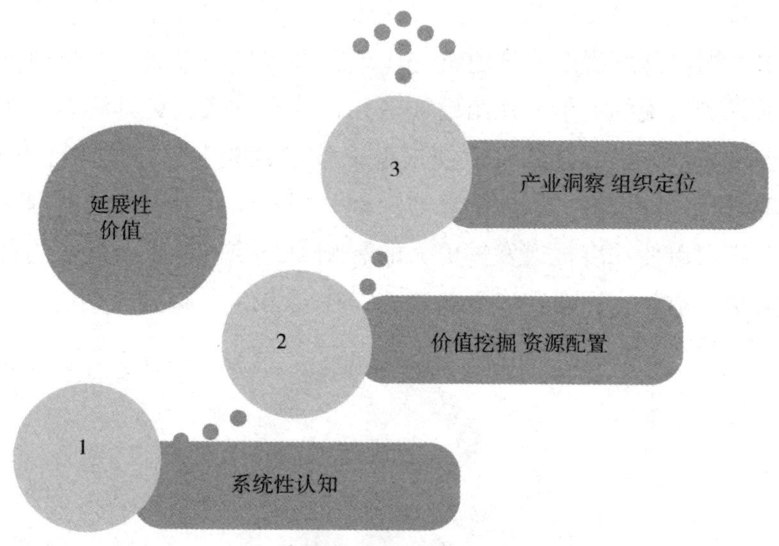

图8　融合创新的延展性价值

（二）财经媒体案例：吉普林格（Kiplinger）

关于财经媒体的价值延展，吉普林格（Kiplinger）是较富有代表性的案例。吉普林格是美国著名商业预测和私人金融理财媒体，成立于20世纪初，主打个人理财和财富管理。吉普林格的主要产品是吉普林格来信（Kiplinger Letter），从20世纪20年代开始就针对各类受众提供特色理财资讯与财富管理信息（见图9）。

图9 财富类细分财经媒体吉普林格

在数据技术发展的推动下，吉普林格积极探索融合创新。除了利用数据智能技术为其资本市场与财富报道赋能之外，吉普林格的融合创新还体现在以理财深度报道为核心，垂直深耕，挖掘财富市场的延展价值。吉普林格开辟了从理财资讯到投资产品，从财富管理到财富教育的延展价值链，助推资本市场与理财信息的专业化生产，也引导培育市场整体的财富教育。近年来，在美国财经媒体公信力和影响力评测中，吉普林格常位居前位，显示出财经媒体深耕财富市场与财富教育的社会性价值。①

由此可见，融合创新在组织层面也可以为我们带来启示：专业财经媒体可以将财经深度报道作为价值核心，带动垂直深耕，在媒体内容生产中构建立体布局，在融合创新的推动下实现价值链延伸。同时，对于国内专业财经媒体而言，我们也应当注意到，民众的财经素养与财富教育仍然是一个潜力巨大但未及开发的领域，需要有责任有担当的财经媒体对此进行细致洞察与专业深耕，以高质量的深度报道作为核心驱动，带动大众财经素养建设，谋划建构全社会的财富教育体系，实现财经专业报道社会价值的更大增值。

① 杭敏：《清华财经新闻大讲堂》，经济科学出版社2019年版。

文化旅游产业中 PPP 模式研究*

胡　钰　王一凡**

摘要　文化旅游产业在满足人们美好生活需要和推动经济转型方面具有重要意义，PPP 模式是推动文化旅游产业健康持续发展的重要手段，但这一新模式在推广中面临一些困难。本文利用深度访谈的方法，访问了熟悉 PPP 理论、实践以及文化旅游产业的相关专家和从业者，分析文化旅游产业 PPP 项目中存在的问题和解决路径，并对一个文化旅游产业 PPP 模式的典型样本进行了调研和深入分析。研究发现，成功的文化旅游 PPP 模式要以产业发展为核心，提供综合性、全方位服务，注重长期高效运营。本文还提出了发展文化旅游产业 PPP 模式的思考与建议。

关键词　文化旅游产业；PPP 模式；文创理念

一　研究背景

2018 年 3 月 13 日，十三届全国人大一次会议表决并通过了关于国务院机构改革方案的决定，批准设立中华人民共和国文化和旅游部。

---

* 本文原刊于《中国软科学》2018 年第 9 期。

** 胡钰，清华大学新闻与传播学院教授、博士生导师，清华大学文化创意发展研究院执行院长；王一凡，清华大学新闻与传播学院博士生。

方案提出，将文化部、国家旅游局的职责整合，组建文化和旅游部，作为国务院组成部门。根据国务院的介绍，文化和旅游部的设立旨在增强和彰显文化自信，统筹文化事业、文化产业发展和旅游资源开发，提高国家文化软实力和中华文化影响力，推动文化事业、文化产业和旅游业融合发展。

在文化旅游业发展面临重大机遇与需求的同时，资金不足、人才短缺、运营低效等难题也制约着行业的发展。龚绍方提出，产业观念、管理体制和立法缺失极大地制约了我国文化旅游产业的发展。[①] 从投资模式上看，以政府投资发挥主导作用的发展模式难以有效促进文化旅游产业的发展。随着我国投资和财政管理体制的改革，国务院、发改委、文化部等发布的相关政策都鼓励采用 PPP 模式进行文化旅游开发。如《文化部办公厅关于做好第三批政府与社会资本合作示范项目申报筛选工作的补充通知》（办产函〔2016〕247 号）提出，将采取 PPP 模式的文化基础设施、文化旅游项目、文化金融服务中心、文化资源保护与利用项目等纳入支持范围。文化和旅游部、财政部联合印发的《关于在旅游领域推广政府和社会资本合作模式的指导意见》（文旅旅发〔2018〕3 号）就调动更多社会资源参与旅游业发展，探索推广旅游 PPP 实施路径、发展模式及长效机制，提高旅游投资有效性和公共资源使用效益，建设一批旅游 PPP 示范项目作出全面部署。

目前，PPP 模式已逐渐成为加强文化旅游基础设施建设、促进文化旅游产业发展的重要手段，是各地政府推动文化旅游产业的重要着力点。截至 2017 年 10 月 31 日，财政部政府和社会资本合作中心公开的 PPP 项目管理库中显示，全国 PPP 项目数量为 6806 个，投资额共计 102003 亿元；其中，旅游行业项目数量为 306 个，占全国项目总量的 4.5%；文化项目数量 191 个，占全国项目总量的 2.8%（见图 1）。

---

① 龚绍方：《制约我国文化旅游产业发展的三大因素及对策》，《郑州大学学报》（哲学社会科学版）2008 年第 6 期。

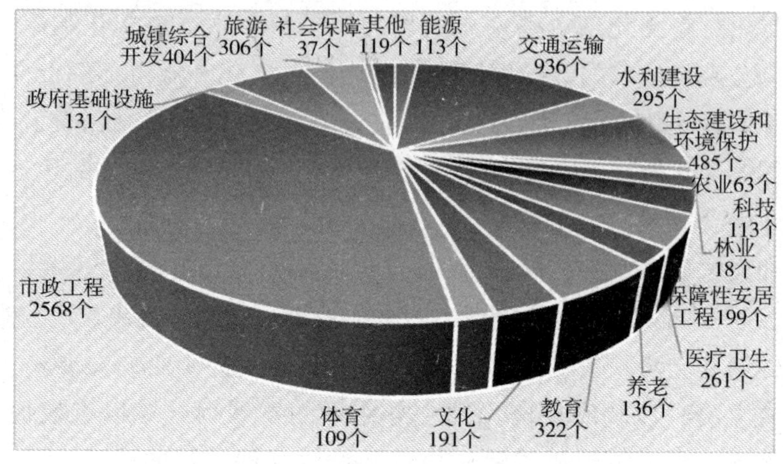

图1 PPP项目管理库入库项目分行业分布

数据来源：财政部。

二 文献回顾

（一）文化旅游产业的内涵及作用

国外学者对文化旅游产业的融合发展与可持续性进行了探讨，认为文化和旅游的融合对于提高旅游活动的吸引力以及推动文化旅游的发展有重要作用。Bachleitner 和 Zins① 对文化旅游产业的融合发展进行研究，发现将文化产业融合到旅游产业中可以提高旅游目的地对旅游者的吸引力，并且指出二者融合可以开发出以文化为基础的遗产旅游、宗教旅游等。Al-Hagla② 认为文化的可持续性是文化旅游发展的最大价值，指出文化旅游与经济发展之间密不可分，应从生态发展的视角来研究文化旅游的发展，而且文化可持续性是实现文化旅游发展的重要保证。

① Bachleitner, R., Zins, A. H., "Cultural Tourism in Rural Communities: The Residents' Perspective", *Journal of Business Research*, Vol. 44, No. 3, 1999.

② Al-Hagla, K. S., "Cultural Sustainability: an Asset of Cultural Tourism Industry", *Working Paper*, No. 6, 2005.

国内关于文化旅游产业的界定存在不同的观点。张广海和孙春兰[①]提出，目前对于文化旅游产业概念的界定还没有统一的论述，他们认为文化产业和旅游产业紧密联系、相互融合，形成了文化旅游产业，文化旅游产业的发展需要构筑文化旅游产业链，并对其拓展延伸，从而产生规模效应和互动效应。部分学者对文化旅游产业的研究聚焦于文化遗产相关的旅游产业，如李云涛提出文化旅游产业主要是由人文旅游资源所开发出来的产业，是为满足人们的文化旅游消费需求而产生的一部分旅游产业。[②] 文化旅游产业化是打造文化旅游产业市场主体的企业化、系统化、市场化、规模化基础性的产业运动。更多的学者认为文化产业与旅游产业紧密联系，文化旅游产业是二者相互融合的结果。

本文认为，文化旅游产业是基于文化产业和旅游产业深度融合，以文化创意为灵魂、以观光旅游为载体、以新场景打造为重点的新型文化业态。

文化旅游产业具有低污染、高收益、高附加值、可持续性等特征，对于经济增长、经济结构转型升级、拉动消费、促进就业、传播文化等具有重要推动作用。

文化旅游产业对传统产业结构转型有很强的推动作用，有利于传统服务产业的升级。龚宁认为，基于资源整合的文化旅游产业发展模式是一种可以实现空间结构合理、功能布局完善、生态环境良好、市场高效运转的文化旅游产业发展模式[③]。文化产业和旅游产业的互动与融合有利于区域文化、经济、社会的协调发展，可以从根本上推动中国旅游产业与文化产业的大发展。

文化旅游产业有利于促进先进文化的传播，让静态文化动态化、地下文化显性化。文化旅游产业还对提升产业的国际竞争力、弘扬优

---

① 张广海、孙春兰：《文化旅游产业融合及产业链构建》，《经济研究导刊》2012 年第 12 期。

② 李云涛：《文化旅游产业发展的理性反思》，硕士学位论文，黑龙江大学，2009 年，第 3—5 页。

③ 龚宁：《基于资源整合的文化旅游产业发展战略研究》，硕士学位论文，四川师范大学，2012 年，第 39—40 页。

秀传统文化、提升国际形象等具有重要作用。[①] 文化产业的发展可以借助旅游市场这个平台，开拓文化消费市场；旅游可以为文化资源的开发提供载体，促进文化的传播和交流。

（二）PPP 模式的特征及理论基础

PPP（Public Private Partnership）是指政府部门和社会资本为提供公共产品和服务而建立起来的一种伙伴关系，其核心特征在于政府和社会资本利益共享、风险共担、长期合作（见图 2）。政府部门负责确定公共服务要求，并进行必要的协助和监管，社会资本则发挥其资金、技术、人才优势，按照政府的要求建造公共设施、提供公共服务，并通过从政府部门收费或从使用者收费，获得合理投资回报。项目各参与方发挥各自的优势，共担风险，共享收益，最终实现以更低成本提供更高质量的公共服务。[②]

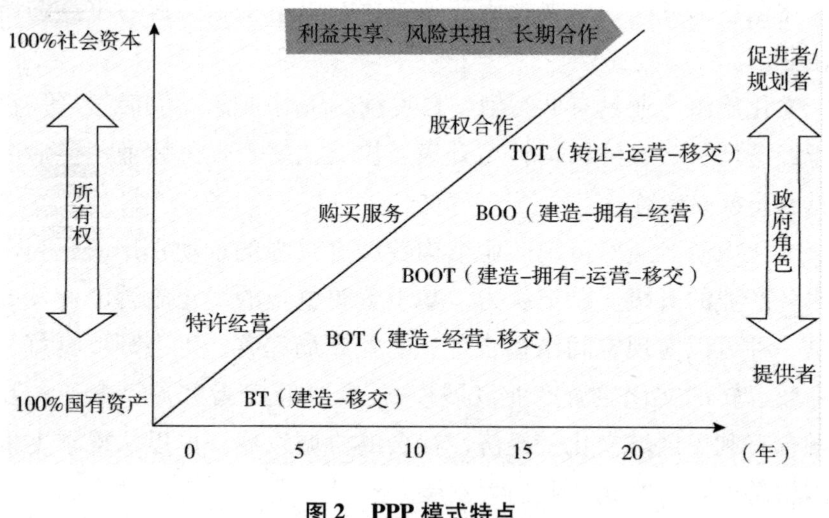

图 2 PPP 模式特点

公共产品理论认为公共产品具有非竞争性和非排他性，需要由政

---

① 邵金萍：《再论文化旅游产业的特征、作用及发展对策》，《福建论坛》（人文社会科学版）2011 年第 8 期。

② 刘晓凯、张明：《全球视角下的 PPP：内涵、模式、实践与问题》，《国际经济评论》2015 年第 4 期。

府提供。① 准公共产品具有部分私人产品的性质，在提供时引入市场化机制，通过政府补贴和向使用者收取费用的方式弥补生产成本。以 Hood 等人为代表提出的新公共管理理论认为，传统的公共行政已经不能适应迅速变化的信息社会的发展，主张政府公共部门应采用私人部门成功的管理方法和竞争机制，提升公共产品质量，重视公共服务效率，实现资源的优化配置，从而更好地履行政府职能。② PPP 模式通过引入社会资本先进的管理技术、资金及人才等，有助于实现政府职能的转变。

文化旅游产业具有公益性和经营性的双重属性。一方面，大部分文化旅游开发依托自然景观、文物古迹等公共资源，客观上需要政府主导开发，以保障公众共同享受公共资源的权利，如《旅游法》规定：利用公共资源建设的景区的门票以及景区内的游览场所、交通工具等另行收费项目，实行政府定价或者政府指导价，严格控制价格上涨。同时，文化旅游产业具有显著的正外部性，文化旅游的发展会提升区域的吸引力，进一步带动区域整体的发展。另一方面，文化旅游产业发展又要注重市场化运营，降低运营成本，不增加财政负担，产生经济效益。可见，文化旅游产业具有公益性和经营性的双重属性，符合 PPP 模式的初衷。

PPP 模式可以解决公共物品项目效益低、投资回报期长、政府财政负担大等问题，提高资源的利用率，优化资源配置，提高社会福利。文化旅游产业的发展需要大量的投入，资本规模在一定程度上决定了产业发展的规模和速度。利用社会资本在资源、人才、技术、经验等方面的优势，可以使得产业有序发展，提高运营效率和服务质量，最大限度地发掘出文化旅游资源的价值。PPP 模式能够整合社会资源，改善公共服务质量，提高公共服务效率。杨俊龙指出，PPP 具有三方

① Samuelson, P. A., "The Pure Theory of Public Expenditure", *The Review of Economics and Statistics*, Vol. 36, No. 4, 1954.

② Hood, C., "A Public Management for All Seasons?", *Public Administration*, Vol. 69, No. 1, 1991.

面重大效应：缓解政府负债压力，降低政府融资风险；发展混合所有制经济，提高资源配置效率；增强各方契约意识，切实转变政府职能。[①] 通过PPP提供社会公共产品时，会实现公共利益最大化，PPP模式能有效结合政府与社会资本的优势，解决公共服务的资金、管理等各方面的问题。何军认为，文化旅游产业中大量的资源由国家所有，发展文化旅游产业所需的资金大、人才短缺，开发的周期长，具有非常高的风险和不确定性。[②] 在这种情况下，PPP这一合作模式很好地解决了文化旅游产业发展面临的难题，通过引入市场化机制，解决政府融资难、投资效率低下等问题，并使得社会资本扩大投资领域，取得合理收益，从而实现政府与社会资本共赢的目的。支晓坤指出，文化旅游项目存在着资金短缺、管理混乱等诸多问题，由于文化旅游项目融资较少，主要资金基本来自政府财政资金和银行贷款，导致很多项目在前期阶段就面临流产。[③] 赵华提出应借助PPP投融资项目转化管理运营模式，促进特色小镇旅游产业可持续发展。[④]

（三）实践中文化旅游产业PPP模式的类型

一是曲江PPP模式——“文化旅游带动土地升值”模式。曲江文化产业园根植于文化遗址资源，具备遗址保护和文化产业发展的双重功效。[⑤] 曲江管委会依托西安曲江文化旅游产业投资（集团）有限公司，采取“曲江PPP模式”进行大明宫项目开发建设，其交易结构如下：政府依托西安曲江文化旅游产业投资（集团）有限公司，通过资产证券化和产业投资基金、政策性贷款等渠道筹集资金，主要用于非营利项目的开发建设；引入香港中国海外发展有限公司进行

---

① 杨俊龙：《PPP模式的效应、问题及优化对策研究》，《江淮论坛》2017年第3期。

② 何军：《产业新城PPP模式研究》，硕士学位论文，东北财经大学，2016年，第20—25页。

③ 支晓坤：《基于PPP模式的文化旅游项目风险管理研究》，硕士学位论文，天津大学，2016年，第17—18页。

④ 赵华：《旅游特色小镇创新开发探析》，《经济问题》2017年第12期。

⑤ 朱海霞、杨博、权东计：《西安曲江文化产业园区运营模式的特质分析》，《中国软科学》2011年第S1期。

相关配套基础设施以及高档住宅和商务中心等重大工程项目的投资建设；引入中国建筑股份有限公司进行周边开发项目工程建设及城市资源运营合作框架协议；引入恒大地产集团西安有限公司参与大明宫周边的城中村、棚户区改造。曲江管委会和西安曲江文化旅游产业投资（集团）有限公司采取“先公建造景、后土地升值”的开发模式，在大明宫遗址项目中，先建设完成遗址公园部分，之后再将周边的土地转让给实力较强的地产商，由地产商组织周边环境的改造与开发建设，以提升公园周边土地价值，为其他项目的开发建设筹集资金。

二是华侨城PPP模式——“文化+旅游+城镇化”模式。华侨城通过政府与社会资本以PPP模式开发甘坑新镇，提供“整体解决方案”，由政府回购来做文化设施规划建设、通过特许持续经营来做旅游产品投资和运营、通过政府采购或使用者付费来做城市公共产品规划等。在产业方面，以导入和培育具有高科技含量和高艺术水准的原创文化内容产业，形成高端文化创意产业园区，带动“文化+”相关的科技、旅游、商业、生态、农业、教育、家居等现代新型城镇化产业的转型升级和快速发展。从收益来源看，华侨城的收入主要是旅游门票收入、文化演艺收入、商业地产收益和房地产开发收益，即通过高收益的房地产业为高投入、高投资的旅游业提供稳定的资金保障和风险规避，旅游带动地产，地产反哺旅游，两者互动发展。

目前，PPP模式的应用主要集中在市政工程、交通运输、生态建设和环境保护等领域，这些领域成为学术界的研究焦点，成果较多；而文化旅游产业方面的应用与研究成果则相对较少，研究重点主要集中在合规性、风险、模式借鉴和案例概况等方面，缺少深入探讨文化旅游产业PPP模式的应用特点。本研究力图研究PPP模式在文化旅游产业中的应用，找出问题的关键节点和有效解决方案，不仅有利于政府和企业完善PPP模式的合作内容和交易结构，还能为政策制定提供参考，使得文化旅游产业更好地发展，满足人们不断增长的美好生活需要。

三 研究问题与研究方法

（一）研究问题

本文研究的核心问题是 PPP 模式在文化旅游产业应用中的主要特征、突出问题及解决方案。围绕这一核心问题，访谈主要关注以下六个问题。

（1）区域发展文化旅游产业需具备哪些条件？

（2）文化旅游产业 PPP 模式包含哪些合作内容？

（3）物超所值的 PPP 模式有哪些特点？

（4）文化旅游产业应用 PPP 模式有何优势？

（5）当前文化旅游 PPP 项目存在的问题有哪些？

（6）文化旅游产业 PPP 项目的有效路径和发展建议有哪些？

（二）研究方法

本文主要的收集资料的方法为深度访谈法（in-depth interview）。深度访谈通常采用半结构、直接的访谈方式，在访谈过程中，通过掌握高级访谈技巧的调查员对被访者深度访谈，使得研究者有机会认识、了解当事人的经验、观察和体会，另外也有机会听到当事人对自己经验的解释，了解当事人的世界观，对周遭的人、事、物的看法及其相互之间的关系。本文选取深度访谈法的原因在于该方法能了解受访者的经验，并能通过提问了解受访者对经验的认识和进一步说明，从而达到挖掘 PPP 模式在文化旅游产业中应用的特征、问题和解决方法。

（三）研究实施

本次调研共访谈 16 人，受访者分别来自政府研究机构，第三方平台，高校，咨询公司，社会资本职能、业务、运营管理部门，入驻企业等（见表 1），对文化旅游产业和 PPP 模式有着丰富的从业经验和专业知识，了解 PPP 模式在文化旅游产业中运用的模式、特点和存在的问题。对不同机构的受访者进行访谈不仅能够了解 PPP 模式在文化旅游产业中运用的各个方面，访谈信息之间也可以相互印证，提高了访谈信息的广度和准确性。

表 1　　受访者简介

被访者来源	人数	背景及经历
政府研究机构	2（A、B）	政府部门研究机构所长及研究专家，了解政策、产业发展
第三方产业联盟	1（C）	产业联盟秘书长，行业组织负责人，密切联系相关单位，综合服务平台优势
学术研究机构	1（D）	高校博士后，研究领域为公共管理和文化产业
咨询机构	1（E）	行业研究员，丰富的咨询工作经验
社会资本总部职能	2（F、G）	资深行业从业经验和专业知识，参与过法规制定和具体的业务实操
社会资本业务部门	3（H、I、J）	小镇集团区域总经理、PPP 事务总经理及对外合作总经理，熟悉小镇立项、规划、建设、运营各项业务
社会资本小镇运营管理	2（K、L）	小镇运营负责人，丰富的行业从业经验，熟悉影视行业的运营管理
小镇入驻企业代表	4（M、N、O、P）	国内影视行业领先特效企业、影视公司负责人及从业人员

为了解文化旅游 PPP 存在的共性问题，以及深入挖掘具体案例的应用特点，访问分为两个阶段。第一阶段的访问，主要关注当前文化旅游 PPP 中存在的主要问题有哪些，访问的对象主要是政府研究机构、第三方产业联盟、学术研究机构、咨询机构。第二阶段的访问，根据第一阶段访谈专家的建议和意见，选取了一个具体的文化旅游 PPP 模式的典型样本进行深入分析。在对共性问题进行归纳的基础上，通过对典型案例的相关管理者和参与者进行深度访谈，探讨文化旅游 PPP 模式的具体特征，进而得出具有一定普遍意义的发展建议。

四　文化旅游产业 PPP 模式中的问题和探索

（一）文化旅游产业 PPP 模式中的问题

1. 文化旅游 PPP 项目总体落地率不高

据财政部统计，全国示范项目中，截至 2017 年 9 月，旅游项目的落地率低于市政工程、科技、养老、交通运输等领域。受访者 C 指出

“当前 PPP 项目中市政工程、交通运输行业项目较多，有成熟的经验借鉴，社会资本能够很好控制风险；而每个文化旅游项目有各自的情况，能够借鉴的成熟经验较少”。受访者 D 则认为“文化旅游项目采用 PPP 模式实施，需要挖掘各个项目特点，包括当地的资源、特色、产业等，并根据项目特点设置合理的运作方式、回报机制、风险分配机制；其中，项目运作方式要符合项目情况，并切实可行，回报机制要根据项目特点及运营方案设置，绩效考核机制等设置应结合运营方案。目前，还不能将一个成熟的旅游项目的运作模式简单复制到另一个项目上，无法通过可借鉴、可复制的成熟项目模式进行推广”。

2. 文化旅游 PPP 项目多为单体项目，难以达到运营效果

满足用户综合体验需求是文化旅游的关键，社会资本参与文化旅游 PPP 多为单体项目，难以达到整体运营效果。文化旅游产业本身是一个关联性和综合性极强的产业，文化旅游产品不仅涉及与旅游高度相关的包括交通、建设、生产制造、商业、餐饮、住宿等多个行业，而且其独特的文化体验依赖于文化产业的集聚和发展。单体项目难以发挥统筹优势和协同效应，容易导致项目重视短期利益和局部利益，影响项目的整体运营效果。受访者 F 指出，“社会资本参与文化旅游产业往往仅涉及某个具体环节，如投资、建设、运营，仅参与某个环节的经营容易注重短期利益和局部利益，难以顾及整体效应和长期可持续发展。规划环节没有专业的社会资本参与和提供咨询，容易造成落地困难，甚至影响实际运营效果。如基础设施和公共服务的配套不能与景区建设同步，会严重影响景区的吸引力和接待能力”。而受访者 E 则认为，“目前，政府仅将一个区域的文化旅游产业做成 PPP 项目，而与文化旅游相关的其他配套跟不上，影响了文化旅游 PPP 项目的运营效果，社会资本的收益无法保证”。

3. 单一文化旅游产业运营风险大，风险分担机制缺失

一些地方在推出文化旅游 PPP 项目时，总是强调当地文化、旅游资源的独特性，但是资源的独特性不等于产业的独特性，并不能保证文化旅游产业的竞争力，更不能保证社会资本盈利。受访者 G 指出，“尽管每个地方政府都在强调其文化旅游资源的特色，实际上全国文

化旅游资源同质性非常高，可替代的旅游产品非常多”。目前，政府推出的文化旅游单体 PPP 项目，社会资本没有“试错”机会，不能通过其他产业的发展分担风险，参与意愿不强。受访者 C 认为，“文化旅游项目需要一个较大空间进行多产业布局，从而分散风险，但是很多文旅 PPP 项目不具备这样的条件”。

4. 付费机制和盈利模式边界不合理，影响社会资本的回报

文化旅游产品具有不可储存性、排他性、临时性、季节性等特点，无法清晰量化预测，项目回报机制具有很大的不确定性，而且文化旅游业还具有很强的正外部性，很多投入带来经济效益，并不能完全体现到文化旅游项目中。受访者 I 认为，“目前文化旅游 PPP 项目大都是使用者付费类项目，文化旅游发展带来的外溢效应企业享受不到”。受访者 D 认为，“国内文化旅游产业能盈利的项目大多享受文化旅游项目带来的外溢性，如华侨城模式、曲江模式都享受了文化旅游资源带来的区域土地价值提升带来的收益”。随着行业成交规模的上升，PPP 领域的市场竞争激烈程度也在加剧。根据明树数据统计（2015 年 1 月—2017 年 6 月），2015 年 PPP 项目的平均投资回报率为 8.00%，2016 年为 6.69%，2017 年为 6.37%（见表 2）。不同规模项目投资回报率变化情况也不同，总体来看，规模较小的项目年平均回报率下降幅度较大，下降幅度最大的为 5 亿—10 亿元的小型项目，从 2016 年的回报率 6.78% 下降到 2017 年的 6.24%，年平均回报率下降幅度最小的为规模在 30 亿元以上的大型项目，2016 年的平均回报率为 6.45%，2017 年的平均回报率为 6.26%，下降仅约 0.2 个百分点（见表 3）。

表 2　　2015—2017 年 PPP 项目投资回报情况

年份	平均投资回报率（%）
2015 年	8.00
2016 年	6.69
2017 年	6.37

数据来源：明树数据。

表 3　　不同规模 PPP 项目投资回报率变化情况

投资规模	2015 年	2016 年	2017 年
	平均回报率（%）		
5 亿元以下	8. 54	6. 76	6. 46
5 亿—10 亿元	7. 94	6. 78	6. 24
10 亿—30 亿元	7. 12	6. 44	6. 15
30 亿元以上	8. 08	6. 45	6. 26

数据来源：明树数据。

5. 具有整合能力的专业化社会资本较少

文化旅游 PPP 项目是综合性项目，需要集约利用各种设施，依托专业的建设、运营团队，提供优秀的服务；而且项目前期投入大，需要一个很长时间的运营周期才可能获得回报。受访者 H 认为，“做好文化旅游 PPP 项目，要求社会资本具有文化旅游的产品策划能力、产业培育能力、资本运作能力等，从目前的情况来看，既具备投资建设能力又具备专业管理能力的社会资本比较少”。如何把资源有效整合，形成一批兼具建设、运营的社会资本是现在文化旅游 PPP 项目面临的重要问题。从行业背景来看，社会资本的类型主要包括技术服务商、建筑承包商、金融机构、非建筑承包商背景投资人、材料设备供应商和运营商、文化体育旅游类运营商等。根据明树数据统计（见表 4），无论是项目规模还是项目数量，2017 年 PPP 项目中标社会资本中建筑承包商都是主力军，中标项目规模达 2. 8 万亿元，中标项目数为 1808 个，远高于其他类型的社会资本。

表 4　　2017 年 PPP 项目中标社会资本类型

类型	技术服务商	建筑承包商	非建筑承包商背景投资人	其他类型投资机构	开发商	非银行金融机构	银行	材料设备供应商	综合环境服务商	其他运营商	文化体育旅游类运营商
项目规模（亿元）	865. 63	28212. 40	3210. 76	8045. 59	2247. 49	241. 31	143. 84	1023. 51	2329. 34	716. 22	220. 04
项目（个）	158	1808	90	371	107	24	2	154	393	124	38

数据来源：明树数据。

（二）特色小镇是文化旅游产业 PPP 模式的有效探索

基于文化旅游 PPP 项目存在的种种问题，受访者 A 认为，“只有找到一种模式，可以克服单一文化旅游产业或单体文化旅游 PPP 带来的问题，这个模式才有生命力，才有推广的价值”；而受访者 E 则认为，“从咨询实践的经验来看，一些旅游小镇项目社会资本和政府的职责边界划分比较合理，兼顾了社会资本的回报和风险，是社会资本比较青睐的一种模式”。实际上，在住建部公布的第一批 127 个特色小镇中，文化旅游业占比为 57%，在第二批 276 个特色小镇中，文化旅游业项目占比达到 30%（图 3）。受访者 C 则认为，“文化旅游 PPP 项目做成特色小镇这一形态，分散了单体旅游项目和单一产业带来的风险，在回报机制也较好克服了外部性问题，是一种值得肯定的模式，但是社会资本产业培育、运营以及社会资本的回报机制需要进一步深入探讨”。

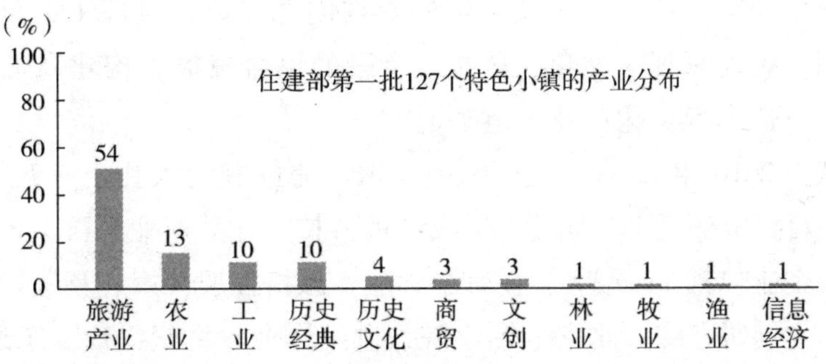

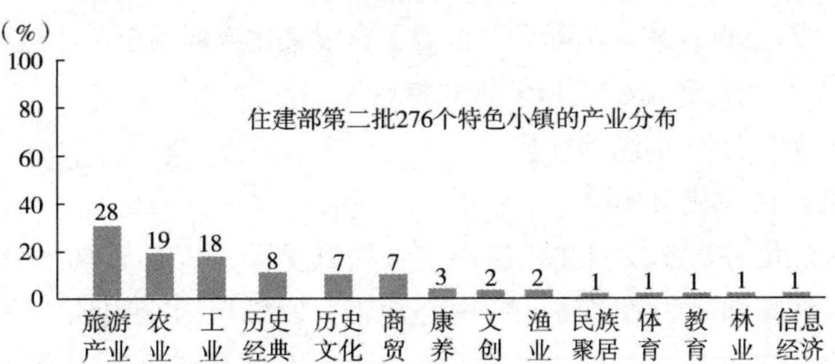

图 3 特色小镇行业分布

数据来源：住建部。

五 文化旅游产业 PPP 模式的样本分析——大厂影视小镇

本研究的目的是归纳分析，所要解决的问题是“总结文化旅游产业 PPP 模式发展的路径和建议”。多案例分析可以进行差异分析，单一案例研究更容易进行深入分析，因此我们选择单案例研究分析。同时，对案例研究方法来说，随机样本一般是不可取的，而是要选取典型和极端的情形才更为合适。本研究选取案例的原则主要包括：一是代表性，即所选取的案例在行业中有代表性，而且具有可推广性；二是成功性，即通过该模式，社会资本、政府、居民实现了多方共赢；三是便利性，相关数据和材料容易获得。

（一）大厂影视小镇项目概况

大厂影视小镇距离北京城市副中心 8 公里，地处京津冀经济圈和环渤海经济区的中心地带，交通便捷，区位优势明显。园区以“中国专业化影视第一镇”为定位，聚焦影视创意产业，通过建立影视产业生态圈，推动影视 + 文化、科技、金融的融合发展，构建高端产业生态圈，打造国家文化产业示范基地。

截至 2016 年 12 月，大厂影视小镇已完成签约入驻企业五十余家，签约项目投资额近 100 亿元，形成影视科技文化等产业集群。入驻的行业龙头企业包括 Base FX、金海岸影业、派格控股传媒、真鉴影业、清华大学文创研究院、北京电影学院、世纪影业、世纪汉唐、东道设计、统和天成、Xplus 炫嘉国际等，覆盖了影视文化产业的全产业链。

（二）大厂影视小镇 PPP 模式特点

1. 大厂影视小镇的优势

（1）区位优势明显

区位优势对于发展文化旅游产业极其重要。大厂影视小镇地处京津冀经济圈和环渤海经济区的中心地带，紧邻覆盖全国顶级影视资源的文化之都北京，位于“京东文创走廊”东延长线上，距离北京约一小时车程，发展文创产业的区位优势非常突出。

（2）生态环境优越

优越的生态环境是发展文化旅游产业的基础，需结合区域原有特色打造。大厂县地貌形态为平原区，年平均气温为 11.9℃，拥有北方独一无二的水系资源，被潮白河和鲍邱河环绕，位于潮白河上游，鲍邱河自西向东流贯全县。大厂以原有的生态特色为依托，将潮白河水引入鲍邱河上游，改善沿线生态环境，通过河道两岸的景观设计，打造成集生态、休闲、旅游为一体的城市绿色廊道。

（3）文化资源独特

独特的文化是打造区域特色、形成难以替代的竞争优势的重要资源。大厂为回族自治县，有纯回民村 20 个，回民迁入历史可追溯至明朝永乐年间，大多是随明成祖朱棣迁都北京从南京一带迁来的；大厂境内文物古迹有大小坨头遗址、大小坨头墓群、北坞清真寺等，还有景泰蓝制作技艺、花丝镶嵌制作技艺等非物质文化遗产。

（4）国家和区域政策支持

国家和区域的政策支持给文化旅游产业提供了良好的发展环境，结合优惠政策，可以加速区域的发展。在促进产业结构优化升级的目标驱动下，相关部门为入驻企业提供一系列优惠政策，为小镇发展提供便利，助力产业落地，进而促进产业升级与发展。大厂以产业发展为核心，抓住政策和市场机遇，吸引北京外溢人口，承接北京东部文创产业外溢。

2. 大厂影视小镇 PPP 模式的合作内容

大厂影视小镇 PPP 的社会资本方为华夏幸福，受访者 I 为华夏幸福小镇集团 PPP 事务总经理，她指出，“华夏幸福秉持‘以产兴城、以城带产、产城融合、城乡一体’的系统化发展理念，打造‘产业鲜明、绿色生态、美丽宜居’的产业小镇，在规划设计、土地整理、基础设施建设、公共配套建设、产业发展、城市运营六大领域为所在区域提供可持续发展的全流程综合解决方案”。

3. 大厂影视小镇 PPP 模式的特点

受访者 F 表示，“大厂影视小镇 PPP 模式主要体现了四个特点：以产业发展服务为核心、完整的公共产品、长期高效运营、互利合作机制”。

第一，坚持以产业发展服务为核心。华夏幸福以产为魂、以城为体，聚焦产业发展服务，组建了一支4600多人的产业研发团队，凭借功能强大的招商网络、遍布全球的孵化网络、全程服务的培育网络，以及丰富的产业资本驱动支持体系，在大厂打造影视产业集群，以影视产业为核心，拓展文化衍生产业，集影视制作、文旅体验、数字传媒、创意设计等多元产业于一体，形成1+N的产业生态圈。

第二，坚持公共产品的完整性。华夏幸福服务的内容包括：规划设计、土地整理、基础设施建设、公共配套建设、产业发展服务、城市运营等，提供的是区域可持续发展的一揽子、综合性、全流程解决方案，是一个以规划为引领、各项功能有机统一的完整的公共产品。它既不是单一的、孤立的PPP项目，也不是简单的单体项目的累加，有效地克服了单体项目短期效应的弊端，确保了整体效益和长期运营的效果。

第三，坚持运营的高效性，确保物超所值。华夏幸福秉承产城融合的理念，以城带产、以产促城、产城融合，尤其是推动产业聚集、打造区域造血功能和可持续发展能力；完善城市功能、打造了宜居宜业的美好城市，人民群众有了更强的幸福感和获得感。不管与传统的政府亲自操盘方式，还是与单体PPP项目相比，其效果都更加明显。

第四，坚持与政府互利共赢的合作机制。华夏幸福创造性地引入了一套互利共赢、政府没有任何财政风险的机制，即除了接受严格的绩效考评、满足物有所值和财承评价等条件之外，华夏幸福只有帮助政府实现发展目标和增量财政，才能获取收益，即有更严格的评价标准，与政府的利益是高度一致的。

4. 应用PPP模式的主要优势

受访者L负责小镇的具体运营，认为PPP模式应用于文化旅游产业有四个方面的优势。

(1) 产业培育优势

小镇围绕入驻影视企业，从基础服务到增值服务，创建教育、金融、创新孵化、版权交易四大创新平台，全方位打造全产业链服务体系，满足影视企业不同环节、不同层次的全方位需求，突出了社会资本的长期运营尤其是产业发展服务，而非简单的施工建设。

（2）综合统筹优势

大厂影视小镇以影视拍摄、影视制作、影视旅游为主题，打通上下游全产业生态链，打造影视小镇一站式服务。影视作品从创意、拍摄、后期制作、宣发交易、体验展示都可以在小镇完成。小镇的不同区域之间还能形成联动，整合区域内各项资源，如影视拍摄可以统筹区域内民族风情、明清文化、自然风光、农村生活等不同场景。综合 PPP 模式发挥了全过程的综合统筹优势，避免了单体项目的“小、散、乱”。

（3）专业能力优势

影视产业的自然聚集通常需要十五到二十年的时间，如横店影视基地等都经过了十多年的发展。采用 PPP 模式，发挥了社会资本的专业能力与效率优势，可以快速补齐区域的资金、技术和人才短板，加速产业集聚和发展速度，大厂影视小镇 2017 年初才正式运营，目前园区内已基本形成一条完整的产业链，有多部深受市场好评的作品在小镇内制作完成。

（4）长期运营优势

华夏幸福依托其国际资源，在小镇举办中英国际电影节、中韩青年梦享微电影节，打造电影产业交流平台。创办影视文化交流论坛，邀请国际国内影视界高端领袖出席探讨交流，加速影视文化发展。同时还提供青创营、小镇食堂、专家工作室、一站式生活空间等特色服务。依托影视小镇多重风景、丰富业态，小镇将打造一条影视特色主体游览线路，一站式尽享小镇独特风情，提供小镇客厅、影视公园、影视文化艺术中心、生态公园、水岸风情等特色休闲体验。

六　发展建议

（一）提升企业专业能力

1. 深入挖掘区域特色，形成“文化 + 产业 + 旅游 + 生活”四位一体的发展模式

文化旅游产业中的 PPP 模式应根据区域的自然条件、人文历史、特色产业等，打造具有共识或唯一性的文化形象，通过“文化 + 产业 + 旅游 + 生活”四位一体的发展模式，构建可持续的产业生态，形成产业生

态圈、城镇生活圈、区域服务圈。文化旅游产业的开发还应从观光旅游、休闲旅游、度假旅游到文化旅游等，将不同文化旅游业态有机地组合起来，给旅游者以丰富的感官和参与体验。受访者 K 指出，“区位优势对于一些行业特别重要，如影视行业中明星的日程安排非常紧张，很多艺人对交通时间有要求，车程超过两个小时就不予考虑”。受访者 J 指出：“独特的文化资源有助于形成区别于其他小镇的特色和竞争力。文化产业的发展链条，一般从整理文化资源、把握资源优势、转化为优势产品到实现产品的品牌化，资源优势是基础。大厂是以回族为主的少数民族聚居区，形成了厚重的民俗民族文化，包括饮食、民俗工艺、历史遗迹等，具备民族民俗旅游的良好资源，有利于形成独具特色的文化品牌。”

2. 打造特色小镇，提高文化旅游服务产品供给的关联性、互补性、共生性

单体 PPP 项目难以满足文化旅游行业跨行业整合资源的需求，难以发挥统筹管理和协同效应等优势。文化旅游服务的有效供给需要其他配套服务的支持，单体的投资项目很难自主控制风险，而且分散开发容易造成资源的闲置和浪费。以旅游业、文化产业作为主导，复合其他相关产业，旅游和文化产业之间相互转换、相互影响和相互驱动。在产业耦合作用下形成多种新的旅游业态、旅游产品，既能够带动旅游的综合消费，又能提升文化产业的附加值、延伸产业链条、拓展产业空间，真正实现产业之间的生态效应。

文化旅游产业要符合区域的总体功能定位，目标产业需具有关联性、互补性、共生性，各产业相互链接并促进整个区域良性发展。既要符合文化旅游市场消费需求及时代特征，又要立足产业发展趋势，具有前瞻性。能够与地区的经济产业基础相适应，并促进产业结构升级。符合当地文化及资源特点，提升地区文化旅游影响力及竞争力。

3. 坚持长期运营，推动文化旅游产业产品的持续迭代升级

在主体产品上不断迭代升级，在细节运营上不断完善服务管理体系。文化旅游产业只有不断进行产品迭代升级，才能吸引回头客的多次消费，保持对游客的吸引力。服务管理体系，包括基础物业管理、

增值服务平台和智慧管理系统建设。其中，物业管理、配套设施要精心设计，既能提供美好的服务品质，也能形成小镇的亮点特色；增值服务，包括导游服务、关怀服务、投诉服务、医疗服务、洗衣服务、旅游纪念品等，这些软性服务的发展空间很大；智慧管理，即借助智慧化手段对景点、酒店、餐饮、游客、车辆、房屋和公共资源等进行管理，实现数字安防、智能物管、智能办公、绿色节能管理和一卡通管理等。

4. 创新合作模式，在产业、文化、旅游、社区空间营造等方面探索新的资源整合方式

文旅小镇的开发属于典型的区域综合开发项目，涉及政府、村集体、地产商、运营商等不同主体，有的还有投资基金的参与，现在很多文旅小镇倾向于采取联盟开发模式。在产业、文化、旅游、社区空间营造等方面进行合作模式的创新探索，解决土地开发和产业导入难题，实现小镇经济的跨越式、可持续发展。

文化产业管理和运营具有一定的公益性，其产品化、消费化的过程也是文化产业化的过程。盈利模式的设计不仅要满足快速回流资金、降低项目投资风险的需求，也要保障长期、持续的现金流以及无形资产和有形资产的升值。

（二）营造规范政策环境

1. 创新机制体制，引导文化旅游产业健康发展

体制机制创新重点是要处理好部门之间，市县之间，政府与企业、市场之间的关系。部门之间的关系，重点是要理顺文化、旅游、农业（指农林水等大农业）、城市规划管理等部门之间的关系。要进一步创新文化旅游管理体制，构建“大旅游产业”的新格局，健全由多部门相互协调、密切配合、分工合作的管理体制，为文化旅游业跨越发展提供强大动力和制度保障。市与县（区）之间的关系，由于两者之间财政“分灶吃饭”，因此在产业发展、资源整合、产品打造中，要充分考虑县（区）的利益，通过建立利益共享机制的形式，调动县（区）的积极性。政府与企业、市场的关系，政府及其部门要努力营造公开透明竞争的市场环境，对国有、民营，市内、市外企业一视同仁，同等保护。要按照政策引导、多元投入、市场运作的思路，加大

对现有文化旅游资源的整合力度，在融资方面给予社会资本政策支持，鼓励社会资本公平进入，在同等条件下优先选择社会资本，[①] 有效解决文化旅游产业发展中的资金短缺问题。

2. 明确发展目标，加强资源整合

“政府是园区开发建设的决策者，拥有规划、土地等的主导权，对基础设施及公共服务价格、质量实时监管，并专门设立园区管委会，负责与社会资本的对接，社会资本负责园区的设计、投资、建设、运营、服务一体化运作，政府与社会资本做到无缝对接，成为真正的战略合作伙伴。”（受访者 B）

我国的旅游产业已步入突飞猛进的快车道。政府应高度重视、强力推进文化旅游产业发展，充分发挥区域丰富的文化和旅游资源优势，乘着经济新常态下的结构优化升级、经济发展动力向服务业发展和创新驱动转变的东风，加大改革创新力度，培育新的经济增长点，努力把文化旅游业打造成支柱产业。

根据当地实际，采取一些灵活的制度政策安排，促进产业快速发展。对文化旅游资源进行深层次的整合与开发，要以区域特色资源为依托，统筹协调，整合资源，搞好顶层设计，出台支持文化旅游的政策措施。

3. 建立项目信息平台，提高行业发展效率

全国文化旅游产业缺少对各地典型旅游项目的介绍，项目实施机构也很难找到与项目相契合的专业运营管理团队。同时，许多文化旅游 PPP 项目均是潜在的投资、建设单位在跟踪，专业的旅游资源管理团队和旅游项目之间尚未形成有效的沟通联络渠道，应搭建项目信息平台，促进项目信息的交流，从而促成项目合作。

4. 建立健全法律法规，维护行业发展秩序

与 PPP 实践较为成熟的国家相比，我国 PPP 实施的法律环境仍存在着上位法缺乏和相关政策不完善等问题，特别对于文化旅游产业中

---

① 周正祥、张秀芳、张平：《新常态下 PPP 模式应用存在的问题及对策》，《中国软科学》2015 年第 9 期。

公益性与经营性兼具的项目特征，缺乏明确的监管机制，以及完善的财政支付体系。为此，应该不断完善相关法律法规，创造良好的投融资环境，建立完善科学的决策机制。[①] 对于行业发展中 PPP 项目落实不到位的情况，要有明确的法律法规进行约束，对于行业发展中好的 PPP 项目执行者，要给予充分的鼓励与引导。

（三）培育文化旅游产业发展中的文创理念

1. 文创理念为文化旅游产业 PPP 模式提供新视角

胡钰认为，文创产业是文化产业、创意产业出现后相互融合形成的新业态，逐渐成为全球范围内文化发展的时代新景观。[②] 文创产业实践的蓬勃发展催生了文创理念的兴起，这种理念为观察当代文化发展提供了全新的视角与强大的生命力。作为一种崭新的文化发展理念，文创理念强调的是以创意视角、科技视角、生活视角来看待文化发展，而不是固守文化的传统形式、封闭形式、静止形式。

从科技视角看，当代数字化、智能化、网络化的新技术发展为文化旅游产业提供了强大的科技支撑，也对文化旅游产业与现代科技的融合提出了强烈的需求。以主题公园、展览展示、影视乐园等为代表的文化旅游项目中的科技要素越来越突出。在这些领域里，PPP 模式具有很大的应用空间。

2. 创造文化旅游的新业态

推动新的文化旅游业态融入大众生活，吸引广大消费者和旅游者消费创意产品和服务，逐步培养其在艺术教育、互动体验、教育培训、展览欣赏等领域的消费习惯，提升其消费水平和层次。以现在流行的自助型乡村旅游来说，其消费地点已经不是景区而是非景区，消费者在旅游中更多的不是观景而是体验与参与。这种需求生成了崭新的乡村旅游模式，许多乡村创客也由此产生。这种新的文化旅游模式对 PPP 项目提出了很多需求。这需要与当地的地方文化与产品紧密结合，

---

① 亓霞、柯永建、王守清：《基于案例的中国 PPP 项目的主要风险因素分析》，《中国软科学》2009 年第 5 期。

② 胡钰：《文创理念与文创产业》，《中国文化报》2016 年 10 月 26 日。

需要优秀的设计与品牌来支撑，需要开发者对大众文化品位有准确把握。

3. 培养熟悉文化旅游产业的文创人才

文创人才能力的核心在文化创造力，集中体现在以文创理念推动中华优秀传统文化的创造性转化与创新性发展上。这样的文创人才，既是文化人又是生意人。当代文化旅游产业发展的重点是“文创+”的跨业态融合，这是一种新的文化经济形态，实质是将文创成果深度融合于文化旅游领域。这种能力体现在善于挖掘各类文化产品的核心情感元素、价值元素，将其名称、形象、故事等形成 IP 并融入文化旅游业态中。这样的复合型人才对于开发各类崭新的文化旅游产业 PPP 项目具有重要推动作用。

场景理论下我国文化产业园区的发展路径探析*

张　铮　于伯坤**

摘要　随着后工业时代的到来，单纯依靠收取房租盈利、同质化严重的文化产业园区运营模式已经无法适应当今时代的发展，文化产业园区进入场景运营的新阶段。本文以注重文化消费且强调文化价值的场景理论为理论依托，从对文化产业园区发展问题的研判入手，提出城市文化产业园区可以利用场景理论的五个元素作为其转型出发点，建构、营销、运营以及传播场景，增强园区的生产性与消费性。本文对我国文化产业园区发展逻辑的变迁的论述、对于政府的政策制定及园区运营主体的角色转换具有明显的借鉴意义。

关键词　场景理论；文化产业园区；文化消费；文化传播

一　我国文化产业园区的发展历程及现存问题

文化产业园区是我国推动文化产业发展的重要手段，是政府落实文化产业政策的依托和抓手。回溯我国文化产业园区发展的历史，笔

---

* 本文原刊于《出版发行研究》2019 年第 8 期。

** 张铮，清华大学文化创意发展研究院副院长，清华大学新闻与传播学院副教授；于伯坤，清华大学新闻与传播学院硕士生。

者认为其至今经历了三个发展阶段:[①] 以企业自发粗放形成的或行政力量捏合的“企业扎堆”阶段，这一阶段的问题在于侧重企业的物理空间聚集，但并不能很好地形成价值链条，这也是我国文化产业园区起步探索的阶段；第二阶段以 2009 年《文化产业振兴规划》的出台为标志，我国开始进入文化产业政策爆发期，园区成为政策的落实载体和政府的产业推动抓手，中央及各级政府开始通过更加有针对性的优惠政策引导文化产业园区建设，文化产业园区的“政策洼地”效应显现，引导园区发展从土地的建设开发转变为更加关注引导园区形成完善的产业服务功能；此后文化产业园区发展的第三阶段是构建营商环境高地的“要素聚集”阶段，这个时期由于城市开始强调“减量发展”，原来通过房地产而获取收益的增长模式已经不能持续维系，文化产业园区开始整合自身，统筹完善园区内部结构，保持内部企业性质存在要素关联或互补关系，同时链接周边资源，形成资源利用的新模式。

经历了以上三个阶段，我国的文化产业园区在数量上迅速增加，探索出一条适合中国文化产业发展的道路，并取得了巨大成就，但不可否认，也浮现出一些亟待解决的问题。

第一，雷同的产业定位导致园区同质化现象严重。许多文化产业园区依旧将具体规划停留在生产性的产业布局上，但在未充分考察比较优势的情况下，便将园区定义为“动漫产业基地”“传媒聚集区”“设计产业园”等主题园区，在一些城市的一个街区中，有时可以看到多个主题类似的文化产业园区。这种现象不仅冲淡了园区的资源聚合能力，也使“创意园区”的“创意”消失殆尽。

第二，文化产业园区多呈现“空壳化”现象。很多园区利用文创这一概念，进行圈地租房。由于政府在起初的优惠政策较为宽泛，许多房地产商便开始“披着文创的外衣搞房地产”，扮演“二房东”的角色，单纯依靠房租收入来赚取利益，不但对文化企业的生产经营缺少助力，更缺乏多元盈利模式，导致很多园区在优惠政策红利上展开

① 本文重点从场景理论出发探讨文化产业园区当前发展的显著特点，对于文化产业园区发展阶段划分的论述另行撰文。

“血拼”，形成内耗。

第三，文化产业园区的生产性与消费性平衡欠缺。在初期，文化产业园区多将生产性作为第一诉求，强调园区的文化产业数量比例及收入状况，同时对于此类园区的消费性功能和社会服务功能做了限制，导致“文化产业园区”缺“特色”、没“文化”的问题突出。

第四，文化产业园区管理分散，缺少文化内涵以及区域特色。以租房为盈利模式的园区在筛选企业入驻时，主要考虑因素是租金的高低而并非企业经营性质，本末倒置地将文化产业看作附属品，这也就造成了园区内部业态混杂，整体缺乏文化内涵。

二 场景理论的理论框架及其对破解当前问题的价值

正是针对当前文化产业园区发展出现的文化内涵缺失，与周边社区融合度低，文化价值传播效果不足，文化消费增长点少等问题，笔者认为，我国的文化产业园区需要且正在迈入新的阶段，即“场景运营”阶段，以场景作为园区发展新视角和园区建设的切入点。

所谓“场景”（scene），源自英文 scenes。从语言学角度来说，它也可以被译作“镜头”“情景”等。“场景”这个词在 20 世纪 40 年代首次被记者广泛使用，用来描述爵士乐人的边缘和波希米亚式的生活方式。在接下来的几年里，它被应用到了一系列其他场合，如“威尼斯西部诗歌场景”“伦敦戏剧场景”“哥特场景”和“朋克场景”。通常在我们的生活中，所谓场景是指由各种人物活动以及活动背景共同组成的场面，是由自然环境和人类活动相结合的整体。其主要因素包括：以物理空间为代表的背景、以人为主体的社会活动、以活动和背景相结合的场面。[①] 这也反映出场景不仅具有实体空间的形式，而且还有精神上的意义。以往研究曾提出场景指特定的社会和文化活动集群，而不具有界限的性质。[②]

① 吴迪：《基于场景理论的我国城市择居行为及房价空间差异问题研究》，经济管理出版社 2013 年版。

② Will Straw，“Cultural Scenes. Loisir et Société”，*Society and Leisure*，Vol. 27，No. 2，2004，pp. 411 –422.

与单纯强调物理空间的“场所”概念不同，场景与人的感知相关，是融合了人与空间的关系的概念。芝加哥学派的特里·克拉克（Terry Clark）系统地创立了城市研究的新范式——场景理论，他将都市娱乐休闲设施与市民生活的组合看作都市“场景”，并认为这些不同的场景蕴含着不同的文化价值取向，这些文化价值进而吸引着不同的人群来进行文化实践与文化消费，最终为区域创造经济价值。[①] 从文化视角解释场景，它是与文化有关的活动和便利设施的综合。这使场景从单纯的地理空间区域概念转变成为具有社会学和公共政策学视野的综合性概念，它不同于纯物理的形体，其蕴含着精神上的意义，与后工业社会的发展紧密联系在一起。[②]

场景理论下，文化实践与文化消费并不仅是文创产品的兜售，或园区门票的出售，也不是空洞、抽象且模糊的文化符号或意向；这里所说的文化消费与文化实践和那些与本地居民生活息息相关的生活文化设施、文化实践等构成的城市场景息息相关，并与场景中隐藏的自我表达与生活方式深度链接。此外，在注重文化消费的后工业时代，文化消费水平也逐渐成为衡量城市发展水平的标准，对于城市居民来说，文化的含义不再仅仅存在于艺术学术中，它逐渐转变为一种世俗的文化，存在于周遭一切事物中，与人们的日常生活紧密相连，甚至已经成为人们生活的本身。[③]

若要了解场景的构成便离不开对便利设施的分析，因为场景的构成需要通过便利设施将个体以及那些真实的事物联系起来。可以说场景包括了便利设施但又超越了便利设施，进而表现为一种价值观。克拉克也曾提出每个场景都应包含五个主要元素，这五个主要元素分别为以社区为代表的邻里（Neighborhood），以实体建筑物为代表的物理

① ［美］特里·N. 克拉克、李鹭：《场景理论的概念与分析：多国研究对中国的启示》，《东岳论丛》2017 年第 1 期。

② 徐晓林、赵铁、［美］特里·克拉克：《场景理论：区域发展文化动力的探索及启示》，《国外社会科学》2012 年第 3 期。

③ Shelley, M. , Kimelberg, Elizabeth Williams, “Evaluatingthe Importance of Business Location Factors: the Influence of Facility Type”, *Growth and Change*, Vol. 44, No. 1, 2013.

结构（Physical Structure），出入场景的多样性人群（Persons Labeled Class，Gender，Education，etc.），场景中存在的各种活动（Activities）以及场景中所存在的合法性、戏剧性及原真性的文化价值（Legitimacy，Theatricality and Authenticity）。[①] 这五个元素为解读当前文化产业园区的转型发展提供了有力的工具，并启发了业界运营者的思路。本文将在上文剖析当前文化产业园区面临的问题的基础上，探讨文化产业园区进行场景运营的具体路径。

三　利用场景理论阐释文化产业园区发展的新路径与新模式

当前的文化产业园区通过对场景进行运营，发展视角从侧重生产转变到生产与消费并重，用途从生产办公转变到生活娱乐，源头从圈地重建转变到重塑城市空间，角色从土地提供者转变到场景运营商。场景理论为阐释当前我国文化产业园区发展的新路径提供了有价值的理论阐释。

（一）挖掘邻里元素，营造创意社区

场景理论中的首个元素是以社区为代表的邻里，在场景视角下的文化产业园区发展首先需要考虑的就是如何挖掘其所处邻里中的文化场景，以描绘建构创意社区。

创意社区的发展强调以文化和创意为战略支点，社区里的人、产业以及组织机构以紧密的文化互动与文化合作作为纽带，以其丰厚的文化元素作为共性，展现着每个区域不同的文化导向与资本，这些特点都体现出创意区域对于后工业城市发展具有文化上的推动意义。[②]《创意城市手册》（*Handbook of Creativecities*）曾提到“场景理论被认为是城市区域发展的推手，其聚焦在不同类型的惬意生活方式以及消费理念”，该书还将场景看作“创意的一个重要元素”，并对场景之所

---

① Daniel Silver，Terry Nichols Clark，“Scenescapes：How Qualities of Place Shape Social Life”，London：The University of Chicago Press，2016.

② 陈波、吴云梦汝：《场景理论视角下的城市创意社区发展研究》，《深圳大学学报》（人文社会科学版）2017 年第 6 期。

以能成为城市创意重要元素的原因进行了分析：因场景具有独特的内在逻辑和可以展开想象的文化内涵，寻找场景意味着寻找一个地区整体但又独特的地方含义。这也表明，作为创意产业空间集聚与发展载体的城市文化产业园区，其发展不仅是为了创造经济收入，同时也是为了构建城市风景。因此，在场景视角下的文化产业园区应超越其之前所扮演的“二房东”角色，园区除了为企业提供土地空间、招商引资之外，还需要通过构建场景进而赋予土地空间一定的文化价值和情感因素，为社区注入创意文化因素，将曾经被抛弃的老旧社区或毫无生机的办公大楼变为创意区域，进而构建、描绘城市文化的发展蓝图。

例如，位于景德镇的“陶溪川 · CHINA 坊”国际陶瓷文化产业园便是利用邻里场景进而构建创意园区。该园区的改造依靠内生的地方文化资本，植根于当地文化，以连接当地文化社区来维持创新力量。陶溪川蕴含着景德镇代代市民最重要的陶瓷生产记忆，它改造于宇宙瓷厂，过去是中国出口美国陶瓷的最大企业，被视为“中国景德镇皇家瓷厂”。老工厂内的煤烧圆窑包、煤烧隧道窑、油烧隧道窑和焦化煤气窑四代窑炉，以及各种机器设备都具有鲜明的工业化时代烙印和历史价值，记录着近现代陶瓷生产工艺的演变过程，有形的工业遗产与陶瓷工人们无形的生活设计关联紧密，是陶瓷生产与当地居民生活的重要遗存载体。[①] 随着国企改制和第三产业的兴起，宇宙瓷厂失去了往昔的光辉，走向了没落。为了留住烙有陶瓷人深刻印记的老工厂，为了保护陶瓷工业遗产，更为了留住陶瓷人的记忆和乡愁，“陶溪川 · CHINA 坊”国际陶瓷文化产业园诞生了。它将各时期的窑炉改造成一条参观路线，化废弃的原料漏斗为休闲空间，把窑炉车间改造成创业平台。该文化产业园完全保留了原有建筑肌理，旧时代的场景留住了陶瓷工人的印迹。不同时代的陶瓷工人们所用的独具特色的锯齿形、人字形厂房，老窑炉，工业化管道以及墙上的老标语、口号、青苔等，都是陶溪川挖掘出能够塑造的场景元素。

---

① 袁玥：《景德镇陶溪川的文化空间再造机理研究》，《创意与设计》2017 年第 3 期。

（二）改造物理结构，重塑空间面貌

场景理论中的第二个元素是以实体建筑物为代表的物理结构(Physical Structure)。在场景视角下的文创园发展需要考虑城市老建筑的物理结构，以重塑空间面貌。

从近年来的政策导向以及新近文化产业园区的建设可发现，园区发展趋势逐渐从圈地重建转向改造老旧厂房。园区中的厂房、老楼等实体建筑物变成了文化产业园区中最基本的单位。2013 年，北京市政府发布了《北京市人民政府办公厅印发关于进一步鼓励和引导民间资本投资文化创意产业若干政策的通知》，其中对于符合支持条件的老旧厂房保护利用项目，按照市政府固定资产投资项目管理程序和现行政策给予支持。2014 年，国务院印发《关于推进城区老工业区搬迁改造的指导意见》以及同年发布的《关于推进文化创意和设计服务与相关产业融合发展的若干意见》中明确表达出国家对于改造老旧厂房的支持，不仅仅是要保护工业遗存，同时也要在提升城市区域文化内涵和价值的同时创造经济与社会效益。2017 年，北京市政府在《关于保护利用老旧厂房拓展文化空间的指导意见》中提出鼓励保护利用好老旧厂房，发展文化创意产业，建设新型城市文化空间，并且许多文化企业争相开始利用城市中的老旧厂房进行文化空间改造。从这几项政策来看，对老旧工业厂房用地进行再利用这一路径越发受到市场和政府青睐。政策措施中对老旧厂房转型为文化产业空间、公共文化服务空间的鼓励催生着更多的实践，更好地切入现实场景。

许多处于闲置状态的老旧厂房属于工业遗产（Industrial Heritages)，是一种工业文化的遗存。作为工业遗产的老旧厂房被废弃不仅仅是因为市场经济的发展，同时也是因为人们更加关注具有明显价值的实体，很难认识到一些旧厂房、旧设备也是文物。[①] 尽管老旧工厂具有文化价值，但是其自身的转变以及如何在城市化过程中找到自己的位置却是一个亟待解决的问题。

---

① 徐子琳、汪峰：《城市工业遗产的旅游价值研究》，《洛阳理工学院学报》（社会科学版）2013 年第 1 期。

在场景的视角下，文化产业园区在建设过程中可以通过场景“赋能”这些工业遗产，通过创意设计、产业置换以及空间再生理念，既保护了城市的历史，留存了人们的记忆，又塑造出全新的文化价值。以北京为例，从早期的798艺术区到“77文创”、郎园等，都成为其中的典型代表。77文创【美术馆】园区在改造时保留了大量原有的工业设计，就连当时工厂建筑面上油漆画的数字也保留了下来，其改造没有改变原来建筑的大体，在保留原有的格局上改变了其功能和建筑形式；在对“77文创”的创始人访谈中可以发现园区为其社区经济带来的提升效应。

“77文创【美术馆】园区在改造之初，周边没有任何文化设施，在我们项目做成之后，拉动了周边所有小写字间，工作室的租金。园区建设好之前，这一区域的（写字楼和办公室）租金是每天每平方米大概3块钱左右，如今园区内的租金为每天每平方米8块钱，周边写字楼的价格也水涨船高。此外，原来随着园区开发，周边开始有了更多的餐饮业。而且园区还起到了聚集效应，周边的许多零散空间都被调整为与文化相关办公业态，一同将这里打造成了一个小的经济文化圈。”

（三）吸引多样群体，兼容多元文化

场景理论中的第三个元素是出入场景的多样性人群（Persons Labeled Class，Gender，Education，etc.）。文化产业园区发展需要考虑如何辨别不同类型与诉求的人群，进而营造不同的文化场景，增强园区文化的兼容性，从而增加黏性。

以77文创【美术馆】园区为例，园区每年平均举办200多场不同类型的文化活动，以及各种含有不同文化理念的跨领域活动，每个活动所创造的不同场景，旨在吸引不同领域的人群前来，参与者往往被园区某个时段的场景吸引而来。这也是因为社会互动是在现场与实时状态下进行的，其中隐含的社会互动是动态的，而非静态的[①]。不断

① Elizabegh Currid，Sarah Williams，“The Geography of Buzz：Art，Culture and the Social Milieu in Los Angeles and New York”，*Journal of Economic Geography*，No. 3，2010.

变换的场景活动主题精准定位了不同的文化群体，77 文创园利用这些场景倡导不同的文化价值理念，最大限度地吸引多样化的群体。

例如，园区举办的“敢玩时刻 SHOOT YOUR FRIENDS 滑雪颁奖典礼”所传播的滑雪运动文化场景吸引了滑雪运动的忠实粉丝和发烧友前来狂欢；生活减“塑”交流会为关注环保的人群提供了一个交流的平台；“夏至音乐日”中音乐文化吸引了热爱摇滚的年轻人；“北京市保护利用老旧厂房拓展文化空间现场推进会”中的学术场景吸引了相关专业领域的专家前来讨论；还有许多活动会邀请到如王凯、李荣浩、白岩松等高知名度的人物前来参与，这些活动的引爆效应往往会一次性吸引到大量的人群前来园区。此外，对于戏剧影视迷，77 文创【美术馆】会侧重举办与戏剧相关的小型展演或交流活动，比如“2018 年‘北京故事’优秀小剧场剧目展演”，“龙马社十年系列大师对谈：陈嘉映 vs. 田壮壮”，以及两岸小剧场艺术节等。

正是这些文化活动迎合了多样化群体的多元文化需求，营造了人们的文化体验，给人带来了愉悦的内心感受，将园区的空间要素与人的情感相互嵌入、相互联结。

（四）举办丰富活动，凝聚公众情感

与上述“多样性人群”这一“需求侧”的要素相辅相成，场景理论的第四个要素“活动”（Activities）从供给侧探讨了园区这一空间“路由器”的“意义之网”如何编织出丰富的与园区进行联结的链路，如何嵌入到社区的日常生活场景。

在传播学研究领域，人们习惯把实体空间排除在“媒介”之外，对于传播的理解更多的是局限于非实体媒介构筑的“虚拟空间”中，人们日常生活中的空间场景也不在传播学研究范围内。这种现状割裂了传播与实体空间的关系，实体空间中的资源容易被忽略。然而，实体空间的独特之处在于它不仅仅为市民提供了居住地点和交往的空间，同时也构筑了城市居民的集体记忆和地方感，这种嵌入日常生活场景的实体媒介，才是传播中的重要载体。

场景运营时代的文化产业园区发展需要利用其所举办的文化活动进而传播场景中的文化价值，与参与者产生共鸣，因为场景在本义上

与人的感知相关，它是由自然环境和人相结合的有意义的整体，这个整体反映了在某一特定地段人们的生活方式及其自身的环境特征。因此，这些实体空间需要利用活动来传播其所包含的文化。

仍以77文创【美术馆】园区为例，园区正中央是改造原北京胶印厂机修车间的可容纳近300人的"77剧场"。"77文创"园区最为盛大的活动是每年夏天举办的，涵盖文学、电影、戏剧、音乐、舞蹈、设计等多个领域的"77文创生活节"。在为期一个月的"生活节"中会举办40余场活动。用露天电影、艺术展览、戏剧体验、创意集市等多种场景引领公众体验城市更新。在访谈中，77文创创始人表示："77文创【美术馆】园区可以说是景山街道最知名的文化园区了，园区会指导街道居民的社区文艺活动。比如，请老师对街道文艺队进行教学，很好地激发了居民的参与热情。"

（五）传播场景价值，激发文化消费

场景理论中最后一个元素是场景中所存在的合法性、戏剧性及原真性的文化价值（Legitimacy，Theatricality and Authenticity）。文化产业园区发展需要考虑在辨别前四个元素的基础上，最后如何利用场景中的文化价值激发消费、创造营收，为区域经济增长贡献力量。

在场景理论的视角下，文化产业园区更加侧重如何利用文化理念来营销场景，吸引消费者前来进行文化消费，并将其作为园区增长点。传统视角往往从居住或生产的角度来审视城市区域，将其看作居住地和生产地。在这种视角下，经济与文化是割裂的。然而如今文化活动对城市经济活力的影响越来越重要。场景理论是以消费者的视角来看待城市区域的发展的，它将区域空间视为充满消费符号的文化价值混合体。[①] 这时区域实体空间便超越了物理意义，上升到社会实体层面，吸引并链接市民的不是实体的生产物品，而是一个区域的文化价值取向，即场景中所蕴含着的特定价值取向。[②]

---

① 吴军：《文化动力：一种解释城市发展与转型的新思维》，《党政视野》2015年第11期。

② 范玉刚：《文化场景的价值传播及其文化创意培育——城市转型发展的文化视角》，《湖南社会科学》2017年第2期。

文化产业园区是一个文化设施高度集中、空间有限，鼓励文化使用、生产和消费的区域。从场景理论的角度看待文化产业园区的发展，其创造活力的核心是文化与消费的集聚，而不是像早期的文化产业园区，仅仅是企业的一种简单组合。场景视角下对于文化产业园区的研究远远大于通过门票、税收或艺术品销售来衡量其对整个社会和经济的贡献。人们的文化生活不是由其居住地所包含的艺术组织或设施的总数决定的，这些具有类似的价值观和态度属性的文化设施如何聚集到场景中，进而服务于人们的文化消费是必须解决的问题。

举例而言，国外的一些城市空间已经开始利用场景这一思路来激发消费者的消费欲望。日本最大的连锁书店茑屋书店的经营与其构建的场景密不可分，书店将自己定位为“生活方式提案者”。书店不仅卖书，更重要的是创造了一种“家”的舒适感，是提供咖啡、亲子、宠物美容等的多维度消费空间。截至 2016 年年底，茑屋书店在日本开设 1459 家门店，书籍和杂志销售额约 1300 亿日元（约合 79 亿元人民币），这个超越了书店的文化生活空间就是用场景体验感，利用文化理念去营造实体商业的吸引力。

场景理论的核心在于场景所创造的价值。即由时间、地点、场合等构成的消费情境中，人们所感知到的体验价值。比如在人们想海滩的时候，考虑的不仅仅是一片沙子、一片海，而是消费者在享受海滩时能够消费什么，海滩边的啤酒、烧烤，水上运动。简言之，场景的价值来自人们的情感体验，这种愉快的体验驱动了人们的消费欲望。若将文化产业园区改造以场景为中心，场景将会为其创造消费空间。而场景理论下文化产业园区需要从生产性园区向消费性、体验性园区转变，使园区推销的不仅是产品，还是一种情景以及生活方式，使其运营开始接近社区、面向更多元的群体。

再如，位于台北的“华山 1914”文化创意产业园改造于早期的日本“芳酿社”——当时台湾最大的酿酒厂，在工厂迁移后这片空地酒厂便被闲置下来，被一群台湾艺术家改造为艺术人文活动空间。该园区利用各种含有台湾文化元素的场景主题来吸引商家店铺前来入驻，包括 Ayoi 原住民文化馆、金门特色燃石小铺、easyoga 华山概念店、自产自销的台湾老丛茶圃等。它们不仅具有当地文化基因，也拥有创造产业价值的能力，它们使“华山 1914”变成了一个复合型、偏向消费类型的园区。园区以其所保留的文化价值创造了一个个场景，进而打造了消费增长点，文创产业的高附加值推动了该区域的经济发展。“华山 1914”将许多空间向外提供租赁给文化活动，这些活动不仅是简单的商品展出或是节目表演，而且是具有文化生活场景的活动。比如著名的“简单生活节”，用音乐舞台、创意集市等不同形式吸引具有同样理念的人前来体验，用活动中所塑造的简单生活场景来传播生活概念，产生衍生效应。

四 总结

场景，这一链接了便利设施与区域本土文化的概念不仅为不同人群提供了特定的社会环境，使他们能够根据彼此在饮食、音乐、艺术等方面的共同点来进行情感间的互动，也为文化分析提供了新的支点。① 以场景理论为理论框架，本文提出我国的文化产业园区已经进入“场景运营”阶段。这一阶段伴随着我国进入经济新常态，移动互联网广泛应用的大背景，文化产业园区的开放度进一步增强，文旅融合愈加深入，园区的运营主体在完善自身硬件设施的基础上思考如何更好地与社区融合，创造含有文化价值、生活方式意义的文化生活消费场景，以便更好地吸引民众、描绘创意社区、激发消费，为城市更新作出贡献。

另外，本文从理论角度探讨了文化产业园区进行“场景运营”的特征，而场景理论给文化产业园区研究提供的滋养，仍然可以进一步深化，例如可从当前线上线下构建新场景的角度入手，探讨文化产业园区的下一代生态，或可从场景理论的场景构造要素入手，将其逐一量化，纳入对场景的精准评估之中。

① Daniel Silver, Yanez, Clemente Jesus Navarro Yanez, “Scenes: Social Context in an Age of Contingency”, *Social Forces*, Vol. 88, No. 5, 2010, pp. 2293 – 2324.

网络公共领域中的机器人：西方舆论操纵的"伪草根"化[*]

吕宇翔　方格格[**]

摘要　进入智能传播时代，基于自动化程序的社交机器人对网络公共领域的协商机能发起挑战。我们不得不重新面对一个经典问题：拟态环境的可靠性如何维护？本文试图通过梳理西方计算式宣传的活动轨迹及其跨学科、跨国界的研究脉络，廓清计算式宣传对线上公共讨论造成的深远负作用。社交机器人伪装性的舆论操纵行为不仅影响选民的舆论气候感知，也阻碍了网络空间"共识"的形成，本文基于虚假消息、极化意见与群体对立等问题为全球网络治理提出可行建议。

关键词　公共领域；计算式宣传；社交机器人；伪草根；舆论

人工智能和数字技术的发展带来了民主参与形式的变化，一方面社会媒体作为工具拓宽了人们从网络中获取数据、知识、社交资源和参与公共生活的渠道，为构建更高质量的公共生活提供了①可能性。另一方面，信息技术也开始干扰应用平台的公共协商进程，综合型社会媒体比如脸书（Facebook）和推特（Twitter）面临资本和政治操纵

* 本文系国家社科基金项目"基于大数据分析的社交网络用户身份构建研究"（项目编号：16BXW088）阶段性成果。

** 吕宇翔，清华大学新闻与传播学院副教授；方格格，清华大学新闻与传播学院博士生。

① Margetts，H.，John，P.，Hale，S. & Yasseri，S.，*Political Turbulence：How Social Media Shape Collective Action*，Princeton University Press，2015.

的风险。平台中的信息分发算法创造了一个回音室，使公共对话在群体传播中产生意见极化的趋向。而随着社交机器人在网络平台的投入，舆论操纵和虚假信息成为学者普遍关注的议题，本文以网络公共领域的框架作为参照，力图厘清机器人的加入对线上公共讨论带来了何种挑战。

一 流动的公共领域：线上公共协商的困境与机遇

早期的公共领域模型，建立于民族国家的基础之上，指“我们社会生活的一个领域，在这个领域里，可以形成某种接近公众意见的东西”。[①]

秉承“交往理性”是公共领域坚守公共性的方式，哈贝马斯提出这样一种设想：交往主体遵循共同的行为规范，使用语言符号自发产生交往行为，以达到相互理解和共识，从而保持人类社会的一体化、有序化和合理化的进化。[②] 即公共性是公共领域成员在商谈过程中形成或者创造出来的，并非在商谈之前就已经形成。

随着电报、留声机、电影等大众传播媒介的兴起，现代传媒的公共领域初现端倪。“公共性”成为社会对大众传播的期待，英国文化研究的先驱雷蒙·威廉斯提出“情感结构”概念，用来描述一个社会和一个时代公众之间可以分享的普遍文化和人们对生活的整体感受，它也是社会认同的基础。大众媒体扮演了“流动的展演窗口”，除了对一个社会时间的反映和建构，广播电视机构还在公共服务的理念下，进行民族时间和政治时间的塑造。

互联网时代，“网络公共领域”（Internet Public Sphere）成为学界讨论焦点，乐观者认为“互联网为公民提供与各种各样的职位接触的机会从而扩展了公共领域”[③]，悲观者认为碎片化、情绪化、政治霸权

① Habermas, J., “The Public Sphere: An Encyclopedia Article”, *New German Critique*, No. 3, 1964, pp. 49 –55.

② ［德］哈贝马斯：《公共领域的结构转型》，曹卫东等译，学林出版社 1999 年版。

③ Blumler, J. G. & Gurevitch, M., “The New Media and Our Political Communication Discontents: Democratizing Cyberspace”, *Information, Communication & Society*, Vol. 4, No. 1, 2001, pp. 1 –13.

与商业操纵对网络公共领域协商议程产生负面影响。[①②] 近年来，网络智能技术对公共领域的公正性提出挑战，西方国家采用计算式宣传（computational propaganda）的手段实现操纵公众舆论的大数据任务，在此间执行具体任务的社交机器人进入学界视野。

二 计算式宣传：社交媒体中的“伪草根”意见流

新媒体综合型平台的出现削弱了传统媒体的渠道垄断和议程设置功能。一方面，在大众媒体塑造“主流意见”上效力减弱，另一方面，网络信息流失去了把关人，伪草根政治宣传（Political Astroturfing）通过形成某种显著的意见流影响舆论气候。

（一）社交机器人与社会化媒体

在计算机领域，社交机器人（bots）来自机器人（robot）的缩写，指能够在社交网络与设备中实现自动化交流的虚拟程序。机器人在20世纪的捷克语中意味着“被压迫的劳工”（forced labor）或“奴隶”（slave）。这一词源给予了机器人一个具身化的呈现，同时也为其数字时代的变体社交机器人注入了人文内涵。

社交机器人遵循程序员的编码来执行任务，包括爬取互联网信息、监视并误导网络交谈、收集商业数据，这些交互任务通常蕴含着政治操纵目的，且未经过正规授权。比如关注、转发关于特定政治候选人的内容，攻击政治对手，或生产大量垃圾信息以淹没不利观点。国外学者将社交机器人定义为“一种由算法主导的计算机程序，它们在网络空间执行特定任务并对全球范围内的政治话题讨论进行入侵”。[③] Twitter上约3000万的活跃账号由社交机器人驱动，其模仿人类用户生产了丰富的信息流。

---

① Dahlberg, L., “Democracy Via Cyberspace: Mapping the Rhetorics and Practices of Three Prominent Camps”, *New Media & Society*, Vol. 3, No. 2, 2001, pp. 157 – 177.

② Bimber, B., “Information and Political Engagement in America: The Search for Effects of Information Technology”, *Political Research Quarterly*, Vol. 54, No. 1, 2001, pp. 53 – 67.

③ Woolley, S. & Howard, P. N., “Social Media, Revolution, and the Rise of the Political Bot”, *Routledge Handbook of Media, Conflict, and Security*, New York, N. Y.: Routledge, 2016.

（二）用户与网络通信设备的发展

互联网海量的数据流为算法、自动化、社交互动提供了丰沃土壤。首先，网络设备数量快速增长，有望进一步超越人口，即便在未被使用时，他们也保持不间断的信息收集与分享。2014 年，世界人口超 70 亿，数字智能手机数量已超过 10 亿，固定的连接网络设备约达到 40 亿。这些数据表现出数字时代的便捷和丰富，也透露出智能设备和基础设施的滥用。其次，越来越多的人参与到积极的网络分享中，现实世界中的各类场景也将逐步开放网络接入空间。这一状态被里程碑式地称作“历史上第一次，每一个虚拟身份都可以相互连通，互联网渗透率在大部分国家达到 80% 以上”。[①] 再次，大部分互联网用户——或者说大部分人——将成为数字原住民。数字原住民指的是出生在 20 世纪 80 年代初，且出生的国家数字设备已经普及的一代。截至 2010 年，互联网中的大部分用户已经是数字原住民，新一代网民对数字技术有着天然的亲近感和熟悉感，他们在网络空间有志成为流行文化的主导者而不是追随者。

（三）计算式宣传的逻辑与轨迹

在通信技术与社会化媒体蓬勃发展的基础上，学界将计算式宣传（computational propaganda）定义为：以社交媒体平台作为基础，通过自动化媒介实现操纵公众舆论的大数据任务。[②] 西方学者普遍认为，计算式宣传以政治目的为导向，在社会化媒体中开展，其目的是攻击政治对手，并创造一种“伪草根”（astroturfing）的舆论风向。当下的社会化媒体操纵主要通过社交机器人（bots）、迷因（memes）和认知框架来实现。而社交机器人则同时成为创造、转发迷因，促成“凸显与遮蔽”认知框架的载体。在 2016 年美国大选第一次总统辩论中，社

---

① Samantha Bradshaw, Philip N., Howard, Bence Kollanyi & Lisa-Maria Neudert, “Sourcing and Automation of Political News and Information over Social Media in the United States, 2016 – 2018”, *Political Communication*, Vol. 37, No. 2, 2020, pp. 173 – 193.

② Woolley, S. C. & Howard, P. N., “Automation, Algorithms, and Politics | Political Communication, Computational Propaganda, and Autonomous Agents-Introduction”, *International Journal of Communication*, Vol. 10, 2016, p. 9.

交机器人在 Twitter 平台相关话题内创造了 20% 的流量，但仅体现了 0. 5% 的用户立场。特朗普团队的社交机器人远远超过希拉里团队，这一局势在整个竞选期间维持不变。研究人员估计，Twitter 上支持特朗普的推文中，约有 1/3 由社交机器人生产，是支持希拉里帖子的四倍多。

由社交机器人投放策略引申出“网络部队”（Cyber Troops）一词。2017 年第一个关于网络部队的详细目录发布，将其定义为政府或政党操纵网络舆论的方式。[①] 这个词包括一系列的行为：“假新闻”（fake news），传播的错误信息，非法获取数据和微观分析，利用社交媒体平台影响海外舆论，通过假账户或机器人放大仇恨言论以及吸引眼球与刺激消费的标题党。

行动方式上，网络部队优先采用效价策略（valence strategies）。效价在心理学领域用于定义信息、事件或事物的吸引力（好）或厌恶性（坏）。社交媒体操纵的一个突出技巧是使用在线评论员积极地与真正的用户进行对话和辩论。以达成宣传、攻击与转移话题的效果。此类非真人使用的虚假社交账号并非全部是机器人，也存在真人管理一系列账号发表特定言论的情况。

（四）计算式宣传的全球运用现状

在 2019 年的计算式宣传全球调研中，发现全球 70 多个国家存在社会化媒体组织操纵行为，与 2017 年的 28 个国家相比，增长了 150%。Facebook 仍然是网络部队活动的主要平台。牛津大学计算式宣传项目组对全球 70 个国家的网络军队等级进行测评，将其从初级到高级分为四个等级。

初级团队为新组建的国内团队，掌握资源较少，无法执行海外任务。代表国家有阿根廷、韩国、瑞典等。低级团队的网络军队能够在关键政治事件前后执行放大虚假消息任务，但无法执行海外任务。代表国家有德国、印度尼西亚、朝鲜等。中级团队具有正式编制与全职

① Bradshaw, S. & Howard, P., *Troops, Trolls and Troublemakers: A Global Inventory of Organized Social Media Manipulation*, Oxford: University of Oxford, 2017.

员工，可执行较为复杂的信息宣传任务，影响力涉及海外。代表国家有古巴、巴基斯坦、菲律宾等。高级团队在全职员工数量、经费、技术与策略方面较为完备，除了在政治大选前后引导舆论，还能够在国内外进行日常性的舆论环境塑造。代表国家有埃及、以色列、俄罗斯等。

2020 年 6 月，澳大利亚昆士兰大学科技团队（The Queensland University of Technology）在题为《如同病毒：新冠病毒错误信息的有组织散播》的研究报告中指出，3 月下旬 Twitter 上出现的关于“新冠病毒是中国政府生化武器”这一信息是一场有组织的阴谋论行动。社交机器人账号与被黑客入侵的真人账号协同传播并在短时间内覆盖 300 万—500 万个有效账号。[①] 至少 2903 个账户和 4125 个网站组成了一个互相转发的团体，三分之二账户的个人资料表现为特朗普、“QAnon”[②]、共和党及右翼势力的支持者。2020 年 6 月，中国学者对 Twitter 平台上关于中国议题讨论中的舆论操纵行为进行了细致分析发现：与中国相关的推文中有超过 1/5 疑似由机器人发布，机器人发布内容有明显的倾向和策略。[③]

三 跨学科研究范式

传播学研究框架经历了电信传播、符号传播、人际传播和人机传播的变迁，人工智能技术的发展与社交机器人的入场，正式宣告了人机传播研究的新阶段，学界对机器生产内容（MGC）的关注也与日俱增。

（一）西方概念与全球推演

研究者在 web of science 数据库内以“computational propaganda”作为主题检索词进行搜索与分析，一共得到 115 篇文献。发表时间

---

① Graham, T., Bruns, A., et al., “Like a Virus: The Coordinated Spread of Coronavirus Disinformation”, http://apo.org.au/node/305864, 2020.

② 美国网络中的一个亲特朗普派阴谋论，已发展成一场群众运动。

③ 师文、陈昌凤：《分布与互动模式：社交机器人操纵 Twitter 上的中国议题研究》，《国际新闻界》2020 年第 5 期。

跨度为2010—2020年，且呈现逐年递增的趋势，在2018年达到峰值27篇。

相关研究呈现跨学科交叉特征，通过字段分析发现数学与计算生物学、计算机科学、传播学、环境生态科学和行为科学领域的研究位列前五（见表1）。其中数学与计算生物学领域文献所占比例接近总文献的50%。

表1　　各研究领域所占比例

研究领域	记录数	%/115
数学与计算生物学	57	49.57
计算机科学	46	40.00
传播学	41	35.65
环境生态科学	30	26.09
行为科学	26	22.61
科学技术相关其他领域	25	21.74
影视艺术	22	19.13
数学统计	21	18.26
生物多样性保护	19	16.52
心理学	17	14.78
社会科学相关其他领域	16	13.91
经营经济学	15	13.04
工程学	15	13.04
公共环境职业健康	13	11.30

通过文献梳理发现，相关文献的作者集中在美国（38.26%）、英国（19.13%）、中国（12.17%）、澳大利亚（8.7%）与加拿大（5.22%）。研究案例则更多聚焦于民主选举制国家和网络军队发达国家，如美国、英国、巴西与俄罗斯。总体而言，该领域研究者多来自西方国家，文章的主要形式为两位及以上作者合作发表，研究样本范围覆盖全球70多个国家。

（二）大数据：社会媒体处理与计算

当下的计算式宣传研究多采用定量与定性相结合的混合方法，在法学、计算机科学、传播学等学科背景下展开交叉分析。大数据方法能够对社会化媒体上的账号、内容、关系网络和话题流量开展多维分析，为进一步了解算法、自动化和社会化媒体中的政治操纵提供了信息，并有助于人们了解不同国家的制度特色。

总体来看，计算式宣传的研究范式可概括为以下五种。

第一，计算社会科学。该范式运用回归分析、k－核心分析和主题挖掘模型等机器学习技术从社交网络、调查访谈中收集公共数据。在种族、宗教、性别相关讨论中定位和区分不同的群体，并跟踪网络中的各类失实信息如何影响选民的投票意愿。

第二，定性民族志、参与式观察和实地调查。研究者通过系统地访谈政治顾问、数据挖掘公司和遭受网络攻击的网民，揭示政治操纵的经济诱因和市场技术结构。

第三，社会网络分析。研究团队将大数据集与问卷调查、民意调查数据进行比较，探索社会化媒体结构对网民的政治学习、参与政治领袖运动、社会问题共情等行为有何影响。

第四，问卷调查和选民意向调查。采用量表跟踪算法操纵对舆论的影响，使研究人员进一步确认用户是否认为或在多大程度上认为计算式宣传对其造成了困扰。

第五，政策比较分析。使用法律研究方法调查各国政府如何实施隐私和数据保护，并深入分析相关保障措施的落实情况。

（三）案例研究：聚焦重大政治事件

世界范围内，政治主体试图通过采用专有算法、半自动化的社交技术代理人对舆论实现微妙操纵。社交机器人的活跃时间与重大政治投票、选举事件同步，计算式宣传相关研究采用访谈相关人员、信息流追踪、参与式观察和社会网络分析针对某一事件、某一国家展开个案研究。

例如英国脱欧事件中的极端政治态度研究。2016 年脱欧公投期间 Twitter 中出现了两个对立阵营，话题标签为#StrongerIn 和#Brexit。两方阵营中最活跃的账户都是社交机器人，在标签#StrongerIn 中流量前 10 的账户里有 7 个是社交机器人账户。不到 1% 的机器人在特定话题中产生了近三分之一的内容。相较于真人用户，社交机器人在政治立场上更加偏激，企图引导舆论向两极化发展。由于英国 70% 的选民在投票前一周到投票当日这一时间段内才作出最终决定，社交机器人集中塑造的伪草根意见流能够影响网民的舆论气候感知，从而对投票结果施加影响。

另一广为关注的案例是 2016 年美国大选。选举期间 4165 个社交机器人账号发布了 350 万条推文、755000 个网址。[①] 其投放效果具有两面性，一方面社交机器人能够执行如跨国干涉内政、操纵舆情、干扰竞争对手、混淆视听、回避关键问题等政治任务，并已发展成西方政治领域常用的竞选手段。另一方面社交机器人生产内容在真人用户中的认可度并不高，大部分网民能够识别机器人账号，并不会转发或评论其发布的内容。

四　智能传播时代公共领域的困境与对策

（一）计算式宣传的隐忧

虽然哈贝马斯提出了公共领域这一理想商谈情境，其可操作性却一直存在争论。舆论究竟是否反映真实民意？李普曼持悲观的看法：“所谓舆论，就是汇集了愚蠢、软弱、偏见、错误的感受、准确的感受、固执的观点和报纸文章的大杂烩。”李普曼认为舆论不是客观存在的“对象”，而是人为制造的“构建”[②]，这种构建中最重要的一环便是大众媒体制造的拟态环境。刘海龙提出在“publicopinion”这一词的翻译过程中，应当考虑到“舆论”与“民意”之间的区别，舆论更偏向于一种被大众媒体所构建与凸显的公意。[③]

不同时代、不同国别的学者，都关注到了媒介对于社会舆论形成的深刻影响。如果说传统大众媒体影响舆论是通过新闻框架来实现，那么网络公共领域中的意见导流，则是一种更具隐蔽性的“伪草根”

① Allcott, H. & Gentzkow, M., “Social Media and Fake News in the 2016 Election”, *Journal of Economic Perspectives*, Vol. 31, No. 2, 2017.

② ［美］沃尔特·李普曼：《舆论》，常江、肖寒译，北京大学出版社 2018 年版。

③ 刘海龙：《大众传播理论：范式与流派》，中国人民大学出版社 2008 年版。

策略。社交机器人伪装成真人用户，重复发布特定内容制造网络流量，对网民认知产生“感知—态度—行为”三个环节递进式影响：感知阶段，社交机器人的“伪草根”流量影响真人用户对于“公意”的感知；态度阶段，由社交机器人创造的、针对具体事件或人物的虚假舆论气候将影响网民的观点与立场；行动阶段，网民的态度转变导致他们的投票行为变化。

许多学者认为，计算式宣传对民主产生了消极影响，社会化媒体的技术结构与用户使用习惯共同促成了虚假信息的传播。然而，对“信息失控”[①]（Information Disorder）这一宏大概念的探索仍然是碎片化的，缺乏有效的治理策略。

（二）针对“信息失控”的互联网治理

由社交机器人带来的信息失控问题体现在三个方面。

一是伪草根营销的欺骗性。社交机器人塑造的虚假舆论气候误导网民，在微观层面上，帮助政治家扳倒竞争对手；中观层面上对其他国家发起污蔑式攻击；宏观层面上煽动种族主义、阴谋论以及仇恨情绪。多元主体发声的复杂网络环境对主流媒体舆论引导力和纠偏能力提出更高要求，各级政府、宣传部门与主流媒体需提高对网络热点事件的回应速率，保持、巩固、加强在社会化媒体平台中的权威性、影响力与传播力，在舆论气候的塑造中发挥关键引导作用。

二是垃圾新闻（junk news）对网络环境的污染。处于灰色地带的垃圾新闻并不违法，也不违反社会化媒体平台的相关管理条例，它通过半自动化的混合操控实现信息伪造，传播偏见与欺骗性的内容。垃圾新闻在最初设计时便以吸引眼球作为第一原则，这也成为其在网络平台中迅速扩散的原因之一。在获取注意力的基础上，垃圾新闻对人们的态度、认知、情感也产生了隐蔽的影响。治理垃圾新闻应当建立平台与用户联动的协同机制。在平台技术可供性上为用户提供更多选择性与主动空间，使其通过举报、屏蔽、取消关注等选项避开垃圾新

① Wardle, C. & Derakhshan, H., “Information Disorder: Toward an Interdisciplinary Framework for Research and Policy Making”, Council of Europe, 2017.

闻并参与到网络环境的协同治理中。对于平台而言，则需要通过技术手段监测、追踪、处理发布垃圾新闻的社交机器人账号，塑造更加纯净、真实的网络浏览环境。

三是传统把关人角色缺失。研究者发现在政治类新闻内容领域，传统的把关人（报纸、杂志、通讯社等）所发布的内容在总体比例中占比较小，把关人的缺位造成了垃圾新闻、虚假信息、假新闻和谣言在网络上大量流传，而网民较难筛选出可靠的消息来源。面对从内容到发布主体都真假难辨的海量信息冲击，网民需要不断提升媒介素养以应对深刻变化的信息环境。同时网络平台也应承担起把关人的职责，通过智能数据筛查的方式对作弊行为、失实信息与仇恨言论进行清理。从源头上防止由于商业或政治操纵而产生偏激言论扩散，并进一步导致网络群体极化行为。

五 结语

本文通过文献梳理与描述性统计分析，对全球范围内计算式宣传的活动特征、轨迹和影响做出提炼与总结。由于社交机器人是计算式宣传活动的关键执行者，因此本文关注到出于定义、检测、识别并分析社交机器人目的的多样化研究范式。并围绕这一主题探究了“网络军队”“伪草根”等相关概念。

曾有学者乐观预言，“线上空间中的任何人都有可能成为主动的发声者，这不仅促进了多种信息的生成，也可以免受任何类型的控制”。[①] 然而智能化的计算式宣传破除了网络公共领域可以免受操纵的设想，将其进一步推向群体极化与情绪化。本研究表明，社交机器人活动目的性明确，发布的内容更偏激，通常采用强烈而坚定的极化立场对相左观点展开猛烈抨击。这一策略恰好迎合了网络交流中的情绪先行、立场先行与选择性接触机制，促进网络社群进一步阵营分化与隔阂。在此挑战下，为保证有效的社会“公意”得以达成，需要政府、专业

① Murru, M. F., *An Analysis of Online Shared Spaces Becoming Public Agoras*, *Communicative Approaches to Politics and Ethics in Europe*, Tartu University Press, 2010, pp. 141 – 153.

媒体和社会化媒体平台展开协同治理。在智能化、全球化、跨平台化传播的背景下，对计算式宣传的治理也关乎国家信息安全，监测、追踪、清除网络中散布极端言论的社交机器人，有利于防范境外势力的意识形态渗透与分化阴谋，构建有助于社会共识达成的理性商谈空间。

国家与市场之间的“调和人”：传媒转型与治理中行业协会的角色功能*

周　逵　黄典林　董晨宇**

摘要　在技术和市场结构性转型所触发的媒介制度变迁背景下，传媒类行业协会组织在平衡国家的媒介治理和行业利益的制度化表达之间张力的过程中，获得了新的功能定位和诠释空间，亦为研究处于转型中的传媒规制问题提供了一个有价值的切入点。通过对当下中国网络视听行业组织C协会的个案研究，论文尝试诠释作为国家与市场之间的“调和人”，协会如何在传统官方行政系统主导的传媒治理模式与新兴网络内容产业之间的适应性落差方面发挥调和作用。研究发现，以C协会为代表的新兴媒体行业组织功能的复杂性超出了传统新闻行业组织所能涵盖的范畴，其中异质性的主体遵循着不同的行动逻辑，从而为行业组织的出现及其调和功能的发挥提供了空间。尽管协会是“嵌入”在国家媒介治理和意识形态管理的整体框架之中的，但它并不是消极应对国家的制度性要求，而是在能动的调适过程中积极发挥着利益调适、荣誉分配等结构性功能。

关键词　媒介治理；行业协会；网络视听行业；媒体融合

---

* 本文原刊于《新闻与传播研究》2020年第12期。

** 周逵，中国传媒大学电视学院副教授；黄典林，中国传媒大学传播研究院副研究员；董晨宇，中国人民大学新闻学院讲师。

一 引言

如果将2004年乐视网的创办视为起点，中国网络视听内容行业发展至今已历经了16年的时间。统计数据显示，截至2020年6月，我国网络视听用户规模达9.01亿，网民使用率达95.8%。其中综合视频的用户规模达7.24亿，使用率为77.1%；短视频的用户规模达8.18亿，用户使用率达87.0%①。与此同时，传统广播电视媒体面临着转型压力，各省级广播电视媒体陆续推出了网络视听内容服务，与商业性视频网站共同构成了当下中国新视听产业的主体，逐渐形成了以优酷、爱奇艺、腾讯视频、芒果TV、Bilibili等为主的长视频网站，和以抖音、快手、西瓜视频等为主的新兴短视频应用共同组成的网络视听产业格局。

视听传播业的技术形态、生产模式和产业结构的变化，在很大程度上推动了当代中国媒介政策和规制模式的变迁。有学者根据制度变迁的经济理论，将改革开放以来中国的传媒制度变迁概括为四个主要阶段：由政府主导，以经营分配环节为突破口的“财政成本拉动型”的企业化阶段；由下而上，以新闻采编环节为突破口的“经济效益推动型”的市场化阶段；创新集团推动，以产业组织环节为突破口的“行政力量控制型”的产业化阶段；上下合谋，以培育市场主体为突破口的政商统合的资本化阶段②。按照这个分类，互联网媒体平台的发展，多属于政策孵化和资本准入的第四类制度变迁类型。在这个阶段，制度安排的变化和调适，成为能够反映传媒产业中的技术、政府和市场要素之间关系变迁的突破口。从近几年的发展态势来看，整个行业的制度设计和技术突进呈现出政府、市场、行业主体之间相互博弈过程中“去规制—重新规制”的螺旋上升演进态势，“野蛮生长”

① 《中国网络视听用户规模达9.01亿，短视频全面推动市场变革》，2020年10月，《中国新闻出版广电报》，http：//media.people.com.cn/n1/2020/1020/c40606－31899043.html，访问日期：2020年12月。

② 周劲：《转型期中国传媒制度变迁的经济学分析——以报业改革为案例》，《现代传播》2005年第1期。

的时间窗口期不断缩短，政府技术科层的规制能力不断提升。

在当代中国语境下，考虑到传媒或文化传播相关产业与政治制度刚性边界的紧密关联性，以及这些产业本身的政治和经济属性之间存在的张力，人们往往把传媒业行动者与国家的关系放在国家—市场二元模式的框架中来界定。在这种模式中，尽管市场化改革已经在很大程度上改变了僵化宣传主导的一元化功能定位，并将市场逻辑主导的产业经济功能与政治逻辑主导的喉舌属性融合为一体，然而国家对传媒行业和市场的发展具有决定性的控制力始终是不容置疑的基本原则①。但另一方面，在具体实践中，随着传播技术、行业态势、国家治理模式和权力分配格局的变化，在新兴传媒领域，国家与市场的互动关系并非简单的单向宰制关系，而更可能是一种协商和博弈的复杂动力学关系。首先，传统规制体系的权力惯性和路径依赖在新媒体领域实践中并不能“量体裁衣”，尤其是新技术所催生的新业务模式、内容形态和传播方式都不断超出相对固化的行政分工和治理模式，传统治理模式的路径依赖在这些新领域中产生的治理成本和矛盾日益突出，必须做出相应的调整。其次，新兴媒体市场开拓了新的权力空间，改变了传统的政府职能机构之间的横向并置关系，出现了大量的权力交叉甚至“九龙治水”的竞争性管理结构，权力结构内部的横向协调和制度性统筹安排需要重建和再平衡。最后，传媒市场主体的多元性改变了传统行政式“直管”的模式，需要形成一整套全新的治理架构和政策工具。在这样的语境下，需要跳出传统的二元关系框架，重新考察其中多元交叉的权力和行动主体之间的共生关系。

正是在这样的背景下，作为国家与市场之间的“调和人”，行业协会在平衡国家的媒介治理和行业利益的制度化表达之间的张力的过程中，获得了新的功能定位和诠释空间，从而为研究处于技术和市场变化中的传媒规制问题提供了一个有价值的切入点。这个切入点在传统的媒体规制研究中处于相对边缘甚至缺失的位置，但随着传媒技术

---

① Lee, C., Zhou, H. & Yu, H., "'Chinese Party Publicity Inc.' Conglomerated: the Case of the Shenzhen Press Group", *Media, Culture & Society*, Vol. 28, No. 4, 2006, pp. 581-602.

变革引发的一系列规制模式和制度安排的深刻转型，以协会为中介的新治理模式成为把握新媒体产业发展态势过程中不可或缺的重要一环，对以政商统合、资本化和反向融合①为主要特征的网络视听行业来说更是如此。基于这样的考虑，本文将在系统综述与行业组织研究相关文献的基础上，以当前网络视听产业最权威的全国性组织为例，通过分析该组织的构成方式、运作模式和核心功能，把握传媒转型背景下新媒体产业的规制和治理模式所反映的制度变迁逻辑。

二 中介化组织与传媒规制

（一）国家—社会关系与近代中国的行业组织

对传媒行业组织功能和角色的探讨，离不开对一般意义上的行业组织在中国的出现及其与国家和社会关系的理解。现代中国行业组织的前身脱胎于传统行会、会馆或公所的近代工商同业公会。以同业公会形式出现的中国近代行业协会组织，是近代以来西方冲击和中国内部变革所提出的新制度要求的产物，是“一种较有利于行业发展的非正式制度安排”，并经过近代国家的法律支持和制度性转化，成为一种正式制度安排。这种“制度变迁是内力与外力相结合的产物、是自上而下的强制性变迁与自下而上的内在性变迁两种方式交织的结果”②。自民国以来，同业公会作为行业组织，主要职能是“规范同业经营行为、开展商情和行业调查、指导同业生产”，最终目的是促进行业发展、维护行业利益③。

包括商会或同业工会在内的现代社会组织究竟是相对独立于国家的社会自我组织能力的一种体现，还是国家权力在特定行业领域的一种地方化表现?④ 尽管行业组织的主要参与者是行业主体自身，其目

---

① 周逵：《反向融合：中国大陆媒介融合逻辑的另一种诠释》，《新闻记者》2019 年第 3 期。

② 彭南生：《近代中国行会到同业公会的制度变迁历程及其方式》，《华中师范大学学报》（人文社会科学版）2004 年第 3 期。

③ 魏文享：《近代工商同业公会研究之现状与展望》，《近代史研究》2003 年第 2 期。

④ Nevitt, C. E.,“Private Business Associations in China: Evidence of Civil Society or Local State Power?” *The China Journal*, No. 36, 1996, pp. 25 – 43.

的也是服务于行业自身发展的需要，但这种具有鲜明现代特征的组织形式，却不是行业主体独立推动的产物，而是传统社会向现代社会转型过程中国家、社会和市场互动的产物。换言之，行业组织的本质是调节行业、国家和社会之间利益关系的一种中介化组织形式。这种组织形式首先是在特定的国家制度条件下形成的，它与国家权力之间形成了一种相互依存的关系，既依赖国家提供的各种制度资源，即"国家用以规范和制约民间组织活动的所有正式的或非正式的准则"① 来获得存在的合法性，同时又成为国家进行有效社会治理和行业管控的一个重要手段②。

国家与行业组织之间的这种相互依存关系在民国时期的同业公会发展过程中即有所体现③，直至中国社会经历革命和社会组织的低潮期、进入改革时期的行业组织复兴阶段，作为国家和社会关系重要中介形式的行业组织依然在调解行业利益和国家权力的关系方面扮演着重要角色。改革时期的行业组织，从行政上与党群系统脱离出来，"创造了维护或代表社会利益，并把这些利益纳入决策过程中的一种组织化领域或社会空间"④，从而与日益多元化的行业利益主体形成对应关系，同时也有利于国家在日益复杂的市场经济环境下推进政府管理职能转变、提高管理效率和降低治理成本⑤。改革时代国家在社会经济发展中角色的调整要求国家为了促进有效的发展，必须与社会组织建立新型合作关系。在现代市场社会中，具有多元利益诉求的多元化社会主体成为市场、资源和信息的主要掌控者。在这种情况下，政

① 俞可平：《中国公民社会：概念、分类与制度环境》，《中国社会科学》2006 年第 1 期。

② 李平亮、曾忠轩：《商会与抗战胜利后地方社会秩序的重建——以吉安县商会整理委员会为例》，《江西师范大学学报》（哲学社会科学版）2018 年第 3 期。

③ 李德英：《民国时期成都市同业公会研究》，"经济组织与市场发展" 国际学术讨论会论文，武当山，2000 年；黄汉民：《近代上海行业管理组织在企业发展与城市社会进步中的作用》，张仲礼主编：《中国近代城市——企业·社会·空间》，上海社会科学院出版社 1998 年版。

④ Saich, T., "Negotiating the State: The Development of Social Organizations in China", *The China Quarterly*, No. 161, 2000, pp. 124 – 141.

⑤ 贾西津、沈恒超、胡文安等：《转型时期的行业协会——角色、功能与管理体制》，社会科学文献出版社 2004 年版，第 3—4 页。

府需要相对抽离于具体的生产事务，转而从一个更有利的位置出发，对涉及利益冲突的事务进行协调和管理，因而需要社会组织等中介化机构作为合作者来完成诸多原先由政府单独完成的功能和任务。另一方面，专业化程度、官方的支持度、人力资源的发展程度等是影响专业协会组织发展水平的主要因素。其中，国家的支持是至关重要的，因为官方对协会组织的法律地位和机构性质的明确界定，赋予这些机构一定程度的权威，从而确保组织成员服从于协会组织制定的规范，并为行业协会维护行业整体利益的行动提供合法性基础①。

（二）法团主义与共生关系：两种视角

从以上讨论可见，作为社会组织的一部分，对行业协会组织角色和功能的研究不能孤立地考察这些组织本身，而必须将其放到当代中国国家与社会关系调解的视野中加以思考。从这一点出发，学术界形成了两种互补的视角：一是从法团主义的国家统摄视角出发，强调了国家对社会组织的管控能力，重点把握包括行业协会在内的当代中国社会组织如何以国家界定的制度框架为基础，在配合国家治理需要的过程中确定自身的功能定位；另一种则是共生关系视角，强调转型社会治理过程的复杂性和不确定性，以及包括社会组织在内的社会主体自主决策和行动的能力，探讨社会组织如何在国家决策和社会治理中发挥能动性，策略性地调解、干预和影响决策过程，从而确保自身利益的最大化②。

从第一个视角出发，在现行制度框架中，包括行业协会在内的社会组织都属于国家所界定的社会团体的一部分，从而受到一系列刚性政治和行政制度边界的制约。根据民政部颁布的《社会团体登记管理条例》规定，社会团体包括“中国公民自愿组成，为实现会员共同意愿，按照其章程开展活动的非营利性社会组织”，主要包括行业协会、

① Shen, M., Scott, R., Zhang, L. & Huang, J., “Farmer's Professional Associations in Rural China: State Dominated or New State-society Partnerships”, Center for Chinese Agricultural Policy (CCAP), Chinese Academy of Sciences, Beijing, China, 2005.

② Saich, T., “Negotiating the State: The Development of Social Organizations in China”, *The China Quarterly*, No. 161, 2000, pp. 124 – 125.

商会、学会、公益慈善类社会团体、城乡社区服务组织等几大类组织形式①。当代中国的全能主义政治遗产、党和国家对社会的支配地位②，由执政党领导所形成的“党政体制”制度③以及由此生成的“社会寓于国家”（society-in-state）的总体国家—社会关系格局和有限多元性④，为这些社会组织的职能定位和活动性质确定了基本的制度边界。在这种情况下，社会组织的特定社会地位和定位，是它在制度、经济和个体层面等要素互动的复杂关系中与国家进行协商的产物。这是一种高度“嵌入式”的关系，通过嵌入到系统和制度内部，社会组织由此获得了基本的生存条件与合法性⑤。而当代中国国家相对强势的全局性控制地位，也使得国家可以对不同类型的社会组织实施不同的治理和调控策略。在现有的各类社会组织中，作为一种高收益低风险的社会组织类型，“行业组织与政府之间的互动关系在一定程度上反映了社会组织与国家关系的上限”，原因在于相对于传统体制内的群众组织，行业协会组织有更高的民间性和自主性，而与草根行动主义或公益组织相比，行业协会组织又有更高的合法性，因而成为最受国家支持的一种社会组织类型⑥。

另一方面，从共生关系的视角来看，与其他类型的组织一样，包括行业协会在内的社会组织并不总是消极应对和满足国家制度限制所施加的诸种要求，而是一种能对环境的复杂性做出能动性反应的调适

---

① 《社会团体登记管理条例》，民政部，2013 年 4 月，http：//mjzx. mca. gov. cn/article/zcfg/201304/20130400437175. shtml，访问日期：2019 年 3 月 1 日。

② Pei，M.，“Chinese Civic Associations：An Empirical Analysis”，*Modern China*，Vol. 24，No. 3，1998，pp. 285 – 318.

③ 景跃进等编：《当代中国政府与政治》，中国人民大学出版社 2016 年版，第 18 页。

④ Mertha，A.，“Society in the State：China's Nondemocratic Political Pluralization”，in Peter，G. & Stanley，R.（eds.），*Chinese Politics：State，Society and the Market*，New York：Routledge，2010，pp. 69 – 84.

⑤ O'brien，K. J.，“Chinese People's Congresses and Legislative Embeddedness”，*Comparative Political Studies*，Vol. 27，No. 1，1994，pp. 80 – 107.

⑥ 江华、张建民、周莹：《利益契合：转型期中国国家与社会关系的一个分析框架》，《社会学研究》2011 年第 3 期。

性系统。相对于西方语境下的组织以减少复杂性为目标的环境适应策略，中国语境下的组织则是通过吸纳这种复杂性来为自身的生存和发展提供更多的选择余地和风险驾驭策略①。比如，对中国草根公益组织的媒体策略的研究显示，尽管现有制度边界所给予的话语机会和表达资源受到诸多限制，这些组织依然能有效利用不同制度条件下的不同传播渠道资源，来服务于自身的组织目标和自我合法化需要②。

如前所述，相对于草根组织，行业协会具有更高的合法性，因而在影响政府决策的过程中能调用的资源也更为丰富，其对政策制定过程发挥影响的能力也相对更高。尽管各个行业领域和特定社会条件下的实践情况之间存在差异，但行业组织的政策参与基本上通过三种主要形式进行：第一，政策倡导，即通过正式或非正式的形式对决策机构施加影响，从而确保政策的制定与执行对行业有利；第二，正式的政策决策过程参与，即以国家公开认可的方式就政策的制定与政府进行商讨；第三，私益政府，即行业组织承担原来由政府承担的准公共职能③。

不同的研究路径，实际上反映了当代中国不同类型的行业协会本身的差异：一些协会出现在传统科层体制之外，在市场和行业自身的力量推动下基于自愿形成，因此具有较强的内部组织身份认同和治理的自治意愿。这一类型的行业协会多为出现在改革开放以后中国沿海经济较为发达的地区商会组织。有学者对地方行业协会组织实践进行考察后发现，尽管当时新出现的协会组织兼具“公”“私”二重属性，但与改革开放前中国社会群众组织的纵向阶层性质已有明显差别。这一类组织没有“独立性”，也不能被称为“利益团体”或“压力团

---

① Boisot, M. & Child, J., “Organizations as Adaptive Systems in Complex Environments: the Case of China”, *Organization Science*, Vol. 10, No. 3, 1999, pp. 237 – 252.

② 黄典林：《社交媒体与中国草根慈善组织的合法化传播策略——以“大爱清尘”为例》，《国际新闻界》2017 年第 6 期。

③ Garrity, M. & Picard, L. A., “Organized Interests, the State, and the Public Policy Process: An Assessment of Jamaican Business Associations”, *The Journal of Developing Areas*, Vol. 25, No. 3, 1991, pp. 369 – 394.

体”，但在有限的范围内可以代表组织成员的利益，影响国家机构和国家政策的制定。行业组织因此必须在影响力和自治性之间做出艰难的平衡：在中国特有的国家—市场结构中，社会团体需要牺牲自身的独立性，更加靠近国家权力才能获得更大的政策影响力，而不是相反。但即便如此，这些立足于非公有制经济的行业组织依然与严格处于国家内部的群众组织具有很大的不同，具有更强烈的社会自治属性①。而另一些协会则本身生发于体制之内，是在官方许可或权力委托下成立的，并在资源和权力运作上更多地依附于国家。相关实证研究发现，在政府发起和许可下成立的行业和民间协会，在私营部门和政府之间发挥了桥梁作用，不同地区、行业和性质的协会对其成员利益的帮助程度也有差异②。这类协会组织并不是典型意义上的“利益代表”或“利益中介”角色，与其说是国家—社会对话的参与者，不如说是国家行政权力系统的新元素③。对地方行业协会组织的实证研究也发现，即便具有了制度化的组织形式，作为协会成员的私营企业主并没有外人所想象的那种利益共同体的身份归属。由于社会背景和商业规模的差异，协会成员所需的科层系统支持和连接度也大相径庭。协会与企业的关系既非横向也非纵向，而是存在于行政、市场和个人关系交叉的模糊地带④。

在中国语境下，无论是起源于体制内还是体制外，行业协会组织实现决策参与机制的方式都有其独特性，原因在于国家的统摄地位决定了政府对行业协会组织的压倒性优势，这种关系一方面造成行业协会对政府机构的依附性，另一方面也在特定条件下成为行业协会组织

---

① White, G., “Chinese Trade Unions in the Transition from Socialism: Towards Corporatism or Civil Society?” *British Journal of Industrial Relations*, Vol. 34, No. 3, 1996, pp. 433 - 457.

② Unger, J., “Bridges: Private Business, the Chinese Government and the Rise of New Associations”, *The China Quarterly*, No. 147, 1996, pp. 795 - 819.

③ Foster, K. W., “Embedded within State Agencies: Business Associations in Yantai”, *The China Journal*, No. 47, 2002, pp. 41 - 65.

④ Wank, D. L., “Private Business, Bureaucracy, and Political Alliance in a Chinese City”, *The Australian Journal of Chinese Affairs*, No. 33, 1995, pp. 55 - 71.

策略性维护自身合法地位和行业利益的手段。这意味着行业协会组织作为政府机构的一种软性延伸，在很大程度上可能成为“政府行业管理机构改头换面的另外一种形式”，但与此同时也意味着，行业协会组织可以“通过追求政府的法定授权和委托职能，让政府授予行业协会商会分配公共资源的权力”，而“承担法定职能是制度化集团推动政府发挥作用以实现自己要求的重要手段，也是被体制信任和接纳的重要衡量标尺，意味着该集团获得对全社会具有广泛约束力的国家法制核心资源的直接支持，能与公权力联接构成一个结构相对稳定、制度化程度高的联盟体”①。

（三）媒介治理与传媒行业协会组织

上述对包括行业协会在内的社会组织及其所处的国家—社会关系语境的讨论，构成了我们理解传媒行业协会组织的制度定位和功能角色的一般背景。但在中国语境下，与市场经济条件下的一般经济行业领域不同，虽然经历了一系列复杂的、有保留的市场化和资本化改革和制度创新②，从而呈现出“商品”与“意识形态国家机器”的双重属性③，但传媒始终是国家统摄社会的制度配置中的关键要素之一，尤其是其中以“党性原则”作为统领的新闻生产领域，是党政系统的延伸，具有极强的文化和意识形态属性，因而与政治权力的关系更为紧密④。换言之，与一般经济产业不同，传媒行业的自主性要弱得多，

---

① 龙宁丽：《国家和社会的距离：寻求国家社会关系研究的新范式——基于对全国性行业协会商会的实证分析》，《南京社会科学》2014 年第 6 期。

② 参见 Huang, Y., "Peaceful Evolution: the Case of Television Reform in Post-Mao China", Media, Culture & Society, Vol. 16, No. 2, 1994, pp. 217 – 241; Pan, Z., "Spatial Configuration in Institutional Change: a Case of China's Journalism Reforms", *Journalism*, Vol. 1, No. 3, 2000, pp. 253 – 281; Pan, Z., "Media Change through Bounded Innovations: Journalism in China's Media Reforms", in Michael, B. & Angela, R. (eds.), *Journalism and Democracy in Asia*, New York: Routledge, 2005, pp. 96 – 107.

③ Winfield, B. H. & Peng, Z., "Market or Party Controls? Chinese Media in Transition", *Gazette* (Leiden, Netherlands), Vol. 67, No. 3, 2005, pp. 255 – 270.

④ Zhao, Y., "Media, Market, and Democracy in China: Between the Party Line and the Bottom Line", Champaign: University of Illinois Press, 1998.

包括行业组织在内的各项核心资源主要集中在国家手中。

在这种情况下，以中华全国新闻工作者协会、中国广播电影电视社会组织联合会为代表的传媒行业协会组织，作为国家意志在传媒领域的组织性代表，所发挥的监管和规范功能要远远大于以行业利益为导向的专业化服务和政策协商功能。在对中国传媒体制和规制逻辑进行研究的文献中，学者们注意到官方行业协会组织在确保媒体从业者遵循党和国家政治纲领和政策路线、规范从业者职业伦理等方面所发挥的监督和纠偏职能[①]。也有学者注意到行业协会在传媒专业授予实践中所扮演的关键角色，认为以国家和政府为后盾的行业协会设立的奖项能够赋予协会成员和行业从业者“制度性资本与文化资本，也是主体锻造和象征秩序再生产的工具”[②]。对官方新闻奖制度实践的研究也显示，传媒行业协会作为党和国家的代理者成为官方新闻奖的主要组织者和实施者，在确保荣誉生产机制发挥合乎政治需要的控制功能的过程中，行业协会组织始终贯彻并体现着国家意志[③]。

但总体而言，现有文献对传媒行业协会组织的角色和功能的研究，大多只是将其作为中国传媒体制实践中的一个组成部分来处理，而非作为专门的分析对象来研究，这与社会科学界在对行业协会组织在调节国家和社会关系作用的研究方面产生的丰富成果形成了鲜明对比。之所以如此，应该与传媒行业作为文化和意识形态生产领域的政治属性，以及由此导致的行业以及行业组织对国家的强依附性有关。尤其是在传播技术冲击和政治经济刚性约束的双重压力下，曾被视为代表传媒业向更具现代意义的专业化方向发展趋势的市场化大众新闻媒体

---

① 例如 Lo, V. H., Chan, J. M. & Pan, Z., “Ethical Attitudes and Perceived Practice: A Comparative Study of Journalists in China, Hong Kong and Taiwan”, *Asian Journal of Communication*, Vol. 15, No. 2, 2005, pp. 154 – 172; Svensson, M., “Media and Civil Society in China: Community Building and Networking among Investigative Journalists and Beyond”, *China Perspectives*, No. 3, 2012, pp. 19 – 28; Hassid, J., “Four Models of the Fourth Estate: A Typology of Contemporary Chinese Journalists”, *The China Quarterly*, No. 208, 2011, pp. 813 – 832.

② 黄月琴、何强：《奖与罚：新闻奖的荣誉域及其荣誉实践》，《国际新闻界》2017 年第 5 期。

③ 黄顺铭：《制造职业荣誉的象征：中国官方新闻奖的制度实践（1980—2013）》，《国际新闻界》2014 年第 6 期；黄顺铭：《加冕·新闻评奖制度与实践》，中国传媒大学出版社 2017 年版。

逐渐退出了传媒业舞台的中心，取而代之的是国家主义和商业主义主导语境下强势回归的党媒以及掌握技术和资本霸权的新媒体平台①。这种态势更进一步强化了以新闻业为核心的传媒行业回归国家制度框架的趋势。

另一方面，现有文献对传媒行业协会组织的忽略或许还与研究者们对“传媒”行业属性的理解过于狭隘有关。欧洲文化产业学者对传媒行业文化实践逻辑多样性的强调提示我们，现代传媒并不是遵循统一逻辑的结构化产物，其内在行动者发挥主观能动性的幅度范围遵循不同的规则②。由于大多数研究者过于聚焦在新闻领域，没有认识到现代传媒业作为文化产业的一部分，其内在的复杂性和丰富性远远超出了新闻生产所能涵盖的范畴，故而没有考虑到新媒体技术的发展所带来的除了新闻领域国家属性的强化，还有娱乐、创意和大众文化实践领域产业属性的上升趋势。在这些不同的文化实践领域，国家和市场主体遵循不同的行动逻辑，无论是国家的治理策略还是行业行动者的反应策略，都与传统新闻生产领域可能存在很大差异，从而为作为中介机制的行业组织的出现及其调节功能的发挥提供了不同的机会和空间。尤其是随着以高度资本化的网络新媒体平台为主要传播渠道的网络视听节目的快速发展，以广播电视为主导的传统视听行业生态结构已经发生了巨大变化。在这种情况下，传统的官方行政系统主导的行业治理模式与新媒体条件下新的视听产业态势之间必然出现不相适应的问题，从而为能够在国家行政权力和资本化新媒体视听产业主体之间发挥中介性调节作用的行业组织的存在和发展提供了制度和社会基础。

基于以上讨论，我们认为，对尚未引起传媒研究界足够重视的网络视听行业协会组织的角色和功能进行实证研究，将会丰富和加深我

---

① 李艳红、陈鹏：《“商业主义”统合与“专业主义”离场：数字化背景下中国新闻业转型的话语形构及其构成作用》，《国际新闻界》2016 年第 9 期。

② 参见黄典林《激进传统与产业逻辑：论传播政治经济批判的两种路径》，《南京社会科学》2016 年第 9 期。

们对当前中国传媒产业转型和治理模式发展的认识。有鉴于此，本文将以国内规模最大的全国性网络视听行业协会（以下简称C协会）作为个案考察的对象，对其组织构成、组织功能及政治经济背景进行详细分析，由此试图回答如下几个问题：C协会是在什么样的政治经济语境和行业生态下成立的？其具体运作机制和主要职能是什么？这些职能在多大程度上能够说明C协会发挥了调和国家/行政系统和行业主体之间利益关系的中介性组织功能？最后，对当下中国的媒体规制而言，对C协会的个案分析能否说明技术、政治和资本力量的互动博弈过程，在一定程度上正在重构当代中国媒体，尤其是网络视听媒体的治理结构？

三　研究个案与研究方法

本文的个案研究对象C协会成立于2011年8月，是中国网络视听传播领域唯一的国家级行业协会组织，也是网络传播领域规模最大的行业协会之一。当时，中国网络视听市场格局正在酝酿着新的重大调整：当年4月，腾讯视频上线；11月，上线一年的“奇艺网”启动“爱奇艺”品牌并推出全新标志；第二年，优酷与土豆共同宣布将以100%换股的方式合并，成立新的优酷土豆股份有限公司，土豆网退市。由此奠定了中国网络视听领域“优爱腾”三足鼎立的格局。与此同时，传统广电制度安排与视听新媒体产业发展之间的竞合关系也不断凸显。在内容方面，优酷、土豆、乐视纷纷开始启动自制剧的战略，这进一步撼动了传统广电“以剧为本”的基本经营策略；在技术方面，一些视频网站通过OTT“入侵”客厅大屏的举措触动了广电最后的阵地，广电总局正式下发《持有互联网电视牌照机构运营管理要求》文件，将互联网电视机顶盒，即网络高清播放机终端产品，纳入互联网电视一体机的管理范围。此项细则意味着只有互联网电视牌照方，即CNTV、上海文广等国家机构才有资格向互联网电视机顶盒提供内容服务，而此前多家互联网视频服务商尝试进军互联网电视领域的行为被视为违规现象。

在这种情况下，国家主管机构的制度设计也对网络视听行业的发展变化进行了相应的调整和反馈。2011 年初，根据传媒机构管理司、网络视听节目管理司“三定”方案和广电总局党组的决定，传媒司、网络司不再实行合署办公。这就意味着网络视听节目管理司，作为一个国家级管理机构中独立的编制部门正式成立，其职责范围是“负责网络视听节目管理的内设机构，设综合规划处（办公室）、审核登记管理处、节目传播管理处 3 个处（室）”[①]。而传统广播电视行业管理的内设机构则由传媒机构管理司负责，传统广电和网络视听的双重管理路径体制正式确立。

本文的研究对象 C 协会正是在这样的大背景下宣布成立的。其职能定位于以下的二重性辩证关系中：一方面，协会将自身的基本角色定位于在政府与企业间发挥桥梁作用，维护会员单位合法权益和行业发展的整体利益；另一方面，推进自律，确立媒体责任，抵制有害内容，同样是协会的重要使命。在实际工作职责方面，C 协会提出了以下几个工作“抓手”：节目评议、审核员培训、政策调研、举办行业大会和版权维护。在业务上，C 协会接受国家广播电视总局的指导。但根据其官方信息，其会员单位囊括了传统广播电视播出机构、主流新闻媒体、新兴网络视听服务平台机构、影视内容制作机构以及网络技术公司等网络视听行业全产业链。这显然已经远远超出了传统广播电视治理架构所能容纳的范围。从这个意义上来说，C 协会的成立和发展，在很大程度上反映了媒体产业打破传统部门壁垒而趋于融合的态势，以及在这一过程中产业结构、利益分配格局和传统治理模式所面临的深刻调整的压力。因此，就本文的研究目的而言，C 协会具有较强的典型意义。

为了深入了解 C 协会的运作机制和功能定位，本研究主要采用了半结构式访谈和参与式观察的方法，同时辅之以对各类文献资料的分析和研究。本文作者之一于 2014 年第一次参加由 C 协会承办的全国性视听行业大会，并与该协会建立起较为密切的合作工作关系，对协会

① 《国家广播电视总局〈关于广电总局传媒司、网络司不再合署办公的公告〉》，2011 年 1 月，http：//www. sapprft. gov. cn/sapprft/contents/6588/328340. shtml，访问日期：2019 年 3 月 1 日。

的日常工作、评奖活动和行业大会的组织过程均有较深入的参与，并借此对协会内部运作过程进行了参与式观察。本文作者从 2017 年中开始，在告知研究意图并获得同意的前提下，对 C 协会的核心工作人员、与其有着广泛业务关系的行业知情人、与协会有着较为紧密合作关系的专家学者进行了半结构式访谈。下文将结合这些调查所得的经验素材，对 C 协会的角色功能进行详细讨论。

四 研究发现

（一）嵌入：传媒行业的新兴管理权力归属和执行

对中国协会组织的研究显示，这些组织并非被政府权力机构收编或指派，而是从创立之初就是国家机构的一部分，并在国家机构权力许可的范围内开展活动。政府提供了资金、场地，并指定协会官员，因此协会完整地嵌入（embedded）到了政府管理的结构和过程内部①。协会与政府的这种嵌入式关系在网络视听领域表现得尤其显著。由于互联网技术发展和传统规制的时间空窗，早期网络视听产业的发展经历了产业野蛮生长的阶段。但由于产业乱象和意识形态安全等政治经济因素，国家级行业主管行政机构开始主动通过部门增设和职能增加来填补短时间存在的权力空白。由于网络视听行业的规模不断扩大，传统主流媒体对于视听新媒体业务板块越发重视，国家相关行政主管机构也相应地由处级升格为司局级。C 协会建立的初衷和实际的运作都与主管行政机构的权力调整密切相关，可以说它本身就是原有行政机构随着网络产业动态发展而进行架构调整的产物。在国家级行业主管单位网站上，最早关于 C 协会的公开文件可追溯到 2011 年 8 月该协会成立时主管单位领导出席的新闻和讲话全文。在这次讲话中，主管部门领导将协会的功能定位为"参谋"、"助手"和"桥梁"，同时也要求其发挥"自律""维权和引导服务"等功能。从协会命名来看，也保持着与行政主管单位的同构性——只不过将主管行政机构名称中

---

① Foster, K. W., "Embedded within State Agencies: Business Associations in Yantai", *The China Journal*, No. 47, 2002, pp. 41 – 65.

的“管理”置换成了“服务”①。

对于协会嵌入式结构安排的动机，亦可从权力声明（claim of right）的角度进行解释。从中国大陆的媒介治理结构来看，中国的互联网内容行业一直面临着“九龙治水”式的多头管理格局。仅就网络视听行业而言，相关主管部门就包括国家广播电视总局及其地方局、中央网信办（国家互联网信息办公室）及地方网信办、文化部、工信部等部门。这种多头治理的模式可以用“饱和式”的冗余安全度治理原则②这一工程学术语来概括。这种模式符合国家全权主义式的治理逻辑，即通过适当的管理责权交叉确保对于网络治理领域的全面覆盖，从而保障了内容领域的意识形态安全。但多头管理之下，权力机关之间针对新的产业领域常常存在一定程度上的权力竞合关系，从而造成“冗余”治理或无效治理。尤其面对新兴的网络技术和泛内容领域，由于新生的行业空间并不在传统科层的权力规划结构之中，因此常常引发多部门主管机构“纷至沓来”的现象。从早期的三网融合到近年来的网络游戏、短视频、网络直播等内容产业的管理结构重塑过程，均可以发现多部门之间的微妙博弈。这些问题的化解需要在更高层级的制度调整和产业管理的动态博弈中逐渐形成相对稳定的权力主体行动边界。从这个角度来看，协会的成立和规范化运作对于主管机构强化其管理权限边界有着积极的促进作用。

从协会成立的最初语境中，我们可以看到这种重申行政权力边界的动力机制。访谈发现，协会的会员单位最初是通过上级行政部门告知的方式了解到成立协会的信息，但他们对于协会未来在行业管理中的身份和责权并不完全清楚：“一开始也完全搞不清楚协会要做什么，就通知我们要去开个会，一开始以为又是个务虚的会，无非要支持一下活动，没觉得能有多大的作用，以前碰到的协会都没有什么太多实际功能，因此也没觉得会是工作重点。”（被访者 N，2018 年 4 月 13

① 因本文匿名化处理的要求，此处特隐去该讲话的引用出处。

② 冗余安全度治理原则的概念来源于工程学，意思是为确保安全，在治理事故隐患时应考虑设置多道防线，即使发生有一两道防线无效的情况，还有冗余的防线可以控制事故隐患。

日）但协会的行政背景却是会员单位的一致的判断，其依据来自：(1）准行政性指令要求各所属行业单位加入协会；(2）该协会是“中字头的唯一的一级协会，现在这种协会申请注册几乎不可能，除非有高层主管部门的全力支持”（被访者 W，2018 年 2 月 1 日）；(3）更重要的是由一位退休的副部级领导担任协会的会长职务，“以前也打过交道，非常清楚他对于整个行业的影响力，这点即便退休以后依然可以发挥很大的作用”（被访者 N，2018 年 4 月 13 日）。协会领导在原行政体系内部的行政级别地位在一定程度上反映了协会和主管机构的互动模式和权责关系。

相对于规模较大的成员单位来说，由于对于政府科层资源和信息的匮乏，协会的成立对行业的中小企业有着更为重要的实用性意义：“头部公司会受多个政府机构管理，所以消息比较灵通。但那些中小型的网络视听行业企业其实很少有机会去接触到政府，他们多数也没有政府关系部门。但实际经营中他们的风险更大，比如那些网络剧、网络大电影和网络综艺公司。而且从绝对数量来说，他们是市场的主体。因此行业管理不能只看大平台，更重要的是这些企业。而从这个角度看，协会的作用就显现出来：当他们（中小企业）接触到我们的时候，他们是很想从这里得到一些关于政府政策方面的‘风向’，比如最近古装剧能不能播、穿越剧能不能播、宫斗剧能不能播、某某艺人能不能用等等，其实是很想从我们这里获得一些政策导向方面的信息的。”（被访者 R，2019 年 1 月 7 日）

从协会内部人的角度看，在协会成立后的初期，对于“该做什么和该怎么做”，协会内部也并非全然清晰，而是试图寻找可以效仿的同类型案例。“当时对标的是中国音乐著作权协会和中国互联网协会这两个传媒类行业协会的运作范本，因为那两个协会都已经有了很长时间的运作历史，目前做得非常好，推动行业发展，同时协会的人思路也非常新，做事很受到政府和行业的认可，大家买账。”（被访者 L，2019 年 2 月 4 日）但很快发现，新兴的网络视听行业与上述两个协会具有截然不同的行业和政策属性。中国音乐著作权协会的核心资源是其掌握的行业音乐著作权，使用者通过向该协会缴纳费用等方式获得授权。而视听行业版权是各家视听网站的核心资源，不可能让渡给协会进行管理。而对于成立于2001年的中国互联网协会来说，“成立时间悠久，已经接近于市场化运作了，虽然‘政府感’也很强，但是它实际上底下有许多二级机构都是市场化运作的，包括中国互联网大会，也是市场化运作非常成功的案例”（被访者L，2019年2月4日）。

对于协会角色和功能的比照和想象，不仅仅出于机构建立时的实用性目标，更是此后协会能动性空间的预留和协会内工作人员的自我价值感来源。与一般公众印象中“协会”是“养老去处”的情形迥异的是，C协会除了个别要职为退休官员外，核心管理人员和普通工作人员均为中青年。其中核心管理层的平均年龄为40岁左右，而普通工作人员更是由“85后”“90后”组成，呈现出年青化的人员结构。因此协会的机构能动性也与协会内部成员今后职业发展的个体能动性密切相关。事实上，协会的责权边界并非通过一次性的结构性规定所设定，而是经历了“试探和摸索”的动态过程，从而体现了强烈的主体能动性。正如一位受访者所言：“我们都希望在协会能做点事情，不是简单地找一份安逸、养老的工作，尤其这个行业蒸蒸日上，机会很多。”（被访者Z，2018年5月12日）

在完成基础架构的搭建后，协会的基本责权范围开始由上级行政部门指定。协会目前下设综合部、对外合作部、会员和培训部、节目部四个职能部门，其中最重要的职能包括：（1）针对各视听网站内部节目审核员进行培训；（2）对涉嫌违规节目组织专家进行评议；（3）以行业协会的形式发布各种自律性规定；（4）优秀网络视听节目的征集和组织专家评选；（5）每年一度的全国性网络视听行业大会的组织和实施；（6）围绕网络视听业务进行研讨和交流。

和一般行业不一样的是，传媒行业兼具产业属性和意识形态属性，因此协会代替国家行使的管理职能主要体现在对内容的把关要求。在实践中，C协会在“嵌入”相关主管部门的日常管理中的一项最重要的功能，就是节目内容审核。2012年，协会发布《自律公约》，并制定了《网络剧、微电影等网络视听节目内容审核通则》。该通则共九条，分别对网络视听节目的审核要素，审核原则，禁播内容，需剪裁、删除内容细则进行了较详细的规定。同月，国家广播电视总局和国家互联网信息办公室联合下发《关于进一步加强网络剧、微电影等网络视听节目管理的通知》。根据通知要求，视频网站的网络剧、微电影等网络视听节目一律先审后播，在节目播出前，视频网站需组织审核人员进行内容审核，审核通过后方可上网播出。此后，C 协会作为国家级网络视听行业协会，每年举办多批次全国网络视听节目审核员培训班并为结业者颁发执业证书。中国视听网站从“自审自播”到“先审后播”的制度和工作流程从此建立起来[①]。这一方面体现了传媒类行业协会“自律”的话语修辞和行政要求的结合，同时也为主管部门关于内容导向和把关的具体执行机制提供了诠释空间和缓冲区域。

除了网络视听内容审核制度的制定和实施外，C 协会的嵌入式功能还体现在对于争议性内容的审查和评议以及官方荣誉制度的实施之中：前者主要体现在协会的结构功能设计和修辞性表达之中，但协会的主体能动性将其创造性地转化为国家和行业之间中介化的调和空间；而后者原本在结构功能的设计之外，但在协会的自身推动下，被整合为最重要的官方职能之一。这两点将在下文详述。

（二）调和：作为国家与行业关系中介的双重角色身份

协会兼具管理和服务的双重角色：一方面，代表权力机构对下属行业进行间接或直接管理；另一方面，还起到了国家—企业间中间人或调和人（intermediation）的角色。在双重身份关系中，行政管理角色关系通过公对公的方式，沿袭了传统上行政权力机构上传下达的纵向关系，而利益调适角色关系中则夹杂了人际关系或准私人关系，更多地通过横向关系中的磨合和协商，为企业争取下情上达的机会。

由于传媒领域产业政策的制定常常需要从意识形态出发，一些产

---

① 《高建民出席 2018 年网络视听文艺节目审核员培训班并授课》，国家广播电视总局研修学院，2018 年 10 月，http：//www. rti. org. cn/ywsd/xyyw/2018/10/25/0951293030. html，访问日期：2019 年 3 月 1 日。

业政策的制定和发布无法完全采用其他行业管理的路径，因此协会的存在可创造出政策反馈的话语空间和缓冲区，给主管机构更大的空间去调适自身与社会和行业的关系。因此，在上传下达的纵向关系中，协会常常成为政府行政许可未能涵盖，但行业管理实践中又无法或缺的部分规则补充者。这种准公共职能得到了受访者的证实："比如说有一些产业活动，政府直接出面可能就会被误解为政府是不是支持，万一这个事情未来发酵演变成什么样的结果是不可控，协会出面做这个事情就会很好。"（被访者 N，2018 年 4 月 13 日）

协会"代政府式"的规范功能主要通过"行业公约"式的章程草拟和实施来完成。在 2012 年 7 月协会理事会通过的《自律公约》第十一条规定了加强内部管理和完善相关制度的系列条款，包括：（1）实行网络视听节目内容总编辑负责制度；（2）实行节目内容先审后播制度，建立和完善快速处理响应机制；（3）充实管理人员、内容审核人员和技术人员，建立和完善安全保障制度。并声明协会负责监督检查本公约的执行，并定期公布加入及退出本公约的单位名单；缔约单位如违反本公约约定，协会可以书面或口头形式提醒或质询，并视情况给予警示或向社会公布。2017 年 6 月，协会常务理事会审议通过《网络视听节目内容审核通则》，对内容审核标准提出了细化的要求。9 月，协会发布的《关于电视剧网络剧制作成本配置比例的意见》，对演员的片酬占总制作成本的比例上限进行了明确规定。上述公约或通则的部分条款引发了社会舆论的关注。如在通则中把"同性恋"群体打上了禁止播出的"非正常性关系"的标签，并与"乱伦""性变态"等词汇并列，引发强烈的舆论反应。这些具体的管理规定，虽然在中国视听内容先审后播的管理制度下并非刚刚成为实际执行标准，但将行业内不成文的规则以"行业自律"的成文形式向社会公众发布却是首次，而行业协会作为主体承担了舆论反弹，成为政府行政管辖和行业自律之间的缓冲区域。

对于商业类网络视听机构来说，协会最重要的功能就是为企业争取下情上达的机会。协会所负责的一项重要职能即"涉嫌违规节目"的评议功能："目前的管理方式是，地方（广播电视）局负责网络视听内容的审核，并负责播出内容备案号的发放工作，总局通常不直接进行管理。但一旦遇到具有争议的‘问题内容’反馈到总局层面，那么总局就会委托协会进行争议内容的审看和评议。”（被访者 R，2019 年 1 月 7 日）

尽管协会只能就争议类或疑似违规节目给予审核意见后反馈给上级主管机构，不具备行政处置权力，但拥有组织审看和建议权已经赋予了涉事的会员单位较大的申诉空间。与行政机构相比，协会与市场更具对话的空间，“既能懂政府的语言，也能明白企业的诉求和苦衷，既代表行政的规范性要求，又了解市场的普遍规律”。“关键可以做好翻译的工作，成为政府和市场都能接受的角色，才是行业‘服务功能’的体现。”（被访者 S，2018 年 2 月 7 日）由于协会和会员单位之间并非“上下级关系，也非甲方乙方关系”，而是形式上的“横向关系”，也因为协会日常运营管理的负责人“不是官员，没有官员的级别”（被访者 W，2018 年 2 月 1 日），因此商业性网站与协会的日常互动并不只在行政管理场域之内，还并存于其他属性的社交关系网络中，从而成为考验各家商业机构政府关系能力的重点之一。

对于商业性机构来说，协会所能提供的调和作用还体现在协会的政策调研中。协会在重大的行业政策制定、行业现场研判和未来行业发展建言献策方面，具有一定的对话功能。如每年的行业大会中专设“CEO 沙龙”等闭门会议环节，成为传统行政主管行业的上传下达机制和逻辑的重要补充，在常态的企业政府关系管道之外，提供了“面对面直接的渠道，让领导可以了解市场的真实情况，了解市场在想什么，在政策制定方面能准确感知市场发展的实际情况，从而推动行业发展和进步，避免进入‘一管就死’的困境”（被访者 N，2018 年 4 月 13 日）。协会在市场和国家之间开拓出一个对话性的商议机制，既能增强行业主管部门政策的合法性，也能成为政策制定过程中的自下而上的发声渠道，其作为新兴传媒产业政府与市场间调和人的角色显得十分突出。

C 协会不是行业主体独立推动的产物，而是传统社会向现代社会转型过程中国家、社会和市场互动的产物。作为国家与市场之间的

“调和人”，行业协会在平衡国家的媒介治理和行业利益的制度化表达之间张力的过程中，获得了新的功能定位和诠释空间，但这一空间的大小和主体能动性也会受制于这一中介性组织的嵌入式地位，并承受着国家、市场与公众等不同主体的压力。比如，前文提及的《审核通则》公布的第二天，即遭遇强烈的社会舆论反弹，相关社会群体组织在微博发声，要求C协会“改正该错误信息，同时保留任何合法维权的权利”[①]。在知乎等网络社区中，亦有网友对该协会的属性和功能展开讨论：“有人要怀疑这条通则的执行力，你们也不看看会员单位里都是互联网大佬”；“律师协会、中国证券业协会、中国证券投资基金业协会发布超越国家法律规定的各种规定、准则、指引，行业敢不遵守?”[②] 这说明，协会在承担治理缓冲性功能和下情上达的过程中，也成为市场与国家之间制度性压力的承受节点。当协会的“调适”功能遭遇相关主管机构刚性的内容治理框架时，协会在国家和市场治理中的柔性行动框架就被制度性的身份要求极大压制，其作为社会组织的自主性功能也退回到了修辞层面。

（三）异质：内部成员的角色功能预期和互动实践的差异

行业协会中内部成员的身份认同和行为实践一直是考察作为国家—产业关系中介的重要考量点。一些行业协会具有较强的团体集体身份归属认同，一些商会的身份共同体还具有融资平台的实用性功能[③]。相反，在某些行业或地区，即便有某种形式的行业协会存在，协会成员并不具备强烈的利益团体共同体的身份归属感[④]。由于不同的社会背景和商业规模，协会成员所需的科层系统支持和互相之间的

---

① 内容来自新浪微博“同志之声”发表的《联合严正发声》，2017年6月，https：//www.weibo.com/1664065962/FadtYpl6H？type=comment#_rnd1559438044272，访问日期：2019年3月1日。

② 内容来源于知乎相关话题的讨论留言，https：//www.zhihu.com/question/61844441，访问日期：2019年3月1日。

③ 蔡灵跃、周荣俊、吴晓梦：《民间商会融资担保机制及模式选择》，《上海金融》2009年第2期。

④ Wank，D. L.，“Private Business，Bureaucracy，and Political Alliance in a Chinese City”，*The Australian Journal of Chinese Affairs*，No. 33，1995，pp. 55–71.

联系程度也大相径庭。协会与企业既非横向关系也非纵向关系，而是存在于行政、市场和个人关系交叉的模糊地带。在对 C 协会进行考察的过程中，笔者发现，由于中国视听行业市场本身具有国家和市场、传统和新兴、技术和内容等多组双重关系，因此协会成员根据自身的机构性质和在市场—国家关系中位置的差别，对协会所承担的功能和角色的预期也有差异，个体和机构行动者与协会的互动方式和关系也存在类型差别。那么，协会会员是否拥有某种集体认同，会员企业的身份实践究竟在怎样的框架下互动，企业之间是否存在寻求横向联合的动机？

C 协会的会员单位包括主流新媒体机构、互联网企业以及网络技术公司，涵盖了网络视听行业全产业链。这样的成员构成主要源于上级行政机构管辖范围——所有下属企事业单位都成为协会会员。正如前文所述，协会会员的覆盖范围本身亦是主管行政机构权力范围的一种投射和印证，即在竞争性的权力新场域中，主管单位通过协会统筹和管理其权力边界内的各机构要素。但事实上，中国传媒行业事业/商业、市场/宣传的多重结构属性，在网络视听行业中的表现十分突出，协会的 700 多家会员单位中，既包括优酷、爱奇艺、腾讯、Bilibili 等商业视频网站，也包括 CNTV、芒果 TV 等主流媒体的新媒体平台，还包括抖音、快手等新兴“独角兽”企业。因此，尽管 C 协会的成员单位涵括视听新媒体行业全产业链，但由于中国传媒产业本身的二重属性和并置结构，使得事业/企业属性类别的会员单位之间未能形成统一的身份角色意识，对协会的角色功能预期和互动实践也存在显著差异。

对于主流媒体机构而言，加入 C 协会的动机一方面来自行政性的要求——其母机构亦归属于同样的上级行政部门；另一方面来自近年来对于主流媒体进行融媒体发展的业务性需求，主流新媒体机构的视听业务板块只要属于行政主管机构管辖范围之内，都同步成为协会的会员，在内容把关和行业自律方面，同样要受到协会制定的行业公约的约束。在面对市场性视听网络公司时，主流新媒体机构常常以“社会责任担当”等话语资源来定位自身：“不是说我们不要数据，而是说不单一只用数据，是把主流媒体的责任放在第一，把勇立头部阵营的奋斗目标顶在第一，确保风正帆悬、行稳致远。”① 此外，主流新媒体机构的动机还来自协会所能提供的荣誉机制等仪式性需求。在行政性指令的执行和落实方面，主流新媒体网站也常常起到示范性的作用。一些会员单位也私下调侃主流媒体下属的新媒体机构是“亲儿子”，而市场性的网络视听平台是“干儿子”，“亲儿子先表态，干儿子也必须跟上”（被访者 W，2018 年 2 月 1 日）。从市场的传播能力来说，商业网站和主流新媒体的体量存在较大的差异，但如果从行政和政治逻辑出发，在协会内部涉及前后排序的会员单位“差序格局”中，通常按照行政级别序列，以主流新媒体在前，商业性网站在后的方式排列。对于传统主流媒体的新媒体板块来说，由于它们所属的母机构本身处在行政体系网络秩序结构中，因此对于协会功能的依赖度相对较低。但近年来，由于事业和企业机构在新媒体市场中资源配置的需求逐渐提高，因此可以预见未来行政性导向的主流新媒体机构对协会会员的参与程度和方式会有新的变化。

对于商业性互联网公司来说，在协会内部主要的横向互动来自同类型的其他互联网视听网站。商业性互联网公司与主流新媒体机构的互动较少，“除了和视频网站的竞品以外，其他都没有打过交道的”（被访者 N，2018 年 4 月 13 日）。对于市场性的视听新媒体行业企业来说，协会作为内部协商机制，起到了降低交易成本、通过私序规范市场秩序、政策反馈等作用。一方面，商业网站之间存在着合纵连横，一些商业平台针对竞品内容涉嫌违规的情况向主管部门举报。一旦涉及涉嫌违规的内容认定和处理时，协会需要在总局的授权下对涉嫌违规作品组织专家评议，并就内容是否违规以及如何处置向主管的国家职能机构提交处理意见。这样的“举报”行为一方面增强了主管机构对于行业内容把关能力的覆盖面，也提升了涉嫌违规内容发现的及时性，但对于协会内部的商业机构来说，却消解了其作为行业共同体身份的认同意识。由此建立的内容审核尺度不断地得到重申乃至放大，

---

① 吕建楚：《使命观 · 发展观 · 市场观——以奔跑姿态唱响融合发展新歌声》，第五届中国网络视听大会发言，成都，2017 年 11 月 30 日。

并成为所有会员机构必须共同遵守的行业标准。在这样的大逻辑下，一些视听网站也意识到，“大家需要抱团聚暖，竞争虽然存在，但互相拆台如果危害了行业的发展，那绝对是有违所有人的利益的”。在这种情况下，行业主体倾向于发挥协会的沟通和协调作用，通过协会平台，进行以行业总体利益为导向的协商。“大家一直在想怎么让产业良好的发展，怎么去盈利，怎么减少亏损，如何确保大家不再恶性竞争。”（被访者 W，2018 年 2 月 1 日）

一个不多见的协作性政策游说案例发生在 2018 年 7—9 月。7 月 11 日，国家广播电视总局发布《关于做好暑期网络视听节目播出工作的通知》，通知要求：“各省级广电行政部门要督促各视听网站暑期进一步严把节目导向关、内容关，持续监测清理低俗有害节目，严防不良内容侵害青少年身心健康。”并且特别指出：“坚决遏止节目过度娱乐化和宣扬拜金享乐、急功近利等错误倾向，努力共同营造暑期健康清朗的网络视听环境。”① 8 月 25 日，国家广播电视总局起草了《未成年人节目管理规定（征求意见稿）》，规定了未成年人节目（包括且不限于以未成年人为主体，又或者是以未成年人为主要接收对象的广播电视节目，以及网络视听节目）不得宣扬或是包装童星效应、不得炒作明星子女②。这一系列内容管理条例的出台使得多档原定于暑期播出的“明星亲子类”网络综艺节目陷入合规性播出危机，其中包括芒果 TV 和爱奇艺联合播出的《爸爸去哪儿》（第六季）等多档亲子真人秀节目③。同一时间、同一题材、多家平台、多档节目共同遭遇政策限令，牵涉巨大的行业利益促使涉事平台罕见地进行了同步协调沟通，“因为政策出台没有时间缓冲期，使得各家都措手不及”、“（其中

① 《国家广播电视总局发布通知规范暑期网络视听节目》，人民网，2018 年 7 月，http：//media. people. com. cn/n1/2018/0711/c120837 -30139016. html，访问日期：2019 年 3 月 1 日。

② 《关于〈未成年人节目管理规定（征求意见稿）〉公开征求意见的通知》，国家广播电视总局，2018 年 8 月，http：//www. gapp. gov. cn/sapprft/contents/6588/383885. shtml，访问日期：2019 年 3 月 1 日。

③ 《〈童话侠〉再延播，乐融致新首档亲子节目搁浅》，北京商报，2018 年 9 月，http：//finance. eastmoney. com/news/1354，20180903938544264. html，访问日期：2019 年 3 月 1 日。

某档节目）制作经费2个亿，广告招商6个亿左右，损失实在太大、实在承担不起”（被访者H，2018年11月9日），“大家都是一条绳上的蚂蚱，只能一起向上面打报告说明情况，希望能够酌情处理”（被访者T，2018年12月28日），体现出协会成员之间的协作性行动力。但这一集体政策游说行为并未能改变主管机构对于“明星亲子类”节目严格管控的决定，这三档节目也均告流档，此后明星亲子类节目也在中国大陆电视和网络屏幕彻底销声匿迹。

尽管这次较为罕见的协作游说最终“铩羽而归”，但依然可以从该案例中看出，一旦遭遇外部政策结构性压力，C协会成员亦会暂时抛下彼此间的异质性特征，形成临时性的行动共同体。有学者从行业协会商会的制度动力学视角出发，认为行业协会的重要功能之一在于其形成一种组织化的“私序”，并在私序上升为普适性的制度前，在国家法律制度的约束下，作为公序的补充或者替代而发生作用。会员加入协会组织的目的，除了分享正式网络的规模效应和外部经济，即会员所特有的信用声誉，还能从行业组织内部通过私序方式形成的一致性集体行动中得到直接或间接好处①。但这样的临时性共同体身份亦可能成为其政策游说行为失败的因素之一，因为“联名打报告本身往大了说就是一种对于上级政策的‘忤逆’”（被访者S，2018年2月7日）。

（四）加冕：网络视听行业荣誉机制的生产与分配

尽管“嵌入式”协会的角色功能由归属行政主管机构指定，但在实践过程中，处于国家—市场二重性身份中的协会角色与功能仍然具备一定程度的自主性。对于C协会而言，每年最重要的一项工作就是年度行业大会的筹办和召开，而大会的一个重要内容就是年度“优秀作品推选活动”结果的公布。

行业大会的筹划实施本身就是C协会自主能动性在国家/市场中张力的体现。从C协会最初的功能规划来说，行业大会并不在上级行

① 张旭昆、秦诗立：《商会的激励机制》，《浙江大学学报》（人文社会科学版）2003年第2期。

政部门的考虑范畴之中。行政主管机构一方面希望协会能够成为承载其执行功能的“助手”，同时也尽量约束协会自身的自主性功能拓展需求，以防止协会的隐性权力过大，从而引发政策性风险。但C协会的相关负责人则认为“行业大会是协会工作的最重要的一个抓手”，积极主张大会的筹办，协会内部成员也大多希望能有所作为：“当时来应聘协会工作的时候，最吸引我的就是可以参加视听大会这样顶级的行业会议，对于我自身会是很大的锻炼和提高，也会认识很多业内的行业高手。”（被访者Z，2018年5月12日）行业会议的举办，在增加C协会自身能动性的同时，亦可以提高作为个体的组织内部人的社会资本和社会网络。恰逢中国南方某城市有意要举办类似的行业会议，在行政主管部门的“撮合”下，大会在该市落地，并在很短的筹办期后举办。

大会最重要的功能之一是行业奖项的评选这一荣誉机制的产生和执行。对评奖制度的研究显示，评奖制度的实质是一种“象征资本”的生产和传播机制①。有学者从传媒行业协会的具体工作实践来研究其权力、社会和文化功能，认为由记协组织评选的中国新闻奖和长江韬奋奖是一项关乎社会控制、文化祝圣和社会承认的项目，始终按照一种国家支配的模式在运行，即由扮演党和国家的代理者角色的专业组织来具体组织实施新闻奖的生产。双重赞助制度、推荐单位制度和挂钩制度一起构成了基本的规则系统，它们各有其社会控制功能②。

在本研究中，会员单位对年度行业大会功能的认知也主要聚焦于政府体系内荣誉资本的生产和分配机制和政策导向指示功能：“互联网企业非常在乎这个奖项，虽然并不能因为获得该奖项而得到更大的市场性回报，但更重要的是要给政府部门主管部门和地方主管部门去

---

① James, F. & James, F. E., “The Economy of Prestige: Prizes, Awards, and the Circulation of Cultural Value”, Boston: Harvard University Press, 2009.

② 黄顺铭：《制造职业荣誉的象征：中国官方新闻奖的制度实践（1980—2013）》，《国际新闻界》2014年第6期。

汇报的时候，展示我这家企业的表现，这成为政府认可的一种资本，成为未来工作的一种润滑剂……相较于那些商业性的奖项，协会的奖更能体现政府对这一年内网络视听内容的认可程度，因此网络播放量大的不一定能获奖，还有很多是属于政策导向的因素。也可以从奖项的设置和获奖人，知晓未来一年主管部门的政策风向：哪些是被鼓励的，哪些题材和类型是被打了问号的。”（被访者 L，2019 年 2 月 4 日）“比如偶像养成类节目很火，但当年的奖项里就没有，这本身也说明了上面的政策风向和态度。……前几年这个奖项获奖的都是网站平台特别重视，制作公司反而会轻视：因为没有太多的商业性。但随着这几年内容合规性成为制作公司的最大风险，因此制作公司也开始越来越重视这个奖的分量。尤其是对平台评估制作公司内容风险时，这个奖是一个很好的印证。”（被访者 N，2018 年 4 月 13 日）

但对于协会而言，这套荣誉机制背后存在着国家和市场二重性的悖论。这一悖论首先体现在其认知定位中，“究竟目标是打造成为政府奖还是行业奖，政府的底色当然很重要，但如果缺乏了市场性和专业性，那么这个奖可以做的事情就非常有限了，因此需要平衡两者的关系”（被访者 R，2019 年 1 月 7 日）。对于参与企业来说，无论是奖项本身还是大会的仪式性场合，最看重的还是行政层面的认可功能。但由于传媒行业管理中意识形态属性的特殊性，因此大会的核心象征性价值只存在于系统场域内部，难以面向一般性市场元素进行表达。这种状况大大限制了大会及其荣誉仪式的社会通用价值，从而削弱了协会组织机构和个体自身行业价值感和社会资本的获得。在二重性的夹缝中，“两头都很难做到极致”。其次，即便在行政性象征系统内部，也面临着困境。“评奖活动”是权力系统内象征资源的授予，本身有一整套规范性制度的约束，需要涉及跨部门的审批和协调，“如果是‘发奖’的话，需要得到层层审批，程序极其烦琐，并且主管部门对于奖项的设定有总量控制，目前增加一个新的官方奖项难度非常大”（被访者 L，2019 年 2 月 4 日）。因此从严格意义上来说，大会所颁发的并非国家权力认可的“官方奖项”，而只能称为“推优活动”；获奖者也不能称为“获奖”或“名次”，只能称为“推优活动入选者”。即便如此，通过网络视听行业荣誉机制的制造和生产实践，仍可为市场导向企业获得体制性承认，继而获得商业安全，为行政导向机构提供科层体系内的结构功能性认可。

五 结论

在新兴传媒领域，国家与市场的互动关系并非简单的单向宰制关系，而更可能是一种协商和博弈的复杂动力学关系。正是在这样的背景下，作为国家与市场之间“调和人”，行业协会在平衡国家的媒介治理和行业利益的制度化表达之间张力的过程中获得了新的功能定位和诠释空间，从而为研究处于技术和市场变化中的传媒规制问题提供了一个有价值的切入点。本文从一般性的行业组织在中国语境下出现及其在国家和社会的关系中的功能出发，尝试讨论这样的中介化组织在传媒规制中发挥的独特作用。与其他类型的组织一样，本研究中所聚焦的网络视听类行业协会通过追求政府的法定授权和委托职能，承担着一定的公共管理的职责，“嵌入”整个国家媒介治理和意识形态内容管理的框架体系之中。

从媒介规制的角度看，协会在国家和市场二元治理机构中的“嵌入”具有多重意义。一方面，协会的自主能动范围的扩展需求与日益多元化的行业利益主体形成对应关系，对于其主管机构在“九龙治水”式的竞合式治理模态中加强其自身管理权有着积极的促进作用，同时也有利于国家在日益复杂的市场经济环境下推进政府管理职能转变、提高管理效率和降低治理成本。另一方面，在涉及意识形态安全和内容审核等职能时，政府亦可以通过协会的角色实践相对抽离于具体的事务，从而创造性地生产出政府治理的一个“缓冲空间”，社会组织等中介化机构，作为合作者来完成诸多原先由政府单独完成的功能和任务，使得政府转而可以从一个更有利的位置出发，缓解了传统的官方行政系统主导的行业治理模式与新媒体条件下新的视听产业态势之间难以避免的不相适应问题。

与此同时，协会并不总是消极应对和满足国家制度限制所施加的诸种要求，而是一种能对环境的复杂性做出能动性反应的调适性系统。

在本研究中，尽管C协会从诞生之初就被嵌入政府所给定的角色和职能之中，但其依然总是不断地尝试通过与市场主体和政府机构的互动，尽力地拓展自己的能动空间。这与传统上将协会或简化为国家机构的延伸、或视为商业结构的集体利益代表的二分法所不同，更加强调协会自身作为主体在拓展其职能和行动框架方面的能动性。这样的拓展既符合主管政府机构的管理权力声明的隐性目的，同时可以暗合协会组织对于社会网络和社会资本拓展的机构和个体需求，也能够为不同的多元市场主体提供具有下情上达的“上宣”[①]渠道和协商空间，因此在多种因素的综合作用下，协会在国家和市场的二元结构中获得了全新的功能和角色定位。可以说，协会行动框架的能动性空间的大小，既说明了国家/市场之间存在制度性罅隙，也代表二者之间耦合空间的弹性尺度。

与其他的行业协会或商会研究丰硕的成果相比，学术界对传媒领域行业协会的研究不多。而本文所研究的“协会”复杂性和丰富性超出了新闻类或记者类传媒协会所能涵盖的范畴，涵盖了娱乐、创意和大众文化实践领域产业，在这些不同的文化实践领域，国家和市场等“异质”性的主体遵循着不同的行动逻辑，无论是国家的治理策略，还是行业行动者的反应策略，作为中介机制的行业组织的出现及其调和功能的发挥，提供了不同的机会和空间，从而能够在国家行政权力和资本化新媒体视听产业主体之间发挥中介性调适作用。在国家和行业中介关系中，既沿袭了传统上行政权力机构上传下达的纵向关系，创造出意识形态管理的修辞和缓冲区，给主管机构更大的空间去调适自身、社会和产业的关系，同时在利益调适角色关系中则夹杂了人际关系或准私人关系，更多地通过横向关系中的磨合和协商，成为政策制定过程中的自下而上的发声渠道，并且通过行业荣誉机制的生产和执行，赋予相关参与者以科层体制内的荣誉资本和社会资本。尽管行业协会在平衡国家的媒介治理和行业利益的制度化表达之间张力的过程中获得了新的功能定位和诠释空间，但无论是在嵌入、调适还是加

① 受访者语，意思是商业性网络平台向行业主管部门进行“宣传”。

冕的结构功能性实践中，协会也承担着结构性压力。这样的压力源自主管的政府机构、行业主体、协会自身对于协会的身份职能想象存在的结构与制度性错位。同时，这样的压力不仅仅是关于内容治理的刚性边界与行业组织柔性“调和”空间的对撞，更意味着国家和市场在新兴网络内容行业的规制迭代过程中的制度性磨合。

颠覆性创新：大型传统媒体的融媒转型*

朱鸿军**

摘要 自2013年延续至今的这场媒体融合实质上是传统媒体迭代转型为新兴媒体的融合。鉴于传统媒体与新兴媒体的质性差异和传统媒体的融媒转型遭遇着结构性困境，我国传统媒体的融媒体建设必须走一条颠覆性创新之路。大型传统媒体的融媒转型，在身份定位、目标群体、内容风格、载体升级、技术使用、资本运营、管理制度、商业模式、政府规制和媒体角色等十大领域，都应展开颠覆性创新。

关键词 颠覆性创新；媒介融合；融媒体

媒体融合是传统媒体与新兴媒体的融合，是两种存在本质差异的媒体之间的融合，如何成功实现该融合，学界将创新列为关键影响元素。有学者强调，媒体融合应借助新媒体技术创新内容表现形式①，中央厨房要实现策、采、编、发的“自我革命”②，也有学者呼吁融媒中传媒应展开商业革命和关系重构③，从“内容”转型为“产品”④，

---

* 本文原刊于《现代传播》2019年第8期。

** 朱鸿军，中国社会科学院大学新闻传播学院教授，中国社会科学院新闻与传播研究所研究员。

① Gynnild, A., “The Robot Eye Witness”, *Digital Journalism*, Vol. 2, No. 3, 2014, pp. 334 – 343.

② 卢新宁：《“内容+”将成为媒体融合关键词》，微信公号“人民日报评论”，2017年8月19日。

③ 喻国明：《媒介转型是一场革命——互联网时代传媒发展的进路与运营关键》，《西部广播电视》2015年第22期。

④ 彭兰：《“内容”转型为“产品”的三条线索》，《编辑之友》2015年第4期。

进而增强“用户黏性”[①]。有研究者认为，创新作为推动媒体融合深入的重要力量，陈旧机制的禁锢是阻碍众多地方媒体融合进程的重要原因，媒体融合必须做到机制创新，实现传媒制度的现代化[②]。既有文献更多是从技术层面或具体操作层面谈媒体融合的创新，却未提及媒体融合创新的性质、类别、侧重、方向等方面的问题。这些问题的解决，恰恰正是我国媒体融合创新实践所急需的深层理据。本文并不想对这些问题展开全面研究，只想着重谈当下我国媒体融合最基础、最重要、最核心的创新的性质，或者说媒体融合底色创新的应然状态是怎样。借鉴哈佛商学院著名教授克莱顿·克里斯坦森的颠覆性创新理论，本文认为我国媒体融合应该走颠覆性创新之路。基于这样的判断，结合笔者长期的融媒调研，本文以大型传统媒体的媒体融合为分析对象，提出了我国媒体融合颠覆性创新的基干领域及各领域创新的主导方向。

一 颠覆性创新的理据：传统媒体迭代升级为新兴媒体

依照克里斯坦森的颠覆性创新理论，创新可分为持续性创新与颠覆性创新。前者是指面对技术变革，原先处于市场竞争优势地位的建制化大型机构往往在技术创新和商业变革方面缺乏动力，一味追求现有产品质量的提高和对高端市场的满足，这类努力可以被称为“持续性创新”。所谓颠覆性创新是指新的市场颠覆者通过定位被主流市场忽略的低端客户或需求未被满足的客户，发掘真实的市场需求，并搭建全新的价值网络，往往能逐渐实现对市场份额的占据，甚至是对建制化大企业的颠覆，这也就是常被提及的“颠覆性创新”。[③] 具体而言，颠覆性创新包括三种形态，即颠覆性技术创新、颠覆性产品创新

① 孙玮：《融媒体生产——感官重组与知觉再造》，《新闻记者》2019 年第 3 期。

② 朱鸿军、农涛：《媒体融合的关键：传媒制度的现代化》，《现代传播》（中国传媒大学学报）2015 年第 7 期。

③ ［美］克莱顿·克里斯坦森：《创新者的窘境：大公司面对突破性技术时引发的失败》，胡建桥译，中信出版社 2010 年版。

和颠覆性商业模式创新。[①] 其中，前两种形态更关注从技术维度对已有建制化企业的颠覆，第三种形态则强调从商业和运营的角度实现对已有大企业的颠覆。[②]

理论上讲，媒体融合应是传统媒体和新兴媒体之间的互动融合，然而，自2013年习近平总书记“8·19”讲话至今的这场已上升为强大国家意志行为的媒体融合，无论是从国家层面融媒顶层设计的目标主体对象是传统媒体，还是融媒实践的执行主体依然是传统媒体上看，其在本质上更多是一场传统媒体迭代升级为新兴媒体的融合。[③]

国家层面之所以如此急切期待传统媒体升级为新兴媒体，主要原因在于：第一，体制外商业新兴媒体市场份额占比过高，这种格局大大打乱了国家对媒体在整个国家治理中的性质定位；第二，传统媒体办新兴媒体更能对接国家对媒体功能的期待；第三，扶持传统媒体升级为新兴媒体更加有利于传媒领域的稳定。既然这场融媒被界定为传统媒体迭代升级为新兴媒体的融合，这就决定了以颠覆性创新为底色，创新成为传统媒体融媒从“相加”到“相融”纵深发展的必然选择，具体原因如下。

首先，新兴媒体与传统媒体相比，存有本质上的不同。以技术决定论的视角，导致两者存在质性不同的原因是，新兴媒体有着大量具有革命性意义的底层技术，如分组交换技术，这种遇到信息障碍能自动绕开、继续传播的技术，使得新兴媒体拥有了传统媒体不可能具备的自由互动功能，打破了传统媒体的“中心化传播”模式，媒体被“窄化”为“大众媒体”的时代结束，“人人皆媒”的时代来临。更重要的是，与传统媒体技术相比，新兴媒体技术有着强大的更新迭代能力，如新近出现的AR、VR、人工智能技术、5G技术、区块链技术、

---

① Markides, C., “Disruptive Innovation: In Need of Better Theory”, *Journal of Product Innovation Management*, Vol. 23, No. 1, 2006, pp. 19 – 25.

② 曾繁旭、王宇琦：《重新定义传媒业的创新：持续性传媒创新与颠覆性传媒创新》，《新闻与传播研究》2019年第2期。

③ 朱鸿军：《走出结构性困境：媒体融合深层次路径探寻的一种思路》，《新闻记者》2019年第3期。

物联网技术等，这些新兴技术时常是对原有技术的重大推进甚至是颠覆性创新。为此，因由新兴媒体底层技术的革命性差异而带来了与传统媒体的本质不同，自然会驱使试图迭代为新兴媒体的传统媒体在融合发展时也必然以颠覆性作为底色创新。

其次，我国传统媒体迭代升级为新兴媒体存在着结构性困境。我国传统媒体自 20 世纪 90 年代中期便开始了媒体融合之路，如人民日报社 1997 年创办了人民网，同年新华网成立，2000 年光明网和央视网被推出。与之对比，体制外商业新兴媒体也是在同期先后出现，1997 年的网易公司，1998 年的搜狐、新浪和腾讯，1999 年的淘宝，2000 年的百度等。可是为何二十多年后传统媒体的新媒体业务水平与体制外商业新兴媒体相差如此之大？因素很多，传统媒体所存在的结构性困境则是根源性拖累。综合来看，这些结构性困境有落后媒体身份、陈旧内外制度和既有新兴媒体市场格局阻隔等。以组织社会学的视角来看，个体、组织和国家都处在一定的结构或系统中，对于个体、组织和国家而言，要想走出所处结构或系统存在的结构困境，就必然需要进行革命性或颠覆创新。传统媒体的媒体融合同样也如此，要摆脱目前所处的结构性困境，也应展开颠覆性创新。

二　传统媒体融媒转型推进颠覆性创新的基干领域

媒体融合关涉媒体活动的所有方面，媒体融合创新也涉及媒体活动的全领域，但并不意味着所有领域都需要进行颠覆性创新，在大量媒体细节环节，如文章写作、影片拍摄、节目制作等领域都需要持续性创新。基于一线的实际状况，我国传统媒体，尤其是试图成为新兴媒体市场中“头部媒体”的大型传统媒体，在媒体融合发展中应展开颠覆性创新的基干领域，至少包括以下十大方面。

（一）身份定位：从传统媒体到新兴媒体

传统媒体作为落后媒体的身份已成为事实或部分的事实，从长远来看，迭代为新兴媒体将成为必然的趋势。在融媒发展中，越来越多的证据表明，传统媒体的身份更多是作为一种结构性障碍而存在。以传统媒体的标准和规制来衡量融媒，从而把融媒体仅仅视为一种新的手段或形式，这种思维方式不利于融媒发展。[①] 按照穆尔的说法，数字媒体尚处在寻找自己表达的“独特语法”，如若传统媒体的固有一切，总是满满充塞着每个人的头脑，成为不可变易的尺度时，就不知不觉堵塞了新的可能，成为创造的阻力，抑制了应有的想象力和反思能力，甚至有可能混淆了“融媒体”与传统媒体在传播实践上的根本区别。[②] 为此，对于当前正在展开融媒的传统媒体而言，应该当机立断，尽早抛弃传统媒体的身份，依照市场上成功新兴媒体的标准来改造自身，在战略规划和人、财、物等资源配置上高度倾向于新兴媒体，将新兴媒体作为主业来发展，逐步将传统媒体降为副业。

（二）目标群体：从受众到用户

受众是观众、听众与读者的统称，也是传统媒体的目标消费群体。从“受众”概念意义所指来看，一是该群体的消费需求是信息，二是该群体在信息传播链条中处于被动地位。“用户”最先属于消费学概念，实践中计算机 IT 行业较早将其引入，用来指代网络软件服务的体验应用者。Web2.0 时代，软件应用开发设计不再是专业从业人员的专利，一些长期接触网络，具有一定网络知识和创新能力的网民开始借助互联网平台开发软件，逐渐在计算机网络世界中，以用户体验为核心，重视用户参与和互动的创新 2.0 模式逐步成为主流。[③] 总的来看，“用户”概念强调消费者与产品提供者之间的主动性、互动性、平等性。

与“受众”相比，强调产品消费者与提供者的主动性、互动性、平等性的“用户”更符合新兴媒体市场中的消费者特质。此外，与“受众”相比，用户对产品的消费不仅仅局限于信息传播领域，如网民对微信的使用不局限于信息接收、发布，还可以进行购物、电子支付、娱乐等日常消费，而在信息爆炸的新兴媒体空间中，传统媒体简

---

① 黄旦：《试说“融媒体”——历史的视角》，《新闻记者》2019 年第 3 期。

② 黄旦：《试说“融媒体”——历史的视角》，《新闻记者》2019 年第 3 期。

③ 杨光宗、刘钰婧：《从“受众”到“用户”：历史、现实与未来》，《现代传播》（中国传媒大学学报）2017 年第 7 期。

单依靠信息传播为主业来盈利的发展空间已越来越小。正因如此，越来越多的体制外大型商业新兴媒体时常仅仅是将信息传播业务作为导引消费者的入口，非信息传播的衍生品才是其最主要的盈利区域。

国内已有越来越多的一线媒体推行“受众”到“用户”的发展战略。如《羊城晚报》将“读者为本”提升到“用户为本”，并将其作为主业融媒发展的战略方向，该报副总编辑孙璇介绍道：“梳理成功互联网产品的特性，便可发现，记载和传播信息仅仅是其一大功能，除此之外，它还更趋向于具有通信、游戏、资讯、订票、购物、金融、交通、寻医等与民众日常工作生活需求密切相关的功能。我们在想，我们的理念能不能也升级下，跳出‘媒体’来看媒体，用‘产品’的理念来发展‘媒体’，将‘读物’升级为‘产品’，将我们原来服务的上帝‘读者’转变为‘用户’。”①

（三）内容风格：从精英主义到平民精神

传统媒体虽然倡导“人民”“民众”“百姓”等是内容产制和传播的最重要服务对象，但私利驱动、认知局限以及受众话语弱势等使得这样的倡导很难真正落地。传播什么内容、什么内容重要、是非如何评判、内容怎样表达等的主导权皆由媒体掌控。内容领域的“精英主义”事实上在传统媒体中长期存在，从而也成为人民日益增长的媒体内容需求和媒体内容供给能力不足矛盾产生的根源性因素。

新兴媒体逐步普及后，互联网的平民精神使得“人人皆是媒体人”，传统由职业媒体人牢牢垄断“媒体话语权”的格局被打破，更好“传达民声，为民服务”的媒体出现的概率大大提升，人民群众日益增长的“反映自己心声”的媒体内容需求得到较大程度的满足。这也正是广大民众逐步抛弃传统媒体、青睐新兴媒体最重要的原因之一。传统媒体在融媒转型中也应将这种“平民精神”输入血液之中，产制和传播内容时，走下高高在上的精英神坛，抛弃传统媒体时代的“八股文”、“日报体”和“播音腔”，站在广大网民的视角来选择、制作

---

① 朱鸿军、马立明、蒋铮：《从读者到用户：“羊晚”的主业融媒尝试》，《中国传媒科技》2017 年第 7 期。

和传播内容，与此同时，尽可能提供让广大网民参与内容制作、分享的平台。

（四）载体升级：从数字嫁接到特色自主平台建设

众所周知，与新兴媒体相比，载体落后是传统媒体最大的短板。嫁接数字技术实现载体的数字化，是广大传统媒体最常用的解决路径，这种路径有其一定的合理性，但存在的局限很明显：一是主体内容更多从自有传统媒体上移植过来；二是特色不明，可替代性强，如各传统媒体的新闻客户端，与之对比，成功的商业新兴媒体的平台都有着自身的独特性；三是部分载体的自主性不强，如“微博”“微信公众号”在很大程度上是“在他人灶台上生火做饭”。为此，传统媒体融媒建设中在载体的新媒体升级方面应着重“特色”和“自主”发力。“特色”可以是技术上的特色，如今日头条的智能推送技术；也可以是传播内容的特色，如财新致力于原创的财经内容、蜻蜓 FM 深耕在线音频；也可以是商业模式的独特，如财新在推行“新闻付费”等。“自主”即强调一定要有平台的自主权，具有平台建设、更新和撤销的自主性。

（五）技术使用：从技术跟风到高新技术原创

目前技术是传统媒体融媒转型的一大痛点。现今大多数传统媒体解决该痛点的最常见路径是技术外包。然而，核心高新技术是买不来或买不起的，该路径所导致的后果是传统媒体的融媒技术水平总体处于跟风追随的低层级状态，进而也引发传统媒体在发展新兴媒体业务时各环节总处于慢一个甚至好几个节拍的链式反应。

原创高新技术是新兴媒体市场竞争中的最重要砝码。历史上有一批小型新兴媒体依托独有的高新技术而逐步成长为业界巨无霸，如微软、苹果、Facebook、Twitter、腾讯、谷歌等。现今的大型商业新兴媒体更是概莫能外地极其重视研发高新技术，有的还成立世界水平规模的研究院，2017 年阿里成立了全球研究院——达摩院，召集全球顶尖人才，专门研究未来科技。

成为新兴媒体是升级转型的目标，大型商业新兴媒体也是最危险的竞争对手，为此，传统媒体融合转型要在新兴媒体市场中同样高度重视高新技术的原创。当然，当前的传统媒体发力方面遭遇诸多困难，但一方面应在战略布局上给予充分的重视，另一方面也可采用诸如与技术公司成立合资公司、与高校科研机构共同成立研究院等借助外力的方式。调研发现，舜网作为全国第二家上市新闻网站做出了探索，2010 年以来，舜网与山东大学等多所高校科研机构合作共建了全省首家传媒技术研究中心，成立了软件研究院，研发了众多原创高新技术，成为同行中出色的高新技术传媒企业。如今，各地宣传部与高校共建新闻学院已建制化，将媒体和高校相关技术研究院系的合作也纳入该制度中，为传统媒体融媒建设的高新技术原创提供智力支持。

（六）资本运营：从体制内筹资为主到风控下的现代资本运营

资本是媒体融合的血液。然而，筹集巨量资本同样也是广大传统媒体融媒建设中遇到的痛点。改革开放后较长一段时间里，我国对传媒资本性质有着严格限制，自有累积的资金、银行的贷款、政府财政有限度的补助等体制内资金是传统媒体的资本主要来源。20 世纪 90 年代中后期，为防范加入 WTO 后国际传媒巨头的压倒性竞争风险，“造大船”集团化成为传媒的主流使命，由此，兼并、重组而带来的资本整合、经营性业务上市带来的资金引入开始成为传媒的辅助筹资方式。

21 世纪初，我国正式加入 WTO 后，为解决集团传媒“大而不强”、“大船更多是小舢板拼接”和广大传媒单位“小而弱”的问题，国家层面试图通过“传媒市场化”这一促使传媒变强的关键变量来寻找路径突破口，“转企改制”成为主导声音。“事转企”为经营性传媒单位采取进取型市场资本运营提供了适格身份，“兼并、重组”对象由传媒领域拓展到了资金蓄存量更大的发行、印刷、地产、酒店、旅游等领域，此外，不仅经营性业务可以上市，包括内容业务在内的整体上市也被允许，在资金层面，传统媒体迎来了它的“黄金十年”。[①] 然而，即便如此，在传媒的核心业务——内容领域，体制外资金的进入并未把口缩小。

① 唐绪军、崔保国：《中国报业四十年的改革发展之路》，《中国报业》2018 年第 13 期。

最近六七年，传统媒体迎来了行业性的不景气，报业、电视两大传统媒体的关键性指标出现大幅下滑，一些传媒的主营业务——媒体业务时常成了拖累性资产。在媒体融合成为发展战略必选项的背景下，为解决巨量资金缺口，少量传统媒体如浙江日报报业集团、青岛日报报业集团做出了不同程度的资本运营创新，但广大传统媒体依然基本延续了“黄金十年”期的资金筹集做法，离现代资本运营相去甚远，突出表现为：一是外资、民营等体制外资本进入依然限制很严；二是股权投资、创业投资、风险投资等符合新兴媒体成长规律的资本运作手段很少被使用；三是资本价值评估过于保守，如对于一项不盈利但成长性较好的项目依照惯性评估标准很难被投资。并且，与“黄金十年”相比，从某种程度上讲，资本的向内性（体制内资金为主）趋强，如政府财政支持媒体融合成为强音并被较大范围内采纳。此外，资金的使用受限太多，如受制于管理行政事业单位的财经纪律约束。

长期以来，国家之所以对传媒资本身份持有谨慎态度，强调以体制内筹资为主，主要是考虑到体制外资本对媒体内容安全的威胁，“资本的逐利性使得其易在媒体内容中渗透资方意志，束缚或制约所介入的媒体，媒体独立性遭到破坏的同时，也在一定程度上对公共舆论的导向产生潜在威胁”①，“资本逻辑的运作空间明显高于媒体逻辑，在博弈中，资本逻辑渐渐凌驾于媒体逻辑之上”②。这样的制度安排在特定历史阶段有其合理性，但在“做大做强”已作为传媒的最大政治、“不占领市场就谈不上意识形态安全”和“媒体融合急需资本动力”的当下，则需要革命性的创新。首先，应消除对体制外资本天生不安全的偏见，人格化程度较强的体制外资本更强调资金的安全性；其次，对于体制外资本潜存的风险，完全可以通过宏观层面相关法律制度完善、建立国家传媒投资资金和微观层面引入“国有控股”“特殊管理股”等来加以防范。

---

① 高振峰：《外资控股互联网企业对网络舆情的影响》，《电子商务》2011 年第 12 期。

② 张建明：《外资传媒进入对中国传媒业的影响及对策研究》，硕士学位论文，湖南大学，2011 年。

（七）管理制度：从“改制不彻底”到现代企业制度

在事业型传媒和经营型传媒两分开的前提下，着重对经营型传媒进行转企改制是21世纪初实行的传媒市场化改制的重中之重，也被视为从微观层面释放传媒生产潜能的根本出路之一。之所以强调“转企改制”，当时的主要动因是，只有取得了企业的身份，经营性传媒才能成为市场经济的适格主体。但是，现今看，“一方面依然有大量经营性传媒没有转企改制，依然是‘事业身份，企业化管理’；另一方面，已经转企的传媒单位改制不到位，不彻底，在一定程度上只是事业单位的‘翻牌公司’，完全谈不上是现代企业”[①]。更有甚者，在行业不景气甚至陷入生死存亡的境地下，“传统媒体的事业单位身份回归”成为一种声音，并被部分落实，如2019年2月山东全省95家县级台均已确定为公益二类以上事业单位。[②] 理论和大量经验早已证明，“事业单位”和“改制的不彻底”是传统媒体做不大、做不强的痼疾，而且极不利于新兴媒体业务的成长。[③] 绝大部分的新兴媒体产品属于类日常消费品，生产经营这类产品的最有效企业管理制度是现代企业制度。梳理国内外成功的大型新兴媒体企业，也都无一例外地采用现代企业制度。

（八）商业模式：从“一、二次售卖”到“平台经济”为主

所谓“一次售卖”是指传媒产品的成本和收益在一次交易中就能获取的售卖，图书、音像等主要采用这种商业模式。所谓“二次售卖”是传媒产品在第一次交易中以免费或低于成本价的方式出售给消费者，然后将消费者的时间（或注意力）卖给广告商或广告主进而获取成本和收益的售卖，报纸、广播、电视等主要采用这样的商业模式。在媒体融合中，一些传统媒体继续通过这两种商业模式来打造自身的

---

① 朱鸿军：《走出结构性困境：媒体融合深层次路径探寻的一种思路》，《新闻记者》2019年第3期。

② 《山东95家县级台确定为公益二类以上事业单位》，齐鲁网，2019年2月21日，http：//sd. sina. com. cn/news/2019－02－21/detail-ihqfskcp7279430. shtml。

③ 朱鸿军、农涛：《媒体融合的关键：传媒制度的现代化》，《现代传播》（中国传媒大学学报）2015年第7期。

融媒产品，前一种模式下的融媒产品，如财新网推出的新闻付费，后一种模式下的融媒产品，如诸多传统媒体办的网站、微博公号、微信公号等。

从当前新兴媒体市场的发展态势来看，传统媒体依靠前一种模式打造的融媒产品还有着一定的市场竞争优势。传统媒体有着数量庞大的存量和增量的高质量内容，在线付费内容市场中，这样的内容具有成为受欢迎付费产品的特质。但若进一步分析便可发现，传统媒体中的大量高质量内容很难成为付费产品，如产制的巨量时事新闻和海量的存量内容因为没有获取作者的信息网络传播权授权而不能被网络使用。此外，在新兴媒体市场版权秩序还处于剧烈调整期的状态下，这类融媒产品很容易被侵权盗版。

与“一次售卖”模式下的融媒产品相比，“二次售卖”模式下的融媒产品盈利空间则越来越小。新兴媒体市场中，广告商或广告主大多被分流至大型商业新兴媒体平台，传统媒体开办的融媒产品，一是很难引来广告，二是即使招来少量广告，但是其中有相当部分的收益被通信运营商、系统运营商和体制外大型新兴媒体商瓜分，余下来所得很难让自身盈利。这也就是为什么大量融媒产品虽然获得了大量的用户或粉丝，但却不盈利的重要原因。

与“一次售卖”和“二次售卖”经营模式相比，“平台经济”是当前新兴媒体市场的主流商业模式。2014 年的诺贝尔经济学奖颁给了让·梯若尔，以表彰他的若干重要成就，包括他在平台经济理论方面的先驱性贡献。① 平台经济是一种将两个或者更多个相互独立的团体以共赢的方式连通起来的商业模式，② 它是对传统商业模式的颠覆性创新。传统商业模式认为，如果低于成本价销售产品，就永远不可能盈利。然而，在平台经济学看来，即使不向消费者收取任何费用，反

① ［美］戴维·S. 埃文斯、［美］理查德·施马兰奇：《连接：多边平台经济学》，张昕译，中信出版集团 2018 年版，第 13 页。

② ［美］亚历克斯·莫塞德、［美］尼古拉斯·L. 约翰逊：《平台垄断——主导 21 世纪经济的力量》，杨菲译，机械工业出版社 2018 年版，第Ⅺ页。

而向他们支付费用，理论上也可以盈利。[①] 传统商业模式更多地关注市场交易中大企业和主要需求者的行为变化，中小市场参与者的交易需求（市场中的“长尾市场”），由于信息获取成本过高而往往被忽视。平台经济学正是这样一类旨在将隐藏在“长尾市场”中的潜在需求充分挖掘出来的新经济形态。[②]

平台经济是世界上绝大多数新兴媒体公司成功的关键。2018 年，世界上市值最高的 10 家公司，互联网公司有 7 家，苹果、谷歌、微软、亚马逊、Facebook、腾讯、阿里巴巴。这 7 家公司全部采用了平台经济商业模式。[③] 同样在 2015 年全球市值最高的 10 家创业公司中，有 7 家公司采用这种模式，如优步、爱彼迎、Snapchat、Flipkart、滴滴出行、Pinterest 和 Dropbox。[④]

“一网两微一端”是现今传统媒体的四大融媒产品。“一网两微”依然走的是“二次售卖”模式，目前这类产品基本处于“赔钱赚吆喝”的境地。目前的“一端”（新闻客户端）有采用“平台经济”商业模式的雏形，但离成功商业平台所具备的特质还有较大差距。[⑤]

（九）政府规制：从行政管理到市场经济的宏观调控

审批制、主管主办制、属地管理制、行业管理制构成了我国规制

---

① ［美］戴维·S. 埃文斯、［美］理查德·施马兰奇：《连接：多边平台经济学》，张昕译，中信出版集团 2018 年版，第 13 页。

② 李凌：《平台经济发展与政府管制模式变革》，《经济学家》2015 年第 7 期。

③ Pricewaterhouse Coopers，Global Top100 Companies by Market Capitalization，March 31，2018，htttp：//www. pwc. com/gx/en/auditservices/capital-market/publications/assets/document/pwc-global-top-100-marchupdate. pdf.

④ CB Insights，The Unicorn List：Current Private Companies Valued at $ 1 Billion and Above，https：//www. cbinsights. com/research-unicorn-companies.

⑤ 依照平台经济理论，减少平台参与者之间交易的阻力是否较大和能否让双边或多边参与者数量达到关键规模，这是平台是否成功的两大核心参数。为让参与者达到关键规模，平台提供商通常的做法为：一是让双边或多边参与者可以自由进入平台并可充分互动，二是以免费和补贴方式激励参与者。以此观之，现有新闻客户端主打业务是新闻，但是网络空间一般新闻正处于“廉价”状态，它减少新闻产制者和消费者间交易的阻力并不大。此外，现有新闻客户端大多处于封闭状态，普通的新闻产制者并不能自主上传新闻并与新闻消费者自由互动，这很难让新闻生产者和消费者达到关键规模。

传统媒体的主体制度，它主要延续了苏联计划经济思想指导下的对传媒进行行政管理为主的做法。该制度设计的逻辑起点是，传媒是事业单位，为此，国家应该按照事业单位的特性对传媒进行行政管理。这种规制对传媒单位进行从出生到死亡、大事到小事的全时、全范围的管理，同时使得整个传媒市场处于条块分割的状态。研究表明，该制度不仅是阻碍传统媒体做大做强的痼疾，更已严重制约了媒体融合的顺利进行。[①] 新兴媒体是传统媒体迭代转型的目标对象。以强调开放、自由、平等为核心文化基因的新兴媒体与市场经济天然契合。业内的共识是，中国互联网业之所以能在短短二十多年的时间里发展如此之快，令整个世界都刮目相看，最重要的原因之一在于走的是市场化道路。国外互联网产业发达的国家也无一例外地将市场经济作为互联网发展的基础资源配置方式。为此，中国融媒发展也应坚持走市场化道路，政府规制应从行政管理为主转向市场经济的宏观调控，逐步建立以经济、法律等市场手段为主，以行政手段为辅的传媒规制体系。

（十）媒体角色：从“耳目喉舌”到“以耳目喉舌为主的多功能服务提供者”

“党和人民的耳目喉舌”一直是我国对媒体的最重要角色定位。然而，传媒及其上级主管部门等各级信息中介环节的自身私利、认知局限、外在压力等因素，易让这种期待很难达到理想状态。也正因如此，国家层面出现了对传媒的“我是谁”“为了谁”“服务谁”的强调和“三贴近”“走转改”的行业推动。也正因如此，在现实领域出现“传媒是为人民说话，还是为党说话”的杂音和“传媒不接地气”的不满。如何弥补这些不足，过往的经验是媒介的自律和外在的制度监督是主导途径，但依然无法摆脱中介必然过滤而带来误伤的结构性困境。颠覆性创新后的融媒，为走出这种困境提供了可能，信息产制传播者可与受众对接，党和政府能与人民直接对话，媒介的“党和人民的耳目喉舌”角色扮演能更加本色。这样的进步有助于党和政府“无

---

① 朱鸿军、农涛：《媒体融合的关键：传媒制度的现代化》，《现代传播》（中国传媒大学学报）2015 年第 7 期。

信息损减”地了解一线民众心声，同时也有助于广大民众“无信息损减”地获悉党和政府的决策，并有助于党和政府更好地接受民众的舆论监督。为此，在媒体融合中，“党和人民的耳目喉舌”依然是传媒的最重要功能。

此外，通过实践调研，我们发现，经过融媒后的媒体正越来越成为“党和人民的多功能服务提供者”。如济南日报报业集团的舜网、青岛日报报业集团的青岛新闻网等围绕成为“地方政府的 PR（公共关系）”做文章，承接了大量地方各政府部门的新媒体运营业务。南方日报报业集团正在朝“媒体智库”转型，2014 年推出的“南方舆情”，专注于成为“治理现代化”领域最权威、最具影响力的复合型智库。[①] 据悉，该融媒产品是该集团唯一一项当年投入当年就有收益的新兴媒体项目，经过 4 年的发展，其社会效益和经济效益持续保持出色状态。2011 年苏州广播电视总台（集团）在全国率先利用城市各民生数据库，打造融媒产品——“无线苏州”。该款 App 致力于成为“市民日常生活服务的小帮手”，客户端上不仅有“融媒资讯整合宣传平台”，借助该平台市民还可以交水电费，查询违章记录、公积金、社保，预约挂号等，截至 2016 年底，经营总收入已超 3700 万元，并被国家新闻出版广电总局确定为“最具创新价值移动综合运营平台”[②]。

“党和人民的耳目喉舌”是基于传统媒体环境下主要围绕新闻业务而展开的传媒角色定位。在新兴媒体市场中，围绕新闻业务盈利的经营模式的经济效用在衰减，体制外大型新兴媒体商已很少将新闻作为主营业务，因为做新闻不挣钱。[③] 然而，基于传媒扮演“党和人民的耳目喉舌”角色的重要性，新闻业务即使亏钱，媒体融合中传媒也必须将其作为主业。那么传媒如何创收，进而为新闻业高质量完成提供经济基础，围绕成为“党和人民的多功能服务提供者”开发融媒产

---

① 《南方舆情数据研究院：打造数据治理与精准服务新型智库》，http：//www. dgnmg. com/meitiziyuan/211. html，访问日期：2018 年 7 月 10 日。

② 《无线苏州荣获中国传媒界“奥斯卡”大奖》，http：//www. sohu. com/a/123747426_349646，访问日期：2017 年 1 月 8 日。

③ 胡翼青：《走在媒介融合的十字路口》，《城市党报研究》2018 年第 9 期。

品是条出路。

三 结语

自2013年习近平总书记“8·19”讲话以来，媒体融合已毫无疑问成为重大的国家意志行为。依照中央一系列有关媒体融合的指导精神来看，媒体融合是必须推进且必须成功的。习近平总书记指示过：“过不了互联网这一关，就过不了长期执政这一关”。实现媒体成功融合，让体制内新兴媒体快速成长为真正意义上的主流媒体，正是中国共产党过好互联网这关、赢得长期执政的重要举措。如何让这一重要举措得以顺利完成，创新是关键影响因素。基缘于新旧媒体间强大异质性和传统媒体融媒转型中的结构性困境，这场媒体融合底色创新或主基调创新是颠覆性创新。对于传统媒体而言，媒体融合中，颠覆性创新作为底色创新的基干领域体现在身份定位、目标群体、内容、载体、技术、资本、管理、商业模式、政府规制、媒体角色等方面。须交代的是，本文提出我国媒体融合底色创新身份特质是颠覆性的，并非否认持续性创新，媒体融合诸多细节环节，这种创新依然扮演重要角色。另外，本文提出的媒体融合为底色创新的各基干领域的创新适合于融媒中的大型传统媒体，中小型传统媒体的媒体融合应如何创新，还需另做分析。

传播力建设的最后一公里*

——县级融媒体中心建设路径

陈国权　付莎莎**

摘要　2018 年 8 月，全国宣传思想工作会议上习近平总书记明确指出："要扎实抓好县级融媒体中心建设，更好引导群众、服务群众。"县级媒体传播力建设进入国家舆论战略视野。本文旨在通过对县级媒体生存现状分析，厘清其自身属性，探究县级融媒体中心建设的可操作路径，并提出 4 条具体措施，以求为县级融媒体中心建设提供思路。

关键词　县级媒体；融媒体中心；传播力

党的十八大以来，以习近平同志为核心的党中央高度重视新闻舆论工作，做出一系列重大决策部署。在 2018 年 8 月 22 日结束的全国宣传思想工作会议上，习近平总书记明确指出："要扎实抓好县级融媒体中心建设，更好引导群众、服务群众。"广大县级媒体人备受鼓舞，调研中，很多县级新闻宣传战线从业者都认为，这是县级媒体发展第一次进入国家舆论战略视野，对于提升县级媒体传播力、引导力、影响力、公信力，巩固壮大县级媒体这个舆论战线"最后一公里"建设至关重要。

---

* 本文原刊于《新闻与写作》2018 年第 11 期。

** 陈国权，新华社新闻研究所主任编辑；付莎莎，重庆大学新闻学院硕士研究生。

从实际可操作性上看，由于县级各媒体体量较小，媒介形态相对较为单一，在宣传部的直接领导之下，县级融媒体中心相对于市级、省级融媒体中心，更具可行性，这也是“抓好县级融媒体中心建设”的现实依据与基础。

改革开放40年，县级媒体发展形态经历了四次较大的变革。1983年，在“四级办台”政策指导下县级广播电视台开始搭建，目前全国共有2300多家县级广播电视台，这是目前县级融媒体中心的建设主体。2003年，开始建设县级新闻网站，同时，对当时散滥的县市报进行治理整顿，只留存了51家有刊号的县市报，[①] 2012年，县级媒体开始实施“两微一端一号”媒体平台建设，从单一平台向多元平台转变。第四阶段就是2018年，正在如火如荼开展的“县级融媒体中心”建设。这是县级媒体提升“四力”，壮大主流思想舆论阵地的重要抓手。

一 体制机制变革是第一要务

从某种程度上看，“县级融媒体中心”建设是县级媒体实施彻底改革，有效提升当前舆论格局中竞争力的千载难逢的好机会。

当前，由于是传统单位，大部分县级媒体机制不活、机构臃肿、人员老化、人浮于事的问题较为突出，事业单位或者参公事业单位的性质也影响了县级媒体活力的发挥与竞争力的提升。此前“先行先试”，也有一些县级媒体在原来新闻中心或者广电基础上成立了“融媒体中心”类的机构，但是在原有运行机制的基础上，往往只是简单地让新闻中心、电视台等媒体宣传部门“合署办公”，甚至只是简单挂牌成立了“融媒体中心”，并没有裁撤相关机构从而形成统一的领导班子，缺少有正式“番号”的机构来部署工作，体制复杂而受制众多，管理难度大。

另一方面，在“事业单位，企业化管理”模式下，新闻逐利现象频频显露，广告主占据信息高地，媒体在盈利压力和新闻内容中难以

① 陈国权：《县市报整顿十年观察》，《中国记者》2013年第3期。

兼顾，新闻质量普遍下降。媒体融合便在新闻无力、经济缺乏双重问题之下走入僵局，以至于当下许多媒体融合成为甩包袱的“面子工程”，缺乏可行性和长期发展的能力。

县级媒体中的新媒体平台人员普遍是兼职，缺乏编制和有效的管理，难以达到模式化、规范化的运作。新媒体平台工作人员年龄偏大，缺乏对新事物的新鲜视角，而当前的人才绩效、激励机制也缺乏创新性，难以激发工作人员的工作热情。

面对当前媒体融合出现的各种体制机制问题，急需通过打乱、重新定位、排序的方法，从组织架构、薪酬改革、人员转型、事企分开四个方面出发，重建融媒体中心运行机制，通过新的体制机制和运作模式，焕发融媒体中心活力，并使新的改革模式稳定下来。

江西分宜县建成融合平台“全媒体中心”，其新成立的分宜县全媒体中心下辖办公室、总编室、新闻采访部、编辑制作部、技术部5个职能部门，拥有事业编制40名。分宜县全媒体中心推行“一岗双责”制，以岗定薪、同工同酬的模式下，推动了产品创新，形成了新的传播链条，开发利用县级融媒体中心新的价值，促使分宜县走上了新高速发展的信息之路。

云南大关县新闻中心则拥有29个编制，包含县委外宣办、政府新闻办、网信办三大职能职责。该融媒体中心负责县委政府新闻发布、上级媒体采访接洽、全县对外宣传、网络舆情监测、县委政府专题汇报片制作等工作，工作繁重而复杂，融媒体中心能最大限度地为当地舆论宣传工作服务。

有良好的运行机制的同时，需要与之匹配的考核制度，传统的单方面考核已然不符合当下市场需求，双向考核应提上日程。双向考核制度要求媒体和市场共同进行评定，不能取稿时挑肥拣瘦，要形成一种“好稿高价、劣稿低价”的内部内容市场机制，以激活供需双方的生产积极性与内容节约意识，在该模式下连接了内外双方的沟通桥梁，对内容的要求大为增强，为融媒体中心建设注入活力。

通过体制机制多方位的改革，实现资源整合、舆论引导的统一。一般情况下，原来手机报及微博由宣传部管理，政府网由县政府办管理，电视台由广电局管理；新闻中心组建后，各媒体实现统一管理。原来，全县的重大新闻，各媒体都要安排记者进行采访。新闻中心组建之前，全县对外发布信息的出口多，有时口径不统一。“融媒体中心”组建后，传统媒体和新兴媒体融为一体、相互补充、口径统一，满足了不同群体的需求，破除了县级融媒体中心建设的体制机制困境。

二 内容质量的提升路径

“融媒体中心”建设只是解决了渠道传播的可行性，并没有解决传播的必然性；读者关注的重点仍然是内容，内容的特色、可读性等因素吸引着读者，要实现传播目的，依旧需要依靠优质的内容，否则，建再多的渠道都无济于事。内容质量的提升需要内容创作者的热情和创意，需要媒体内部提供更多内容开发途径和传播路径，使内容最大限度地为媒体工作者使用。

1. 项目制

以参与人员的兴趣为导向，打破现有部门设置，实现人员“跨部门”组织。在不影响原部门、单位工作的前提下，根据个人兴趣、业务专长、资源等自由结合成内容团队，这样形成的团队更具有主动性和能动性，在项目进行过程中各人员能更好地发挥自己优势，各尽所能使项目质量得到提升。人民日报社的融媒体工作室便采取主动申报的形式，由1—2名媒体人牵头，招募其他有兴趣的同事自愿参加某一项目。目前，已开设学习大国、一本正经、麻辣财经、国策说等16个工作室，有来自15个部门近60名编辑记者参与。融媒体工作室的建立和运行极大地激发了编辑记者的内容创作热情。

2. 分层发布

融媒体中心不仅是个内容共享、节约生产成本的报道模式，更应是新闻产品生产与分发中如何实现媒介特色的个性化制造过程。《人民日报》提出了融媒体发布的“三个波次”理论——时效、全面、深度。当新闻发生后，第一步第一时间进行报道，第二步全面铺开，第三步进行深入报道分析，以使内容层层深入。分层发布在抓住新闻时效性的同时，从多角度多渠道发布，使新闻力量更为聚集，内容传播效果最大化。当前许多轰动的新闻事件，例如江歌案的信息发布便呈现出分层发布的特点，由点到面到深层次升华，由此使新闻价值最大化呈现。

3. 摆脱同质化

寻找特色和创意。同质化是融媒体中心模式下存在的很大问题，“一次采集、多次发布”的模式下，编辑记者的工作量大大增加，同一个数据库的内容被反复使用，同质化现象凸显。为应对新闻同质化，抓住新闻的特色和创意，即新闻新鲜和趣味的要求，一是在新闻线索阶段设立不同平台的选题制作标准，不同端口产品要有不同的“标配”，比如网站和客户端产品，视频是“标配”。子媒体不能完全依赖融媒体中心的素材，还应有自己的专业采访队伍。融媒体中心的产品不要看成是终极产品，而应当作新闻线索来看待。二是在考核阶段进行引导把控，如对记者，将同选题不同平台的产品进行相似度对比；对编辑，明确不同端口必须结合自身特点差异化呈现，根据结果奖优罚劣，发挥好考核“指挥棒”的作用。

三　技术的支撑路径

技术是县级融媒体中心发展的重要一环，融媒体中心“必备的”大屏展示以及其核心的高效采编发布平台，都离不开技术作为依托。当前的技术支持路径多种多样，一种是在独立运营的县级融媒体中，组织架构上县级融媒体多由县委宣传部带领，进行自主机构整合。该模式下需要政府投入大量资金，在管理上更为直接和流畅，除去了繁杂的过程。当前很多运作“融媒体中心”的县采用“自办”模式，设有统一管理各新媒体平台建设的部门或机构，对县级融媒体平台进行集约化、统一化管理。充沛的资金支撑该县融媒体中心拥有独立的技术平台，处理各项采编发布业务。

另一种是合办联盟，即资金、技术、人才资源相对较弱的县则采取“合办”模式。就近与邻县共享技术、平台资源，共同开发具有地域特色的产品内容；或是“以强带弱”，新媒体平台建设较好的县帮扶弱县共建新媒体平台，或者与上级媒体的中央厨房或融媒体中心合作。该模式下能做到资金、技术、人才的整合，合作双方营造了良好的互利共赢模式。但合办联盟的问题在于，这种资源的整合是行政的“力推”还是拥有常态化的机制。如果是行政的生拉硬扯，或者是各领导为了和谐一时“委曲求全”，那这样的资源整合模式是无法持续的。报业历史上各种联盟、合作体一般的结果是不了了之，很少有例外。

各县的融媒体中心的信息内容也可以统一提供给新闻超市，按需取稿付酬，再由新闻超市统一分发。这就解决了县级融媒体中心的供稿及分发的常态化机制问题。

安徽广播电视台是合办联盟的典型案例，在其召开的部分县市融媒体中心建设工作座谈会中，建立了“全省广播电视新媒体联盟”，会议上宣布以“海豚云”为支点，到 2020 年完成融媒体中心在安徽各县市媒体全覆盖，推动全省媒体向现代化新型传播机构转型升级，形成“县市一块屏、一地一个端、全省一朵云”的省域媒体融合立体化传播格局。另有江西日报社的“赣鄱云”，为县级融媒体中心提供平台，截至目前，已有 26 个县加入，形成了强有力的合办联盟体，更好地发挥各县优势，建设高效的融媒体中心。

第三种为托管模式。在人财物资源严重不足的偏远县级单位多采取“托管”模式。托管模式即将平台开发、后台运维等技术性工作托管给第三方新媒体平台，县级新媒体平台运营人员仅需专注于内容生产，目前已有少数县级单位进行实践。托管模式需要以大数据为抓手，通过建设融媒体数据中心，将各级数据进行汇聚，通过 PC 端采编平台进行整合，然后进行中央云处理，多平台发布。

以凡闻科技为例，将各级党政机关官网发布、内部政策文件、内部历史档案，以及全网政策相关数据进行有效融合，形成一个只属于党政机关自身的、独一无二的大数据中心，实现数据挖掘、舆情监测、决策参考等重要功能。以强大的数据作为基石，可以通过外宣推送到《人民日报》、新华社、腾讯的内容，这些平台将自动抓取县级融媒体的内容，不需要专门上报，而且采用频率、次数将会显著提高。玉门模式的成功经验也是如此，通过数据抓取形成大数据库，在平台进行资源整合制成内容进行多渠道、大范围传播。

习近平总书记还提出，“要扎实抓好县级融媒体中心建设，更好引导群众、服务群众”。县级融媒体中心建设的诉求是引导与服务，玉门市广播电视台对此进行了积极尝试。2016 年，玉门市广播电台、电视台和新闻中心三家正科级单位整合成为玉门市广播电视台。通过资源置换，获得 4 块户外 LED 大屏的信息发布权，并延伸出服务功能，增加餐饮娱乐、招聘就业、互动交流、便民服务等板块，使其具备信息发布、政务办理、在线购物、购票、订餐、生活缴费、电视节目点播、直播等 200 多项功能，打造县域融合媒体和信息集散的主流平台。玉门市广播电视台已建成了覆盖全城公共场所的免费无线 Wi-Fi；“两微一端”粉丝量接近 5 万（约占全市常住人口的 1/3）。在其成功发展的背后，依托强有力的技术平台，使其在两年间拥有了广泛的传播力和影响力。在县级融媒体中心建设中，技术显然承担了重要的使命。

四　对县级媒体的扶持路径

媒体在宣传工作中起着至关重要的作用，融媒体中心建设需要大量资金、技术、人才作为依托，在当前环境体制下县级媒体很难赚取足够资金维持自身建设发展，这就离不开各方面扶持路径为其提供物质基石，以此保障其内容生产、信息传播环节的顺畅，更好地发挥其舆论宣传工作。《中共中央关于深化党和国家机构改革的决定》中，媒体应属于“从事经营活动事业单位”与“向社会提供公益的事业单位”，针对这两类事业单位，要推进“管办分离”，“强化公益属性，破除逐利机制”。当前，媒体受到来自各方面的政策扶持，扶持是保障新闻媒体发挥自身独特作用的必然，但扶持力度仍需加大。

纵观当前各种扶持手法，主要包括六条路径。一是渠道保障：保证党媒渠道的到达、保证党媒的销售价格、财政购买党报、免费发放。二是直接补贴：目前直接财政补贴数量不均，迫切需要提高定补资金。三是购买服务：以购买形象宣传、制作新闻产品、策划活动、技术服务来扶持媒体的运作。四是减免税费：完善增值税制，降低税率、进项税额抵扣；享受低税率、有免征期，以及研发费用加计扣除；个人所得税减免。五是资源支持：包括信息资源、数据资源、政策资源、经营资源。六是项目扶持："中央厨房"类的新媒体技术改造、兴建办公大楼等。六种扶持路径各有优劣，在融媒体中心建设中多采用几项合用的方式，以此来扶持融媒体中心发展。

江西分宜县增加配足编制，使融媒体中心编制数达到40个，允许人员不足部分以聘用方式解决，在岗人数短期内翻了一番。全额拨款事业单位，县财政在保障融媒体中心财政经费的同时将融媒体软硬件建设及技术改造工程列为政府投资重点项目，安排900万元资金予以支持。云南大关县2011年融媒体中心启动时，获得50万元启动经费、50万元设备费用以及每年40万元的运行费、160万元的项目资金，共计300万元经费。

通过各项扶持政策，保障了融媒体中心的正常运作。县级融媒体中心相较于其他融媒体中心建设，起步较晚但发展前景良好，更需要各项扶持力度跟上，保障其建设进程良好有序的推进。由于县级媒体自身规模较小的原因，投资会更快得到回馈，其发展也值得期待。

在县级融媒体中心建设中，要使县级融媒体中心走公益事业单位的道路，政府出资并提供各项财政支持，保障其建设资金，同时以明确的人才制度和激励机制，激发县级融媒体中心活力；建立完善的考核制度，在给予县级融媒体中心更多自主权的同时，从传播力、影响力、引导力、公信力四方面进行考核，以考核督促县级融媒体中心建设，以更好地发挥其"最后一公里"的作用，建成建好党的舆论宣传工作"基石"。

权力流散:平台崛起与社会权力结构变迁[*]

刘金河[**]

摘要　在国家—市场—社会的社会权力结构变迁趋势里，权力不断向市场流散，互联网平台加速了这种进程。平台具有赋权属性，平台拥有者拥有权力。平台权力来源于基础设施媒介化和媒介基础设施化两大相互强化的逻辑，其最突出的社会效果是消解了国家政府权力，限缩了公民社会权力，而扩大了以私有企业为主体的市场部门的权力。在对国家政府权力的消解过程中，原本属于政府的公共权力部分转移到私营企业手中，此过程同时表现为国家内部的公共权力“私有化”和国际层面的国家主权“协商化”。经过不均衡赋权，平台成为新的社会权力中心，一种以市场—国家二元主导的新社会权力结构在线上平台社会中已经清晰可见，并将对未来社会的权力形态产生深远影响。面对越来越紧迫的挑战，数字时代急需呼唤一种新的治理精神，以应对权力转移带来的新社会结构变化。

关键词　互联网平台；平台权力；国家—市场—社会；社会权力结构

人类历史就是从部落到城市再到国家，而今天我们即将迈出

---

* 本文原刊于《探索与争鸣》2022 年第 2 期。

** 刘金河，清华大学公共管理学院博士后。

下一步：全球社群（Global Community）。[①]

——马克·扎克伯格

国家[②]毫无疑问是现代生活的一个主要构件，也被许多人认为是潜藏在惊人的时代变迁背后的推动力。[③] 采取国家中心主义立场的理论强调国家对社会的主导性，往往将国家作为一个整体，简化了其内部的力量互动进程，以至于掩盖了这种互动进程中产生的重要的社会历史结果。事实上，国家在建构社会的同时，社会也在建构国家，社会权力呈结构性动态分布。社会批评家艾尔伯特·诺克曾敏锐地指出："透过公共事务的表面，我们将发现这样一个事实：权力在国家和社会之间不断地重新调整和分布。"[④] 国际政治经济学学者苏珊·斯特兰奇进一步用"权力流散"（Power Diffusion）来描述20世纪末在世界范围内权力由国家向市场进而向非国家行为体转移的趋势。[⑤] 当下，这种权力转移正发生着深刻的变化，权力流散的进程正走向深处。

技术的发展将人类带入了平台社会时代（Platform Society Era），但也引发了全球深刻的平台垄断困境。各国政府掀起的反垄断浪潮正在汹涌而来，在面对巨型平台科技公司巨大的影响力，似乎"全世界政府联合了起来"。互联网平台（下文用"平台"简称）在当代的社会权力流散中扮演着重要的杠杆角色，是一个重要的观察技术赋权的窗口，一次从技术观察社会关系乃至社会形态变迁的历史契机。社会权力流散是一个复杂的过程，呈现出多个同时发生的进程，本文强调了互联网平台对国家权力的影响，但同时也注意到权力经由平台转移

---

① Mark Zuckerberg, "Building Global Community", February 17, 2017, https://www.facebook.com/notes/mark-zuckerberg/building-global-community/10154544292806634/.

② 国家是一个复杂且多维的概念。此处的国家是与社会所对应的，指国家政权、国家机器，是韦伯所定义的在一定领土内对暴力合法垄断的组织，英文对应的是State，区别于Country。

③ ［美］乔尔·S. 米格代尔、阿图尔·柯里、维维恩·苏：《国家权力与社会势力：第三世界的统治与变革》，郭为桂等译，江苏人民出版社2017年版，第9—10页。

④ 涂子沛：《大数据》，广西师范大学出版社2012年版，第312页。

⑤ ［英］苏珊·斯特兰奇：《权力流散：世界经济中的国家与非国家权威》，肖宏宇、耿协峰译，北京大学出版社2005年版。

到政府和社会民众，不过为了抓住主要矛盾，本文将权力从政府转移到了平台视为主要进程，分析其可能带来的变革性的社会影响。

虽然平台所承载的社会关系和社会意义需要被审慎地考察和分析，但本文拒绝持有“平台中心主义”或“平台决定论”立场，而是清醒地认识到平台作为技术的一种显现，是社会力量变迁过程的一种影响因素：作为一种私营的基础设施，平台在当代的社会权力流散中扮演着重要的杠杆角色。权力在公私主体之间的转移所引起的结构变化将给社会治理方式带来根本性变革。以平台社会为观察样本，本文尝试将国家—社会二元关系打开，从社会力量视角再看社会形成的动力因素，分析国家与其他社会力量的互动关系。这不失为一种新的尝试，在面对数字时代的复杂的新社会关系和权力结构时将会有方法论上的益处。

一 社会权力结构的变迁

社会乃是围绕着每一个社会结构所特有的支配性利益而不均衡地组织起来的[①]，由多重交叠的权力网络构成[②]。正如社会学芝加哥学派所主张的“传播创造和维持社会”[③]，也可以说“权力建构了社会”。从社会实践中可以观察到，权力关系是最基本的社会关系，甚至是最根本的社会关系。[④] 权力（power）的实质是一种力量，是一种形成支配关系的能力。权力组织起了个人、团体以及政府间的关系，权力结构是社会的基本结构。在一个社会中，权力在国家—市场—社会中所形成的力量分布就是社会权力结构。

---

① ［美］曼纽尔·卡斯特：《网络社会的崛起》，夏铸九、王志弘等译，社会科学文献出版社2001年版，第509页。

② ［英］迈克尔·曼：《社会权力的来源》（第一卷），刘北成、李少军译，上海人民出版社2015年版，第1页。

③ Sheldon Lary Belman, “The Idea of Communication in the Social Thought of the Chicago School”, Ph. D. dissertation, University of Illinois, 1975；［美］E. M. 罗杰斯：《传播学史：一种传记式的方法》，殷晓蓉译，上海译文出版社2012年版，第137—138、198页。

④ Manuel Castells, “A Sociology of Power: My Intellectual Journey”, *Annual Review of Sociology*, 2016, 42, pp. 1 – 19.

作为一种社会安排的模式，不同历史时期和不同传统中的社会必然存在不同的社会权力结构，但是国家往往占据主导地位。韦伯将国家（state）定义为某一疆域内对暴力的合法垄断的组织。[①] 马克思认为，国家是阶级统治的工具，在政治结构中处于主导地位。现代国家对社会的干预呈现出日益强化的趋势，其已经不是社会的守夜人，而是社会的管家婆。[②] 从宏观视野来看，当今世界面临的诸多问题——政治、经济、社会、文化等，很大程度上是在现代民族国家的脉络里发生的。[③]

社会作为与国家相对而存在的领域，包括那些不能与国家相混淆或者不能为国家所淹没的社会领域，[④] 米格代尔甚至主张“国家在社会之中”，国家仅仅是社会的一个组织[⑤]。在哈贝马斯的公共领域理论中，社会指一种独立于国家的“私人自治领域”，包括了私人领域和公共领域。[⑥] 私人领域是指由市场对生产过程加以调节的经济子系统，这在科恩和阿拉托的国家—经济—公民社会三分理论中被单独分为经济系统[⑦]，从组织形式角度，本文用“市场”代之。公共领域是指由各种非官方的组织或机构构成的私人有机体，往往被总结为公民社会。以私营企业为主体的市场是社会的重要力量，以公共利益为核心的公民社会是社会的有机组成，二者与国家共同组成了社会的总体。

在国家中心主义和社会中心主义的国家与社会二分视野里，市场作为一股重要力量往往被湮没在社会的范畴里。事实上，伴随资本主义的持续发展，在世界范围内，国家与市场的关系一直处于此消彼长

---

① ［德］马克斯·韦伯：《经济与社会》（第一卷），阎克文译，上海人民出版社 2010 年版，第 150 页；［德］马克斯·韦伯：《学术与政治》，王容芬译，中央编译出版社 2018 年版，第 38 页。

② 陈振明、陈炳辉：《政治学——概念、理论与方法》，中国社会科学出版社 2004 年版，第 99 页。

③ 景跃进、张小劲：《政治学原理》（第三版），中国人民大学出版社 2015 年版，第 49 页。

④ Charles Taylor, “Models of Civil Society”, *Public Culture*, 1991, 3 (1), pp. 95 – 118.

⑤ ［美］乔尔·S. 米格代尔：《社会中的国家：国家与社会如何相互改变与相互构成》，李杨、郭一聪译，江苏人民出版社 2013 年版。

⑥ ［德］哈贝马斯：《公共领域的结构转型——论资产阶级社会的类型》，曹卫东等译，学林出版社 1999 年版。

⑦ Jean L. Cohen and Andrew Arato, *Civil Society and Political Theory*, The MIT Press, 1992.

的互动之中。从16世纪现代民族国家产生伊始，资本主义自由市场与之相伴而生。在资本主义早期古典自由主义思想的孕育下市场逐步壮大，但是经济大萧条终止了自由放任的市场发展，战后凯恩斯主义的国家干预成为主流，国家主义主导的福利国家作为实践，甚至理论界喊出“找回国家”的口号[①]。但伴随福利国家的失败而兴起的新自由主义思潮再次席卷全球，20世纪七八十年代私有化运动开启了真正意义上的全球化，将市场的力量再次推向世界的各个角落，在全球治理中国家主权表现出一种“委顿”[②]。进入21世纪，以“9·11”事件和2008年金融危机为标志性事件，国家再次强势回归，统领各类安全议题，但市场则下沉，私营企业经由科技的力量在底层建造和掌握了数字社会的基础设施。

从三股力量来看，国家权力、市场权力、社会权力是现代社会权力结构中的基本内容，即使市场权力有时极大发展但是总体上国家权力处于主导位置，不过这种格局正在发生深刻变化。当代政治从统治到治理的重要转变，其中一个重要元素就是我们日渐依赖于市场。[③]以大型公司为代表的私营部门逐渐获得对社会其他主体的支配性力量。市场作为一股私有力量，逐渐从社会独立出来，私营部门获得了某种主体性的权力地位。苏珊·斯特兰奇和约瑟夫·奈在20世纪90年代就敏锐地捕捉到了全球发展中的这种变化，分别用结构性权力理论和软权力理论去解释这种新出现的现象。斯特兰奇在其代表作三部曲[④]中论证了国家权力（权威）正在衰落，非国家权威正在兴起，非国家行为体普遍地介入各种世界经济的主体结构和次结构中。她最后得出结论：在技术、市场和政治三个变量的共同作用下，世界政治和经济

---

① 典型文献如：［美］西达·斯考切波等：《找回国家》，方力维等译，生活·读书·新知三联书店2009年版。

② 任剑涛：《找回国家：全球治理中的国家凯旋》，《探索与争鸣》2020年第3期。

③ ［英］安德鲁·赫里尔：《全球秩序与全球治理》，林曦译，中国人民大学出版社2018年版，第121页。

④ 三部曲分别为《国家与市场》（1988）、《竞争的国家、竞争的公司》（1991）、《权力流散》（1996）。

结构中的权力发生了转移，原先主权国家的政策选择缩小了，而市场上从事服务、硬件、软件供给的企业的机会扩大了。[①] 与斯特兰奇殊途同归，约瑟夫·奈在1990年为了反驳美国衰落论提出软权力理论，指出大国不能再像过去一样运用传统的权力来源达成目标，私人行为体变得越来越强大，其中一个重要的元素就是技术的扩散传播。[②] 他进一步指出，一场新的信息革命正在改变着权力的本质，加速权力的扩散，跨国公司比很多政府拥有更多的权力资源。[③] 在被称为第五空间的网络空间中，多利益攸关方决策模型（Multi-stakeholder model）的出现并成为主流就是私营部门获得主体性权力地位的典型体现。在多利益攸关方决策模型中，私营企业与政府、学术机构、社会团体等国家行为和非国家行为体获得平起平坐的地位（见图1）。

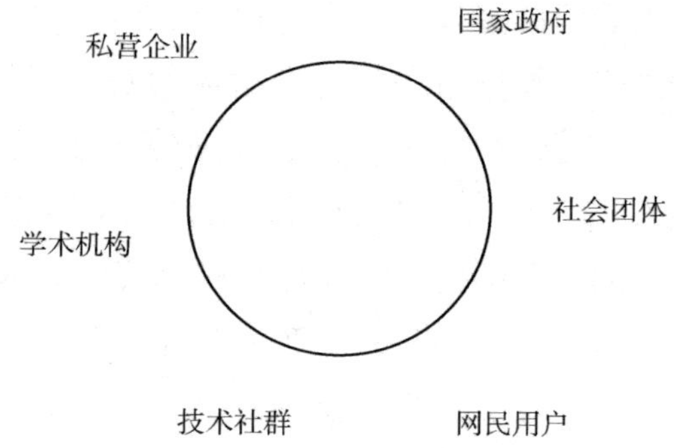

图1　ICANN 互联网治理多利益攸关方治理模型[④]

在某种意义上，互联网的成功就是商业化的成功，网络空间建立在私有化商业力量之上，权力私有化成为数字社会的一个突出特征。早在21世纪初，传播政治经济学重要学者丹·席勒便指出一种新的数

① 杨剑：《数字边疆的财富与权力》，上海人民出版社2012年版，第45页。

② ［美］约瑟夫·S. 奈：《美国注定要领导世界？——美国权力性质的变迁》，刘华译，中国人民大学出版社2012年版。

③ ［美］约瑟夫·奈：《权力大未来》，王吉英译，中信出版社2011年版，第158—159、188页。

④ ICANN全称互联网名称与数字地址分配机构，管理互联网最重要的根区文件和协议参数，是互联网全球治理中最核心最典型的国际组织之一。

字资本主义正在全球弥散开来，互联网实质上是政治、经济全球化的最美妙的工具，其发展完全是由强大的政治和经济力量所驱动，而不是人类新建的一个更自由、更美妙、更民主的另类天地。① 互联网最成功的应用——平台，作为无法或缺的一种数字基础设施，已经深深地嵌入了社会结构，在一定程度接管了社会运行。我们早已经生活在一个平台社会里，我们的私人和公共的生活空间经由私营平台企业营造。② 在大众传媒时代，人们往往形象地将传播关系表达为“人找信息”，而数字社会，反过来为“信息找人”。映射到权力关系里，传统的“权力决定信息分配”的关系正在被“信息决定权力分配”。③ 互联网、大数据、算法乃至人工智能，这些给社会带来深度变革的信息技术正在成为平台公司捕获权力的有效手段，这其中引起的社会权力结构变化日趋明显，市场获得的权力正在逐步上升（见图 2）。

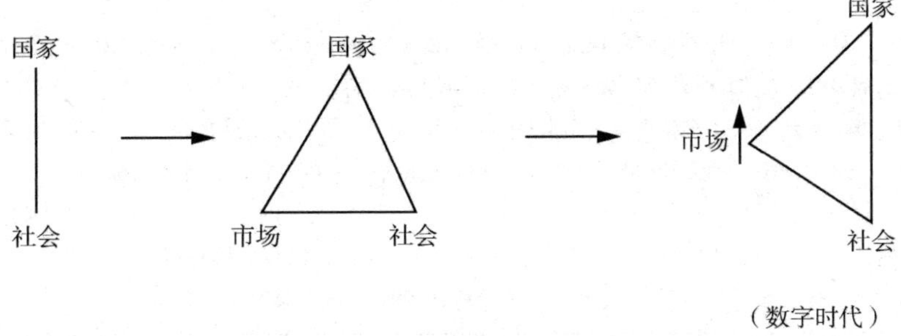

图 2　国家—市场—社会权力结构变迁的总体趋势

二　平台加速社会权力结构变迁

平台指基于互联网技术为双边或多边用户提供行为互动的线上空间，且其本身也是利益攸关方之一。根据功能，平台主要可以分为:

---

① ［美］丹·希勒:《数字资本主义》，杨立平译，江西人民出版社 2001 年版，第 289 页。

② 关于平台社会的代表文献可以参考: José van Dijck, Thomas Poell, and Martijn de Waal, *The Platform Society: Public Values in a Connective World*, Oxford University Press, 2018; Jeroen de Kloet, Thomas Poell, Zeng Guohua and Chow Yiu Fai, “The Platformization of Chinese Society: Infrastructure, Governance, and Practice”, *Chinese Journal of Communication*, 2019, 12 (3), pp. 249 – 256.

③ 蔡文之:《网络: 21 世纪的权力与挑战》，上海人民出版社 2007 年版，第 101 页。

社交媒体平台、生活服务平台、操作系统平台、信息分发平台。[①] 平台具有权力聚集效应，在这个权力聚集的过程中改变了社会总体权力分布，也改变了既有的社会权力结构。平台公司虽然为私营公司，但却扮演着“私政府”的角色，而且这种趋势在传统的底层资本逻辑演化里逐步成为数字时代的表征。平台公司作为权力主体逐渐走到台前，对国家主导的社会权力结构产生消解和重构，加速了权力从国家流散到市场。

（1）平台权力的崛起及其来源

平台是数字经济的主要资源配置与组织方式。农业经济中的主要组织是家庭，以实现土地和劳动力的结合；工业经济中的主要组织是企业[②]，把资本和劳动结合起来；而在数字经济中，平台是把数据和其他要素结合起来的主要组织。[③] 平台的核心在于放大了网络的乘数效应[④]，也称为网络外部性（network externality）或网络效应（network effects）[⑤]。数字

---

① 互联网平台的分类有多种角度，其中腾讯研究院梳理七个领域总结出的 21 种互联网平台原型具有启发性。这 21 种原型基本上穷尽了目前所出现的互联网平台形态，分别是：C2C 电商平台、B2C 商城平台、B2B 交易平台、固定服务交易平台、流动服务交易平台、专业服务交易平台、即时通信、社交网络、社交开放平台、门户式内容资讯平台、内容社区、搜索引擎平台、单子支付与在线支付平台、资金交易平台、资产交易平台、操作系统 + 应用商店、云服务平台、大数据应用与人工智能平台、知识协作与软件开源平台、公益慈善平台、辨准与核心组件作为平台。参见方军、程明霞、徐思彦《平台时代》，机械工业出版社 2018 年版，第 188—200 页。

② 企业的本质属性是节约市场交易成本的组织，企业家是资源支配者。参见［美］罗纳德·H. 科斯《企业、市场与法律》，上海人民出版社 2014 年版。

③ 王勇、戎珂：《平台治理》，中信出版社 2018 年版，第 2 页。

④ 中国信息化百人会课题组：《数字经济：迈向从量变到质变的新阶段》，电子工业出版社 2018 年版，第 182 页。

⑤ 网络效应指平台或者应用程序的一边的用户使它对于另外一边的用户更有价值，经济学家往往称之为网络外部性或梅特卡夫定律。通俗来讲，就是在一个网络里，使用的人越多，每个使用者的收益越大。此定义参见［美］阿姆特瑞特·蒂瓦纳《平台生态系统：架构策划、治理与策略》，侯赟慧、赵驰译，北京大学出版社 2018 年版，第 33 页。另外，在平台模式中存在两大类网络效应，即同边网络效应和跨边网络效应。同边网络效应，指的是当某一边市场群体的用户规模增长时，将会影响同一边群体内的其他使用者所得到的效用；跨边网络效应，指的是一边用户规模增长，将影响另一边群体使用该平台所得到的效用。陈威如和余卓轩以开心网为例说明了这两种效应在社交媒体平台中的应用和体现。参见陈威如、余卓轩《平台战略：正在席卷全球的商业模式》，中信出版社 2013 年版，第 22—25 页。最后关于网络外部性与网络效应概念之间的关系分析，参见朱彤《外部性、网络外部性与网络效应》，《经济理论与经济管理》2001 年第 11 期。

经济时代，平台已经成为继市场、企业之后新的资源组织形态，是新经济的主流模式。对产业经济和商业应用来说，平台是一场革命，改变了传统商业规则。[①]

平台权力（platform power）可以用来描绘这么一种逻辑：平台具有为社会行为体赋权的属性，即控制平台的主体拥有极大的社会权力。平台控制者往往是私营平台公司，因此在当下的社会语境中，平台权力往往指私营平台公司所拥有的权力和社会影响力。权力关系被嵌入空间和时间的社会建构中，同时受到社会特征的时空形成的限制。[②]在人们经常提到的平台权力来源于对数据和算法的操控之外，本文从社会底层逻辑提出一种更为深层的权力来源机制：基于社会基础设施的权力发生机制，即通过控制社会基础设施，对使用基础设施对人有直接的支配能力，同时对整个社会具有某种支配性的影响力。

平台权力根源于平台（媒介）的基础设施化大趋势，同时从一个隐秘的逻辑——基础设施平台化（媒介化）中发生，从更广阔的角度来看，是产生于整个社会的媒介化演变趋势之中的[③]。由此，形成了两种相互强化的路径，即基础设施媒介化和媒介基础设施化，不断地塑造着平台权力的样态与范围。从某种意义上讲，这是社会从传统物理样式向未来数字样式转变的必然历程，最终数字社会的基础设施即平台，平台即基础设施。对社会来说，平台并不是社会的简单映射，

---

① ［美］杰奥夫雷·G. 帕克等：《平台革命：改变世界的商业模式》，志鹏译，机械工业出版社 2019 年版。

② ［美］曼纽尔·卡斯特：《传播力》（新版），汤景泰、星尘译，社会科学文献出版社 2018 年版，第 27 页。

③ 发源于西欧的媒介化（Mediatization）理论是当前传播学研究的一个范式转向，其核心逻辑在于，媒介作为一种制度化要素开始独立作用于社会文化变革，它与之相互交融，并且不断更深入地卷入各种领域的变化之中。在媒介化的社会，媒介影响力对社会的全方位渗透，在真实世界之外，媒介营造出一个虚拟的无限扩张的媒介世界，人们通过媒介来获取对于世界的认知，每个人都是在媒介深刻影响下的“媒介人”。参见戴宇辰《走向媒介中心的社会本体论？——对欧洲“媒介化学派”的一个批判性考察》，《新闻与传播研究》2016 年第 5 期；孟建、赵元珂《媒介融合：粘聚并造就新型的媒介化社会》，《国际新闻界》2006 年第 7 期。

平台生产了社会的基础设施。[①] 这种基础设施不仅仅是针对线上社会，而且已经渗透到现实社会的每一个角落。例如，当下城市中几乎所有服务行业都在经历着“平台化”，一种可以被称为“平台都市主义”的新型城市生活形态应运而生。[②]

现代社会的普遍规律在于一种基于公私产权分明的社会逻辑，无论是东方还是西方的社会都是如此。在市场经济下，社会主要产业和服务由私营企业提供，但与工业时代社会基础设施往往由政府建设和运营不同的是，在数字时代，网络空间的基础架构基本是由商业力量建构的，最成功的互联网平台大都是私营企业打造和运营的。平台上搭建起了数字社会空间，在搭建过程中平台建造者同时也拥有平台，其主体往往是私有主体的平台科技公司。平台社会的基础设施私有化，商人秩序正基于此逐渐成为主导。

（2）平台引起社会权力流散

2008 年郑永年的《技术赋权：中国的互联网、国家与社会》讨论了互联网技术影响下的中国国家与社会的关系变化。他回顾了有关互联网赋权两种重要的观点，一方面有重要的研究指出，互联网对国家进行了赋权，另一方面也有研究证明互联网对社会也进行了赋权。[③] 其本人主张，互联网对国家和社会都进行了赋权，改造了二者的互动，使之均从中受益。[④] 但是这种赋权理论忽略了社会中另一方重要的行为体——私有企业。事实上，互联网更为私有企业赋权，这种赋权的逻辑典型地体现在平台赋权的过程。平台几乎为所有的行为体赋权，但是各方所获得的权力并不均等，也不均衡。但正如前面所分析的，平台的社会基础设施化形成了社会公共空间

---

① Nick Couldry and Andreas Hepp, *The Mediated Construction of Reality*, John Wiley & Sons, 2016.

② 方小诗：《万物互联，数据驱动，平台垄断，硅谷巨头如何主宰城市?》，澎湃新闻，2019 年 8 月 17 日。

③ 持互联网对国家进行赋权观点的主要代表有劳伦斯·莱斯格、詹姆斯·博伊尔；持互联网对社会进行赋权的主要有布什、克林顿、Taubman、Harford、杨国斌等。参见郑永年《技术赋权：中国的互联网，国家与社会》，东方出版社 2014 年版，第 11—19 页。

④ 郑永年：《技术赋权：中国的互联网、国家与社会》，东方出版社 2014 年版。

的私有化[①]，作为平台的建造者，平台企业基于产权的逻辑将平台视为自有领地，因此获得了多于其他主体的权力。平台赋权是一种客观发生的机制，只不过在不同社会中的赋权形式和所赋权力大小不一。事实上，平台权力在西方“大社会”中往往表现得更加显性，而在东方“大政府”中显得更为隐秘。

总体来说，平台所聚集的权力是一种综合多元的社会权力。从政治的角度看，平台公司与政府呈现出合作和博弈的关系。平台公司既配合政府执行法律和政策，在如脸书接受美国联邦贸易委员会（FTC）关于隐私的监管，并签订了一系列和解协议，又如微信和微博接受中国国家网信办监管[②]；同时，平台公司与政府也呈现出某种对抗关系，如谷歌和维基百科组织了硅谷成功对抗了美国政府的两项立法活动（2011 年《保护知识产权保护法案》和 2012 年《停止在线盗版法案》），开创了一个利用互联网消费者对抗立法的先例，此后这类情况多次出现。[③] 从经济市场角度看，一方面平台公司成为平台生态的规则制定者，如滴滴出行有一套对其平台司机细致的奖惩规则，美团和大众点评合并后同样对餐饮业的整个链条具有很强的规则重塑力量；另一方面平台公司也是影响产业和商业生态的重要力量，正如脸书曾在其招股说明书中声称“我们有 8 亿用户，我们成功推广了《变形金刚 3》”[④]，更不用说淘宝搭建起了中国最大的线上集市，微信聚集了超过 300 万的小程序。从社会管理角度看，平台已经不仅仅是人们的社交娱乐平台，更成为社会生活的基础平台，因此平台公

① 现实生活中，我们通过微信可以直观感受到，社交媒体平台已经不仅仅是我们的通信手段，更是线上线下生活的管理中介。微信支付界面里不仅有相关金融服务，还有政务综合业务、生活缴费、城市服务、交通出行、公益慈善等，从出行约车到交税缴费，微信几乎介入了人们社会生活的各个角落。此外，这种情况同时也在 Facebook 上发生。

② 参见国家网信部门关于互联网内容的一系列管理文件，如 2020 年 3 月 1 日生效的《网络信息内容生态治理规定》，对内容管理政策进行系统化设计。

③ ［美］露西·格林：《硅谷帝国：商业巨头如何掌控经济与社会》，李瑞芳译，中信出版集团 2019 年版，第 53—54 页。

④ 《脸书公司招股说明书》（2012 年），https：//www. sec. gov/Archives/edgar/data/1326801/000119312512034517/d287954ds1. htm。

司承担起了社会公共秩序的维护者角色，脸书中文长达2万字的《社群守则》（中文版）事无巨细地规定了其平台上的各种行为规范，又如滴滴公司形成了一套复杂的“滴滴平台用户规则体系”①。几乎每个成熟的平台都制定了一套自己的完整的平台规则体系，在理论上有研究者称这种规则制定权为“私权力”②。从更深远的社会文化来看，平台正在塑造着人们的行为规范以及定义生活的价值，这是一种福柯意义上的现代“数字规训”。腾讯成功地让人们相信“微信是一种生活方式”，并自觉地适应这种生活方式。谷歌的“不作恶”口号已经妇孺皆知，脸书的“连接是一种人权”甚至进入了联合国讨论议题。

社会上的权力总量并没有变，但是权力分布发生了变化。平台公司在很大程度上行使着原来政府的职责，由此承接了部分政府权力。这种转移的过程“私”化了公权力，并且削减了政府原先的权力——无论是行政权还是立法权乃至司法权。如果一一对应和类比，互联网平台的行为守则相当于立法和政策，执行行为守则的删帖和封号相当于行政执法，而对平台上的侵权行为的仲裁更像是司法裁判。在理念上，政府权力也面临着被消解的风险。美国对外关系委员会高级研究员爱德华·奥尔登说：“它们（指以谷歌、脸书为典型的硅谷科技公司）真的在试图改变叙述方式。一边是僵化的政府监管，另外一边是解放、自由和消费者选择。它们在对两边进行架构时真的做得很好。我认为这在很大程度上限制了政府去约束其种种活动的意愿和能力。”③

因此，平台改变社会权力结构的核心在于，其为市场部分赋予的

---

① 滴滴平台用户规则体系包括“平台用户规则总则”“平台通用规则”“专项信息平台专属规则”“服务功能专项规则”“特殊功能、区域或场景规则”“临时性规则”。“平台用户规则总则”和“平台通用规则”是上位规则，具有优于专属规则、专项规则、特殊规则、临时性规则的规则效力。

② 周辉：《变革与选择：私权力视角下的网络治理》，北京大学出版社2016年版。

③ ［美］露西·格林：《硅谷帝国：商业巨头如何掌控经济与社会》，李瑞芳译，中信出版集团2019年版，第55页。

权力大于其他主体，特别是把政府的部分权力转移到私营部门，造成公权力的“私有化”，形成了力量势差。私营部门逐步成为权力的新中心，社会权力结构发生了转变。通过不均衡赋权，权力逐渐集中到私营部门，国家权力在一定程度上被消解，同时社会权力里的公民权力也逐渐被限制。正如引起公众极大关注的“面临QQ还是360二选一的用户”，“被困在系统里的骑手”，“被平台公司夺走营生的菜贩子”等都反映出了公民个体在大平台面前的无力感。这个赋权的过程引起社会几股力量的此消彼长效应，权力正流散到私营企业手中，社会权力结构发生了变化。从一个直观的角度来看，平台权力也可以被理解为平台上聚集了权力，权力聚集带来了原有权力的分散，进而产生新的权力结构。

（3）平台跨国性放大权力流散效应

没有理解全球化便无法真正理解平台权力的深刻影响，平台跨国性形成了平台加速社会权力流散的完整闭环。互联网的跨国性为平台权力开辟了全球存在的空间，全球化对放大平台权力起到了杠杆作用，甚至让平台权力上升到与国家权力平起平坐的可能性。近期脸书与澳大利亚政府的博弈谈判并获得优势就是一个典型的例子。① 由于国际社会的无政府特性，平台监管处于传统国际治理的真空地带，让拥有全球性市场的平台公司的权力真正超脱于国家政府之外，权力从国家到市场的流散变得不可逆转。

全球性平台②在国际层面具有消解国家权力、改变国际交往规则的能力。这种变革分别从地缘政治格局和全球治理体系一横一纵两个

① 2021年，澳大利亚议会通过新法《新闻媒体协议规范》，要求谷歌（Google）、脸书及其他科技公司为其新闻内容向澳媒体付费。此后，脸书为表示反对，于2月17日开始屏蔽澳大利亚所有媒体的新闻内容，同时限制该国用户在脸书分享和获取当地及海外新闻。23日，脸书与澳大利亚政府的谈判取得突破，脸书将恢复有关澳大利亚的新闻页面，而澳大利亚政府也修改了部分法案。澎湃新闻：《澳大利亚政府与脸书谈判取得突破：澳媒体将重返脸书》，2021年2月23日。

② 互联网平台理论上都是跨国界的，只要在不同国家拥有可观的用户数都有具备影响不同国家政府权力的可能性，但是真正对国际秩序和全球治理产生重要影响的只有全球性平台。此处集中分析互联网平台在国际层面上对主权国家和国际秩序的影响，因此将研究对象限定为全球性平台，但是并不排除区域性或者一定程度的全球性平台同样具有这种影响力，如微信、抖音。

维度展开。在地缘政治上，运营平台的跨国公司逐步成为具有影响主权国家外交的非国家行为体，与主权国家呈现出类似外交性质的协商关系，并在全球国际关系格局中成为规则制定参与方之一。在全球治理体系中，平台公司开始扮演更为激进的规则主导角色。一方面其打造了一个不同于大众传媒的全球信息传播体系，即以全球社交媒体平台、信息分发平台为基础的大众自传播系统。这个系统的主要规则制定者就是平台的拥有者。另一方面，平台公司对全球互联网治理体系、全球科技金融体系等其他全球治理体系都带来变革性冲击，比如脸书 Libra 项目很可能对全球金融监管体系带来全面的颠覆。全球金融监管规则体系本属于主权国家重要的国家权力之一，但是如今私营跨国公司开始介入规则设计，在某种程度上也向主权国家的权力发起了挑战。

在信息技术的冲击下，国际层面上主权国家的权力正在被消解。[①] 全球互联网平台正在加深这个程度。平台的全球性能量具有改变既有全球网络空间治理体系的能力，形成规则制定的主导权。这种主导权在一定程度上消解了主权国家的对全球网络空间治理的话语权和对游戏规则设计的权力。跨国性平台公司作为非国家行为体在国际体系中逐步占有一席之地，形成了与主权国家之间的主体间关系（类似国家间的双边、多边关系），进而改变了传统地缘政治格局。

2017 年丹麦政府向美国硅谷派出全球首位科技大使（Tech Ambassador），负责处理与科技公司的关系，目标在于在就业、网络安全、隐私、假新闻等问题上与科技公司达成共识。[②] 此举引发了众多讨论，

---

① ［美］詹姆斯·N. 罗西瑙：《没有政府的治理》，张胜军、刘小林等译，江西人民出版社 2001 年版；［美］小约瑟夫·奈、［加］戴维·韦尔奇：《理解全球冲突与合作：理论与历史》（第九版），张小明译，上海人民出版社 2012 年版；杨剑：《数字边疆的权力与财富》，上海人民出版社 2012 年版；［英］苏珊·斯特兰奇：《权力流散：世界经济中的国家与非国家权威》，肖宏宇、耿协峰译，北京大学出版社 2005 年版。

② 丹麦官网，http：//techamb. um. dk/en/Techplomacy/；Tereza Horejsova，Pavlina Ittelson，Jovan Kurbalija，"The Rise of Tech Plomacy in the Bay Area"，*Diplo Foundation*，April，2018；乔宏明：《以科技外交，丹麦的全球首位数字大使现在如何》，《iWeekly》2019 年 9 月 4 日。

进而催生了新的名词“Techplomacy”（科技外交）。丹麦国外事务部长安德·塞缪尔森在接受《华盛顿邮报》采访时称，“就像我们要和其他国家保持外交对话一样，我们也需要和科技界的人士建立关系，并且把和他们建立完整的关系置于首位，比如说谷歌、脸书、苹果等等”。[①] 科技巨头不仅富可敌国，甚至在以主权国家为核心的国际体系中有了一席之地。这种令世人感到惊讶的举措似乎走得太远了，看起来并不符合现行国际法和国际体系。但是这种变化已经发生[②]，而且将更深远地改变国际地缘政治，甚至有人提出我们应该给这种新的图景（landscape）一个新名字，称之为网国时代（Net-states Era）。[③] 这整个权力转移的过程，可以称为国家主权的“协商化”。[④]

平台中蕴含着更深远的对主权国家价值观层面的消解力量。荷兰重要的传媒研究学者何塞·范·戴克在其与团队合著的《平台社会》（*The Platform Society*）中指出，当平台运营者和国家政府产生冲突时往往内

---

① Adam Taylor, “Denmark is Naming an Ambassador Who will Just Deal with Increasingly Powerful Tech Companies”, *The Washington Post*, February 4, 2017.

② 一个具有象征意义的例子是，2018 年 11 月，法国总统在第 12 届联合国互联网治理论坛（IGF）上发布的国际倡议中跨国企业获得了与主权国家一样的署名地位。这份倡议名为《网络空间安全巴黎倡议》，由法国政府牵头，但并不是一个真正的政府层面的倡议，而是由有关国家和非国家行为体共同酝酿、共同发起、共同签署的，强调了非国家行为体参与国际网络空间治理的重要性，其落款为 67 个主权国家、139 个国际社会组织，还有 358 个私营企业（主要是跨国公司）。原文及官方信息：France Diplomatie, “Cybersecurity: Paris Call of 12 November 2018 for Trust and Security in Cyberspace”, available at https://www.diplomatie.gouv.fr/en/french-foreign-policy/digital-diplomacy/france-and-cyber-security/article/cybersecurity-paris-call-of-12-november-2018-for-trust-and-security-in；评议参考黄志雄、潘泽玲《〈网络空间信任与安全巴黎倡议〉评析》，《中国信息安全》2019 年第 2 期。

③ Alexis Wichowski, “Net States Rule the World; We Need to Recognize Their Power”, *Wired*, November 4, 2017.

④ 国家主权是最高权力，其特质在于“不可协商性”，因此，本文从其本质属性入手，用“协商化”描述这种根基被侵蚀的过程。主权理论起源于法国政治学家让·博丹，他提出国家主权是一个国家进行指挥的绝对和永久的权力。荷兰法学家胡果·格劳秀斯发展和补充了国家主权论，指出主权是不受另一个主权支配的权力。参见［法］让·博丹《论主权》，李卫海、钱俊文译，北京大学出版社 2008 年版；［荷］格劳秀斯《战争与和平法》，何勤华等译，上海人民出版社 2005 年版。

嵌着关于公共价值或者公共利益的意识形态对抗。① 他们从欧洲的视角指出，美国公司所运营的平台系统内在地包含着美国价值观——个人有更高的责任去组织自己的生活和社群，而国家尽量少干预，这种价值观经常在美国之外遭到抵抗，比如欧洲。欧洲更重视由公共部门和集体行动来保卫公共价值，这已经是一种根深蒂固的社会团结原则，因此他们更倾向于一种由国家和公民联合私营企业和社会组织共同组织和建设的社会。当这两种不同的意识形态在互联网平台中相遇时，平台权力对国家的影响就不仅仅是一种社会管理的权力问题了。

三 平台催生新的社会权力结构

平台经济的迅速崛起正在对传统的“政府与企业”二元治理结构产生巨大冲击，引发了从法律到监管再到公共安全等一系列的治理挑战。② 这种挑战引起了国家权力的积极防御，无论东西方国家均是如此。例如，当马云公开批评国家金融系统并准备发起蚂蚁金服大型 IPO，当扎克伯格准备全球发行新数字货币 Libra 的时候，中国、美国、欧洲等主要国家政府普遍做出了强烈的监管反应。但是对于回应这种具体挑战的方式，东西方有其特定的历史社会条件，所采取的路径不尽相同。中国在政治高度上提出“强化反垄断和防止资本无序扩张”，发布平台经济法垄断指南，强调平台企业必须置于政治领导之下；美国针对平台巨头发起一系列反垄断诉讼，重点讨论修改《通讯规范法》230 条平台责任豁免条款，以《终止平台垄断法案》为代表的五部针对大型平台企业的国会法案正推进审议，强调保护自由竞争市场；欧洲推出两部重量级立法草案《数字市场法案》《数字服务法案》，不断加强平台监管的立法规则，将大型平台定位为线上市场的“守门人”，施加严苛的监管，强调必须由欧洲保有制定数字规则的主权。俨然，在政策制定者眼里，巨型平台企业已经是一个具有巨大能量的“权力者”。

---

① José van Dijck, Thomas Poell, and Martijin de Waal, *The Platform Society: Public Values in a Connective World*, Oxford University Press, 2018, pp. 26 – 27.

② 中国信息通信研究院：《互联网平台治理研究报告》，2019 年 3 月。

但是在新冠病毒全球肆虐之际，人们普遍对平台公司给予更高的期望，从中国中关村到美国硅谷，平台公司们利用手上的互联网平台，调动技术和市场优势，投入这场人类与病毒的史诗般大战之中，成为政府之外的重要抗疫力量。疫情期间，中国和世界的网民增长速度明显加快，中国互联网普及率已经达到67%①。当网民成为绝对多数时，线上社会对现实社会的影响将是不可逆转的。平台上的人口在快速集聚，平台的力量正在进一步成长，平台权力的增长势头并没有减缓。平台引起的社会权力流散进程正在加剧，市场的力量在不断上升，催生了市场—国家二元主导的新社会权力结构。这种权力结构至少在线上平台社会中已经越来越清晰，商人主导的秩序逐渐从后台走向台前（见图3）。

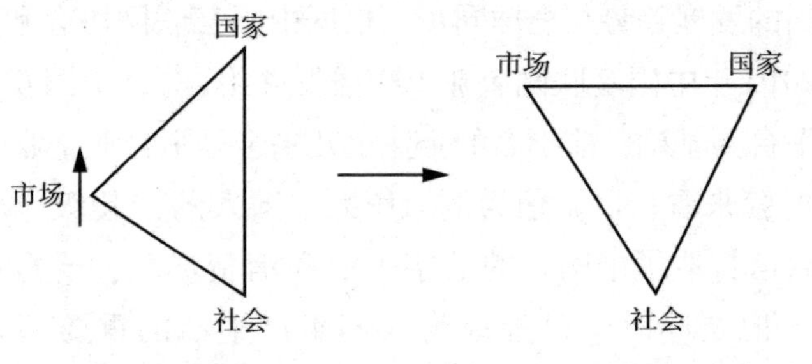

（线上平台社会/网络空间）

图3　线上平台社会的权力结构

（1）市场力量的上升：平台公司成为新的社会力量

平台是全球数字经济的核心引擎，也是数字社会的基础设施。全球市值最高的几大巨头主要是科技和互联网公司，而其中这些公司基本上是互联网平台型公司。平台不仅仅是席卷全球的商业模式，创造出一个个新的产业和市场，平台更是创造了人类历史以来最大的人口聚集，甚至有人直呼脸书是一个国家。②

作为全球最大的两家社交媒体平台，Facebook 和微信的用户数已经

① CNNIC：《中国互联网络发展状况统计报告（第46次）》，2020年9月。

② 关于将脸书比喻为一个国家，以及围绕此话题展开的各种辩论和研究，徐偲骕和姚建华（2018）有精彩而全面的梳理。参见徐偲骕、姚建华《脸书是一个国家吗？——Facebookistan 与社交媒体的国家化想象》，《新闻记者》2018年第11期。

远远超过一个国家的人口。在过去40年中的前3/4时间里，世界市值前十名的榜单为主要主导的是金融公司和工业制造公司，但是在最后的10年里形势发生了根本的变化。2019年全球市值十大公司由互联网企业占绝对主导，其中七家为互联网科技公司，两家为金融投资公司，一家为大众消费公司。如果再检视这7家互联网公司，可以发现全部是基于互联网平台业务的科技公司（典型如微软的Windows操作系统、苹果的iTunes和AppStore、亚马逊的在线商店、谷歌的YouTube、脸书的Facebook、阿里巴巴的淘宝、腾讯的微信和QQ）。进一步说，除了微软[①]和苹果是以软件和硬件起家之外，其余五家（亚马逊、谷歌、脸书、阿里巴巴、腾讯）都是以提供互联网平台为起家业务，可以称之为平台基础型企业。中国的发展趋势与全球同步，根据中国互联网协会和中国工信部发布的《2019年中国互联网企业100强发展报告》，中国互联网企业也大都是以平台为基础，前十名的企业也几乎全是平台型企业。

从中国经验来看，以微信为例，作为中国人的"超级应用"（Super App），微信打造了中国人的数字生活和消费场景，既是典型的社交媒体平台，但是同时又已经成为人们生产生活的重要基础设施。[②] 2018年，微信带动的就业机会达2235万个，微信公众平台超过2000万账号，上线小程序数量超过100万个，企业微信服务150万家企业，其中80%中国500强企业开通了企业微信。微信拉动信息消费规模达2402亿元，其中带动流量消费2108亿元，是2014年的2.4倍；带动传统消费规模达4198亿元，小程序2018年累计创造商业价值5000亿元。[③]

早在2010年，《经济学人》一篇名为《社交网络和国家地位：未来将属于另外一个国家》的文章提出，尽管脸书不是一个主权国家，但是越来越像。从经济规模来看，跨国社交媒体公司的收入已经富可

① 1975年，鲍罗·艾伦和比尔·盖茨这两位好友共同为Altair个人电脑编程并将所编写的程序许可给Altair个人电脑制造商，该编程语言是微软的第一款产品，而操作系统业务是从1985年开始的。维基百科，https：//zh. wikipedia. org/wiki/% E5% BE% AE% E8% BD% AF。

② Jean-Christophe Plantin and Gabriele de Seta, "WeChat as Infrastructure: The Techno-nationalist Shaping of Chinese Digital Platforms", *Chinese Journal of Communication*, 2019, 12 (3), pp. 257 – 273.

③ 腾讯、中国信通院、数字中国研究中心：《微信就业影响力报告》，2019年3月。

敌国。脸书 2018 年利润达到 558 亿美元，在世界国家 GDP 可以排到第 78 位。但是，直接将企业收入和 GDP 比对无法显示出脸书真正的经济影响力，沃基特克 · 基德斯基所采用的第三方经济影响加权不失为一个有参考价值的方法，即将脸书的整体经济影响纳入考察。他在脸书收入的基础上加入脸书作为营销者工具、应用程序开发平台和连接性中介所创造的经济价值，得出了 2016 年“脸书 GDP”的大致数字为 2550 亿美元，在全球各国中排名 42 位（介于智利和巴基斯坦之间)。德勤曾专门为脸书做了一份报告，采用类似的方法测算出类似的结论，即 2015 年脸书为全球带来 2270 亿美元的经济影响和 450 万个工作岗位。根据扎克伯格的披露，2018 年，在世界各地，有 7000 万家小企业正在使用 Facebook 的工具来发展和接触客户，仅在欧洲，就有大约 1800 万家小企业使用 Facebook 工具。[①]

脸书作为全球最大社交媒体公司，过去十几年的实践是这种力量崛起的最佳案例。美国国会议员杨（Young）在听证会上质问扎克伯格：“从某种意义上说，我认为你来到这里不仅仅是面向脸书，而是面向我们国家及其他国家。”[②] 虽然脸书是一个私营企业，但是在某些时候获得了与国家平起平坐的地位，正如立法者对脸书 CEO 的这种质问。而在此前不久，脸书提出要成为下一个“超越国家”的人类社会组织实体，更是彰显了这种改变社会权力结构的极大抱负。扎克伯格 2017 年向其 20 多亿用户发表宣言，称人类社会形态历史已经从部落、城市、国家走向了一个全球社群（global community)，而脸书为这种新全球社群提供了社会基础设施。

历史就是这样一个故事：我们如何学会与越来越多的人走到一起——从部落到城市再到国家。在每一步，我们都建立了社区、媒体和政府等社会基础设施，使我们有能力实现个人无法实现的目标。今天我们即将迈出下一步……进程，现在要求人类不仅作为城市或国家，而且作为一个全球社群走到一起……我们可能没有能力立即创造我们

---

① 马克 · 扎克伯格欧洲议会听证会，2018 年 5 月 22 日。

② 马克 · 扎克伯格听证会，2018 年 4 月 11 日。

想要的世界，但我们今天都可以开始这段长期的努力。在这样的时代，我们 Facebook 能做的最重要的事情就是开发社交基础设施，让人们有能力建立一个为我们所有人服务的全球社群。[①]

（2）权力天秤中的市场—国家：平台成为新的权力中心

2021 年 1 月 6 日，在世界瞩目的美国总统大选中，推特、脸书、谷歌等美国十几家社交媒体公司联合发起对时任总统特朗普的“封杀”，令世人震撼。一种直接的观感是，在认为国家秩序失控的时候，平台权力“出手”了。这种巨大的权力也引致德国总理等世界主要国家领导人的质疑，认为言论自由不能交给平台公司来决定。

力量变化带来关系的变化，塑造了新权力关系的形成，平台公司日益壮大的社会影响力让其逐渐走到社会权力中心的位置。在互联网平台的推动下，平台公司获得了对个人和社会的权力以及对市场的权力，比如，平台承担了部分原先属于政府的社会公共管理的职能，使社会管理活动逐渐私人化。这种对社会和市场的规制性权力原先在很大程度上属于政府的公权力。在社会权力结构转变的过程中，平台逐步消解和转移了政府的权力，成为新的社会、新的权力中心。这个过程，可以称为公权力的“私化”。不过这种现象在人类历史上并不是第一次，18、19 世纪西方国家对外殖民时期，私人公司往往成为殖民地的实际政府，如著名的东印度公司。[②] 但是，现代社会私人公司和政府的职能再次泾渭分明，不过历史的钟摆似乎再次往回摆，当下以互联网平台公司为代表的科技公司再次获得了类似政府的社会管理权力。

纵观世界范围的实践发展，科技巨头在某种程度上与主权国家的政府平起平坐，这是数字时代社会转变的一个重要迹象。曾经统治网络空间的是技术专家的共识和代码（rough consensus and running code）[③]，如今平台层崛起之后，这种统治地位逐步让位给平台拥有者。在网络

---

① Mark Zuckerberg, “Building Global Community”, February 17, 2017, Available at: https://www.facebook.com/zuck/posts/10154544292806634.

② ［美］路易吉·津加莱斯:《企业的政治理论》,《比较》2017 年第 5 期。

③ 1992 年，互联网先驱大卫·克拉克（David D. Clark）提出著名的互联网治理原则：“我们拒绝国王，总统和投票。我们相信大致的共识和有效的代码。”

空间层级架构中，往上，平台拥有者的权力对社会层深度渗透；往下，对基础设施层也开始接管（如脸书和谷歌的免费互联网接入计划和海底电缆运营[①]）。平台逐渐扮演网络空间的主导者角色，平台拥有者越来越像网络空间里的政府。扎克伯格公开表示，“在很多时候，脸书更像是一个政府，而不是一个传统的公司。我们有人口众多的庞大社群，相对比于其他科技公司我们已经在制定政策了”。[②]

尼克·斯尔尼塞克提出平台资本主义概念，指出平台是基于数据提取和网络效应的一种强大的新企业形式，是发达资本主义的新形式。同时在资本主义的竞争逻辑里，平台模式通过聚合效应形成强大的垄断，使开放的网络向日益封闭的应用程序转变。[③] 这种转向封闭的结果被有些论者称为帝国化。不断有人创造出脸书国（Facebookistan）、推特领地（Twitterland）、腾讯企鹅帝国（Tencent Empire）等名称来描述脸书、推特、腾讯这些大型平台公司成为某种类似国家实体的现象。[④] 将平台公

---

① 跨国海底电缆已经从传统电信运营商主导转向了内容供应商主导。从 2010 年开始，以脸书、谷歌、微软、亚马逊为主的内容供应商建设海底电缆开始快速发展，内容供应商占 2018 年投入使用带宽比例达到 54%，并预计于 2027 年达到 87%。数据来源：TeleGeography，参见 Alan Mauldin (TeleGeography)，“Back to the Future”，*Pacific Telecommunications Council Annual Conference*，January 20 – 23，2019。脸书这几年与多家公司合作，投资建设了非洲沿岸、巴西—阿根廷、香港—洛杉矶等跨国海底电缆。谷歌目前拥有 11 条海底电缆，参见“Expanding our Global Infrastructure with New Regions and Subsea Cables”，Jan. 16，2018，See https：//www. blog. google/products/google-cloud/expanding-our-global-infrastructure-new-regions-and-subsea-cables/？_ ga = 2. 15754 2010. 1569429968. 1555984367 – 1855682023. 1555984367。谷歌海底电缆交互图见 https：//cloud. withgoogle. com/infrastructure/explore/step-1。

② David Kirkpatrick，“The Facebook Defect”，*TIME*，April 12，2018.

③ ［加］尼克·斯尔尼塞克：《平台资本主义》，程水英译，广东人民出版社 2018 年版。事实上，曼纽尔·卡斯特的信息社会理论更深刻地指出信息技术革命本身的发展与展现，为先进资本主义的逻辑和利益所塑造，但并未简化为这种利益的表现，对资本主义经济体系而言，实乃“信息主义再结构过程”，意即知识产生、经济生产力、政治—军事权力，以及媒体传播的核心过程，已经被信息化范式深深转化，并且连接上依此逻辑运作的财富、权力与象征的全球网络。参见［美］曼纽尔·卡斯特《网络社会的崛起》，夏铸九译，社会科学文献出版社 2000 年版。

④ Anupam Chander，“Facebookistan”，*North Carolina Law Review*，Vol. 90，2012，p. 1807；Rebecca MacKinnon，“Ruling Facebookistan”，*Foreign Policy*，June 14，2012；Micah L. Sifry，“Escape from Facebookistan：Can a Public Sphere Worth Living in Ever be Built Online？”，*The New Republic*，May 21，2018；徐偲骕、姚建华：《脸书是一个国家吗？——Facebookistan 与社交媒体的国家化想象》，《新闻记者》2018 年第 11 期。

司当作一个类似国家性质的主体，这种进路虽然并没有解开问题的本质，甚至对如何采取行动带来更多的误解，但是从理解其对社会的影响看来是一个富有启发的尝试。平台公司虽不是国家，但它是正在壮大的社会力量。这种力量一方面在一个国家内部运作，消解了政府的权力；另一方面在国际社会中运作，消解了主权国家（nation-state）的权力。

通过多个维度的全面权力行使，平台公司成了事实上的社会权力中心，这种权力中心的形象在2011年美国总统奥巴马造访了脸书总部并在线直播了一场市政会议时达到高光时刻，因为平台公司的权力中心与国家政府的权力中心在这一个时刻重叠于脸书的加州总部。这个被称为“脸书时刻”（Facebook Time）的事件也预示着权力转移已经开始。脸书平台成为新的权力中心，拥有一种可以塑造社会行为和观念的能力。扎克伯格在某种程度就是这个权力中心的化身，他身上充满了新权力的隐喻。扎克伯格在公司上市后仍保持对公司的绝对投票控制权，一切都取决于一位三十几岁的年青人的意愿和决定。[①] 在脸书，扎克伯格是董事长、首席执行官兼控股股东，他掌管着全球最流行的脸书旗下的四大平台（Facebook、Messenger、WhatsApp、Instagram）。[②] 扎克伯格的权力是全球性的。2018年4月，他出席美国参议院听证会时坚定地回答：“我现在最关心的事情就是要确保没有人干预2018年世界各地的各种选举。”

四 结语：权力流散与未来社会

一个开放的社会必将是一个权力广泛分散的社会。德隆·阿西莫格鲁和詹姆斯·罗宾逊在《国家为什么会失败》中总结英国成功的历史经验时指出，人民为政治权力而战，并且赢得了更多的政治权力，他们运用这些政治权力扩展了他们的经济机会，结果就是完全不同的

---

① ［美］露西·格林：《硅谷帝国：商业巨头如何掌控经济与社会》，李瑞芳译，中信出版社2019年版，第55页。

② 扎克伯格个人权力追求和理想以及在脸书日常运营中的表现，见脸书前员工凯瑟琳·罗斯自传体回忆录［美］凯瑟琳·罗斯《孩子王：我眼里的马克·扎克伯格及其Facebook王国》，韩若宜译，中信出版社2012年版。

政治和经济轨迹，并最终发生了产业革命。[①] 中国正在进行更加深入的改革开放，开放依然是我们时代的主题。面对互联网平台带来的治理挑战，我们追求一种更开放包容的态度去迎接数字时代，但是我们依然需要警惕社会走向另一种由私人公司控制的集权与专制而产生的极端。黄宗智担心国家权力过大，指出“国家与社会权力过度悬殊的话可能会导致严重的历史性错误”[②]，现在我们也需要担心社会中的私有力量过大所带来的历史后果。当前这种失衡主要发生在线上的平台社会，但是数字化进程以一种无法逆转之势融合了线上和线下的生活，我们必然会面对未来社会中发生的这种失衡。

因此，一种新的平台治理乃至社会治理的精神和原则需要被重新思考，以权力确认和制衡为核心，以分权与问责为主要手段的新治理方案需要被讨论。[③] 而且在快速发展的技术加持下，平台权力在可见的未来里可能具有更加强大的影响力和穿透力。[④] 这些挑战越来越具紧迫性，数字时代急需呼唤一种新的社会契约精神，以应对权力转移带来的新社会结构变化。这或许是数字时代新权力日常到来的前奏曲，一场深刻的变革正在发生。

---

① ［美］德隆·阿西莫格鲁、［美］詹姆斯·罗宾逊：《国家为什么会失败》，李增刚译，湖南科学技术出版社2016年版，第iii页。

② 黄宗智：《国家—市场—社会：中西国力现代化路径的不同》，《探索与争鸣》2019年第11期。

③ 崔保国、刘金河：《论网络空间中的平台治理》，《全球传媒学刊》2020年第1期。

④ 未来技术将带来什么影响我们并不容易预知，但是近来几个重要的动向让我们可以确定即将实现的技术正在为私有平台公司提供更强大权力的可能性。比如，脸书基于新兴的区块链技术推出的Libera项目，让其有机会获得对全球金融系统的重塑能力；SpaceX首席执行官埃隆·马斯克宣布其公司发射的“星链”卫星已能提供天基互联网服务，这个由4.2万颗卫星组成的“星链”网络建成后，可以从太空向地球提供高速互联网接入服务，也就是无须通过电缆就可以覆盖地球的各个角落；谷歌在《自然》杂志发布研究论文，宣布在量子计算领域取得重大突破，正式实现“量子霸权”，其研发的Sycammore量子处理器能在200秒内完成超级计算机需要1万年才能完成的计算。

场景效应还是内容效应

——财经新闻、网络舆情对股市行情的实证检验*

程萧潇**

摘要 经济生活是个人日常生活的显性表达，人们的衣食住行与经济交易紧密相关，而交易与信息则密不可分，这也决定了信息之于个人生活的重要影响。通过VAR模型和基于格兰杰因果关系检验的时间序列模型探讨新闻热度、新闻情感和社交媒体热度对股指收益率的效应及影响机制。研究发现：新闻情感和社交媒体热度对股指收益率产生显著影响，而新闻热度却对股指收益率不产生显著影响；社交媒体热度不仅构成了新闻热度的格兰杰原因，也是新闻情感的格兰杰原因；网络舆情的场景效应远超新闻媒体对股指收益率的内容效应。

关键词 内容效应；场景效应；股市行情；新闻与舆情；VAR模型

一 引言及文献综述

资本市场本质上是一种信息市场，股票价格涨跌映射了信息的变化。从20世纪80年代开始，国内外有关信息及其变化如何影响股票

---

* 本文原刊于《统计与信息论坛》2019年第7期。

** 程萧潇，浙江大学传媒与国际文化学院特聘副研究员。2021年毕业于清华大学新闻与传播学院，获博士学位。

市场的研究层出不穷[①]。既有研究中，信息可被划分为两类：其一是新闻媒体报道，其二是与投资者相关的信息。

关于新闻媒体报道和证券市场关系的研究，主要包括新闻报道对证券市场的影响和媒体报道内容/类型与证券市场的关系两大类[②]。该路径研究的出发点在于，资本市场中的任何信息都需要通过媒体才能传播和公开，大多数市场参与者主要依赖新闻媒体获取投资信息。基于此，大量研究证实了“媒体效应”的存在[③④]。按照功能来说，媒体效应表现为两种形式，一种即媒体的信息效应，另一种是新闻报道的情绪效应。所谓信息效应，是指新闻媒体的报道量（媒体关注度）或选择性关注对股票市场的影响。具体来说，新闻媒体通过议程设置对财经新闻的重要性进行排序，降低投资者的信息搜索成本；投资者倾向于将时间和注意力集中在高度公开可得的以及容易处理的信息上，因此媒体关注度越高，投资者对其认知程度越高，反应速度越快，进而信息被股票价格吸收得越快。例如有研究发现，新闻报道推动相关股票价格的上升[⑤⑥]。此外，亦有研究证实，媒体关注度的增加并不意味着股票收益的增加。相反，受到媒体高度关注的股票其收益低于未被媒体关注的股票，这是因为过多的信息会在一定程度上分散投资者的注意力，使得市场对相关信息的反应不足。[⑦] 然而，上述研究均考

① 叶德磊、姚占雷、刘小舟：《公司新闻、投资者关注与股价运行——来自股吧的证据》，《华东师范大学学报》（哲学社会科学版）2017 年第 6 期。

② 姜杨、闫相斌：《基于议程设置的新闻媒体报道对上市公司股票收益影响的实证研究》，《金融理论与实践》2015 年第 6 期。

③ Fang, L. , Peress, J. , “Media Coverage and the Cross-section of Stock Returns”, *The Journal of Finance*, Vol. 64, No. 5, 2000.

④ 王建新、饶育蕾、彭叠峰：《什么导致了股票收益的“媒体效应”：预期关注还是未预期关注?》，《系统工程理论与实践》2015 年第 1 期。

⑤ Carretta, A. , Farina, V. , Martelli, D. , et al. , “The Impact of Corporate Governance Press News on Stock Market Returns”, *European Financial Management*, Vol. 17, No. 1, 2001.

⑥ 金雪军、祝宇、杨晓兰：《网络媒体对股票市场的影响——以东方财富网股吧为例的实证研究》，《新闻与传播研究》2013 年第 12 期。

⑦ Fang, L. , Peress, J. , “Media Coverage and the Cross-section of Stock Returns”, *The Journal of Finance*, Vol. 64, No. 5, 2000.

察新闻报道对个股收益的影响，鲜有学者对新闻关注度与股票表现波动的关系进行研究。正如有学者指出：总体上看，媒体通过提供信息和调整相关的议题左右了人们的注意力，新闻媒体传递某类股票信息越多，吸引的投资者会越多，也就越有可能影响投资者的投资行为，从而个股股价波动的可能性就会越大①。然而，亦存在一种竞争性的结论，即媒体报道数量越多，股票的波动越小。基于此，本文提出第一个研究问题。

RQ1：新闻的信息效应（财经新闻关注度）对股市行情（收益波动）是否有影响？如是，其影响模式如何？

此外，媒体的报道不仅可以影响公众关注的议程，还可设定报道的具体属性，进而产生情绪效应。媒体不仅作为一种信息传递的中介，还往往有着“信息创造”② 的功能。具体来说，媒体通过对信息进行取舍、提炼、裁剪和解读等编码过程，信息的某些属性得到强化，在这一信息的生产和再生产过程中，原始信息无可避免地附着上情感色彩（如报道语气）。如此，这种有偏的（unbiased）信息无形中加剧了投资者的非理性行为，导致股价偏离其内在价值（表现为投资者的过度反应），从而降低了市场信息效率。有研究证实，新闻情感会对股价产生显著的影响：媒体的负面报道预示着大盘指数会承受较大的下行压力，当媒体传递出乐观的观点时，其推动了股票价格的上涨。③基于此，认为新闻的情绪效应对股票市场表现也会产生显著的影响，因而提出本文第二个研究问题。

RQ2：新闻的情绪效应（财经新闻情感）对股市行情（收益波动）是否有影响？其影响模式如何？

综述新闻与股票关系的相关研究可以发现，投资者一直是隐而不彰的“角色”，因此有许多研究者开始重视网络舆情对股市的影响。

---

① 刘锋、叶强、李一军：《媒体关注与投资者关注对股票收益的交互作用：基于中国金融股的实证研究》，《管理科学学报》2014 年第 1 期。

② 黄辉：《媒体负面报道、市场反应与企业绩效》，《中国软科学》2013 年第 8 期。

③ Tetlock, P. C., “Does Public Financial News Resolve Asymmetric Information?” *The Review of Financial Studies*, Vol. 23, No. 9, 2010.

此类研究随着社交媒体的普及出现了井喷式的增加。在网络舆情的研究路径下，学者更多地从“情感”或“情绪”的角度切入，例如探讨财经网站论坛、Twitter、微博等社会化媒体平台上的投资者情绪对局部（个股）股价或整体股市波动的影响等。①②③④ 然而在投资者情绪的测度上，不同研究者提出了不同的测量指标和方案，例如有研究采用换手率、消费者信心指数、封闭式基金折价、“央视看盘”指数等指标作为投资者情绪的代理变量。⑤⑥ 此外，亦有学者使用大数据方法进行投资者情绪的测量，如金雪军等使用文本挖掘工具、KNN 算法将网络帖子分成“看涨”“中立”“噪音”三类，由此构造投资者的看涨指数和意见趋同指数⑦。此外，还有其他研究者采用诸如贝叶斯分类、支持向量机模型等方法进行投资者情绪的测度⑧。

由于不同的研究者对情绪的测量及指标合成方法不同，因此既有的研究结果存在较大差异。本研究放弃采纳投资者情绪作为考察其对股价影响的自变量，原因有三。其一，投资者情绪难以观测，通过简单指标合成或者算法进行分类的方式难以准确捕捉到投资者的情感信息。例如，社交媒体数据（如评论）是高度语境化的，然而既有算法

---

① 何平、吴添、姜磊、伍良杰：《投资者情绪与个股波动关系的微观检验》，《清华大学学报》（自然科学版）2014 年第 5 期。

② 易洪波、赖娟娟、董大勇：《网络论坛不同投资者情绪对交易市场的影响——基于 VAR 模型的实证分析》，《财经论丛》2015 年第 1 期。

③ Ranco, G., Aleksovski, D., Caldarelli, G., Grčar, M., Mozetič, I., “The Effects of Twitter Sentiment on Stock Price Returns”, *PloS ONE*, Vol. 10, No. 9, 2015.

④ 陈云松、严飞：《网络舆情是否影响股市行情？基于新浪微博大数据的 ARDL 模型边限分析》，《社会》2017 年第 2 期。

⑤ Baker, M., Stein, J. C., “Market Liquidity as a Sentiment Indicator”, *Journal of Financial Markets*, Vol. 7, No. 3, 2014.

⑥ 王一茸、刘善存：《投资者情绪与股票收益：牛熊市对比及中美比较》，《北京航空航天大学学报》（社会科学版）2011 年第 1 期。

⑦ 金雪军、祝宇、杨晓兰：《网络媒体对股票市场的影响——以东方财富网股吧为例的实证研究》，《新闻与传播研究》2013 年第 12 期。

⑧ 董大勇、肖作平：《交易市场与网络论坛间存在信息传递吗?》，《管理评论》2011 年第 11 期。

多基于词典的方式进行情感判别——即使可以通过有监督的机器学习方式较好地判断情感程度，也很容易出现语境与词意错位的情况。譬如有学者指出，“现在可以建仓”和“现在不能建仓”虽然都有“建仓”这个关键词，但含义完全相反①。其二，基于不同来源的社交媒体指标对股市的影响并非完全一致，因为这些不同来源的指标其实代表了不同来源投资者群体的看法，而不同投资者群体对股市的影响是有系统性差异的②。其三，有研究者指出，投资者的关注才是最终决定股市波动的最重要的直接动因③。由此，本研究仅采用投资者关注作为影响股票市场波动另一维度的自变量，探究其对股票市场的影响。因此提出第三个研究问题。

RQ3：网络舆情（投资者关注）对股市行情（收益波动）是否有影响？其影响模式如何？

此外，在前人的研究中，投资者与新闻媒体对股票市场的影响一直被人为剥离进行独立研究，未能深入分析投资者与新闻媒体之间的联系，因而无法揭示出媒体与股市之间关系的深层原因和内在机理④⑤。

值得注意的是，新闻与舆情虽同属于信息的范畴，但两者是完全不同的概念。具体来说，前者基于的是现实生活中事件的事实，其呈现形式相对理性化；而后者则由（部分）公众对公共领域中某个特定社会问题、公共事务和议题的观点和态度汇集而成，往往夹杂大量强烈的个人情绪，因而带有更多的非理性化特征（例如群体极化现象、回音壁效应等）。在新闻传播学领域，“信息影响模式”是解释人们态

---

① 陈云松、严飞：《网络舆情是否影响股市行情？基于新浪微博大数据的 ARDL 模型边限分析》，《社会》2017 年第 2 期。

② 石勇、唐静、郭琨：《社交媒体投资者关注、投资者情绪对中国股票市场的影响》，《中央财经大学学报》2017 年第 7 期。

③ 刘锋、叶强、李一军：《媒体关注与投资者关注对股票收益的交互作用：基于中国金融股的实证研究》，《管理科学学报》2014 年第 1 期。

④ 叶德磊、姚占雷、刘小舟：《公司新闻、投资者关注与股价运行——来自股吧的证据》，《华东师范大学学报》（哲学社会科学版）2017 年第 6 期。

⑤ 刘锋、叶强、李一军：《媒体关注与投资者关注对股票收益的交互作用：基于中国金融股的实证研究》，《管理科学学报》2014 年第 1 期。

度、行为改变的主导模式——新闻的影响就属于此种模式。然而，越来越多的研究开始意识到大众的意识、态度和行为的改变可能是由信息环境（信息流动模式）决定的。以梅罗维茨的著作《消失的地域》为例，他认为电子媒介引发了社会场景及后续社会行为的变化，而改变的根源在于社会场景的重组[①]；换言之，社会场景本身对人们的态度和行为产生了重要影响。可以这样说，如果新闻对股市行情的信息效应和情绪效应属于一种内容效应，表现为披露市场信息的功能，那么舆情（投资者关注）对股票市场的影响则营造了一种"意见气候""社会场景"甚至"社会潮流"，对个体的决策与大盘的走势产生了信息环境的场景效应。因此理论上来说，信息的"内容效应"和"场景效应"对股票市场的影响在某种程度上存在其独特的作用机制。

还应注意的是，在实际生活中，信息内容与社会场景之间具有某种内在的关联。具体而言，大量集成的信息本身形成了一种"社会场景"，从而对舆情产生了导向作用；换言之，内容效应和环境效应对股票市场的影响可能并非完全独立，而是存在互相影响。此外，社会场景中的信息环境本身亦会对滞后信息内容产生连锁效应，进而对个体决策和经济市场产生影响。有学者指出了新闻媒体和投资者对股票收益的影响路径：当新闻事件发生后，新闻媒体通过选择报道的议程或者观点对事件进行编码，编码后的新闻媒体报道传递给投资者，而投资者在有限关注的约束下，往往买入被新闻媒体报道的能够吸引其注意力的股票，表现出过度关注或过度反应，进而新闻媒体报道对股票收益的影响最终通过投资者的决策和行为反映到市场上。[②] 这一发现进一步说明，新闻媒体与投资者之间存在某种相关性，这种相关性既可能表现出时序上的因果关联，也可能存在互为因果的影响。因此，厘清两种效应对股票市场的影响具有重要的意义，它不仅可以探究信

① ［美］约书亚·梅罗维茨：《消失的地域》，肖志军译，清华大学出版社 2002 年版，第 298—303 页。

② 姜杨、闫相斌：《基于议程设置的新闻媒体报道对上市公司股票收益影响的实证研究》，《金融理论与实践》2015 年第 6 期。

息的社会功能与后果，还可以识别出信息作用于经济社会的不同机制和路径。由此，我们提出第四个研究问题。

RQ4：财经新闻与网络舆情之间的关系如何？在信息影响股市行情的机制中，“场景效应”与“内容效应”孰重孰轻？

二 数据、指标和模型

（一）数据来源与采集

本研究的基础数据分为两部分，第一部分是股票行情、基本面数据等结构化的数据，例如采用的沪深 300 指数的日成交量、开盘价、收盘价等数据——该部分数据来源于 CSMAR（国泰君安数据库）；第二部分为新闻和社交媒体评论等非结构化数据，数据来源于 UQER 数据库（优矿数据），该数据平台每天不间断在东方财富网、和讯网、新浪财经等国内 70 多个主流的财经新闻网站抓取财经新闻，同时在东方财富网股吧、和讯股吧等几十家国内主流股吧论坛爬取网民的评论。

本文研究的样本区间为 2017 年 4 月 15 日—2018 年 4 月 14 日（共 364 天），除去周末和节假日，共涵盖了 244 个交易日。研究内容是新闻热度、新闻情感和社交媒体热度对沪深 300 股指波动的影响。结构化数据采用逐日数据，包含 244 个交易日中沪深 300 股指的日成交量、开盘指数、收盘指数、上个交易日的收盘指数等数据；非结构化数据涵盖了 364 天每日与沪深 300 股指成分股有关的财经新闻和论坛评论数据。

（二）指标合成

1. 因变量——股指收益率（HS300GAIN）

我们通过建构沪深 300 股指收益率来衡量股市每日的波动情况，指标建构公式如下：

$$HS300GAIN_t = \frac{closeIndex_t - openIndex_t}{closeIndex_{t-j}} \quad (1)$$

式（1）中，*closeIndex* 和 *openIndex* 分别代表收盘股指和开盘股指，t 代表当天交易日，j 表示上一个交易日与当日交易日相差的天数。

2. 新闻信息效应——新闻热度（HEAT）

新闻热度指数表示300只股票每日新闻报道数量占当天新闻总量的百分比，因此本文合成的新闻热度即沪深300指数300只成分股当天新闻热度指数的算数平均：

$$HEAT_t = \frac{\sum_{ticker=1}^{300} \frac{stockNews_t}{relatedNews_t}}{300} \tag{2}$$

式（2）中，*ticker* 表示成分股的代码，*stockNews* 表示特定成分股的新闻报道数量，*relatedNews* 表示当天新闻报道的总量。

3. 新闻情绪效应——新闻情感（SENTIMENT）

新闻情感指数由优矿数据提供，表示每只股票当天关联新闻的总体看法（当天的证券新闻情感均值），正数表示看涨、负数表示看跌、0为中性，绝对值越高情感越强烈。本研究新闻情感指标计算出每天300只成分股的新闻情感均值。

4. 场景效应——社交媒体热度（POSTHEAT）

社交媒体热度表示300只股票每天在各大股吧平台标题或内容中被提及的帖子数量占当天这些平台所有帖子数量的百分比，因此指标的合成是300只成分股当日帖子数量占当天股吧社区全部帖子总量的比例的算数平均：

$$POSTHEAT_t = \frac{\sum_{ticker=1}^{300} \frac{stockPost_t}{postNum_t}}{300} \tag{3}$$

式（3）中，*stockPost* 表示每只股票被帖子提及的数量，*postNum* 代表所有帖子的数量。

（三）模型设定

本研究采用向量自回归（Vector Autoregressive，VAR）模型来考察新闻热度、新闻情感、社交媒体热度与股指收益率相互之间的动态影响关系。VAR模型是一种动态的非结构化模型，它将变量间的所有动态关系都考虑了进来，在理论尚未充分告知变量间互相关系及无法确定变量的内生或外生性时十分有效。同时，VAR模型基于数据的统计性质建立，把每一个内生变量作为系统中所有内生变量的滞后值的函数来构造模型，从而可以预测互相联系的事件序列系统及分析随机扰动对变量系统的动态冲击。根据文献综述，我们所要研究的各自变量间的因果时序并未十分清晰，此外若人为设定多元线性回归方程，存在滞后阶数无法确定等问题。基于此，本研究采用 VAR 模型进行建模。

具体而言，本研究构造的 VAR 模型如下：

$$Y_t = C + \sum_{s=1}^{m} \beta_s Y_{t-s} + \varepsilon_t \tag{4}$$

式（4）中，Y_t 是时间序列向量，分别选取股指收益率、新闻热度、新闻情感和社交媒体热度四个指标；C 是常数向量，ε_t 是白噪声序列向量，β_s 是带估计系数矩阵，m 为滞后阶数。关于最优滞后期数的确定，根据前人研究①，选取 LogL、LR、FPE（Final prediction error）、AIC（Akaike information criterion）、SC（Schwarz information criterion）和 HQ（Hannan-Quinn information criterion）等六大信息准则联合判定。

三 实证分析

（一）各变量趋势分析

为了初步探讨新闻热度、新闻情感、社交媒体热度与股指收益率之间的变化趋势，图 1 给出了四个变量的时间趋势。考虑到各变量因为量纲不同不具有可比性，我们将四个变量进行 Z-score 标准化处理。

从图 1 可以看出，沪深 300 股指收益率和新闻情感的变化趋势较为明显，尤其是新闻情感呈现出上下起伏的剧烈波动。从均值来看，这两个变量的变化趋势较为相近，在 2017 年 11 月前呈现出一个围绕 0 值上下波动的平稳过程；但在 2017 年 11 月之后，股指收益率和新闻情感均出现了拖尾趋势。尤其是 2017 年 12 月—2018 年 3 月，股指收益率出现两次大幅“跳水”（震荡期），新闻情感也在这个时段内呈现出相同的趋势，并于 2018 年 2—3 月达到情感的极值状态（从最负面

① 顾海峰、周亚勇：《中证 500 股指期货推出降低了中国股市波动吗？——来自 2007—2016 年沪深股市的证据》，《统计与信息论坛》2019 年第 34 期。

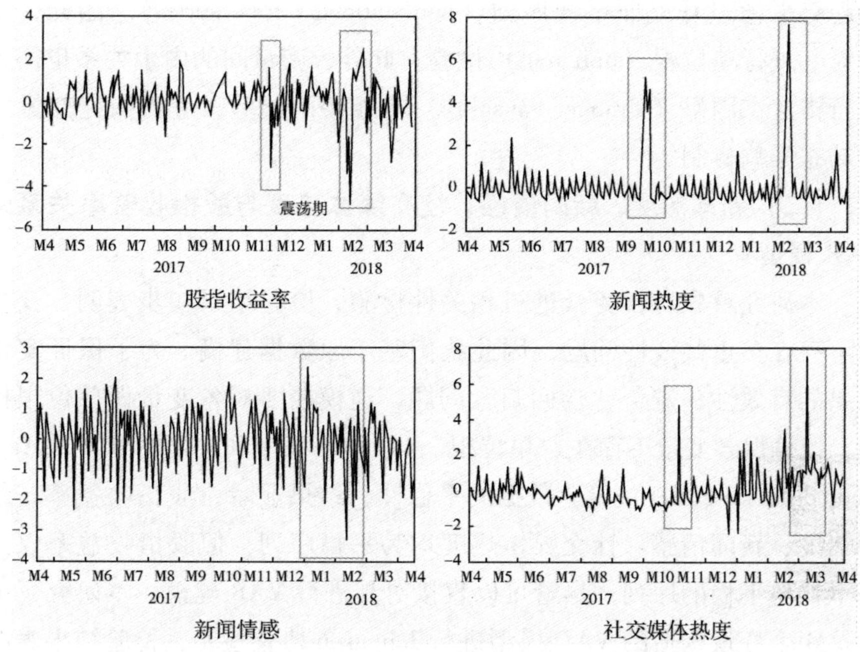

图 1 股指收益率、新闻热度、新闻情感及社交媒体热度的变化趋势

到最积极的情感)。新闻热度和社交媒体热度震荡期的个数与股指收益率的变化趋势相同（均为两个)，其余时段（平稳期）也呈现出围绕常数项波动的平稳过程。从震荡发生时间来看，新闻热度震荡的发生时间较股指收益率有所提前，社交媒体热度的两个震荡期（2017 年 10—11 月和 2018 年 2—3 月）在新闻热度震荡之后，并几乎与股指收益率的两个震荡期同步发生。

从时间趋势图来看，我们几乎得到两个初步判断：第一，四个变量均是一个平稳的时间序列，即“零阶单整”（integrated of order zero)，长期而言，有望回到期望值——“均值回复”的趋势；第二，这四个变量呈现出一种内生性的关系，新闻热度、新闻情感和社交媒体热度本身及其滞后期数对股指收益率有显著影响，同时新闻热度似乎决定了社交媒体热度。然而，由于我们只截取了 1 年的数据，无法判断变量是否为一个平稳的时间序列过程。例如，股票走势具有“随机漫步”（random walk）性质，从而股指收益率可能是一个带有趋势项的趋势平稳过程或非平稳序列（non-stationary time series）。因此，需要对其进行单位根（unit root）检验。此外，变量间的内生关系也需要进行格兰杰因果（Granger causality）等相关的检验，进而探究变量间的动态影响机制。

（二）新闻热度、新闻情感、社交媒体热度与股指收益率关系的VAR模型

本研究首先对各变量进行相关性检验，检验结果初步表明，变量间不存在多重共线性问题，因此我们基于原数据建模。为了保证实证结果的有效性，避免“伪回归”问题，建模前要对各变量做单位根检验，以确保各变量不存在“单位根”，即非平稳序列。使用ADF（Augmented Dicky-Fuller）检验数据的平稳性，结果显示，股指收益率、新闻热度、新闻情感、社交媒体热度均为平稳序列，但股指收益率仅是一个趋势平稳的序列，尽管可以直接对其进行VAR建模，本研究仍旧对这4个变量构造的VAR模型进行Johansen协整检验，检验结果表明它们存在长期均衡关系。

向量自回归模型的建立需要确定滞后阶数，本研究通过6项评判指标准则选择最优滞后阶数。在选择滞后阶数时，为了体现模型的动态特征，滞后阶数不宜太小，也不宜太大，否则模型的自由度会变小。信息准则计算结果见表1。结果显示，模型最优拟合度预测误差阶数为3阶，因此我们以股指收益率为因变量，以新闻热度、新闻情感和社交媒体热度为自变量，建立3阶VAR模型。

表1　　VAR滞后阶数选择信息标准

滞后阶数	LogL	LR	FPE	AIC	SC	HQ
0	528.0900	NA	2.42e-15	-22.30170	-22.14424*	-22.24245
1	551.3835	41.63097	1.78e-15	-22.61206	-21.82477	-22.31580*
2	562.0742	17.28713	2.27e-15	-22.38614	-20.96900	-21.85286
3	586.1354	34.81185*	1.68e-15*	-22.72916*	-20.68219	-21.95887
4	595.2446	11.62882	2.43e-15	-22.43594	-19.75913	-21.42864

注：*表示根据准则选取的滞后阶数。

为了判断整体模型的有效性，我们针对所建立的VAR模型进行稳

定性评估。本研究利用特征多项式的根的倒数进行判断，若所有根模的倒数小于1，则说明模型设定的稳定性。稳定性检验结果如图2所示。从图2可以直观地看出，本研究中所有根模的倒数均小于1，所有单位根均落在单位圆内，表明模型设定的稳定性，同时亦说明本研究选取的变量之间存在长期稳定的关系，可以进行后续的分析。

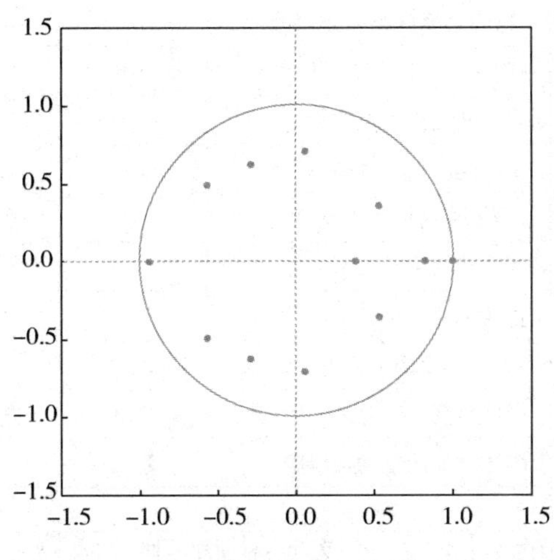

图2 模型稳定性检验

为确定变量之间的因果关系，我们对VAR模型进行格兰杰因果关系检验。与反事实框架下的因果机制不同，格兰杰因果关系是指在Y的模型中，如果加入的滞后变量有助于解释Y，则认为变量X是致使变量Y的“格兰杰原因”①。格兰杰因果关系检验结果见表2。

根据表2可以发现：（1）仅有新闻情感和社交媒体热度是股指收益率的格兰杰原因，而股指收益率却不是这两个变量的格兰杰原因，这说明新闻情感和社交媒体热度的变化是领先于股指收益率变化的，两者对股指收益率的预测具有较大贡献；（2）新闻热度不构成股指收益率的格兰杰原因，而社交媒体热度却是其格兰杰原因；（3）同时，社交媒体热度是造成新闻情感变动的原因，但它显然是一个外生型变

① 陈云松、严飞：《网络舆情是否影响股市行情？基于新浪微博大数据的ARDL模型边限分析》，《社会》2017年第2期。

量，不受新闻热度、新闻情感和股指收益率的影响。

表 2　　格兰杰因果关系检验结果

原假设	卡方统计量	P 值	结论
新闻热度不是股指收益率的格兰杰原因	3.80	0.284	接受
新闻情感不是股指收益率的格兰杰原因	8.72	0.033	拒绝
社交媒体热度不是股指收益率的格兰杰原因	9.62	0.022	拒绝
股指收益率不是新闻热度的格兰杰原因	7.04	0.071	接受
新闻情感不是新闻热度的格兰杰原因	6.04	0.109	接受
社交媒体热度不是新闻热度的格兰杰原因	9.71	0.021	拒绝
股指收益率不是新闻情感的格兰杰原因	7.70	0.052	接受
新闻热度不是新闻情感的格兰杰原因	1.93	0.587	接受
社交媒体热度不是新闻情感的格兰杰原因	17.82	0.001	拒绝
股指收益率不是社交媒体热度的格兰杰原因	1.30	0.730	接受
新闻热度不是社交媒体热度的格兰杰原因	1.21	0.750	接受
新闻情感不是社交媒体热度的格兰杰原因	2.54	0.467	接受

在 VAR 模型的基础上，本文应用脉冲响应函数来分析系统对来自自身或其他内生变量冲击扰动的动态反应，并从动态反应中判断变量间的时滞关系，其体现了当系统受到其中一个变量、一个标准差冲击后对其他变量产生影响，并最终反馈到自身的一个过程。

图 3 分别给出了股指收益率、新闻热度、新闻情感及社交媒体热度对股指收益率变动的短期冲击反应。从脉冲响应结果可以看出，股指收益率对自身的一个标准差的冲击几乎是正方向的，在第 1 期表现最为明显，增加了将近 0.09 个百分点，第 2 期开始恢复到均衡位置，之后几期的影响变得不太明显；在新闻热度、情感和社交媒体热度对股指收益率的响应函数中，以社交媒体热度的冲击力度最为明显，其变动对股指收益率的正向冲击在第 3 期达到最高顶点，增加了近 0.075 个百分点，第 4 期变为负，减少了 0.005 个百分点，随着时间的推移逐渐收敛为 0。此外，新闻热度与新闻情感的冲击力度较弱，分别在第 2 期和第 3 期达到最高（约 0.025 个百分点），随后逐渐收敛到均衡位置。

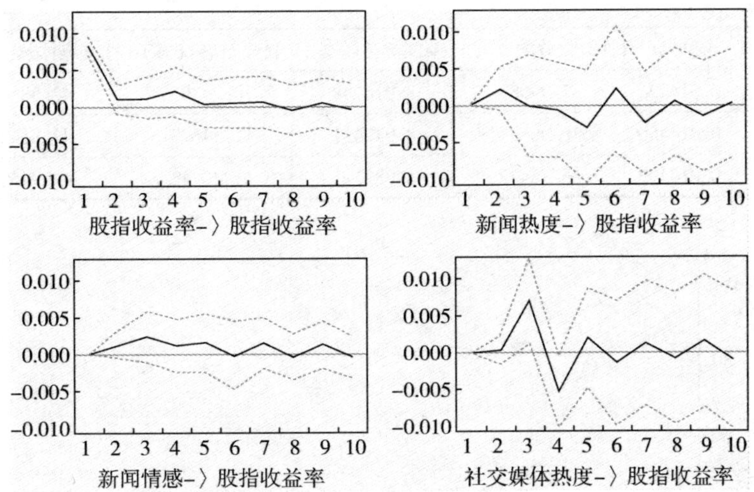

图3　各变量变动对股指收益率变化的脉冲响应

本研究还通过方差分解评价各内生变量的相对重要性。图4和表3给出了股指收益率的方差分解结果。根据图4和表3，新闻热度和新闻情感对股指收益率变动的贡献最小，贡献率分别维持在8%和10%左右；而股指收益率自身和社交媒体热度是股指收益率变动贡献最大的两个因素。股指收益率的贡献率从第1期的100%逐渐递减至滞后第10期的36.76%，但社交媒体热度的贡献率则在第4期增长至46.56%，至第10期时，其贡献率一直稳定在该水平上，并超过股指收益率本身的贡献率。

表3　　股指收益率的方差分解

滞后期数	标准误	股指收益率（%）	新闻热度（%）	新闻情感（%）	社交媒体热度（%）
1	0.008334	100.0000	0.000000	0.000000	0.000000
2	0.008789	91.08750	8.628472	0.084383	0.199646
3	0.011607	53.23484	5.623918	3.498137	37.64311
4	0.012965	45.11401	4.515065	3.811719	46.55920
5	0.013553	41.34620	6.376395	7.340608	44.93679
6	0.013821	39.95106	8.149605	7.674505	44.22483
7	0.014187	38.09456	8.928655	10.08480	42.89198

续表

滞后期数	标准误	股指收益率（%）	新闻热度（%）	新闻情感（%）	社交媒体热度（%）
8	0. 014226	37. 99980	8. 916148	10. 20305	42. 88100
9	0. 014450	36. 90661	8. 932421	11. 34677	42. 81420
10	0. 014492	36. 76472	8. 882205	11. 40742	42. 94566

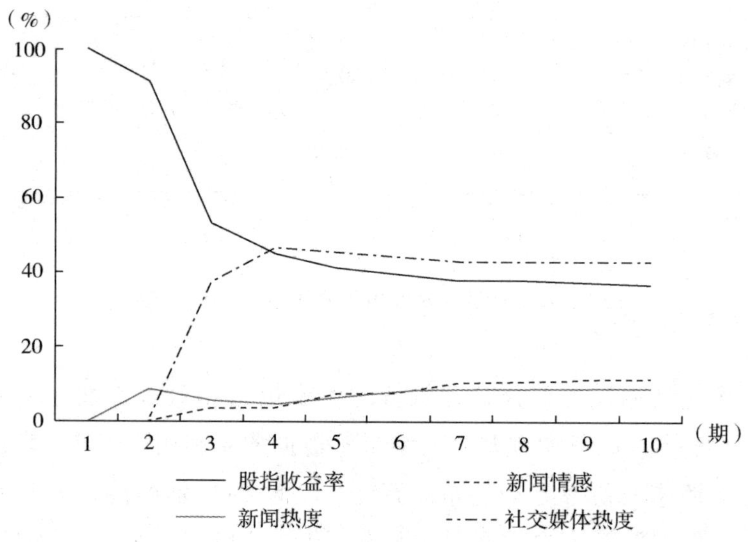

图 4 股指收益率的方差贡献率

四 结论

本研究基于 VAR 模型探究了 2017 年 4 月 15 日—2018 年 4 月 14 日（共 364 天，除去周末和节假日，共 244 个交易日），新闻热度、新闻情感和社交媒体热度对沪深 300 股指收益率波动的动态影响。研究发现，新闻情感和社交媒体热度对股指收益率有显著影响，而新闻热度却对股指收益率影响不显著；社交媒体热度不仅构成新闻热度的格兰杰原因，也是新闻情感的格兰杰原因；除股指收益率本身外，社交媒体热度对股指收益率波动的效应最强。

与前人研究结论大相径庭的是，本文的数据结果认为，新闻热度（媒体关注度）对股票市场几乎无任何影响，而社交媒体热度成为新闻情感和新闻热度的外生变量，对二者产生显著影响。造成这种现象的原因很可能是新闻的信息效应被社交媒体的场景效应稀释了。这一点可以从社交媒体热度对股指收益率的脉冲响应和方差分解结果看出来。滞后四期的社交媒体热度对股指收益率的效应超过股指收益率滞后变量对其本身的效应，成为影响最大的因素。有学者也得到类似的结论，其研究发现，在引入媒体关注度和投资者关注度的交互作用后，投资者关注度对股票收益的直接影响仍保持显著的正向关系，但媒体关注度对股票收益的负向影响变得不显著，且媒体关注度的影响显著弱于投资者关注度的效应，而交互项对股票收益具有显著的正向影响。这些结果表明，投资者的关注才是造成股票收益变化的直接动因，而媒体关注度对场景效应仅起到调节作用，即信息效应的功能在于放大社交媒体的场景效应。

由于本研究仅基于沪深300股指及其一年的行情数据，使得研究结论有一定的局限性，该研究发现的规律是否具有普遍性尚待进一步验证。此外，后续研究应该在指标合成、内容效应和场景效应的交互项设置上得到改进。

第三部分

案例分析

行业媒体前路宽　激发动能与潜能*

——以中国新闻出版传媒集团为例

丁以绣**

摘要　作为中国报业体系里的一个重要类别，行业报以特定行业读者为受众对象，为特定行业发展服务。扬长避短、用好资源，是生存、发展、升级的关键所在。行业媒体在发展中切不可一味向市场化综合媒体靠拢、力求面面俱到，在生存环境严峻的情况下，专而精的发展之路是增强竞争力的根本选择之一。应以更开阔的思维挖掘行业价值，用内容服务行业，用活动推动事业，围绕内容与品牌拓宽生存空间。

关键词　报业；行业报；传媒集团；内容与品牌

作为行业媒体中的一员，被誉为“报中之报”的《中国新闻出版广电报》集中报道中宣部、国家新闻出版署最新发布的权威政策信息，报道业内重大典型、重要生产和经营信息，以及各类新闻出版广电动态，及时向新闻、出版、广电专业人士提供新情况、揭示新问题、报道新经验，是新闻出版广电工作者了解国家相关政策、把握行业动态、卓有成效开展工作的必备报纸，也是洞悉和交流国外新闻、出版

---

* 本文原刊于《新闻战线》2020 年第 9 期。

** 丁以绣，中国新闻出版传媒集团编委会主任、《中国新闻出版广电报》总编辑。

信息和成果的重要渠道。

在新冠肺炎疫情期间，中国新闻出版传媒集团旗下中国新闻出版广电报社发挥行业优势，时刻关注逆行者中的媒体人，了解他们在前方的采访所需，协调后方资源，为一线记者提供包括口罩、手套、防护服、消毒液等防护必需品，让他们能够在得到必要防护的前提下深入医院、企业、社区等，为传递真实准确的一线信息提供保障。同时，协调公益组织为湖北省多地医院供应心肺复苏仪、消毒机等价值上千万元的设备，展现了行业媒体在疫情中关注行业、深耕行业、延展行业的应有作用。

一直以来，行业报作为我国报业发展历程中一支重要且独特的力量，在服务行业中发挥着不可替代的作用，经过多轮改革，在提升自身内容深度、广度、温度的同时，也不断拓展着市场外延，提升着市场竞争力。绝大多数行业媒体由于起步晚、底子薄、收入结构单一、体制机制缺乏活力、市场营销创新不足等，造成抵御市场风险并参与市场竞争的能力偏弱，加之受新媒体冲击，可谓雪上加霜。但同时也应看到，行业报在发展过程中，也积累了丰富行业资源，在多元因素的倒逼下，势必会激发出新的动能与潜能。

中国新闻出版传媒集团是2011年以中国新闻出版报社整体转制为基础成立的，其后，《中国新闻出版广电报》（原《中国新闻出版报》）内容质量进一步提升，举办的一系列活动在业界产生广泛影响，为行业媒体发展探索出一条聚焦行业、拓展行业的有益之路。

一 思路明确——不求大而全但求小而精

作为中国报业体系里的一个重要类别，行业报以特定行业读者为受众对象，为特定行业发展服务。扬长避短、用好资源，是生存、发展、升级的关键所在。

就利而言，行业报传播面“窄”但便于“精”，在不求大而全但求小而精方面，有着天然优势。在面对与行业相关的热点问题、焦点问题时，相较于综合性媒体的解读也能更为专业、准确，应充分发挥这些优势。毕竟，行业报所积累的政府资源、行业资源是一般综合类媒体所不能比拟的。

就弊而言，因聚焦特定行业，行业报的受众群体相对有限，不易“出圈”，而过于专业的内容往往将更广泛的受众“拒之门外”，内容机关化的影子也与市场需求保持着一定距离。

综合利与弊，行业媒体在发展中切不可一味向市场化综合媒体靠拢、力求面面俱到，这无疑是摒弃自身优势而选择照猫画虎，其结果势必会让自己的定位更加模糊。坚持“专”的同时，在语言表达、呈现形式等方面也应适应市场有所改变，面对日益变化的媒体环境，墨守成规易成为发展中的羁绊。

就行业媒体而言，在生存环境严峻的情况下，专而精的发展之路是增强竞争力的根本选择之一。从中国新闻出版传媒集团自身发展来看，立足行业、关注行业，满足大众垂直需求的细分精品，是行业特、深、精的体现，也是行业媒体的价值所在。

内容为要。“内容为王”永远不会过时，但需适时转变观念。以新媒体发展为例，为何行业媒体融合成果往往被人诟病流于表面？或许是源于新媒体内容多是“搬运”传统媒体的传播模式。以中国新闻出版传媒集团新媒体矩阵中“广电视界”公众号为例，其开设半年便实现经营收入，正是由于摒弃了照搬报纸内容的“传统”，不断加大原创力度，在抢占广电领域新媒体传播话语权中占据了一席之地，生产的很多内容被行业认可，也被更多公众接受。

以“小”见“大”。随着新媒体冲击的不断加剧，传统媒体的影响力受到严重影响，为此，中国新闻出版传媒集团聚焦行业的同时以社会“小”需求为导向，拓展服务能力和影响力，不断助力“大”政策落地。以推动全民阅读为例，第三届“大众喜爱的50个阅读微信公众号”推荐活动在为期两周的投票中，参与人数达到44.5万人次，活动页面点击量达438万次，较第二届的128万次大幅增加，活动影响力不断提升，也助推着全民阅读走入寻常百姓中。

实践刚刚起步，行业资源的富矿远未开发殆尽，行业媒体人应以更开阔的思维挖掘行业价值，用内容服务行业，用活动推动事业，围绕内容与品牌拓宽生存空间。

二 思维转变——用品牌建设深耕行业

内容是媒体发展的根本，品牌是媒体前行的保障。品牌可以带来收入，也可以推广自身企业文化和价值观，是比任何有形财富都更为宝贵的资产。在行业媒体发展中，切莫只注重内容建设而忽视了品牌建设。就中国新闻出版传媒集团而言，从成立之初便实行市场化运作，为实现资源整合最大化创造了条件。

比如，截至2019年，全民阅读“红沙发”系列访谈活动已在全国书博会、北京图书订货会以及武汉、杭州等地连续举办22期128场；“书香中国万里行”已走过近20个城市，成为全民阅读活动的国家级品牌；“微笑彩虹·书香温暖童年”公益活动正“用阅读的阳光温暖每一颗童心”，以阅读带动公益，以公益促进阅读，用公益行动和阅读为特殊儿童群体带去阳光、带去希望，也带动更多人参与到公益中来，促进了我国公益事业的发展。

2016年底，“书香中国万里行”和“大众喜爱的50种图书”均被写入国家新闻出版广电总局《全民阅读“十三五”时期发展规划》；“书香中国万里行”被写入国家新闻出版广电总局《关于开展2015年“百社千校”阅读活动的通知》，号召各出版社“结合‘书香中国万里行’活动，充分利用报刊、电视、广播、网络媒介，加强对阅读活动中典型事迹和先进经验的宣传报道，提高社会影响力”。

上述系列活动都是中国新闻出版传媒集团依托行业拓展业务的结果，借助系列活动，从宣传阅读发展到引导阅读，发挥了行业优势，帮助大众解决了“读什么”和“怎么读”的问题。一方面，根据地域阅读特点，组织媒体深入采访，在总结先进经验、宣传优秀典型的基础上，帮助当地组织多种阅读推广活动，提升阅读推广水平；另一方面，抓住全民阅读推广活动的热点进行梳理总结，形成独有的品牌。《人民日报》、新华社、中央电视台等中央媒体以及当地媒体对系列活动进行报道，大大提升了中国新闻出版传媒集团的社会知名度和系列活动品牌美誉度。

2019年10月，“书香中国万里行·高校校园书店建设系列活动”

首站在徐州举行，这是国内首次以高校校园书店建设及经营为主题的全国性活动，不但推动了高校和出版发行单位统一思想、提高认识，还明确目标、把握方向，研究问题、探索路径，为做好高校校园书店建设工作助力赋能。活动促成了中宣部印刷发行局和教育部发展规划司会前座谈并达成共同推进高校校园书店发展的共识。

品牌是价值的浓缩、市场认可的体现。品牌可以让我们区别于竞争对手、积淀竞争优势，并获得受众忠诚度、聚集更多社会资源与力量。

当然，品牌的收获也得益于精准定位、深耕市场的结果，是与国家政策契合、与自身优势契合、与市场需求契合的结果，让影响力不断扩大，实现社会效益与经济效益的双丰收。

品牌的打造与形成不是一蹴而就的事情，是一个需要长远规划、脚踏实地的过程。只要坚定了符合市场需求的目标，离成功便更近了一步。

三 思考未来——多元提升方能立体发展

在不断发展的过程中，尽管中国新闻出版传媒集团的专业内容形式多样、品牌活动日益丰富，但客观而言，与市场化媒体相比，仍有诸多提升空间，这也反映出大多数行业媒体面临的共性问题。

内容建设方面，与行业相关的市场思维尚不够开放，往往能够立足行业看行业，但缺少跳出行业看行业的视角，这让行业媒体发展的布局存在一定局限性，也让报道内容拘于一隅。同时，传播视角大众化的转变尚且不够，毕竟，拓展市场意味着聚焦更广泛的受众群体，而平等的互动交流更利于建立传与受的关系。

媒体融合方面，虽然中国新闻出版广电报社不断丰富内容形式，也取得了阶段性进展，但一些现实问题仍摆在面前。在新媒体建设中，行业媒体面临着专业人才不足、市场嗅觉迟缓、反应速度滞后、缺少产品思维等问题，内容传播多样性虽较融合发展前有大幅提升，但随着呈现形式的丰富，短视频、H5 等制作能力尚停留在较初级阶段。因此，只有内容生产环节真正有了不同于传统媒体时代的产品输出，行业媒体的融合才能真正发挥整合媒体资源、完善公共服务等功能。

习近平总书记在 2018 年全国宣传思想工作会议上指出："我们必须科学认识网络传播规律，提高用网治网水平，使互联网这个最大变量变成事业发展的最大增量。"传统媒体向移动媒体平台转移，实现传统媒体与新媒体的全面融合，既是党的新闻宣传工作占领舆论主阵地的需要，也是传统行业媒体重新夺回传媒市场的需要，这离不开人才的培养与引进。

因此，解决传统行业媒体对优秀人才吸引力下降的问题应尽早提上日程。媒体之间的竞争，归根到底取决于人才的较量。新媒体的快速扩张吸引着大量行业媒体人的加入，直接影响着传统行业媒体的人力资源配置，而固化的体制内用人机制造成行业媒体内容生产者的创意活力下降也是不争的事实。

就当前大多行业媒体的收入而言，难以与市场化传媒机构相提并论，因此，如何吸引人才、留住人才成为关键。借鉴综合类媒体实践经验，工作室模式的推行或可成为行业媒体留住人才的有益尝试。毕竟，在薪酬留人缺乏竞争力的当下，事业留人可成为首选。

市场经验证明，尊重人才，就要给人才更多价值的体现，工作室模式可以放大业内影响力，让人才收获应有回报，也能让人才的创新才能更好施展。在鼓励创新的环境下，人才可以更好地自主完成更具创意的策划与执行，从而使产品更多更好地被市场接受。留住人才的关键因素还在于，在本单位多年共事累积下的情感、默契等优势。因此，这样的工作室制能使人才在多方面得到尊重与保障，换来的，也是人才对于平台的忠诚度与稳定性。

经济议题海外社交媒体传播策略研究

——以 Twitter 平台三大央媒“中美贸易摩擦”报道为例*

杭　敏　李唯嘉**

摘要　社交媒体为经济议题的传播开辟了新的国际化场域，然而面对复杂多变的国际环境，经济议题的传播也面临着新的挑战。本文以“中美贸易摩擦”报道为例，分析了《人民日报》、新华社和央视三家主流媒体在Twitter平台上对该议题的报道，从报道内容、报道形式与报道框架等方面进行了总结，并讨论了经济议题在海外社交平台上的传播策略，以期为新媒体场域下的经济议题国际传播提供思考与启示。

关键词　经济议题；海外社交媒体；报道策略

随着社会经济的快速发展，经济报道的重要性不断凸显。商品、服务以及生产要素愈加频繁的跨国流动使得经济议题的国际化特性越发明显。这就需要我们在进行经济报道时不仅考虑国内受众的信息获取诉求，也要兼顾国际传播的规律特征。

近年来，社交媒体为经济议题的传播开辟了新的国际化场域。相

---

* 本文原刊于《全球传播学刊》2018 年第 4 期，系清华大学自主科研项目计划资助成果。

** 杭敏，清华大学新闻与传播学院副院长，教授、博士生导师，经济传播研究中心主任；李唯嘉，南开大学新闻与传播学院助理教授，2021 年毕业于清华大学新闻与传播学院，获博士学位。

较于传统媒体而言，社交媒体对受众的影响更加迅捷。在全球范围内，以 Twitter 为代表的新闻类社交媒体正逐步成为集聚新闻内容和传播信息资讯的主要社会化平台。统计显示，Twitter 平台上 85% 的话题由新闻媒体账号产生，这意味着 Twitter 已表现出了非常明显的新闻媒介属性。①

为加强国际报道与传播能力，更好地在国际场域发声，不少国内主流媒体也纷纷开设 Twitter 账号，以期在辐射层面与国际接轨。以 Twitter 为代表的新闻类社交媒体平台正逐渐成为国内主流媒体影响海外受众议程的新阵地。主流媒体在 Twitter 平台上发布助力中国经济社会发展的时事新闻资讯，一些突发事件和热点话题也借助 Twitter 平台进行国际传播，而经济议题也成为其中的重要组成部分。

一 海外社交媒体平台上的经济议题

整体而言，关于主流媒体如何在海外社交媒体平台进行经济议题传播的探讨主要涉及两个层面的问题：其一是国内主流媒体如何运用社交媒体平台进行国际传播；其二是经济议题在传播过程中的特殊性。

针对第一个问题，数据显示，2018 年全球使用互联网的网民数量已经超过 40 亿，② 新加入的网民用户显现出了年青化、多元化以及多极化的特点，这意味着未来的国际媒体需要朝着信息平等、公众参与和数字化转型的方向转变。2017 年美国皮尤（Pew）研究中心的调查结果显示，国际社会对中国的看法可谓“喜忧参半”，过半民众对中国议题的态度积极乐观，但与此同时，也有相当一部分涉华议题存有较大争议。③ 因此，我们当前的外宣工作面临着“机遇与挑战并存，

① Kwak, H., Lee, C. & Park, H., et al., "What is Twitter, a Social Network or a News Media?" *Paper Presented at the Proceedings of the 19th International World Wide Web Conference*, 2010.

② DIGITAL IN 2018, World's Internet Users Pass The 4 Billion Mark, https://wearesocial.com/blog/2018/01/ global-digital-report-2018.

③ Pew research, Globally, More Name U. S. Than China as World's Leading Economic Power, http://www.pewglobal.org/2017/07/13/more-name-u-sthan-china-as-worlds-leading-economic-power/, 2017.

机遇大于挑战”的局面，在这一背景下，适时适度地国际传播策略或能起到影响甚至扭转舆论的作用。现有研究指出，在国际传播的建设中，中国媒体在拓展信息传播渠道的同时，还需要进一步加强自身的叙事能力，比如采取“策略性叙事”（strategic narratives）的方式，在传播过程中对议题所蕴含的价值观进行“包装”，引导受众按照传播主体的意图进行解读，以期提升传播效果，这同时也意味着国内媒体的国际传播策略仍然具有提升和探讨的空间。①

第二个问题，经济议题本身具有特殊性，除了影响范围广以及议题具有重要性之外，经济新闻还往往具有一定的阅读门槛。为了便于读者理解，越来越多的媒体开始将信息图像和互动技术应用到经济新闻当中②，这就为经济新闻的呈现形式提出了更高的要求。有必要在事实层面的基础之上，关注报道形式层面的问题。

此外值得注意的是，情感成为传播学领域的一个新的研究重点③，因此，当谈及社交媒体上的信息传播时，亦不能忽视信息传播中所夹杂的情感特征。在社交网络时代，信息传输与情感表达的地位等量齐观。④ 舆论场中至少存在四种占主导地位的情感：愤怒、伤心、恐惧和焦虑，反过来，这四种情感也在很大程度上影响了受众认知。⑤

具体而言，近期出现的经济事件中，“中美贸易摩擦”引发了国内外媒体的高度关注，《人民日报》（@ PDChina）、新华社（@ XH-News）和中央电视台（@ CGTNOfficial）三大主流媒体在 Twitter 平台

---

① 史安斌、廖鲽尔：《国际传播能力提升的路径重构研究》，《现代传播》（中国传媒大学学报）2016 年第 10 期。

② 杭敏：《传统媒体财经报道中的信息图像可视化——以华盛顿邮报为例》，《新闻与写作》2015 年第 1 期。

③ Serrano-Puche, Javier, “Emotions and Digital Technologies: Mapping the Field of Research in Mediastudies”, London: LSE, 2015.

④ 史安斌、邱伟怡：《社交媒体环境下危机传播的新趋势新路径——以“美联航逐客门”为例》，《新闻大学》2018 年第 2 期。

⑤ Jin, Y., Pang, A., Cameron, G. T., “Integrated Crisis Mapping: Toward a Publics-Based, Emotion-Driven Conceptualization in Crisis Communication”, *Sphera Publica Revista De CienciasSociales Y De La Comunicación*, No. 7, 2007, pp. 81 – 96.

上合力发声，对该事件进行了追踪报道，呈现为经济议题在海外社交媒体平台上报道与传播的典型性案例。

2018 年 3 月 23 日，美国总统特朗普签署对华贸易备忘录，宣布将有可能对由中国进口的 600 亿美元商品加征关税，同时限制中国企业对美投资并购。这成为“中美贸易摩擦”议题开始引发关注的一个引爆点。到当地时间 2018 年 5 月 19 日，中美两国在华盛顿就双边经贸磋商发表联合声明，在减少美对华货物贸易逆差等六个方面达成共识，这成为标志该事件告一段落的另一时间点。[①] 为此，本文选择在这两个时间点内对三大主流媒体就“中美贸易摩擦”议题所进行的一系列 Twitter 报道进行观测与分析，以探索经济议题在海外社交媒体平台传播的特点与规律。

为进一步具体观测，笔者应用 Social Bearing[②] 和 Social Mention[③] 平台进行了分析。Social Bearing 是针对 Twitter 开发的社交媒体情感分析平台，能够展现 Twitter 上关于某一议题的讨论情况与情感走向。该平台数据结果表明，在事件爆发 10 天之后（即 3 月 23 日—4 月 2 日），约 35% 的网民对该议题持负面态度，讨论的高频词汇集中于“conflict”、“war” 以及 “tensions” 等指代矛盾与冲突的表述。

Social Mention 则是一个综合性社交媒体分析平台，旨在关注某一议题在社交媒体上的讨论热度（strength）与范围（reach）。数据分析发现，该事件发生一个月后（即 3 月 23 日—4 月 23 日），该议题在社交媒体（包括 Twitter、Facebook 以及 YouTube 等）平台上被提及的概率仍然高达 16%，影响范围为 52% （strength = 16%，reach = 52%）。这意味着国际受众对中美贸易摩擦的讨论热度高、范围广，同时也存在着较为严重的负面舆情，这些都对中国主流媒体在海外社交媒体平台的报道与传播提出了挑战。作为中国对外传播的重要窗口，主流媒

① 2018 年 7 月 6 日，中方外交部发言人表示将对美部分输华商品加征关税，标志着中美贸易摩擦扩大化。鉴于此事件仍在不断发酵，本文以 2018 年 3 月 23 日—2018 年 5 月 20 日作为一个完整的事件周期进行分析，重点探析在此阶段内主流媒体在社交媒体上的报道策略。

② Social Bearing，获取自 https：//socialbearing. com。

③ Social Mention，获取自 http：//socialmention. com。

体在社交媒体平台上究竟应该如何报道，选择怎样的形式来呈现经济议题，以及如何进行有效传播，如此种种都是值得探讨的研究性议题。

本文选择从经济议题报道的内容与形式两方面入手，对三大主流媒体的 Twitter 报道进行统计分析——在内容层面观测报道框架与信源选择，在形式层面分析新闻呈现方式与互动形式——以期为经济议题在海外社交媒体平台上的报道与传播提供策略性建议。

二 三大央媒“中美贸易摩擦”Twitter 报道分析

本研究在 Twitter Search 平台①上以“UStrade”、“U. S. trade”以及“tradewar”为关键词，对三大主流媒体的 Twitter 账号（@ PDChina、@ XHNews、@ CGTNOfficial）进行了检索，时间范围为 2018 年 3 月 23 日—2018 年 5 月 20 日，检索得到 262 条信息，通过进一步阅读，筛选出 241 条与“中美贸易摩擦”直接相关的推文作为样本进行分析。

笔者首先对三大央媒的 Twitter 报道进行词频统计，以 4 月 16 日为时间节点将事件分为前后两个时期。2018 年 4 月 16 日，美国商务部宣布对中兴通讯进行制裁，中兴通讯被禁止以任何形式从美国进口商品。4 月 19 日，针对此事件商务部表示中方将密切关注事件进展，随时准备采取必要措施维护中国企业权益，暗示着中美贸易摩擦继续升级。笔者对 241 条推文报道按照时间排序，以 4 月 16 日为事件节点，将推文分为“事件前期”和“事件后期”两部分，剔除核心词“China”、“Chinese”、“US”以及“U. S.”之后，运用 Python 对其余推文进行词频分析（见图 1）。整体而言，“trade”“war”“tariff”是出现频率最高的词，勾勒出了围绕关税而展开的中美贸易摩擦图景。从报道关键词所呈现出来的趋势看，对比事件前期与后期的关键词，高频词由 trade tension，trade deficit 转为 trade talk，从侧面显示出了随着贸易摩擦升级，我国希望通过对话（trade talk）等手段解决贸易纠纷的意愿，而这一特征在事件后期越发明显。此外，中兴事件之后，来自中国官方的声音越发凸显，“vice premier”一词成为出现频率较高的关键词之一，

① Twitter 搜索（Twitter Search），获取自 https：//twitter. com/search-home。

即主流媒体逐渐聚焦于中方首席谈判代表（vice premier Liu He），表达了中国希望以和平手段解决中美贸易摩擦的态度与立场。

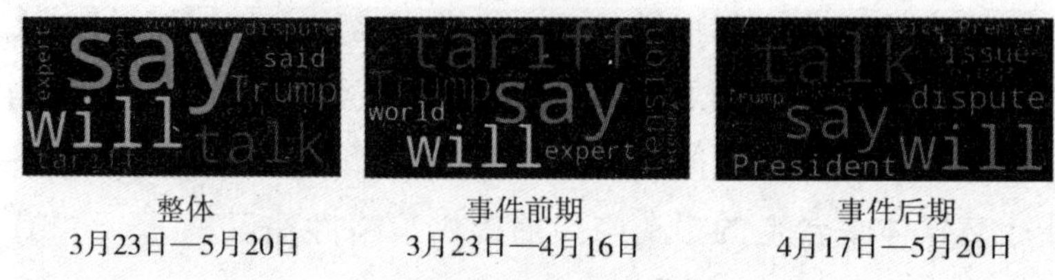

图1　三大央媒“中美贸易摩擦”推文词云

从三大央媒对中美贸易摩擦Twitter报道的整体情况来看，近一个月内，《人民日报》在Twitter平台上发稿48条，单日最高发稿量3条（3月24日、3月26日、4月5日、5月8日及5月19日）；新华社在Twitter平台上发稿115条，单日最高9条（4月9日），中央电视台在Twitter平台上发稿78条，单日最高8条（5月20日）（见表1）。最高发稿量的出现时间大多集中于事件伊始或其重要节点：比如4月5日，特朗普要求美国贸易代表额外对1000亿美元中国进口商品加征关税，此举加剧了贸易摩擦的态势。此外，新华社的最高发文量出现于4月9日，虽然没有明显的事件驱动特征，但是该组报道通过一系列分析性文章凸显了中方对贸易摩擦的隐忧，以及希望尽早解决此次贸易摩擦的心愿。

表1　　三大央媒对中美贸易摩擦Twitter报道的发稿统计

媒体	发稿总量	单日最高发稿量	单条最高获赞数目	单条最高转推数目
《人民日报》（@PDChina）	48	3	518	280
新华社（@XHNews）	115	9	6800	777
央视（@CGTNOfficial）	78	8	1200	81

三家媒体的单条最高获赞数目均超过500个，其中新华社于4月9日发布的推文“What’s up with this U. S. -China trade ‘war’? We head to Boao to discover if it’s bluff, and what it could mean to you.”（中美贸易摩擦现状如何？我们为您一探究竟）获得了6800个点赞以及777次转推。该条推文对参加博鳌亚洲论坛的各国代表进行了采访，以视频形

式呈现出代表们对此次贸易摩擦事件的看法，表达了世界各国希望以协商形式解决贸易冲突的愿望，获得了网民的高度认可与积极回应。在下文中，笔者将进一步从内容和形式两方面对三大央媒的Twitter报道进行具体分析。

（一）内容层面

从内容层面来看，三大央媒在报道框架与新闻信源使用中都存在着一些明显的特点。

1. 报道框架

在对传播效果的评估中，我们常常运用框架分析（framing analysis）的方式来进行研究。戈夫曼首次将框架的概念引入传播学中，他认为，框架为事件提供了一种原始解释（original interpretation）的范式，人们往往需要依赖一套策略和框架来理解外部世界，[①] 而新闻本身就给人们提供了一套认识和理解世界的路径，通过对新闻事件的选择、加工与阐释，使之置于特定的意义体系之内。[②] 框架分析不仅关注受众在想什么，还关注受众怎么想，即媒体报道如何影响人们对某一议题的价值判断。[③] 关于新闻框架分析的研究主要包括两种路径：其一是将框架作为自变量，考察框架对受众认知以及态度的影响，其二是将框架作为因变量，关注框架的建构方式与过程。[④] 本文采取第二种研究路径，旨在分析三大央媒在Twitter报道中，对中美贸易摩擦议题所呈现的报道框架。

理性与情感构成了人类两种基本的认知系统。[⑤] 近年来，在进行框架分析时，学者们开始关注新闻事实框架和情感话语上的映照关

---

① Goffman, E., *Frame Analysis: An Essay on the Organization of Experience*, New York: Harper & Row, 1974.

② 潘忠党：《架构分析：一个亟需理论澄清的领域》，《传播与社会学刊》（香港）2006年第1期。

③ 陈阳：《框架分析：一个亟待澄清的理论概念》，《国际新闻界》2007年第4期。

④ Scheufele, D. A., "Framing as a Theory of Media Effects", *Journal of Communication*, No. 49, 1999, pp. 103-122.

⑤ 刘涛：《元框架：话语实践中的修辞发明与争议宣认》，《新闻大学》2017年第2期。

系。事实框架强调的是证据与材料，依赖于直接存在的客观事实；情感框架是一种具有倾向性的文本与对话，通过特定的情感词与情感强度的选择性表达，来加强文本的劝服效果。[①] 不同的媒介形态往往对应着一定的话语体系，社交媒体平台为信息的情感化表达赋予了一定的合法性，网络环境逐渐成为最能体现情感的空间属性、适合情感表达的平台。[②] 在社交媒体中，公共空间与私人空间的边界逐渐消解，使得理智与情感不再截然对立。[③] 情感化表达也由此成为社交媒体上主流的叙事方式之一，研究显示，诉诸情感化表达的正文容易获得受众更高的点赞量，即获得读者更多的认同，产生更好的传播效果[④]。在某种程度上，情绪化传播也是公众的现实诉求，是公众真民意的一种表达方式。以 Twitter 为代表的社交媒体具有一定的媒介属性，尤其是以传播媒介的名义开通的社交媒体账号，其功能更接近于向公众提供信息服务。但是除此之外，与其他的社交媒体一样，Twitter 还具有市民性、透明性以及整合性等特征。[⑤] 这意味着，以微观视角切入、从小人物视角出发，带有故事性的信息或能获得更好的传播效果。综上所述，在考虑主流媒体在社交媒体上的报道框架时，有必要同时兼顾事实和情感两个层面，并进一步关注报道视角层面的差异。

通过对 241 条推文所进行的分析，笔者发现三大央媒对此次贸易摩擦事件的 Twitter 报道呈现出事件进展、事件影响和事件立场三大框架，在三大框架内又区分为几个次级框架（见表 2）。

---

① 罗昶、丁文慧、赵威：《事实框架与情感话语：〈环球时报〉社评和胡锡进微博的新闻框架与话语分析》，《国际新闻界》2014 年第 8 期。

② Serrano-Puche，Javier，“Emotions and Digital Technologies：Mapping the Field of Research in Mediastudies”，London：LSE，2015.

③ 卢嘉、刘新传、李伯亮：《社交媒体公共讨论中理智与情感的传播机制——基于新浪微博的实证研究》，《现代传播》（中国传媒大学学报）2017 年第 2 期。

④ 冯杰、唐亚阳：《社交媒体情感化表达与传播效果的关系——以微信公众号文章情感化表达为例》，《新闻界》2017 年第 2 期。

⑤ 任孟山、朱振明：《试论伊朗“Twitter 革命”中社会媒体的政治传播功能》，《国际新闻界》2009 年第 9 期。

表 2　　三大央媒对中美贸易摩擦 Twitter 报道的框架分析

框架	所占比例（%）	平均转发数（次）	平均获赞数（次）
事件进展框架	30	29	115
①中美贸易制裁与反制裁措施；②贸易摩擦动因分析；③解决贸易摩擦的措施			
事件影响框架	38	31	167
宏观视角：①贸易摩擦对中美经济造成不利影响；②贸易摩擦对世界其他经济体造成不利影响		29	157
微观视角：①贸易摩擦对学生、农民等生活造成不利影响；②贸易摩擦对企业发展造成不利影响		36	193
事件立场框架	32	53	234
①表明中国正在积极寻求各种方式解决/避免贸易摩擦；②中国坚决捍卫本国利益；③他国/国际不希望中美贸易摩擦升级			

事件进展框架是指中美双方围绕此事件所开展的一系列措施，以事实型的新闻报道为主，这类报道往往集中出现在事件的转折点上，在时间顺序上先于其他两类框架，起到推进事件发展的基础性作用，并伴随着少量的关于事件进展动因分析的文章。比如新华社推文“What is the U. S. an xiety behind escalating trade tensions with China?”（美方为何推动中美贸易摩擦升级），推文通过链接指出，美国此举影响了中国的经济发展以及科技进步。

事件影响框架以分析类推文为主，旨在剖析此次事件对中美双方以及相关各国所造成的影响。在这一框架中，推文的报道视角逐渐下移，由对宏观经济形势造成的影响逐渐聚焦到对百姓日常生活带来的影响。比如《人民日报》推文“Trade war would hurt everybody，especially the daily life of the American middleclass people，the American companies and the financial market”，旨在表明贸易摩擦没有赢家，每一方都将遭受不利影响。

事件立场框架是指世界各国对此次事件的认识和所抱有的态度。此类推文通常会嵌入情感，三大央媒利用这一框架表达了中国捍卫本国利益的决心，以及希望通过和平方式解决此次摩擦的态度。比如，新华社推文“China strongly condemns and firmly opposes the U. S. tariff. ”（中国强烈谴责并坚决反对美方加征关税），鲜明地表达了中国的立场；再如，《人民日报》推文“China urged the US torevoke protective measures that violated @ wto rules”（中国敦促美国撤销违反世贸组织规则的保护性措施），表明中国旨在解决/避免此次贸易摩擦升级。上述两条推文均获得了较高的点赞数，这意味着国际受众认可中方捍卫自身利益的举措，并希望尽可能避免贸易摩擦的加剧与升级。

综上，整体而言，“进展—影响—立场”三个框架构成了一个有机统一的整体，从事件进展框架到事件立场框架，三者层层递进，显示了由事件框架向情感框架的过渡与转变。事件进展框架具备事实框架的特征，即依赖于证据、材料与客观事实；事件立场框架则表现出了情感框架的色彩，关注事件双方对此事的态度与评价；而事件影响框架则强调的是基于事实基础之上的分析与讨论，对事件影响的剖析也在一定程度上表达出了情感立场。

从框架使用比例来看，央媒对进展框架（30%）、影响框架（38%）和立场框架（32%）使用的比例基本持平。这说明：其一，经济类议题具有明显的事件驱动型特征，只有在澄清事实的基础之上，对议题的分析以及情感态度的表达才具有意义；其二，三大央媒在报道策略上已经将 Twitter 视为一个进行事件剖析以及情感表达的平台，在保证新闻客观性及专业性的同时，希望通过对事件的剖析来引导舆论走向。

从受众反馈层面来看，立场框架往往会获得受众更多的转发以及点赞次数，产生较好的传播效果。本文对报道框架和转发以及点赞次数进行了分析，结果显示，采用立场框架的推文所获得的点赞数为 234 次，显著高于事件进展框架（115 次）以及事件影响框架（167 次）；在平均转发数方面也展现出类似特征。

值得注意的是，在影响框架中，如果报道视角聚焦于贸易摩擦对民众或者企业发展所造成的影响，则将更加容易获得受众的共鸣。比如央视推文“Chinese students，US universities impacted by trade tensions”（中美大学生受到中美贸易摩擦的影响）获得了 1200 个点赞，该推文以留学生在此事件中所受到的影响为报道落脚点，获得了网友的极大关注和强烈好评。

2. 新闻信源

研究所基于的 241 条推文统计中，有 167 条表明了信息来源。本文从信源来源国（区域）以及信源身份两个维度对其进行划分：从来源国（区域）的角度来看，主要分为中方、美方以及他 国/国际信源三类；从信源身份角度看，可以分为官方、专家和企业/百姓信源。

以国家/区域为标准，将信源分为中方、美方、中美双方以及他国/国际信源，对其进行方差分析（见表 3）。首先从信源采用的频率来看，不同信源的转发频数并没有表现出显著差异，数量上来看，中方信源所占比重最大（47%），而国际信源占比较低（19%）；其次从受众的点赞数量来看，相较于中方信源和美方信源，采用国际信源的推文在点赞数以及转发量方面更具优势，并且在统计学上表现出了显著差异，即使用他国/国际信源进行报道时，获得的点赞数要显著高于使用中方信源与美方信源的点赞数（见表 4）。这说明，对于这样一个具有全球性影响的议题，国际受众更倾向于听到非事件主体国的声音，这使得采用他国信源的推文更受欢迎。此外值得注意的是，有两条推文在 140 字的内容中同时展现了中方信源和美方信源，并获得了受众较高的关注及评价。这说明在有限的字数中展现多方信源，将成为提升传播效果的途径之一。

表 3　　三大央媒对中美贸易摩擦 Twitter 报道的方差分析（多重比较）

（I）信源	（J）信源	转发数差（I－J）	显著性	点赞数差（I－J）	显著性
他国/国际信源	中方信源	15	0.269	249	0.033*
	美方信源	23	0.125	280	0.024*
	同时展现中美双方	1	0.971	219	0.578
官方信源	专家信源	18	0.137	106	0.293
	企业/百姓信源	6	0.644	86	0.486

注：双尾检验，* <0.05。

表 4　　三大央媒对中美贸易摩擦 Twitter 报道的信源分析

信源		所占比例（%）	平均转发数（次）	平均获赞数（次）
按照国家/区域划分	中方信源	47	38	127
	美方信源	33	30	96
	同时展现中美双方	1	52	157
	他国/国际信源	19	53	376
按照信源身份划分	官方信源	63	43	198
	专家信源	23	25	92
	企业/百姓信源	14	37	112

以信源身份为标准，将信源分为官方信源、专家信源以及企业/百姓信源时，对其进行方差分析。虽然从统计上来说，以上三类信源所获的转发数和点赞数并没有表现出显著差异，但是整体而言，数据显示官方信源所占比重最大（63%），且能获得较多的转发（43次）以及点赞（198 次）数量，由此反映出受众对官方信源权威性的认可。在信息量庞大、内容质量参差不齐甚至真假难辨的社交媒体上，官方所发布的信息以及所持有的立场会引起受众的广泛关注，因此，传递官方权威声音也是主流媒体在经济议题传播中的重要职责。

（二）形式层面

1. 呈现方式

本文同时从推文的形式和长度两个层面分析了央媒 Twitter 报道的呈现方式（见表 5）。

表 5　　三大央媒对中美贸易摩擦 Twitter 报道的形式分析

		所占比例（%）	平均转发数（次）	平均获赞数（次）
推文形式	视频新闻	24	49	255
	文字/文字链接	76	34	147
推文长度	一句话推文	36	45	282
	长推文	64	34	118

从推文形式上来看，文字类的推文报道占据主流（76%），这一形式的典型特征是以一条 140 字以内的推文搭配一篇原文链接。推文

起到了提示与导读的作用——不仅高度凝缩了链接文章的内容，同时还可以通过在语言上适度地创造和发挥来提高受众的关注程度。另有24%的推文实现了文字和视频的综合运用，推文主体以严肃的新闻视频的形式呈现出来。从转发以及点赞数量的均值上来看，以视频形式呈现的新闻具有更高的转发以及获赞数量。

从推文长度来看，36%的推文使用了“一句话推文”形式，即在推文链接之前，只用一句话言简意赅地指出链接原文的内容，或者在推文中使用疑问句等形式吸引受众点开原文。统计分析表明，“一句话推文”的获赞数量显著高于长推文，说明在 Twitter 平台上，言简意赅的表达方式更受欢迎。

2. 互动形式

互动性是社交媒体平台最为显著的特征之一。在此次报道中，三大央媒的互动形式主要体现在技术与话语两个层面。

技术层面包括两方面。其一，为通过 Twitter 的评论、转发以及点赞功能实现网友和媒体之间的互动。这是一种在技术支持的条件下客观形成的互动形式。其二，为在推文中使用@ 功能，在 Twitter 账号之间形成照应与联动。如《人民日报》在推文“Negotiation has principles including showing respect for@ wto rules.”（谈判应遵守 WTO 的有关规定）中通过@ WTO 官方账号的方式，进行了一次互动形式的有益尝试，此条推文获得了网友们 99 次点赞，效果良好。

话语层面的互动是指通过在推文中使用“you”“we”等人称代词与受众展开“对话”。比如，新华社在推文中使用“Watch and leave your comments below”（请您观看并评论）等提示语直接呼吁网友对此事进行评论。在另一条推文中则使用“What it could mean to you?”（这对您意味着什么）的问句，将新闻焦点直接落在读者身上，探讨该事件会对屏幕前的“你”产生何种影响。此条推文获得了 6800 次点赞以及 777 次转发，受到网友的广泛关注与积极响应。

然而，我们也可以看到，除了基于技术支持而存在的评论、转发和点赞的互动形式之外，央媒主动发起的具有互动感的推文仍然较少，因此，在面对复杂多变的国际舆论环境时，推进主流媒体在与受众积极互动方面还需要进一步探索。

三 经济议题在海外社交平台上的报道策略

总体来看，央媒对此次贸易摩擦的 Twitter 报道在“进展—影响—立场”三大框架下展开，三者环环相扣，层层递进，显示出由事件澄清到意见引领的逻辑，构建了经济议题报道的整体框架。结合上述分析，本文建议，经济议题在海外社交平台的报道策略应在整体上遵循“澄清事实、引导舆论”的原则，同时降低报道视角，从微观视角切入，适度采用带有情感的以及更具“人情味”的表达方式，在呈现方式上注意视觉手段以及数据化的综合运用（见图 2），并且需要密切关注社交场域舆论走向，及时调整报道策略。

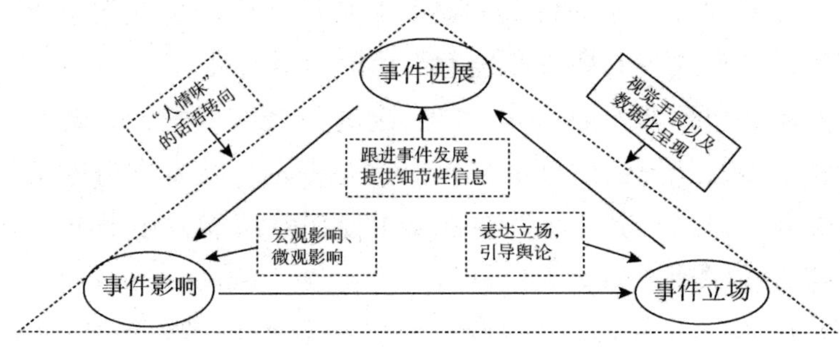

图 2　经济议题在海外社交平台上的报道策略

（一）澄清事实，引导舆论走向

在海外社交媒体平台上进行经济议题的报道与传播，澄清事实，引领意见，引导舆论走向是主流媒体的重要责任。首先，社交媒体的即时性和开放性为主流媒体澄清事实提供了条件，主流媒体应在事件的关键节点及时发声，并在事件发展过程中随时提供权威的细节信息，及时修正传播过程中出现的信息偏误。分析显示，在此次中美贸易摩擦的报道策略中，事件框架和情感框架相互映照，在基本事实的基础之上，通过情感话语来构建意义，表达立场。一方面，推文表现出了一定的事件驱动特征，通过“事件进展”框架不断提供细节性信息，为事件影响的分析和事件立场表达奠定基础；另一方面，主流媒体在事件分析的基础上，坚定地表达出了中方的立场和态度，凸显了中方的情感倾向。

其次，在网络媒体环境下，新闻内容实现了从“倒金字塔”结构（inverted pyramid）向“斜金字塔”结构（tumbled pyramid）的转变，信息不再按照重要性原则进行排序，而是依据信息内容的丰富程度来重新组织。[①] 对于经济议题而言，主流媒体在提供基础性信息之后，可以进一步补充解释性、情景性和探索性的细节；这样可以在即时更新内容的同时，深化对新闻事实的阐述。此外，全球化背景下的经济事件呈现出“内外联动”的特征，因此在信源的选择上也应力求多元且客观，这些都将为议题的分析以及立场的表达奠定基础。

最后，在复杂多变的国际舆论环境中，中国媒体更应坚定立场，引领意见，引导舆论走向。随着中国经济的崛起以及汉语在世界范围内的普及，长期以来以英语为主导的信息传播秩序将被改变。数据分析显示，中国主流媒体的报道已经成为国际涉华议题的主要信息来源之一。[②] 中国立场与态度或将借助国际媒体的力量得到“放大”。上述研究表明，中国已经具备了一定的议题管理以及舆论引导的基础条件，央媒理应借此契机鲜明地表达立场并发挥意见引领的作用。

（二）“人情味”的话语转向

不同的媒介平台都与特定的话语体系相匹配，社交媒体平台的话语特征是具有人情味以及情绪色彩的。本研究分析表明，在社交媒体平台上，采用降低报道视角、关注百姓生活、表达鲜明立场、适度展露情感等手段可以使议题获得更好的传播效果。

“人情味”（conversational human voice）是网络语言最主要的特征之一。如果媒体能够以日常人际交流的方式与受众展开对话，那么就

① Canavilhas, João, “Web Journalism: from the Inverted Pyramid to the Tumbled Pyramid”, *Academia Edu*, 2006.

② 相德宝、张璐：《Facebook 上的涉华内容特点分析》，《对外传播》2012 年第 9 期。

可以被视为一个具有“人情味”的媒体[①]。同样，新闻传播的演进过程也经历了由“吾牠关系”到“吾汝关系”的转变。[②] 如此种种都体现出技术演进之后传播方式的回归，即对人际传播的诉求。

一方面，在关注宏观趋势的同时，央媒的报道视角有必要向微观的、个体的以及老百姓所关心的议题转移。社交平台上的交流方式是大众化的，在保证媒体话语的严肃性和权威性的基础上，主流媒体的社交账号可以尝试以一个真真切切的“人”的姿态与网友进行对话与交流，从而有效拉近媒体与受众之间的距离，此时屏幕另一端的央媒不再是一个遥远而抽象的概念，而是一个关心“我”的好友。

另一方面，央媒可以在海外社交平台上进行适度的情感化表达。社交媒体上的信息不仅体现了内容本身，同时还显现出“人”的价值判断和情感倾向。社交媒体可以为央媒的态度表达提供空间，能够满足受众的情感诉求；此外，社交平台上发布的内容往往短小精悍，难以承载深度的分析性言论，这就使得诉诸情感的方式更加可行。

（三）视觉手段和数据方式具有发展空间

本研究分析表明，采取视频手段报道的推文获得了更多的点赞量和转发量。这意味着视觉手段在经济议题传播中具有更大优势与发展空间。

一方面，经济议题本身具有专业性，从而带来一定的阅读门槛。相较于枯燥的文字形式，视频新闻对受众的理解能力要求更低，可以使艰涩的专业内容变得更加通俗易懂。新闻内容可以不是自己“看”出来的，而是别人给你“讲”出来的。因此，视觉手段有利于消解受众由于理解程度有限而对某些经济议题产生的抵触情绪，进而打破受众在内容选择时所形成的“信息茧房”，提高经济议题的受关注程度。

另一方面，视觉手段是一种更加贴近人际传播的表达方式，具有

---

① Kelleher, T., “Conversational Voice, Communicated Commitment, and Publicrelations Outcomes in Interactive Online Communication”, *Journal of Communication*, Vol. 59, No. 1, 2010, pp. 172 – 188.

② 史安斌、钱晶晶:《从“客观新闻学”到“对话新闻学”——试论西方新闻理论演进的哲学与实践基础》,《国际新闻界》2011 年第 12 期。

生动性、戏剧性，并且更容易唤起受众的情感，引发读者共鸣。视觉手段将曾经隐藏于后台的受访者表情、衣着和语气等信息展现出来，使得信息内容更加丰富。[①] 比如，在此次事件的报道中，新华社对参加博鳌亚洲论坛的各国代表进行了采访。根据视频中受访者的语气、语调以及表情，观众即可生动感知相关各国对此次贸易摩擦升级的隐忧。

同时，数字的使用以及数据化的表达方式也可以帮助提升经济性议题的报道与传播效果。数据分析有助于我们在经济报道中提出问题，发现新闻点，也可以帮助我们发现议题的关联性，提供多元的解读视角，乃至预测事件的未来发展趋势[②]。同时，通过数据可视化技术的应用，还可以进一步增加报道中的融合性体验[③]。Twitter 平台由于其文体和字数篇幅特点，对数据化新闻的直接呈现有限，但是，通过链接等其他途径来实现数据可视化表达也将会是行之有效的报道与传播方式。

（四）密切关注社交场域舆论走向，及时调整报道策略

笔者分别于4 月2 日、4 月9 日、4 月23 日以及5 月21 日在Social Bearing 以及 Social Mention 平台上以“Sino-UStrade”为关键词进行了检索，对某一时间段内网民对“中美贸易摩擦”事件的态度进行情感分析。

数据显示，在这一轮事件中，随着时间的推移，网民对该事件的讨论热度逐渐降低，网民发布的推文情感在整体上呈现出由“消极”到“积极”的转变。4 月 23 日之前的检索结果显示，对此事件持消极态度的推文比例均在 30% 以上，而到了事件后期，中美两国在减少美对华货物贸易逆差等六个方面达成共识，网民对此轮贸易摩擦事件的态度也有所改观，5 月 21 日的数据显示，持悲观情绪的推文比例下降到 17%，整体舆情逐渐向好，但仍存在负面声音。

---

① ［美］约书亚·梅罗维茨：《消失的地域：电子媒介对社会行为的影响》，肖志军译，清华大学出版社 2009 年版。

② 杭敏、Liu，J.：《财经新闻报道中数据的功用———以彭博新闻社财经报道为例》，《新闻记者》2015 年第 2 期。

③ 杭敏：《融合新闻中的沉浸式体验——案例与分析》，《新闻记者》2017 年第 3 期。

对于主流媒体而言，以 Social Bearing 和 Social Mention 为代表的舆情分析平台为媒体从业者把握国际舆情走势提供了良好的技术支持，面对复杂多变的国际舆论环境，媒体从业者理应密切关注社交场域舆论走向，进而及时调整报道策略，以期在进行新闻报道的同时，对网民的情绪进行有针对性的回应。综上，经济议题在社交平台上的报道与传播策略是一个值得深入探索的研究议题，既具有学术探讨的理论价值，又有实际应用的实践意义。我们应该对经济议题在社交媒体平台上的报道方式与传播效果进行更加细致的观察与更加客观的分析，充分尊重科学传播规律，引入数字技术与前沿科技，创新报道内容与传播方式，使新媒体场域下的新闻报道与信息传播更好地服务于经济与社会的发展。①

① 杭敏、原洋：《经济新闻的议题类型与传播规律研究——以 2017 年全国两会期间的经济报道为例》，《新闻战线》2017 年第 11 期。

数字文化生产者的劳动境遇考察

——以网络文学签约写手为例*

张　铮　吴福仲**

摘要　文章以网络文学签约写手为研究对象，以数字劳动为理论视角，探究外部劳动语境的特征及其对个体劳动境遇的影响。通过质化和量化相结合的方法，研究发现，在资本、技术与市场的共同作用之下，网络文学签约写手的数字劳动呈现出雇用弹性化、生产社会化以及地位层级化的趋向，经由风险转嫁、全景监控以及劳动赋权等内在逻辑，作用于写手的主观体验、生产过程以及行为意愿，并最终实现了资本的增值。而这种资本增值的代价便是：整体劳动风险的增加，劳动强度的加剧，劳动报酬的降低，劳动者权利的削弱。基于此，笔者提出应对数字文化生产者给予更多的人文关照。

关键词　数字劳动；网络文学写手；创意阶层

一　引言

数字文化产业是以文化创意内容为核心，依托数字技术进行创作、生产、传播和服务的产业，是数字经济的重要组成部分。数字文化产业是近年来我国文化产业中增长势头最为迅猛的行业部类之

---

* 本文原刊于《同济大学学报》（社会科学版）2019 年第 3 期。

** 张铮，清华大学新闻与传播学院副教授、博士生导师，清华大学文化创意发展研究院副院长；吴福仲，清华大学新闻与传播学院博士生。

一，而网络文学行业作为数字文化产业的重要组成部分，市场规模日渐增大，对社会的影响日益提升。中国互联网络信息中心（CNNIC）的数据显示，截至 2018 年 6 月，中国网络文学用户规模为 4.06 亿，与 2017 年末相比增长 2821 万人，在整体网民数量中，网络文学用户数比例达到 50.6%。与此同时，网络文学的海外输出也卓有成效，截至 2018 年 8 月，阅文集团上线的英文翻译作品 150 余部，覆盖超过 40 多个国家，累计用户访问量超 1000 万。网络文学的 IP（Intellectual Property，知识产权）全版权运营模式业已成型，在第二届中国“网络文学 +”大会上，三天内的网络文学 IP 成交额就达到 4 亿元。

不可否认，网络文学产业的蓬勃发展离不开持续性与多元化的优质内容供给。在大型互联网企业的平台战略之下，越来越多的用户从单纯的内容消费者转变为生产性消费者（prosumer），甚至转化为“消费是为了更好地生产”的职业生产者——他们源源不断地输出自己的创意、才智与想象。根据《2017 年中国网络文学发展报告》，截至 2017 年末，国内 45 家重点网络文学网站的驻站创作者数量已达 1400 万，其中，签约作者达 68 万人，47% 为全职写作。他们每天为网络文学平台贡献着数千万字的文字内容，以满足不同趣味的内容消费者。可以说，没有网络文学写手的生产参与，如今网络文学旺盛的发展势头绝无可能。然而，这一群体存在于各个角落，却并未受到充分的关注。

作为一种新兴的文本形态，网络文学一度成为文学批评和文化研究学者十分关注的问题，而少有研究基于产业逻辑的视角去考察隐藏于背后的生产者角色——他们是谁？为何参与到内容生产的进程中？平台战略下的产业生态又如何作用于劳动者个体？这一系列问题仍有待探究。

本文聚焦的研究对象为“网络文学签约写手”，并着重考察内容生产者的劳动维度。“签约”是指在非正式的劳动协议之下，网络文学写手与平台方之间形成相互约束的劳动关系。在平台方的管理下，签约写手从事劳动并获取劳动报酬。区别于单纯的兴趣爱好者，签约写手以全职或者兼职的状态进入劳动进程中，保持着相对稳定的产量与相对较高的质量，被视为网络文学内容生产的中坚力量，与平台方的劳资互动也更为频繁和密切。此外，区别于站在行业金字塔尖的“网络作家”（如“唐家三少”“我吃西红柿”“天蚕土豆”等），“签约写手”植根于数量众多的草根创作者中，他们处于网文创作者金字塔的基座，是劳动生态的多数群体，更具备整个劳动供给市场的代表性，通过研究他们，有助于我们考察和理解网络文学内容生产者的普遍境遇。

基于此，本研究从数字劳动的理论视角出发，以网络文学签约写手为研究对象，探讨劳动语境的特征及其对个体劳动境遇的影响，以期从宏观、中观和微观相勾连的地方，进一步剖析网络文学生产生态的内在运作机制，并为如何关照数字劳动者的境遇与产业的可持续发展提供全新视角。由于篇幅限制，本研究将作为系列研究的一部分，首先聚焦于劳动语境、个体行为与主观体验之间关联的初步探索性呈现和学理探究。

二　文献述评：作为劳动的传播

（一）理论视角：数字劳动

“数字劳动”这一概念由“非物质劳动”发展而来，最早用来指代在数字经济中，用户的知识性消费经由平台资本的逻辑被转变为生产性的行为——用户的个人信息和社交行为被作为商品售卖，看似在休闲娱乐的用户实则成了平台的劳工。[①] 这种劳动形态模糊了生产与消费的边界、工作和玩乐的边界，因此互联网既被视为“游乐场”，又被视为“社会工厂”。[②] 除了“受众劳动”[③] 和上述的“无酬/低薪

① Terranova, T., Free Labor, “Producing Culture for the Digital Economy”, *Social Text*, Vol. 18, No. 2, 2000, pp. 33－58.

② Scholz, T., Digital Labour, *The Internet as Play-ground and Factory*, New York: Routledge Press, 2012.

③ Smythe, D. W., Communications, “Blindspot of Western Marxism”, *Ctheory*, Vol. 1, No. 3, 1977, pp. 1－27.

劳动”之外，Fuchs 进一步扩展了数字劳动的外延，指出“数字劳动”是指体力生产和生产性消费的文化劳动，包括硬件生产、信息生产、软件生产的生产性劳动，是关于文化系统中文化产业劳动的子系统。[①] King 认为，“创造性劳动”是数字劳动的最新表现形式，因此创意劳动者是数字劳动者中不可忽视的一个重要类别，也是本研究所关注的研究对象。[②]

随着“众包经济”（crowd-sourced economy）和“零工经济”（gig economy）等基于互联网的数字经济形态的兴起，“数字劳动”的实践也从原本的低薪甚至是无薪劳动扩展到专业工人的有偿劳动（paid labor）和作为自我创业的劳动（labor of self-employment）。而本研究关注的“网络文学写手”属于“有偿劳动”的范畴。

在政治经济学者看来，尽管此类劳动者得到了一定的物质回报，但在资本的生产逻辑下，他们依旧处于弱势地位。其一，数字劳动者普遍面临长时间的工作、交稿日期不断提前以及由劳动分工导致的自主性降低等情况。[③] 其二，非正式的雇用关系没能为劳动者提供最低工资保障、健康保险和超时补偿[④]，这使得数字劳动者的权益一直处于盲区地带。其三，更重要的是，面对劳动中的不确定性与危险性，劳动者通过“机遇”和“挑战”等话语将其合理化与内化，并纳入个人的成长和事业发展中去。由此导致的结果便是，在社会经济地位长期得不到认可的情况之下，数字劳动者的个体身份认同也常常遭遇挑战。[⑤]

---

① Fuchs, C., *Digital Labour and Karl Marx*, New York: Taylor & Francis, 2014.

② King, B., "On the New Dignity of Labour", *Ephemera: Theory & Politics in Organization*, Vol. 10, No. 3/4, 2010, pp. 285 - 302.

③ Yao, J. H., *Knowledge Workers in Contemporary China: Reform and Resistance in the Publishing Industry*, Lanham, MD: Lexington Books, 2014.

④ Fuchs, C., "Dyer-Witheford N. Karl Marx @ Internet Studies", *New Media & Society*, Vol. 15, No. 5, 2013, pp. 782 - 796.

⑤ 孙萍：《知识劳工、身份认同与传播实践：理解中国 IT 程序员》，《全球传媒学刊》2018 年第 4 期。

（二）作为劳动的网络文学生产

尽管以网络文学为代表的数字文化经济在全球范围内取得了显著的增长，但却少有研究注意到创意产业中的数字劳动，针对网络文学生产行为的研究更是屈指可数。目前已有的研究主要从生产动机和个体生存境遇两个层面展开。叶大翠通过深度访谈发现，“兴趣”和“赚钱”依然是网络文学写手参与内容生产最为突出的动因。[①] Lu 指出，协同的文学创作、自我呈现、自我建构以及自我效能是网络文学生产的重要驱动因素。通过网络文学创作，写手得以对历史事件进行再想象，也借此实现自我赋权。[②] 另有学者指出，在网络文学社群中，读者逐渐参与到文学生产的进程中来，并为写手提供情感和技术上的支持，写手的劳动以物质和非物质的方式获得认可。[③]

在网络文学写手的生存境遇方面，一些学者用“文学打工仔”的修辞对其进行描述：“他们通常要靠常人难以想象的‘体力劳动’才能打拼出一条发财致富的‘血路’，他们始终处于整条产业链底端，其身份也往往得不到认可。”[④] 为了最大限度地维持读者的关注，满足平台对于内容产出的要求，他们常常因长时间的劳动而遭受着一系列健康问题。在这种情况下，大部分写手也只能通过不稳定的读者订阅量获取非常有限的收入。除此之外，他们常常要放弃一部分的作品版权及相关的衍生权益。[⑤]

三　研究方法与样本来源

本研究采用了质化和量化相结合的方法。具体而言，首先，在

---

① 叶大翠：《网络玄幻长篇小说的生产、传播与消费》，硕士学位论文，贵州师范大学，2015 年。

② Lu, J., “Chinese Historical Fan Fiction: Internet Writers and Internet Literature”, *Pacific Coast Philology*, Vol. 51, No. 2, 2016, pp. 159 – 176.

③ Tse, M. S. C., Gong, M. Z., “Online Communities and Commercialization of Chinese Internet Literature”, *Journal of Internet Commerce*, Vol. 11, No. 2, 2012, pp. 100 – 116.

④ 曾照智、欧阳友权：《论网络写手的“文学打工仔”身份》，《东岳论丛》2014 年第 9 期。

⑤ Zhao, E. J., “Writing on the Assembly Line: Informal Labour in the Formalised Online Literature Market in China”, *New Media & Society*, Vol. 19, No. 8, 2017, pp. 1236 – 1252.

2018 年 9 月到 2019 年 3 月，笔者以读者的身份在起点中文网、飞卢小说网等各大网络文学平台进行了注册，通过参与式观察的方式，以期了解网络文学签约写手的日常工作状态。

其次，笔者通过滚雪球的方式，认识了 8 名签约网络写手并将他们作为访谈对象，通过半结构式的深度访谈，进一步探究其对外部环境的认知与应对策略。

最后，笔者在“龙的天空”论坛上进行问卷发放，为了尽可能控制样本的异质性，笔者分别在不同时段和不同板块上进行问卷的发布，并以 300 论坛币（折合人民币 3 元）作为回报。此次问卷发放共收回 486 份问卷，其中有效问卷 447 份（见表 1）。

表 1　　样本人口学变量描述

变量	取值	频次	百分比
性别	男性	198	44. 3
	女性	249	55. 7
年龄	18 岁及以下	22	4. 9
	19—25 岁	225	50. 3
	26—30 岁	121	27. 1
	31—40 岁	73	16. 3
	41 岁及以上	6	1. 3
教育程度	初中及以下	29	6. 5
	高中	73	16. 3
	大学专科	128	28. 6
	大学本科	206	46. 1
	研究生及以上	11	2. 5
感知身体健康	极不健康	25	5. 6
	不健康	92	20. 6
	一般	191	42. 7
	健康	110	24. 6
	极健康	29	6. 5
月均收入	0—1000 元	102	22. 8
	1000. 1—3000 元	110	24. 6

续表

变量	取值	频次	百分比
月均收入	3000.1—6000 元	102	22.8
	6000.1—10000 元	46	10.3
	10000.1—15000 元	34	7.6
	15000.1—20000 元	19	4.3
	20000.1—30000 元	14	3.1
	30000 元以上	20	4.5

四 研究结果：网文签约写手的劳动境遇

（一）雇用弹性化：劳动风险的感知与应对

随着全球产业结构的调整与激烈竞争、信息通信技术的发展与全面普及、消费市场日益多元的动态变化，政府对劳动力市场的管制趋于放松，“弹性雇用制度”成为新经济企业与劳动者之间发生联结的方式。企业通过签订短期或者临时性的劳动合同以提高生产的边际利润。本文所言的“签约”正是在这一宏观的组织转型之下，互联网企业与数字劳动者所签订的“临时协议”，而并非正式的劳动合同。

在这一语境下，签约写手与平台方松散绑定，雇用关系和劳动收益都呈现出弹性化的趋势。问卷调查结果显示，49%的签约写手为非全职写手，网文创作是一项额外的收入来源；51%的签约写手为全职写手，他们同时或曾经向多家网络文学平台供应内容，也有部分写手曾通过第三方机构（如网文工作室）进行中介化的内容生产。在个人诉求和劳动回报的权衡之中，写手们往往展现出较为短期的组织承诺和频繁的职业流动的特性。

雇用弹性化所带来的自主权既凸显了劳动主体性，同时又牵制着劳动者个体的职业发展。从生产活动的安排来看，网络文学写手可以自主决定工作的时间、地点以及进度，更重要的是，他们得以在文学作品中呈现独特的故事世界，传达特定的价值观念，以满足自由创作和兴趣分享的需求。反向观之，所谓的自主权也意味着要为市场结果全权负责。与典型雇用制度中的相对固定薪酬不同，网络文学写手所获取的收益也逐渐变得“弹性化”。根据一份写手提供的签约协议，销售分成的具体规则如下：“每千字文章内容稿酬为：定价价格/千字×用户订阅数×销售分成比例。”其中，受访者的分成比例普遍在40%以下。由此，用户订阅数成了写手稿酬收益的关键，也成了最大的不确定因素。

Ross注意到了这种弹性雇用关系对劳动者个体所带来的困局，在他看来，临时的劳动合同与毫无保障的劳动处境，使知识劳动者在面临长时间高强度工作的同时，也面临着“对于自身未来强烈的不确定性”。[①] 表2展示了签约写手对工作安全感的主观感受，样本分布呈现出左偏趋势，意味着总体而言，签约写手们较为担心这份工作的不稳定性。通过进一步的组间差异分析可知，工作不安全感仅在不同性别群体之间存在差异（$F = 13.698$，$p < 0.001$），女性写手（$M = 3.88$，$SD = 0.918$）比男性写手（$M = 3.55$，$SD = 0.969$）面临着更高程度的工作不安全感。而全职写手和非全职写手之间，不同年龄、教育程度、职业收入群体之间并无显著差异，由此可以推断，工作不安全感成为签约写手较为普遍的劳动境遇。

表2　网络文学写手对工作安全感的主观感受

	极不担心	比较不担心	一般	比较担心	极担心
你是否担心每月收入的稳定性？	8（1.8%）	40（8.9%）	95（21.3%）	179（40%）	125（28%）
你是否担心收入来源的稳定性？	10（2.2%）	53（11.9%）	108（24.2%）	158（35.3%）	118（26.4%）
你是否担心这份工作的稳定性？	16（3.6%）	60（13.4%）	98（21.9%）	162（36.2%）	111（24.8%）

当职业收益与劳动保障在较大程度上不由个人努力（如时间投入和技能提升）所控制的时候，写手们便陷入了看似自主实则被市场牵制的“自由悖论”之中。面对不可预知的劳动风险，签约写手有着独特的合理化逻辑——他们将其视为职业生涯的必然代价，甚至是职业

① Ross, A., *Nice Work If You Can Get It: Life and Labor in Precarious Times*, New York: New York University Press, 2009.

发展的重要机遇，往往采取自我归因的策略对风险进行认知和阐释，这在一定程度上遮蔽了隐藏于其后的资本逻辑，并进一步促成了个体对劳动控制的内化与认同。在应对行为上，写手们往往诉诸接纳与妥协而非劳动抗争。职业收入较低的写手往往通过增加内容供给和让渡创作版权的方式以获得基本劳动保障，来消弭工作中的不安全感。换言之，越不安全，越要供应廉价的劳动。这进一步贬损了劳动力的价值，加剧了平台对写手的收编与利益攫取。

> "扑了这一本就是等于丢工作，那就继续开新书呗。万一下一本成绩好了，一本等于你干几年工作了。"①
>
> "一切的不稳定都来自实力的不过硬。就好比真正有实力的画家不会担心自己画不出来佳作。"②
>
> "想稳定，走买断呗，再狠点，走签人。"③

从资本与劳动者之间的关系来看，平台方经由非正式的雇用契约、劳动保障义务的解除，以及弹性化的薪酬支付体系等方式，将市场风险部分地转嫁到劳动者个体，从而在充分竞争的劳动供给市场中，最大限度地进行商业风险的管控。换言之，"平台"不会失败。Schwarz 将这种"完美的制度设计"归结为平台资本主义（platform capitalism），④ 意指资本逻辑在平台经济中持续深入的体现。依赖

---

① 来源：@孙帅出口成章 2017 年 6 月 4 日 17：29 发布于"龙的天空"论坛。"扑"即写砸了，读者反应不好的意思。http：//www. lkong. net/forum. php？ mod = viewthread & page = 1 & tid = 1771394。

② 来源：@量子大仙 2018 年 6 月 16 日 15：29 发布于"龙的天空"论坛。http：//www. lkong. net/thread-2058348-1-1. html。

③ 来源：@LK 娃娃 2019 年 3 月 20 日 12：53 发布于"龙的天空"论坛。"买断"指平台以固定价格获得作品版权，写手不再参与后续分成。"签人"指平台支付写手固定酬劳，签约期间不得供职于其他平台。http：//www. lkong. net/forum. php？ mod = viewthread & tid = 2269803 & extra = & page = 2 & mobile = yes。

④ Schwarz，J. A.，"Platform Logic：An Interdisciplinary Approach to the Platform-Based Economy"，*Policy & Internet*，Vol. 9，No. 4，2017，pp. 374 – 394.

于数字基础设施和网络的本质特征，平台得以实现更为复杂的协调和精益的生产，从而建立起自己的垄断性地位。由此，作为劳动者的签约写手，在长时间劳动中投注了大量的机会成本，并需要独自承担由不可预知的劳动成果、工作不安全感、物质与心理福利匮乏所带来的必然后果。政治经济学者将这样的群体称为不稳定性无产者（precariat），或被译为“朝不保夕族”。

（二）生产社会化：迷群参与与劳动控制

区别于传统意义上的物理空间可见的文化生产，签约写手们的工作环境根植于参与式文化的在线社群。在此技术语境之下，生产者和消费者之间的互动突破了时空的局限，变得更为直接和即时。这使得文化生产活动从传统的单向输出，逐渐走向了社会化的进程。为了最大限度提升作品的成功率，签约写手往往需要将读者的意见纳入考量，以消弭个体认知与市场导向之间的分殊。

> “（比起责编），我肯定更在乎读者的意见。比如系列文，这个系列大家反应不大好，就可能会选择放弃重开。”①
>
> “会有人说，你最近写的没有以前精彩了，还是前面写得好，也会有打击，可能会反思，停更整顿，重新看看书之类的。”②

与“众包零工”不同，网文创作是一项持续性的创意工作，对写手们的时间投入、劳动技能以及工作韧性都提出了更高的要求。传统组织中的领导与同事不复存在，受众便成了最为重要的生产反馈源。作为市场力量，网文读者不仅仅是信息商品的购买者，更扮演了生产管理者的角色——他们持续性地提供情绪性与技术性的生产反馈，对写手的作品与写手的创作能力进行评估与判断，并对作品内容与更新

① 来源：深度访谈对象 LX，男，硕士研究生，25 岁，现居住于北京，供职于“每天读点书”“小说阅读网”，线上访谈于 2018 年 12 月 31 日。

② 来源：深度访谈对象 HY，男，公务员，27 岁，现居住于青海省，供职于“飞卢网”“起点网”，线上访谈于 2018 年 12 月 30 日。

进度提出要求。表 3 展示了网络文学写手所感知到的各种类型的受众反馈，问卷采用 5 点计分制，1 代表从不，5 代表总是，分值越大，则感知到的受众反馈越频繁。

表 3　　网络文学写手感知到的受众反馈

网络文学写手感知到的受众反馈	平均值（M）	标准差（SD）
我的读者会对我的更新频率作出要求	3.87	1.14
我的读者会对我的更新字数作出要求	3.71	1.22
我的读者会为我提供精神鼓励	3.50	0.99
我的读者会指出我作品中的优点	3.00	0.94
我的读者会指出我作品中的不足之处	3.10	0.95
我的读者会为我的创作提供建议	2.75	0.93
我的读者会对我的故事情节作出要求	2.66	1.03
我的读者会对我的人物设定作出要求	2.58	1.10

一方面，读者的支持型反馈为写手们提供了情感资源。读者的评论、订阅与打赏提升了签约写手的工作自尊感与效能感，使其在近乎“麻木”的创作状态中获得持续性的动力。在读者交流群中，写手们置身于社群的中心位置，读者称呼其为“大大”以表达崇拜与追捧之情。读者也时常会为写手建议内容创作的题材，提供鲜活的生活经验，以帮助其完善故事架构与细节。从这一意义上来看，社交化的生产过程增强了写手的社会资本，也提升了劳动过程中的外部工作支持。

另一方面，读者的催更型反馈也为写手施加了工作压力。网文消费的一项重要功能便是消磨时间，篇幅长度和更新频率成为读者订阅的重要考量因素。写手花一天的时间创作出来的成千上万字的内容，读者可能在十几分钟之内就会阅读完毕，因此写手往往要进行不间断的创作，并为后续的更新“存稿”。一旦“断更”或“停更”，便有可能导致读者流失甚至作品“下架”。写手们受制于高强度的产出要求，“身体累”和“心累”成为典型的表述。从这一层面来看，社交化的生产虽能在客观上增进写手的劳动产出，却带来了负面的情绪体验。

此外，读者的生产反馈在一定程度上导致了网文的“类型化”生产。为了适应市场的“丛林法则”，追求利益的最大化，读者的口味和偏好成了写手的重要创作导向。在市场逻辑的驱动之下，工业化的操作模式正日益嵌入文化生产的进程中，写手们力图做到控制细节、节奏和增加阅读爆点，作品的艺术价值和文学性不断被贬斥。由此观之，网文写手的核心劳动技能自愿或不自愿地被剥夺。Braverman 将其归结为劳动过程中的“去技能化”。① 工人不需要复杂的技能而只是进行简单的重复工作。理想图景中的“创意工作”正逐渐演变为流水线上的“机械装配”，“创意阶层”也正沦为“数字劳工”。

凭借即时通信的网络技术架构，平台方将生产管理的权力移交给市场。从建构性的视角来看，市场能够最直观地通过生产反馈，促成写手对自己的作品进行针对性的成果评估、自我纠偏以及进程控制，这极大提升了生产管理的效率。而从批判性的视角来看，凭借着受众群体高涨的参与热情与“免费劳动”，平台方进一步降低了由精准化生产控制所可能导致的人力资源管理成本的增加。由此看来，网络社群的批判性本质在于，它不仅是网络文学市场发育和集聚的基础，而且完成了文化生产、流通与消费的闭环，更在某种意义上实现了自我运转、自我管理与全景监控，使得介入其中的所有个体、生产者与消费者均被平台方收编并纳入剩余价值创造的进程中，进而服务于资本增值的目的。被技术赋权的“在线社群”，也无可避免地在劳动过程中被“异化”了。

（三）地位层级化：名利想象与成就动机

在网络文学平台的“非商业化时代”，数以千万计的草根写手得以在平台上进行内容的阅读和发布，文学爱好者们获得了自我表达的平台与空间。可以说，“兴趣”是网络文学写手参与劳动的最初动因，也是其在高强度劳动下依然选择长期坚持创作的持久驱动力。而随着网络文学平台商业化进程的推进，“网络文学写手”也逐渐从一种兴趣身份演变为职业身份。2003 年，起点中文网率先推出了 VIP 收费制度，网络文学行业开始发放稿酬。随之大批写手逐渐摆脱了“无偿劳

① Braverman，H.，*Labour and Monopoly Capitalism*：*The Degradation of Work in the Twentieth Century*，New York，N. Y.：Monthly Review Press，1974.

动”的状态，转而成为数字内容产业中的“有偿劳动者”，网络文学创作也逐渐成为许多写手的全职工作与主要收入来源。由此，写手们参与内容生产的动机已经不能仅仅用“兴趣”一言蔽之。作为媒介的网络文学平台也展现出充分的劳动示能性（labor affordance）。

表4展示了写手进行内容生产的多重动机类型，问卷采用5点计分制，1代表极不同意，5代表极同意。从样本的分布来看，写手们在享乐主义动机和功利主义动机上均有着较高的得分，而享乐主义动机的强度（M=4.05，SD=0.679）高于功利主义动机（M=3.86，SD=0.611）。

表4　　网络文学写手工作动机的描述性统计

动机类型	操作化定义	平均值（M）	标准差（SD）
享乐主义动机	网文创作这份工作十分有趣	4.08	0.798
	网文创作这份工作令人愉悦	3.94	0.825
	网文创作这份工作让我有成就感	4.16	0.726
	网文创作这份工作能够表达我的所思所想	4.04	0.860
功利主义动机	网文创作这份工作能够提升我的创作技能	4.06	0.622
	网文创作这份工作能够提升我的知名度	3.66	0.841
	网文创作这份工作能够带来可观的经济收益	3.86	0.844

通过组间差异分析可知，享乐主义动机在不同群体之间并无显著差异，意味着不同群体的写手普遍能够从这份工作中获得兴趣爱好的满足。全职写手（M=3.96，SD=4.05）比非全职写手（M=3.75，SD=4.06）展现出更高的功利主义动机（F=12.977，$p<0.001$）。通过进一步的回归分析发现（$R^2=0.223$，调整后$R^2=0.207$），在控制了人口学变量、工作年限和月均收入之后，享乐主义动机和功利主义动机均能够正向预测写手的持续生产意愿。有趣的是，功利主义动机（$\beta=0.340$，S.E.=0.88，$p<0.001$）比享乐主义动机（$\beta=0.184$，S.E.=0.83，$p<0.001$）展现出更强的预测力。这意味着相较于兴趣爱好的满足，职业成就的满足更能够推动签约写手进行持续性的内容生产。尽管基于兴趣分享的数字劳动一直被视为“休闲”与“工作”的结合，而在签约写手的劳动语境中，个体的职业发展诉求则扮演了更为重要的角色，兴趣爱好诉求则退居次位。

从外部的职业发展语境来看，层级化的酬劳制度带来了职业内群地位的分化。这在一定程度上拓展了写手的职业发展上限，并通过迎合其对名利想象的方式促成了长期的劳动承诺。伴随着平台方的产业化进程，网络文学行业的“造神运动”从未停歇——从“白金作家”到“大神制度”，平台方一直致力于作者的品牌化运作，《鬼吹灯》《盗墓笔记》《琅琊榜》《斗破苍穹》等一系列现象级的作品，便是在此背景之下涌现出来的。依据作家的订阅量和收入，平台方将签约写手划分为不同的等级，层级越高的写手越能够获得平台方资源的倾斜，并在版权收益的分配中掌握更多的主动权。写手们以“扑街”来自嘲行业生态中的失败者，以“大神”来称呼行业生态中的成功者。前者往往意味着低收入、低技能和低声望的职业处境，后者则具备显著的商业价值，也正逐渐被主流文学界接纳。职业收益与职业声望的分殊，使得写手们渴望占据更高的职业层级，在“个人奋斗”和“自我赋权”等话语的激励下，写手们展现出高度的职业成就动机。

> “没有人会甘愿一直当‘扑街’，也没有人会愿意一直接受每个月一千块的保底，之所以坚持，是因为觉得自己会是下一个幸运儿。”①
>
> “如果能写出《灵域》这个级别的玄幻，我可能会死而无憾了。”②
>
> “成神梦很美，努力过，争取过，人生也就圆满了。”③

从劳动过程的理论视角观之，“后福特主义”（post-Fordism）时代的生产管理不再依赖统一的严格监控，而是通过“赋权”于员工的方

① 来源：深度访谈对象 GXX，女，本科生，21 岁，居住于广东省，供职于“起点女频”，线上访谈于 2019 年 1 月 9 日。

② 来源：@面包战士 2018 年 3 月 26 日发布于“龙的天空”。

③ 来源：@深°潜水 2018 年 12 月 11 日发布于“龙的天空”。

式提升其自我驱动力，以最终满足组织生产的需要。[①] 数字劳动最终生产的不仅仅是可供消费的媒介产品、用户数据或是文化符号，它更在于重新生产了劳动者的"主体性"[②] ——其价值观念、文化惯习及信念体系，从而达成了资本之于劳动者的"生命政治"。[③] 职业成就动机的激发既是劳动赋权的体现，也是借由赋权，使资本的逐利本质更为隐蔽，也更为深入——二者互为前提、互相激发、互为悖论。

需要警惕的是，尽管地位的层级分化预示着公平竞争与机会均等。但正是在这种功利主义目标的牵引之下，写手的劳动供给呈现出过剩的局面，职业内部的垄断竞争格局也逐渐形成。读者所熟知的"大神"背后往往由强大的第三方生产机构和平台资源共同支撑，向上流动的通道日益阻塞，职业内部阶层日益固化。在强者愈强、弱者愈弱的劳动生态中，个体自由职业者越来越难以突围。平台方为其提供了职业发展的愿景，却未能提供可循的职业发展路径。

五 结论与讨论：体面劳动的困境与破局

本研究通过质和量相结合的方法，廓清了在资本、技术、市场共同作用之下文化生产的基本趋向，对作为数字劳动者的网络文学签约写手的劳动境遇进行了考察，并试图架起外部语境与个体处境之间的关联。研究发现：网络文学签约写手的数字劳动呈现出雇用弹性化、生产社会化以及地位层级化的趋向，经由风险转嫁、全景监控以及劳动赋权等内在逻辑，作用于劳动者的主观体验、生产过程以及行为意愿，并最终实现了资本的增值。而这种资本增值的代价便是：整体劳动风险的增加、劳动强度的加剧、劳动报酬的降低及劳动者权利的削弱。

沿此脉络持续追问：网文签约写手的劳动困境何以形成？在个体

① Friedman, A., *Industry and Labour: Class Struggle at Work and Monopoly Capitalism*, London: Macmillan, 1977.

② Hong, R., "Game Modding, Prosumerism and Neoliberal Labor Practices", *International Journal of Communication*, Vol. 7, No. 2, 2013, pp. 984 – 1002.

③ 骆世查：《媒介环境即生命政治——数字时代的"有机体"话语与主体追问》，《新闻界》2018 年第 6 期。

感知的视角之外，结构性的牵制要素不容忽视。

从产业结构来看，网络文学依然是一个“劳动密集型”行业，大量廉价的劳动供给是多元化信息商品生产的必要支撑，而写手群体则处于附加值最低的产业链末端。在信息通信技术的基础架构之下，平台媒介得以跨越时空的局限，将普遍存在的劳动者聚集起来并将其纳入生产体系之中。这一变革提升了劳动供给的广泛性、多元性与竞争性，构成了互联网企业与写手之间“中心—边缘”的相对位置。平台聚合的写手和用户越多，就越具有中心性价值，就越能够在劳动规则的制定中掌握主动权。在市场筛选机制之下，平台方有限度地“赋权”于劳动竞争中的优势群体，不具备核心竞争技能的弱势群体则随时可以被替代。

从社会结构来看，平台方与劳动者的矛盾日趋激化。平台方有权为劳动者提供工作机会，也有权夺回其工作机会，由此形成了对劳动者的直接操纵；在平台规则的主导之下，劳动者几乎无权参与分配规则的制定，劳动协商的博弈地带被进一步取消；弹性化的层级体系转嫁了市场风险，又从整体上降低了单位时间内的劳动报酬，即工资效率水平。尽管以上的不平等已然成为客观的事实，但在自由与赋权的话语之下，平台与写手达成合意，使得写手愈加认同平台的价值与规则；非货币报酬的崛起使写手满足于现状，削弱了抗争的意愿；基于平台网络分散性和异质性的特点，劳动者的职业共同体与内群凝聚力越来越难以形成，资本方与劳动者之间的力量对比日趋失衡。平台方由此达成了对劳动过程的控制与集约化生产。

传播技术化的社会是媒介化的社会，同时也是资本化、市场化、商品化的社会。诚然，在全球化的时代，我们每个人都需要在资本逻辑中确立自身。[①] 然而当文化生产者愈加介入到数字劳动的进程中，就会越受制于前置的平台资本逻辑，“劳动赋权”既是一幅美好的图景，也成了一个不可矫正的悖论。当下，我国短视频平台、网络直播

① 蔡润芳：《“积极受众”的价值生产——论传播政治经济学“受众观”与Web2.0“受众劳动论”之争》，《国际新闻界》2018年第3期。

平台等数字文化产业的发展也遵循着相同的逻辑，在资本的催化与调节之下，技术越是赋权和连通于个体，就越是异化于个体。

随着数字平台媒介的普遍化，数字劳动者的“体面劳动”也成为学者强烈呼吁的内容①，如何矫正数字平台媒介中的资本增值逻辑，保障广大数字文化产业的劳动者在自由、公正、安全和有尊严的条件下工作，仍需要持续性的探索和制度设计。这既是对劳动者个体境遇的人文关照，也是数字文化产业可持续发展的必然前提。

在笔者看来，在可操作的层面上，数字劳动者的“劳有所得”是“体面劳动”的必要基础。这首先需要相关法律政策对数字平台媒介中涌现出的新型劳动关系进行明晰界定和权责赋予，使其在限定的工作时间内，享有与工作投入相匹配的劳动报酬、福利待遇以及社会保障。其次，要建立多元支持系统来为数字劳动者提供相应的职业技能培训和智力支持，通过提高劳动者“可雇用性”的方式，使其在劳动过程中掌握更多的话语权。再次，通过成立行业协会和工会的方式以协调雇用者与受雇者之间的权益纠纷，为劳动者个体敞开权益维护的通道。最后，更重要的是，要以此方式形成“职业共同体”，增强数字劳动者的内群凝聚力，使其与资本方形成抗衡，使其从“自在的阶层”转化为“自为的阶层”。

而从底层逻辑出发，寻求后工业社会的理想形态，使“私有化”的平台媒介重回公共领域的角色，才是凸显劳动者主体性和解放数字劳动者的根本之策。

---

① Korfer, A., Rothig, O., “Decent Crowdwork the Fight for Labour Law in the Digital Age”, *Transfer*: *European Review of Labour and Research*, Vol. 23, No. 2, 2017, pp. 233 – 236.

谁在定义未来

——被垄断的科幻文化与"未来定义权"的提出*

吴福仲　张　铮　林天强**

摘要　科幻文化是全球文化产业中的一个重要类型，已经展现出巨大的商业价值和强大的社会功能。本文聚焦当下全球科幻文化产业的现状，重点回答中国是否以及为什么要深入参与全球科幻文化的生产这一核心问题。本文提出科幻文化的社会功能绝非止于单一品类的文化产品，而是在科技预言、社会批判与产业激活三个层面发挥着重要作用；从现实的全球格局来看，当前的科幻文化生产被西方世界垄断，创造力、传播力与影响力的失衡直接引致西方世界的"幻想垄断"。本文认为，从现实意义来看，中国参与全球科幻文化生产将推动科技创新、重塑核心价值并为人类共同面对的未来议题提供中国方案。因此，中国进一步激活科幻文化生产具有充分的重要性、紧迫性与必要性。沿此逻辑，笔者初步提出"未来定义权"的概念框架，用以分析参与科幻文化生产的重要意义、权力逻辑与现实指向。

关键词　科幻文化；文化生产；幻想特许权；幻想垄断；未来定义权

---

* 本文原刊于《南京社会科学》2020 年第 2 期。

** 吴福仲，清华大学新闻与传播学院博士生；张铮，清华大学新闻与传播学院副教授、博士生导师，清华大学文化创意发展研究院副院长；林天强，清华大学互联网产业研究院研究员。

文化内容生产具有强烈的现实指向。但与其他文化类型不同，科幻文化立足当下，将关切的视角从“个体的人”转向了作为整体的“人类”，通常涉及的是一个文明或种族甚或全人类和整个地球所面临的共同命运，极大地拓展了人们理解“他者”和反思“自我”的尺度。纵然科幻文化指向的是一个虚构的世界，但它既映射了人类命运的某种困境，又指示着人类的解决之道。[①] 当下全球科幻文化产业如火如荼地展开，拥有庞大的读者/观众群体，并产生了巨大商业效益。但在学术层面除了针对具象科幻文本的文学批评之外，仍有具体内容之上的关键问题亟待厘清和回答——当作为一个整体时，科幻文化发挥着怎样的社会功能？全球科幻文化生产的现状为何，又将带来怎样的结果？在全球科幻产业的发展浪潮中中国又当何为？对这些问题的回答不仅有助于梳理科幻文化生产的意义与现状，更有助于为我国科幻文化产业发展和参与全球科幻文化生产厘清思路。

一　幻想的力量：科幻文化的社会功能

科幻，即科学幻想，与“奇幻”最大的不同在于，科幻以“科学”和“技术”为主要元素，以科学原理为基本依据展开想象，[②] 因此兼具合理性与创造性。本文的研究和阐释的对象为“科幻文化”，而非“科幻作品”。一来，从当下的科幻产业实践出发，笔者试图拓展对于科幻载体形式的既有认知，它不仅仅包含小说、电影、漫画等传统媒介形态，同样囊括了游戏、展览、竞赛、文创产品等衍生物——它们共同构成了当今不可割裂的科幻生态。二来，这一概念也试图超越对具象文化产品或文化服务的描述，从相对抽象的角度来概括由科幻所表征的物质体系与精神体系。具体而言，本文所言的“科幻文化”既包括具象的科幻产品和服务，也包含了与之相关的价值信念及生产生活方式。作为一种文化形态，它嵌入了社会生活的各

① ［英］凯斯·M. 约翰斯顿：《科幻电影导论》，夏彤译，世界图书出版公司2016年版，第5页。

② 沈国芳：《观念与范式——类型电影研究》，中国电影出版社2005年版，第36页。

个面向，并发挥着特定的社会功能。

（一）科幻文化的技术面向：科技预言

工业革命带来了科学技术的迅速变革，也改变了人们感知世界的方式与尺度。幻想文学开始遵循科学理性的逻辑展开，提供了关于未来的多重可能性。虽为虚构之物，但科幻作品所描绘的超前技术实则也预设了它的应用场景、特定功用与潜在影响。回顾技术创新的历史，无不在肇始于由特定社会需求所驱动的未来想象。在这一意义上，科幻文化作为一种未来向度的媒介，触发和引领着科技革新的进程，并发挥着“科技预言”的社会功能。我们现今所熟知的多项科学发明，都能在早期的科幻小说中找寻踪影。例如互联网技术这一设想最早出现在 1937 年的科幻作品《世界之脑》（World Brain），移动电话的原型来自 1948 年《太空军校生》（Space Cadet）中的“口袋电话”（pocket phone），3D 影像技术早在 1961 年的《奇异大陆的陌生人》（Stranger in a Strange Land）中就被提及。再如，1968 年上映的改编自科幻小说家亚瑟·克拉克（Arthur Charles Clarke）的小说、由库布里克（Stanley Kubrick）导演的经典科幻电影《2001 太空漫游》（2001：A Space Odyssey），展示了太空旅行、虚拟现实、脑机接口、人工孕育等对未来技术的想象，其中很多技术可以在今天的现实技术中找到影子。

心理学的“自证预言”理论认为，对于情境的定义（包括预言、观念和期望）将会成为情境不可分割的一部分，人们赋予情境的意义将决定着其随后的行为，尽管这一过程中行动者并不知晓他们的信念将怎样有助于建构这种现实[①②]，这一理论在社会科学的各个领域得到了广泛的验证。就此而言，科幻文化绝非仅是对现实生活的表征、再现或想象，它已然切实地影响了现实生活的发展轨迹，甚至成为某种意义上的现实。而其核心的中介机制便是对个体信念体系的改造与牵引。试想一下，倘若当下科幻作品中的科技幻想成为公众的关切，并

① Merton, R., “The self-fulfilling Prophecy”, *The Antioch Review*, Vol. 8, No. 2, 1948, pp. 193 – 210.

② 高明华：《父母期望的自证预言效应：农民工子女研究》，《社会》2012 年第 4 期。

触发科研人员的灵感与持续探索，那么在未来世界中我们有望看到穿梭于地下城市中的胶囊运输器，能够解决能源问题的可控核聚变技术，能实现人脑与机器连接的机械义肢，能自主执行人类自然语言的机器助手……由此展开的社会巨变是不可估量的，而这也正是当前诸多科技前沿工作者的探索路径。诚然，科技的研发与最终应用不能全然归功于科幻作品中天马行空的想象，但科幻文化凭借时间尺度上的优势，率先设置了未来世界的“科技议程”——我们应当关注什么？我们应当在哪些领域倾注努力？由此，科幻文化之于科学进步所发挥的作用具有先决性和前瞻性，其作用绝非止于文化层面的软实力，更深度影响了人类未来的科技硬实力。

（二）科幻文化的文艺面向：社会批判

作为一种文学艺术形态，科幻文化更为广阔的想象力在于其对现实世界的再现、批判与重构：“乌托邦的核心精神就是批判，批判经验现实中不合理、反理性的东西，并提供一种可供选择的方案。”[①] 也正因如此，科幻文学艺术作品才具备超脱现实功利主义的能力，将人类的普遍处境悬置于更高维度进行审视，从而展现出更为广阔的哲学思辨空间。这一审视既是毁灭性的，又是建设性的——它通过一场场思想实验甚至是文明实验重新拷问人类社会的终极价值，在不断的推翻与重构中向理想世界接近。

第一部真正意义上的科幻小说《弗兰肯斯坦》（*Frankenstein*，或译作《科学怪人》）诞生于1818年，讲述了一个热衷于生命起源的生物学家，将科学视为上帝力量的集合，并夜以继日地探索创造生命秘诀的故事。他用拼凑尸体的方式创造出一个“怪物”，这个怪物不断地索取女伴、温暖和友情，并最终引发一连串的悬疑命案。作为科幻文化的先驱，它不仅揭示了科技滥用的后果，叩问着人与技术之间的关系，更包含了对“现代性”进程的深切反思。这种“反身性”是科幻文化不可或缺的“文学内核”：从《大都会》（*Metropolis*）、《银翼杀

---

① ［德］哈贝马斯、哈勒：《作为未来的过去——与著名哲学家哈贝马斯对话》，章国锋译，浙江人民出版社2001年版，第122—123页。

手2049》（*Blade Runner 2049*），再到《我，机器人》（*I*，*Robot*），电子人、克隆人、生化人等一系列“后人类”的想象重置了人类本体论，在技术恐慌和伦理隐忧之外，也拷问着人类意识、身体与情感的真实性和重要性；从《笃定发生》（*Things to come*）、《一九八四》（*Nineteen Eighty-Four*），再到《北京折叠》（*Folding Beijing*），或隔离、或混杂、或折叠的城市空间想象隐喻着技术牵引下的人类生存空间，直指人类当下所面临的生存危机、政治极权、社会分化等重要议题。

科幻文化所提出的问题并非局限于特定个体、民族、种族或国家的困境，而是站在人类命运共同体的立场上，揭示作为无差别的“人类”所面对的生存危机、道德挑战与秩序重建等重大议题。而在批判之外，科幻文化也力图构筑出可被感知和共享的“乌托邦”模型。在这一模型中，创作者和阐释者的政治理想与价值观念得以释放和表达，使人们在疏离的故事世界中得以慰藉和获取希冀，并据此作出可能的改变。

（三）科幻文化的产业面向：幻想消费

科幻文化的魅力在于其“陌生化”的叙事效果，[①] 使受众在一种间离的审美活动中获得快感与享受。此外，科幻作品还通过“仿真”和“虚拟”等多重手段，引领观众在奇观化的未来图景中，重建对外部世界认知的尺度和经验。有别于现实主义题材的文艺类型，科幻文化吸引和聚合受众的基本逻辑在于制造这种“媒介奇观”（media spectacle）与“文化震惊”（culture shock），以获得消费者持续性的猎奇与关注。

尽管科幻文化最初被视为一种小众的亚文化类型，但在资本的注入和开发之下，它已然成为大众流行文化消费的新宠。近年来，科幻文化产业在全球范围内的发展方兴未艾。以科幻电影为例，在全球票房排行前10的电影中，科幻和奇幻类的电影就占据7部。[②] 美国第52

---

① ［加］达科·苏恩文：《科幻小说面面观》，郝琳等译，时代出版传媒股份有限公司、安徽文艺出版社2011年版，第34—43页。

② 数据来源：https：//www. boxofficemojo. com/alltime/world/，最后访问日期：2019年10月7日。

届“科幻和奇幻作者年度星云会议”的统计数据显示，与2010年相比，2018年科幻和奇幻类的纸质书、电子书与有声书销售总额增长近一倍。[①] 由南方科技大学科学与人类想象力研究中心发布的《2018中国科幻产业报告》指出，2017年中国科幻产业产值超过140亿元，而仅2018年上半年这一数据已经接近100亿元。[②] 其中，引人瞩目的电影《流浪地球》获得46.55亿元的票房，《三体》三部曲在全球范围内出版19种语言版本，销量突破2100万册。[③]

与其他类型同样依靠高妙巧思为产业动力的创意产业相比，科幻文化产业展现出更为广阔的市场前景。其一，身处第三次科技革命的时代浪潮中，人工智能技术、新能源技术、新材料技术、空间技术和新生物技术的快速演进不仅激发了受众的科幻兴趣，培养了其更高的科幻消费意愿和素养，更为科幻创作提供了全新的场域和原料。其二，科幻文化具有高度的版权生命力与产业延展性。以“漫威电影宇宙”（Marvel Cinematic Universe）为例，它在横向上联结独立英雄以形成统一的故事世界，构成了系列电影内在的一致性，有效延续了受众的关注与追随；它又在纵向上进行版权的进一步开发，衍生到游戏、主题公园、舞台剧、玩具等领域，进一步打开了粉丝经济的全新空间。基于此，在文化创意产业发展陷入同质竞争的困局时，科幻产业有望成为下一片市场的蓝海，并有效聚合受众的注意力资源。

二　“幻想特许权”：全球科幻文化生产的结构失衡与权力逻辑

科幻文化在激发科技创新、彰显社会批判以及促成产业发展等方面所发挥的重要作用，引起了人们的广泛关注，也带来了科幻文化生

① Rowe, A., “Science Fiction and Fantasy Book Sales Have Doubled Since 2010”, *Forbes Business*, https://www.forbes.com/sites/adamrowe1/2018/06/19/science-fiction-and-fantasy-book-sales-have-doubled-since-2010/.

② 《2018中国科幻产业报告》，中国作家网，2018年11月24日，http://www.chinawriter.com.cn/n1/2018/1124/c404079-30419121.html。

③ 《〈三体〉走红，中国科幻赢得世界目光》，中国日报网，https://baijiahao.baidu.com/s?id=1641532009783497164&wfr=spider&for=pc，访问日期：2019年8月11日。

产中的激烈角逐与博弈。当下，媒介全球化已经成为不争的事实，科幻文化的生产主体、传播秩序与全球影响也成了不可回避的要素。由此引发的问题便是：当下，谁参与了科幻文化的生产？形成了怎样的格局？这样的格局何以形成？又将带来怎样的结果？对上述问题的回答不仅仅是对全球科幻文化生产格局的梳理，更是从政治经济学的视角对科幻文化生产、传播与消费中的权力逻辑进行审视。

（一）被西方垄断的“未来想象”

长久以来，西方发达资本主义国家一直占据着科幻文化产业的霸主地位。截至目前，跻身全球电影票房前十的科幻和奇幻电影有七部来自美国，其中，博伟影片发行公司（Buena Vista Pictures）的作品就占据五席（如《复仇者联盟 4：终局之战》27.96 亿美元，《星球大战 7：原力觉醒》20.68 亿美元）。[①] 除此之外，科幻文化通过虚拟影像建构出“虚拟符号”，这些符号在现实生活中也得到进一步的延伸——依托于 IP 授权的衍生品产业方兴未艾，仅漫威一条线每年的衍生品收入就达 10 亿美元。[②] 以“迪士尼乐园”“环球影城”为代表的主题乐园在全球范围内大行其道。2018 年一年的时间里，迪士尼乐园共接待了 1.5 亿游客，在全球主题公园中位居榜首。[③] 从科幻文化评价标准的设立主体来看，科幻小说最具影响力的两大奖项“星云奖”（Nebula Award）和“雨果奖”（The Hugo Awards）均设立在美国，所有参选作品必须翻译成英文才能参展，因此英语世界国家的科幻作者在其中占有压倒性的优势，仅有极少数亚洲科幻作家在其中崭露头角。

纵观我国百年的电影史，科幻电影这一类型一直未能得到长足的发展。截至 2018 年上半年，我国国产科幻电影占国内科幻电影整体票房的比例不足 10%。[④] 相较于美国上千人的科幻小说创作队伍，我国

① 数据来源：https：//www. boxofficemojo. com/alltime/world/，访问日期：2019 年 10 月 7 日。

② 《漫威的中国掘金路：10 年，155 亿!》，搜狐网，http：//sohu. com/a/311313679_ 178822，访问日期：2019 年 4 月 30 日。

③ 《2018 年全球主题公园集团游客数量排行榜：迪士尼稳居榜首（TOP10）》，中商情报网，2019 年 7 月 8 日，http：//www. askci. com/news/chanye/20190708/1519581149433. shtml。

④ 王姝：《发展国产科幻电影科学家不能缺席》，《光明日报》2019 年 1 月 24 日。

长期从事科幻写作发表的专职作家不过几十人。被誉为非洲“好莱坞”的尼日利亚，在2019年8月才制作出第一步真正意义上的科幻影片，而这部影片则是由当地八名青少年利用手机和可回收材料制作而成的。[①] 由此观之，在市场占有率和全球影响力的层面上，目前全人类共享的“未来想象”实则掌握在西方发达国家，甚至是少数私营部门手中，而其他国家与边缘群体则处于弱势和失语的境地。

（二）创造力、传播力与影响力的力量失衡

归根结底，当下科幻文化产业的垄断局面实则缘于各国在科幻文化在创造力、传播力与影响力这三个维度上的力量对比失衡，这一格局的形成有着深刻的历史文化和政治经济背景。

首先，东西方在哲学传统和文化资源上的差异，导致了幻想文化作品的不同取向。以中国为代表的东方文化有着特殊的英雄和神话叙事系统以及神秘主义的叙事审美，向历史溯源的电影题材如古装剧、穿越剧、神话奇幻剧等类型片承载了文艺创作者的幻想冲动与现实批判的功能。[②] 有学者指出，基于东西方的文化传统差异，将民间民俗志怪文化与现代影像奇观相结合，则成为提升中国电影想象力的重要突破点与可行之道，近年来，作为亚古装类型的“爱情魔幻剧”（如《画皮》《白蛇传说》）的异军突起便是例证。[③] 与之相比，西方哲学更为强调理性主义、人的实践性和技术进步，加之两次工业革命的催化，其幻想文艺的创作不可避免地承载了对于科技的希冀与焦虑[④][⑤]。对历史文化资源相对匮乏的新兴发达资本主义国家而言，“未来”成为其重要的幻想领地。他们力图通过科幻文艺作品来反映当代科技勃兴背景下人的处境。

其次，科幻文化生产极大地受制于国家的经济实力、科技水平与

① 《这群非洲青年手机拍出20部科幻电影》，梨视频，https：//www.pearvideo.com/web/v2/video_ 1591225，访问日期：2019年8月20日。

② 刘雅静：《新世纪华语魔幻题材影视剧研究》，博士学位论文，吉林大学，2019年。

③ 陈旭光、吴言动：《关于中国电影想象力缺失问题的思考》，《当代电影》2012年第11期。

④ 马珊珊：《国产科幻电影的深层困境探究》，《美与时代（下）》2017年第7期。

⑤ 吴星晨：《国产科幻电影：创意、性别秩序和价值表达》，《青年记者》2019年第20期。

文化工业化程度。作为电影工业体系的塔尖，科幻电影的感染力与吸引力在于奇观化景象烘托出的震撼效果，因此对剧情创意、视听语言、特效实现以及资金投入提出了更高的要求。电影市场化和工业化程度更高的发达国家拥有更完备的电影产业生态、更高质量的电影技术支撑、更强大的人才队伍储备、更高效的分工协作系统以及更精准的流行复刻能力。而科幻电影又是科幻文化生产、衍生产业开发及全球流通的核心载体。由此，西方发达国家在科幻文化的生产上不仅具备起跑线上的优势，更有着持久强劲的生命力与影响力。

最后，不平等的全球传播格局加剧了各方力量之间的悬殊。“文化帝国主义”理论概述了全球文化产品生产与流通中“核心—边缘”的结构，指出发达资本主义国家，尤其是美国，通过不平等的传播秩序对别国进行文化渗透，电影便是鲜活的例证。[①] 尽管中国、韩国、日本等国家的电影及其他类型的文化产品向西方发达资本主义国家已呈反向流动的态势，但这种反向流动又加速了西方发达国家科幻电影产业对于外来文化符号的盗用与收编，为进一步的文化输出奠定了接受语境。纵然科幻电影中的非白人面孔与“异文化”元素日益增多，但终究扮演的是西方主流文化的配角。与其说，这是文化交流融合的胜利，不如说它进一步彰显了西方发达国家科幻电影进行市场扩张的企图。

（三）“幻想特许权”与符号操纵

在卡斯特看来，传播是交换信息而共享意义的活动。在此基础上，他将传播视为权力的核心，并指出谁掌握了传播，谁就掌握了权力。[②] 由此观之，凭借在科幻文化的生产、传播与消费方面的主导性地位，西方发达资本主义国家日益垄断了全球科幻产业中“幻想特许权”（fantasy franchise），并借此传递出关于未来的特定信念与价值体系。[③] 文化产

---

① ［美］赫伯特·席勒：《大众传播与美利坚帝国》，刘晓红译，上海译文出版社 2006 年版。

② ［美］曼纽尔·卡斯特：《传播力》，汤景泰、星辰译，社会科学文献出版社 2018 年版，第 43 页。

③ Hassler-Forest, D., *Science Fiction, Fantasy, and Politics: Transmedia World-Building Beyond Capitalism*, New York: Rowman & Littlefield, 2016.

品向来具有经济和社会的双重属性，在市场争夺之外，科幻文化产品所隐含的政治经济意图与意识形态同样不容忽视。科幻文本的生产者有权对危机进行定义与呈现、对现实进行象征和隐喻、对行动者身份进行赋予、对行动网络进行架构以及对行动结果进行预设，并以此影响现实社会实践。

沿着福柯“话语即权力”的思考路径，作为一整套策略装置的“科幻话语”既是权力关系的表征，同时又构成和维护着权力主体。[①] 具体而言，当代世界所共享的“泛科幻”话语（包括地外生命搜寻、宇宙社会学、角色游戏扮演等叙事类型）与发达资本主义国家在太空竞赛中的企图、减轻政府财政负担的努力、硅谷科技光环的塑造以及资本主义神话的维护密切相关。[②] 除此之外，个人英雄主义、消费主义、人机伦理与性别秩序也内嵌在西方科幻作品中。凭借着资本扩张和消费主义的内在逻辑，产业巨头所构建出的“故事世界”奠定了人们想象未来的初始脚本。在这一符号体系之下，全球消费者的科幻品味、认同和信念体系趋向统一。显然，这与科幻文化作为全球“共同文化”的最初立场背道而驰，由此而来的文化霸权与符号操纵对我国文化安全所构成的挑战也值得警醒。

三 “共筑未来”：中国参与科幻文化生产及其现实意义

科幻文化越是发挥重要的社会功能，其全球生产格局越是失衡，就越会导致不同生产主体之间的“幻想鸿沟”。这不仅会加剧未来世界建构能力的分殊，而且会造成世界政治经济格局的进一步不平等。从文化霸权的视角看，我们当下对于未来世界的想象与建构很大程度依附于西方发达资本主义国家的幻想话语——由他们来告诉我们何为“文明”、何为“进步”、何为“正义”，告诉我们人类未来会向何处

① Foucault, M., “Orders of Discourse”, *Social Science Information*, Vol. 10, No. 2, 1971, pp. 7 – 30.

② 孙佳山：《“泛科幻”话语与当代资本主义的未来逻辑——中国科幻文艺的现实处境和历史挑战》，《长江文艺评论》2017 年第 1 期。

去，人类要如何自为。回观自工业革命以来西方国家向世界各国输出的“现代化”理念，以及构筑起的“现代世界体系”，无不包含着资本主义扩张的内在逻辑。在全球化愈演愈烈的当下，发展中国家如何摆脱被不断“边缘化”的处境，彰显自身的政治经济和文化影响力成为至关重要的命题。如前所述，科幻文化或将可能成为调节未来世界格局的重要杠杆，笔者认为，中国积极主动地参与全球科幻文化生产，致力于构建公正平等的“幻想秩序”，使得科幻文化发挥未来“公共领域”的作用，已成为迫在眉睫的使命。

（一）科学传播的创新驱动

当科幻文艺作品以流行文化的姿态对现代科技进行叙事和想象，实则也完成了对于科学技术的“祛魅”。这使得社会公众以更高的兴趣意愿和更加平等的姿态去接触、讨论甚至是消费科技。由此，科幻文化也助推着科学启蒙、科学传播和科普教育的进程。

中国近现代的科学小说肇始于晚清，在救亡图存的时代背景下，文人志士纷纷译介或模仿西方的科幻小说创作，以期向国人传达“知识与真理”“梦想与传奇”。①梁启超强调了科幻文学的哲理思辨之维，认为它“寄思深微，结构宏伟”;②鲁迅则侧重于科幻文学的知识科普之维，并对它寄予了“经以科学，纬以人情”的厚望。③中华人民共和国成立之后，科幻文学尤其注重对严谨科学知识的传达和对乐观科学主义精神的宣扬，由此成为“科学大众化”的助推器。④

当下，迅疾的科技变革，社会公众理解与参与科学的热情尤为高涨。科幻文化的潜力不仅仅在于文艺作品的观赏体验，还在于它已经

---

① ［美］王德威：《被压抑的现代性——晚清小说新论》，宋伟杰译，北京大学出版社 2005 年版，第 292 页。

② 梁启超：《〈十五小豪杰〉译后语》，原载《新民丛报》（第二号），1902 年。收入陈平原、夏晓虹编《二十世纪中国小说理论资料（第一卷）1897—1916》，北京大学出版社 1997 年版，第 64 页。

③ 周树人：《〈月界旅行〉辨言》，原载《月界旅行》，1903 年。收入陈平原、夏晓虹编《二十世纪中国小说理论资料（第一卷）1897—1916》，北京大学出版社 1997 年版，第 68 页。

④ 詹玲：《启蒙视野下的中国科幻小说发展流变》，《学术月刊》2019 年第 4 期。

切实地变成了一种思维方式乃至于生产生活方式——它传达了特定的科学原理与科技前沿，培养了社会公众尤其是青少年一代的好奇心、想象力与科学素养，提供了科技革新与演进的重要灵感，并推动着未来世界的建设者将其所想所愿转化为现实。参与科幻文化生产不仅仅意味着实现科幻文化作品的优质供给与消费升级，更重要的是以此为基础，提升全民的科学意识与素养，激发全民创新求索并努力将之付诸实践的动力。这对于科技人才的培养、自主创新能力的增强、科教兴国战略的落实与全球科技竞争力的提升都具有重要意义。

（二）价值体系的矫正制衡

由宏观层面的权力视角观之，科幻文化生产与传播既是特定社会群体的政治理想的游说、彰显与争夺，[①] 又是后殖民时代发达国家对发展中国家的文化输出与文化霸权。从微观层面的传播效果来看，科幻文化对个体的认知、态度甚至行为产生了显著影响。既有研究表明，科幻小说和电影的消费显著影响着人们对于科学与科技物的态度、政治态度与政治参与。[②③] 当科幻产业日益嵌入受众的社会文化生活实践，与之相关的西方价值也接踵而来——对个人英雄主义与非兼容的民族主义的呈现、对“末日审判”和“救世主”形象的隐喻、对“人定胜天、征服自然”观念的宣扬、对“世界维和警察”形象的美化、对东方符号的贬抑与丑化……这些观念无疑会成为受众理解世界和想象未来的一层滤镜。

尽管受众对于特定文本内容具有创造性“解码”的能力，但“单个受众的解读终究无法扭转结构性的失衡”。[④] 尤其是对未具备完全自

① 李飞、张慧瑜：《“显影未来”的战争——新媒介社会文化史视角下的政治科幻》，《艺术广角》2019 年第 4 期。

② Menadue, C. B. & Jacups, S. , “Who Reads Science Fiction and Fantasy, and How do They Feel about Science? Preliminary Findings from an Online Survey”, *SAGE Open*, Vol. 8, No. 2, 2018, pp. 1 – 12.

③ Young, K. L. & Carpenter, C. , “Does Science Fiction Affect Political Fact? Yes and No: A Survey Experiment on ‘Killer Robots’”, *International Studies Quarterly*, Vol. 62, No. 3, 2018, pp. 562 – 576.

④ ［美］赫伯特·席勒：《思想管理者》，王怡红译，（台湾）远流出版公司 1996 年版，第 177 页。

主判断能力的青少年而言，科幻文化则更容易造成特定的刻板印象与思维惯性。积极主动地参与全球科幻文化生产是高度重视国家文化安全，引领社会主义核心价值观的必然要求。更重要的是，我们有责任与义务为社会公众，尤其是青少年群体提供与中国本土政治经济、历史文化与社会制度相契合的“未来想象”，与现存的科幻文化形态形成制衡的局势。

（三）人类命运的中国观照

眼下，由技术进步、资本扩张与全球化进程所导致的“全球风险社会”已然到来，人类置身于共同的偶然性、复杂性与不确定性之中。[①] 迫在眉睫的能源与生态危机、不断涌现的性别革命、全球金融市场的崩溃与政治格局的动荡、非生命智能凌驾于人类主体性之上的隐忧等议题已然跨越了阶层、种族和民族国家的界限，将人类的命运联结在一起。

作为世界第二大经济体，我们有责任与义务积极投身于全球议题的解决进程，提出人类命运的中国方案，并传达全球南方国家的利益关切与多元声音。此外，我们同样具有丰厚的历史文化与思想资源以推动风险议题的解决，如“天人合一”的自然哲学以及“和而不同”的政治哲学等。而当下的困局是，无论在数量还是质量上，中国在全球科幻文化生产的格局中一直处于边缘位置。这一方面凸显了我国文艺作品创作对于全球共同议题观照的不足，另一方面也意味着我国在科幻文化的全球流通中尚不具有充分的“能见度”。而要真正建构“人类命运共同体”，中国立场、中国诉求、中国智慧与中国方案无法缺席，也不能缺席。由此，科幻文化的生产参与即是对全球重大议题的参与，是全球公民义务与责任的践行，是全球治理理想的表达，也是守护人类共同命运的努力。

---

① ［德］乌尔里希·贝克：《世界风险社会》，吴英姿等译，南京大学出版社2004年版，第1页。

四 结语："未来定义权"的提出及其基本内涵

本文系统性地梳理了科幻文化所发挥的社会功能、全球科幻产业的失衡格局以及参与全球科幻文化生产的现实意义，实则是从不同的侧度阐明科幻文化供给的重要性、紧迫性与必要性，并以此呼吁社会各界加强对科幻文化的重视——它不仅仅是一种纯粹的娱乐工具，也不仅仅关乎文化创意产业的激活与升级，它更是触及未来世界的有效通路，是科学与技术迭代的艺术化探索和实验，更是建构未来世界形态与秩序的先决媒介。

科幻文化影响的绝非一人、一国或一族，它关乎人类未来的普遍处境，理应汇聚更多群体的思考、智慧与想象。习近平总书记 2017 年在《共同构建人类命运共同体——在联合国日内瓦总部的演讲》中指出："世界命运应该由各国共同掌握，国际规则应该由各国共同书写，全球事务应该由各国共同治理，发展成果应该由各国共同分享。"沿此脉络，科幻文化不应成为少数国家或少数群体的幻想特权，而应是多元主体能用以表达态度、影响他者和促成对话的工具。它不能成为优势国家和优势阶层的"后花园"，而应该是向所有世界公民敞开的"公共领域"；它也绝不能成为世界政治经济结构性不平等的延伸，而应当反过来去矫正这种全面失衡的格局；它不应是各自为营的分散格局，而应当是汇聚共同关切和共同智慧的"幻想共同体"。

基于上述立场，笔者试图提出"未来定义权"作为概念框架和分析单位，以阐明科幻文化参与的重要意义、权力逻辑与现实指向。所谓"未来定义权"，就是刻画、书写和预测未来世界图景、生活图式和发明创造的权力/权利。它启示和要求未来的权力/权利掌控者，基于当下的科技发展方向，以建构者的身份，著述科幻作品去想象和展望未来的图景，并且通过社会各界的共同努力促使这种想象付诸现实。它的实质便是参与权与话语权。

"未来定义权"是经由科幻文化生产参与未来世界建构的平等权利，各民族国家与各类社会群体的"未来定义权"都应得到尊重和保障。"未来定义权"的失衡，实则是由政治经济结构失衡所导致的话语权失衡，也将进一步催化出未来世界不平等的权力体系。“未来定义权”的提出是对科幻文化生产权力逻辑的重要提示，它将启示我们去反抗文化霸权所带来的压迫与不平等。而积极主动地去争取和把握“未来定义权”，则是重建幻想秩序、彰显文化主权、共建未来世界的重要路径。唯此，科幻文化方能回归全球“共同文化”的本位，未来世界才是联结人类共同命运的未来世界。

当然，“未来定义权”的提出需要更多理论资源的介入与更详尽的实践阐释。本文首先奠定了“未来定义权”提出的现实背景，笔者将另行撰文进一步丰富对“未来定义权”概念的解析，并进一步分析不同层次的权利主体与实现方式。

区块链技术下的文化价值链重构*

张　锐　修雨薇**

摘要　全球文化价值链虽解构了好莱坞“外包模式”中的霸权力量，但它在工业化程度较低的中国文化市场中却受到阻碍。区块链凭借去信任化、去中心化的技术优势，与中国文化产业拥有适配性。文章尝试将区块链与全球文化价值链相结合，以电影为研究案例，建构区块链技术下的文化价值链模型，探讨其如何对电影产业三大环节进行重构。同时，文章还构建了区块链技术下的分布式生产网络，以解决外包模式中的利益分配问题，从而探究未来文化生产变革的新趋势。

关键词　文化价值链；NICL；区块链；分布式文化生产

随着全球文化交流日益加强，以好莱坞为代表的传媒集团，为维持其在“金字塔”顶端的领导地位，将电影生产外包给劳动力价格更低廉或艺术创造力更丰富的国家或地区，形成了文化霸权主义下的“国际文化生产外包现象”。文化生产外包系统的单向性、静态性特征触发了发包方与外包方之间权益失衡的问题。同时，随着文化产品数量的持续增长，为整合全球文化市场中碎片化、分散化的生产行为，提高当地“低附加值”文化厂商的行业地位，一些学者结合全球价值链的研究方法，提出了全球文化价值链的概念。该链条具备的开放性

---

* 本文原刊于《首都师范大学学报》（社会科学版）2020 年第 6 期。

** 张锐，北京电影学院管理学院副教授；修雨薇，北京电影学院管理学院硕士研究生。

与协作化特性弱化了前述问题，但其在中国本土化过程中却存在应用壁垒：链条背后治理角色与行业标准的缺失为“欠发达国家”的文化产业带来负外部性，这不仅加剧了文化价值链各类参与主体之间的信任危机，还制约了非好莱坞影视公司产业升级的能力。结合突发灾变条件下中国持续推进经济高质量发展的时代背景，中国本土的文化产业更应当关注现象背后的问题，运用新一代信息技术（区块链、AI等）对现有文化价值链进行变革，实现由集中化生产到分布式生产的范式转换。

一 从集中到分布：对文化霸权的解构

好莱坞的“国际文化生产外包”是外包概念在价值生产领域的第二次拓展。文化价值链的出现，解构了文化生产外包模式下依然存在的霸权力量，但其在中国本土化的过程中仍存在一定问题。

（一）文化霸权主义下的国际文化生产外包

国际文化生产外包模式（New International Division of Culture Labor，NIDCL）来源于好莱坞，其字面意思为新国际文化劳动分工，它的含义可以追溯到“外包”这一概念。加里·哈梅尔（G. Hamel）和普拉哈尔德（C. K. Prahalad）在1990年最早提出了外包（Outsourcing），认为它是一种帮助企业转移非核心业务、提高产品竞争力的管理模式[①]。根据业务特性，外包可细分为制造外包、服务外包等类型，目前常用于IT行业[②]。通俗来讲，外包指企业经营者将某些业务流程，连同相关资源与管控权，以商业形式发包给外部服务提供者的经济活动。在经济全球化的背景下，外包衍生出了新的形态——新国际劳动分工（New International Division of Labor，NIDL），促使发达国家与发展中国家在制造领域加速资源整合，实现了跨地域空间的组

① C. K. Prahalad and G. Hamel，“The Core Competence of the Corporation”，*Harvard Business Review*，Vol. 68，No. 3，1990，pp. 79－91.

② 王习农：《服务外包不等于服务业外包——服务外包概念再认识与理论新析》，《国际贸易问题》2012年第8期。

织重构。之后，在文化全球化的趋势下，各国文化生产的联系日益加强，NIDL的概念被进一步分化：好莱坞利用地域经济水平的差异性，选用低成本的生产地区及其人力资源，结合专业培训的方式，提升文化产品的生产效率，文化生产外包（Runaway Production）现象进入大众视野。[①②]

文化生产外包兼具独特性与复杂性。发包方要时刻关注产品投放地域的劳动力资源，理解对方的文化环境。[③] 通过NICL系统，文化生产不再局限于一家公司或者一个地区：跨国媒体集团（TNMCs：Transnational Media Conglomerates）在系统中担任领航人的角色，负责融资与各种组织活动，通过高度集中的管理模式掌控版权、资本所有权等，建立分散化的生产网络[④]；地域性制作公司则积极参与到合作网络中，使文化创意产品在国家政策与版权管理的夹缝中走得更远。好莱坞文化生产外包的成功，在于其对权威领导力量的塑造。好莱坞立足于美国本土“文化大熔炉”的地域特性，运用自身垂直整合的发行体系以及通用的国际语言优势，极大地减少了产品的文化折扣。

国际文化生产外包模式也存在一定的局限性。NICL系统中的“劳动分工”更多是由跨国媒体巨头单向主导的，以扩大市场规模与收益最大化为主要目的。这既不利于地域性制作公司向价值链上游环节布局（陷入劳动密集型工作中，创意产出有限且无法获得产权），又制约了媒体巨头整体协调能力的升级（限定在流水线生产主导的外包模式之内）。同时，NICL过于强调好莱坞在经济发达地区的统治地位，

① S. Krishna, S. Sahay and G. Walsham, “Managing Cross-cultural Issues in Global Software Outsourcing”, *Communications of the ACM*, Vol. 47, No. 4, 2004, pp. 62 – 66.

② C. Johnson-Yale, “‘So-called Runaway Film Production’: Countering Hollywood’s Outsourcing Narrative in the Canadian Press”, *Critical Studies in Media Communication*, Vol. 25, No. 2, 2008, pp. 113 – 134.

③ T. Miller, “The New International Division of Cultural Labor Revisited”, *Icono 14*, Vol. 14, No. 2, 2016, pp. 97 – 121.

④ N. Govil, “Hollywood’ Seffects, Bollywood FX”, in G. Elmerand, M. Gasher, ed., *Contracting Out Hollywood: Runaway Productions and Foreign Location Shooting*, Lanham, M. D.: Rowman & Littlefield, 2005, pp. 92 – 114.

为合作公司提供的优惠条件有限，扩大了双方在产品附加值差异下的收益分配不均衡，不利于地方电影产业的动态持续发展。[①] 在这种不平衡的利益关系下，NICL 有时也成为非好莱坞公司通过集中自身创意来对抗巨头的工具。

综上，NICL 即“以好莱坞为代表的媒体巨头，建立文化工业所遵循的运营理念和运行系统”，其主要以整合地域资源优势、主导与小型制作公司的通力合作为目的。[②] 但该系统下，主导多环节价值创造的媒体巨头与生产低附加值产品的地方文化供应商之间的差距被逐渐扩大，进而导致双方收益分配的不均衡。由上可知，NICL 虽反向解体了一体化的传统生产模式，但其分工方式并未解决权益失衡的问题，并制约了外包企业持续升级的能力。如何建立一个分工协作、开放共生的文化价值生产网络，是行业亟待解决的问题。

（二）全球分布视角下的文化价值链

NICL 系统下好莱坞的文化生产霸权严重挤压了地区文化供应商产业升级的机会。为改善这种文化生产的依附模式，国外学者抓住当今文化生产环境下文化劳动碎片化与生产地域分散化的问题，立足全球价值链（Global Value Chain，GVC）的研究方法，丰富了现有的全球文化生产模式——全球文化价值链（Global Cultural Value Chain）。

全球文化价值链主要是由买方市场驱动，其与好莱坞主导的 NICL 有两点不同：首先，该价值链使全球文化生产市场形成了以跨国公司为主导的文化生产结构，链条的关键参与者并不一定是跨国媒体巨头，而有可能是能够快速锁定消费者需求的本地其他类型公司[③]；其次，全球文化价值链更关注链条中各参与主体的治理与升级情况。Gereffi 归纳的全球价值链的五种治理结构模型（市场型、模块型、关系型、

① M. Keane，“Once Were Peripheral：Creating Media Capacity in East Asia”，*Media，Culture & Society*，Vol. 28，No. 6，2006，pp. 835－855.

② T. Miller，N. Govil and J. McMurriaetal，*Globalhollywood* 2，London：Bloomsbury Publishing，2019，pp. 111－125.

③ S. Waisbord，“McTV：Understanding the Global Popularity of Television Formats”，*Television & New Media*，Vol. 5，No. 4，2004，pp. 359－383.

控制型与统治型），可以帮助各参与主体适应多变的文化市场环境，平衡与同链条参与者的权利分配问题（分享作品产权）[①]。与此同时，地方文化供应商，为应对跨国集团“庞大发行营销网络”带来的竞争压力，可以通过跨界合作来优化生产流程（成本、时间、分销网络、创新技能），最终实现产业升级。[②]

本文基于杜克大学的两位学者 Joonkoo Lee、Gary Gereffi 对全球文化价值链以及产品生产网络的定义，认为文化价值链包括设计、制作、分发、营销等价值生产流程，通过分工协作、跨国生产、贸易一体化等手段，使资金、人力资源等要素在链条中合理地配置与流动。[③④] 文化价值链具备开放性与协作化的特征。开放性（政策管制放松、企业间的竞合模式）使得文化生产碎片化的现象被弱化，在数字化技术的支撑作用下，文化市场最终形成了消费需求驱动的工业生产模式。以电视内容生产为代表的文化行业，遵循文化生产链条的新模式，正在进行一系列解构与结构相统一的价值创造活动。[⑤⑥] 在协作化特性下，垂直一体化的旧生产模式被瓦解[⑦]，跨国集团与地方文化供应商之间拥有双向选择机制。这不仅重塑了传统价值链的组织管理方式——主

---

① G. Gereffi, J. Humphrey and T. Sturgeon, “The Governance of Global Value Chains”, *Review of International Political Economy*, Vol. 12, No. 1, 2005, pp. 78 – 104.

② J. Humphrey and H. Schmitz, “How does Insertion in Global Value Chains Affect Upgrading in Industrial Clusters?” *Regional Studies*, Vol. 36, No. 9, 2002, pp. 1017 – 1027.

③ J. Lee, *Animating Globalization and Development: the South Korean Animation Industry in Historical-comparative Perspective*, Durham, N. C.: Duke University, 2011, pp. 45 – 50.

④ G. Gereffi, “The Organization of Buyer-Driven Global Commodity Chains: How U. S. Retailers Shape Overseas Production Networks”, in G. Gereffi and M. Korzeniewicz, ed., *Commodity Chains and Global Capitalism*, Westport: Praeger, 1994, pp. 95 – 99.

⑤ J. K. Chalaby, “Television and Globalization: The TV Content Global Value Chain”, *Journal of Communication*, Vol. 66, No. 1, 2016, pp. 35 – 59.

⑥ M. Kenney, “The Shifting Value Chain. The Television Industry in North America”, in M. Kenney and R. Florida, ed., *Locating Global Advantages: Industry Dynamics in the International Economy*, Stanford: Stanford University Press, 2004, pp. 83 – 100.

⑦ R. C. Feenstra, “Integration of Trade and Disintegration of Production in the Global Economy”, *Journal of Economic Perspectives*, Vol. 12, No. 4, 1998, pp. 31 – 50.

导企业通过与地方文化供应商合作获得更便利的生产与交易环境，地方文化供应商选择效益更高的项目资源进行开发合作；还为文化产品的进出口与跨领域生产提供了平台与桥梁，促使各参与主体在文化领域实现多方共赢。

综上所述，全球文化价值链凭借多样化的治理结构，促进各环节参与主体进行价值创造。同时，主导企业以该链条为遵循，牵头国际联合制作项目引导文化产品升级。尽管如此，全球文化价值链无法彻底解构好莱坞等巨头施加的文化霸权力量，这使原先开放式、协作化的链条结构，走向权益失衡的另一面。受上述因素影响，全球文化价值链在中国本土的文化生产中存在应用壁垒：一方面，中国的文化市场仍处在快速发展阶段，缺少能够治理完整价值链、合理分配权益同时可以激发价值创造力的“领导角色”，以防止少数媒体集团把控行业资源；另一方面，中国文化市场未实现完全工业化，缺乏规范化的运行标准与流程，这不仅增加了信任危机，还制约了本土行业在全球化背景下的产业升级能力。

二 重构的新可能：区块链技术下的文化价值链

（一）区块链技术在文化领域的适配性

区块链技术是计算模式的第四次颠覆式创新（前三次是大型机、个人电脑、互联网），很可能以技术革命的形式掀起全球产业变革，重新定义互联网社会。[①] 在中国本土文化产业未工业化、缺乏行业标准与信任机制的背景下，区块链凭借其技术特性与文化领域搭建起了合作的桥梁。

区块链的概念源于2008年学者中本聪（Satoshi Nakamoto）的论文“Bitcoin：A Peer-to-peer Electronic Cash System”，尽管文章中没有具体解释区块链的含义，但却通过比特币这一新型支付方式，揭示了该技术的雏形：一种分布式账本，在点对点对等的网络上，通过

① 《中国区块链技术和应用发展白皮书》，工业和信息化部2016年发布，第1、32页。

哈希算法[①]生成链式数据结构，以验证与存储数据。[②] 其可以为信息的加密传输与抽取核查提供技术支撑，并通过分布式网络解决交易的信任缺陷。[③] 通俗来讲，区块链即将区块以链的方式组合在一起，形成区块链数据库，使系统内所有节点基于价值交换协议参与到区块网中来，实现真正的交易数据共享。[④] 目前，区块链技术经历了三个发展阶段，由可编程货币、可编程金融转变为可编程社会，成为综合分布式数据存储、点对点传输、共识机制、加密算法、智能合约等计算机技术的新型技术架构与应用范式。

除了货币与金融行业，区块链技术在非金融领域也拥有巨大的发展潜力[⑤]。在文化领域中，生产与消费之间是一个流动的闭环，由动态的需求、个性化的定价、流动的价值创造模式构成，打破了传统工业生产的商业逻辑。在中国的文化市场中，日益增长的需求是一把双刃剑，消费者对文化产品的预期（产品形态、产量、产品生命周期的多变性）与传统制造业规模化、流水线的生产模式存在一定的矛盾，间接导致加工的复杂度与成本提高，致使产业资源垄断在少数大型媒体集团手中，中小企业陷入募资困境。另外，受盗版问题的影响，具有强大发展潜力的文化衍生品开发市场在授权商品的销售上举步维艰。中国作为全球第二大电影市场，既缺少代表性的衍生品企业和生产模式，IP 市场的开发与输出又过于分散化，使得众多 IP 开发公司陷入版权纠纷中，后产品市场表现乏力。而“互联网+”时代下区块链天然的价值内涵——无法篡改的、公开透明的、容量庞大的游戏规则，可以缓解以上矛盾，使多数人成为规则的参与

---

① 哈希算法（Hash）是一种随机算法，通过将任意长度的输入值输出为固定的散列值，保护信息安全。

② S. Nakamoto，“Bitcoin：A peer-to-peer Electronic Cash System”，https：//git. dhimmel. com/bitcoin-whitepaper，访问日期：2019 年 11 月 20 日。

③ K. R. Lakhani and M. Iansiti，“The Truth about Blockchain”，*Harvard Business Review*，Vol. 95，No. 1，2017，pp. 119 – 127.

④ 林小驰、胡叶倩雯：《关于区块链技术的研究综述》，《金融市场研究》2016 年第 2 期。

⑤ ［美］梅兰妮·斯万：《区块链：新经济蓝图及导读》，新星出版社 2016 年版，第 5—6 页。

者和维护者。[①]

总之，中国本土文化领域的天然适配性，即明晰的产业链、价值流程与正外部性，使得区块链技术的参与成为可能。目前，区块链技术在国内外文化领域的应用主要集中在版权交易领域，如版权云、Ascribe、Binded、Monegraph、Custos 等平台的建设，帮助艺术家们实现全生命周期的产权司法追溯与数字内容的价值转移，以此建立跨领域多层次的信任机制。笔者认为，区块链技术同样可以运用到文化价值生产的其他环节中，以价值链条推动文化产业内部各环节之间的透明化、公开化与协作化。

（二）区块链技术下的文化价值链模型

梅兰妮·斯万在《区块链：新经济蓝图及导读》中指出："区块链是具有多层次和多类型应用的综合信息技术，并且是任何事物中展示和交付的全新组织范例。"[②] 与传统数据库采用的"主备模式"保障系统不同，高度可靠的区块链技术使任何节点都成为异地多活节点，整个系统的有序运作并不会因单一节点的缺失或者受损（网络、硬件、软件等问题）而受到影响，大大提升了系统运作效率。[③] 由此可见，区块链技术与文化领域的适配性，使其可以通过去中心化的手段重构线性链条，深化文化价值链的协作性与开放性，搭建有序性、分工化的生产平台。与此同时，基于去中心化的技术特性，区块链可以带领文化产业从去中心化的应用（DAPP），逐渐发展为去中心化的自治组织（DAO），最后形成去中心化的自制社会（DAS）。

蔡亮等学者将区块链技术的基本架构从上至下分为六层：应用层、

---

① 长侠、韩锋等：《区块链：从数字货币到信用社会》，中信出版集团 2016 年版，第 118—124、186—190 页。

② ［美］梅兰妮·斯万：《区块链：新经济蓝图及导读》，新星出版社 2016 年版，第 5—6 页。

③ 王悦：《区块链技术对传媒生态系统的影响研究》，硕士学位论文，山东大学，2019 年，第 10 页。

合约层、激励层、共识层、网络层、数据层。① 参考上述架构，并基于电影在文化产品中的代表性，笔者建构了区块链技术下电影产业的文化价值链模型（见图1），由电影价值链条、区块链技术支持架构以及应用成果三部分构成。其中“基于时间戳的链式结构”“分布式节点间的共识机制”“可编程的智能合约”是区块链应用于电影价值链的三个技术核心。同时，模型通过“智能分包网络”“制作日志记账系统”“宣发日志记账系统”“版权交易监督系统”四种技术支持架构，打通电影生产的开发、制作、发行/营销、放映、衍生品开发环节，与消费者之间建立全价值链的供需流动机制，使传统的线性价值链，演变为融合多方参与者的价值生态环境。区块链对电影价值链线性关系的重构（见图2），主要体现在以下三大类环节的具体应用之中。

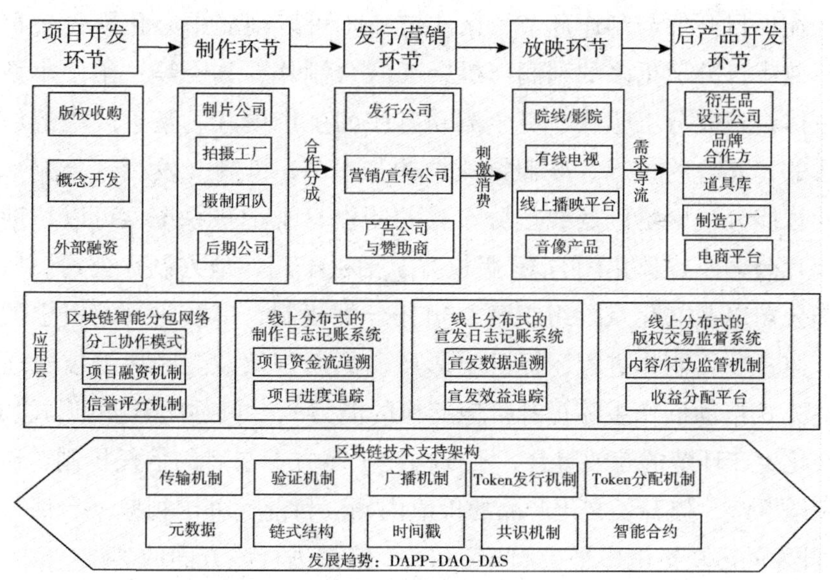

图1 区块链技术下的文化价值链模型——以电影产业为例

① 蔡亮、李启雷、梁秀波：《区块链技术进阶与实战》，人民邮电出版社2018年版，第10—21页。

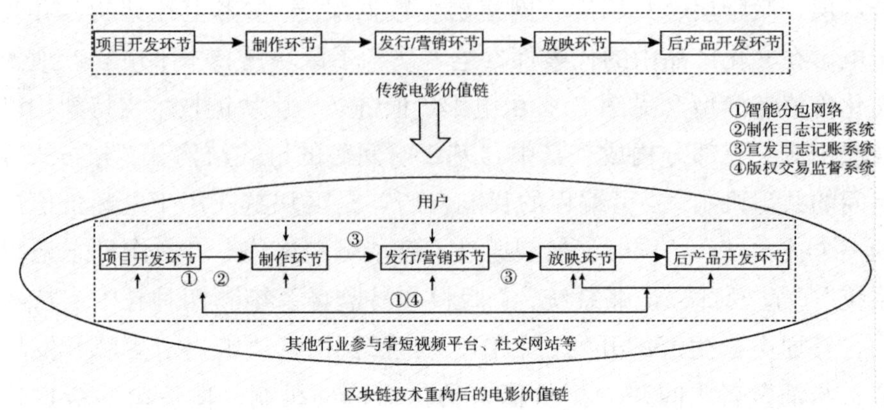

图2 区块链技术对文化价值链各环节的重构——以电影产业为例

1. 开发与制作环节

在项目开发与制作环节，区块链技术可以削弱中心化影视公司的垄断效应，分散更多的利润与机会（联合制片、募资等）给中小型创作主体，建立分工明确、资金流动有序的生产模式。基于区块链加密算法的智能合约技术、联盟链式结构与Token机制（发行、分配）建立的智能分包网络以及线上分布式的制作日志记账系统，可以帮助大型制片公司及媒体集团与IP版权方、拍摄工厂、地方制片公司、后期制作公司以及文化众筹组织建立信任分配机制，审核每一笔资金的流向，监督项目制作进程，提升电影产品的制作效益。区块链技术通过前述方式帮助创作主体提升价值交换的能力[①]，并以联盟链的形式加速与文化生产环节的有效整合，不仅构建了多方参与者的信任机制，还聚集闲散资金，提升了文化产品的价值内涵。目前，韩国视频平台潘多拉TV开发的区块链电影平台Movie Bloc[②]就在进行该方面的尝试。

① 摘自纽约国际艾美奖颁奖典礼期间，制作人Kim Jackson于Singular DTV（现更名为Breaker）主办的“区块链技术在娱乐行业的应用”专题小组讨论活动上的讲话，https：//medium. com/singulardtv/blockchain-in-entertainment-singulardtv-at-the-international-emmys-8ba463067730，访问日期：2017年12月1日。

② Movie Bloc是韩国视频网站潘多拉TV开发的一个区块链电影平台项目，以更好地连接电影受众与创作者、最大化吸引行业参与者建构电影生态为主要目标。

2. 发行与营销环节

在发行与营销环节，区块链技术不仅营造了数据透明的系统环境，还拓宽了电影产品的宣发渠道，帮助其获得更多广告位，最大化提升电影产品的宣发效益。区块链依靠“哈希指数与 Merkle 树”保障链上数据的加密性，而数据在每个节点的全量存储及节点间的共识机制使单一节点的篡改无法操控全局。[①] 在区块链的这一特征下，日志类数据被打上了“时间戳”，使监管机构能够在审计工作过程中及时地还原、追溯信息，极大地提高了工作效率。[②] 因此，基于数据层中的“元数据”（交易记录、历史数据等）、共识与广播机制建立的线上分布式的宣发日志记账系统，一方面可以净化虚假流量等欺诈现象，使宣发数据透明化，帮助电影营销公司实现无第三方监测下的投放目标锁定。另外，该系统可以提升电影发行、营销公司与社交网站、抖音等平台型媒体的合作效益，优化电影产品的智能推荐方式。这一方面拓宽了预告、海报等素材的投放渠道；另一方面可以通过提前预测、动态调整等手段更好地锁定观众群体，并鼓励用户反向参与到电影宣发的环节中。Adchain[③] 使用区块链技术追踪、审计数字广告的投放情况，运用智能合约及时对创意内容的消费者进行注意力补偿。[④]

3. 放映与衍生品开发环节

区块链技术对放映与衍生品开发环节的影响，具体体现在以下三个方面。

首先，区块链技术可以指导影院放映——预防刷票的行业乱象，并帮助院线建立公开透明的排片调整机制。

其次，区块链技术可以保护内容创作者的收益，优化电影产品的

---

① 邵奇峰、金澈清、张召、钱卫宁、周傲英：《区块链技术：架构及进展》，《计算机学报》2018 年第 5 期。

② 林小驰、胡叶倩雯：《关于区块链技术的研究综述》，《金融市场研究》2016 年第 2 期。

③ Adchain 是美国广告技术公司 MetaX 与区块链公司 Consen Sys 基于以太坊平台，合作推出的服务协议。

④ “How Meta X Plans to Use Block Chain to Stop Ad Fraud”，https：//www. forbes. com/sites/roberthof/2017/03/21/how-metax-plans-to-use-blockchain-to-stop-ad-fraud/#1b100ec459da.

版权管理模式，使制作团队可以专心于内容创作。基于区块链的公有链式结构、智能合约技术以及记录“元数据”（作品创作者、名称、发表时间等）的加密算法而建立的线上分布式的版权交易监督系统，能够防治盗版问题，实现版权维护与司法追溯，使IP资源在高速流转（确权、维权、授权、扩权）中达到平稳运行。在流转过程中，用户亦成为版权管理的一员，既可以向播映平台购买影片，又可以通过观影后撰写的影评等自创内容获取奖励。区块链技术对版权管理的重构，可以借鉴“Binded图像版权管理平台”[①]的成功经验，即通过时间戳、版权证书等方式维护版权数据的安全性。由于产品数量庞大，平台可凭借版权方付出的微小管理费用维系自身运营，并与艺术家合理平分收益[②]。国内爱奇艺等视频平台也开辟了区块链版权存证功能，以保护更多原创作品。

最后，制作环节建立的智能分包网络，也可以应用于电影衍生品开发环节。区块链技术可以为道具库（道具设计图样）、衍生品设计公司（设计产品形态）、品牌方（提供产品Logo）、制作工厂（制作任务）与电商平台建立合作信任机制，以多样化的产品打通产销环节；同时也通过Token发行与分配机制，鼓励用户参与到衍生品设计环节中去。当这一分包模式成熟后，发展完全的制造工厂可以反向服务于影片制作——为制作团队提供道具支持。

三 从外包到分包：构建以参与主体为中心的分布式生产网络

外包主要是从发包方（媒体集团）的视角来解释这一商业活动，而分包则强调将任务通过“总承包商”分配给各个生产方。区块链技术可以凭借自身技术优势，建立一个拥有信任机制的“承包网络”，解决文化市场中利益分配失衡的问题。

---

① Binded原名为Blockai，是一家位于美国加利福尼亚州旧金山的科技公司，开发了Binded图像版权管理平台，以使用区块链技术保护艺术家在数字时代的创作成果。

② “Blockai Raises $547k for Block Chain Digital Rights Platform”，http://www.coindesk.com/blockai-raises-547k-to-relaunch-as-blockchain-digital-rights-platform，访问日期：2016年3月15日。

（一）区块链技术下的文化生产外包

在“文化生产外包”之后，区块链技术的出现再一次拉近了制造业与文化产业的联系。区块链技术在制造行业具有得天独厚的优势，凭借智能合约技术，利用去中心化、去信任化的特点，快速渗透进智能制造行业，以“云链混合”的生产网络，联通零售与制作环节，重塑制造行业价值链，即将生产、流通、仓储、营销、销售、售后环节透明化与灵活化。[①] DIPNET 是一家打造工业区块链的初创企业，致力于将区块链技术与制造行业的理念相融合。其基于分布式的智能网络（Distributed Intelligent Production Network），实现连接工业体系中多方参与者（设计者、开发者、终端用户、工业生产者等）的战略目标[②]。其在第一代 DIPNET 的商业模式中，将一部影视作品中的所有信息（制作流程、版权归属等）都通过区块链技术存储在虚拟世界的“数字双胞胎”[③] 中，形成智能化、自动化的生产链条，实时响应消费者“即看即买”的定制化需求。

在文化生产环节中，互动与知识共享是企业之间不可或缺的两大要素，而信任的缺失削弱了这两大要素的实际效益，使单一性、静态化的好莱坞 NICL 系统，无法与中国本土电影生产市场深度融合。尽管近年来中国电影市场发展迅速，但也出现了制片主体分散化、市场集中度低的现象，例如小型电影公司密集分布于北京朝阳区。这类公司的命运随着行业环境、政策形势等因素瞬息万变，文化霸权主义的 NICL 系统无法同时兼顾它们的利益。久而久之，参与主体之间权利与收益的分配问题反而会加剧媒体巨头与地方文化供应商的信任危机，不利于中国本土文化行业的整体发展。

因此，文化生产环节可以借鉴区块链在制造行业的应用成果，增

---

① 《中国区块链技术和应用发展白皮书》，工业和信息化部 2016 年发布，第 32 页。

② 摘自 DIPNET 公司于 2018 年发布的《工业区块链（DIPNET）白皮书》，http：//dip. network. /statics/images/dipnet/tpyrced_ ch. pdf。

③ 数字双胞胎，即双边 IT 定制，指通过智能合约较为便利地建立企业间 IT 接口，发行企业间的通证（Token），实施内在的激励，确保多方共享信息、深度合作，实现客户和合作伙伴的锁定。

加各生产环节的透明度与灵活性，提升行业的核心竞争力。与云服务不同，去信任化的区块链技术可以通过对文化生产中各方信息的加密处理，加强生产主体之间的联系，优化文化生产环节的资源分配，变文化生产外包为分包（分布式文化生产），构建以参与主体为中心的智能分包网络，为中国影视制作行业的商业模式注入新的驱动力——通过智能合约技术缓解市场信息不对称的问题，帮助企业降低交易成本，建立去中心化的新型组织机制[①]，实现实时分布式的产品管理与点对点的价值传输。

（二）区块链技术下的分布式文化生产：智能分包网络

与文化生产外包不同，“分包”指以区块链技术为核心，建立智能化、分布式的文化生产网络，以实现“线上加密式”的文化生产资源分配。在区块链节点间的共识机制作用下，去中心化是伴随着去信任化的必然结果。它管理下的数据库不再由单一机构集中部署，而是将中心节点的权利分散化，由多方参与者共同管理和维护，每个参与者都可提供节点并存储链上的数据，从而实现了完全分布式的多方信息共享[②]。另外，资产使用价值的数字化是区块链去中介化的必要条件。[③] 而目前泛在化、智能化等驱动因素不仅为买方市场驱动的文化市场提供了极佳的平台环境，还为文化产业数字资产的管理打下技术基础。

笔者以电影产业为例，运用区块链技术为文化生产分包系统建立一种去信任化、去中心化的联盟架构，使智能合约服务于智能分包网络以及制作日志记账系统。笔者所构建的智能分包网络（见图3），是基于技术手段以连接电影生产多方参与者的新型组织结构。其在本质上是一个企业自主运作的代理人，会根据任务使命与规则建立联盟链，进行相互协作。其职能是采购服务、雇用人员，获取如生产能力、品牌设

① 朱晓武：《区块链技术驱动的商业模式创新：DIPNET 案例研究》，《管理评论》2019 年第 7 期。

② 张健：《区块链：定义未来金融与经济新格局》，机械工业出版社 2017 年版，第 44—56 页。

③ 韩夏、侯宏：《回归理性，区块链如何赋能传统行业——以 Everledger 在钻石行业的实践为例》，《清华管理评论》2018 年第 10 期。

计、推广和营销专长的伙伴资源，实时进化与更新。① 每一个拍摄工厂、地方制片公司以及后期制作公司需要在区块链网络上进行注册，成为标签化的分包参与者，而企业的基本信息与交易历史则是"智能合约"的重要依附。当大型制作公司共享项目资源时，在代理机构的方案支持与项目负责人的协助管理下，智能分包网络会根据智能合约的匹配结果与相关厂商签订合作协议。合约签订者依据项目需求进行再分包，组建摄制及后期制作团队，进行更专业细致的分工合作。同时，地方生产供应商可以开通代币功能，为自身的权益分配提供保障。在Token发行与分配机制的助力下，每一次成功的合作交易之后都会有信誉度积分，这也是厂商今后参与其他生产合作的重要参考因素。

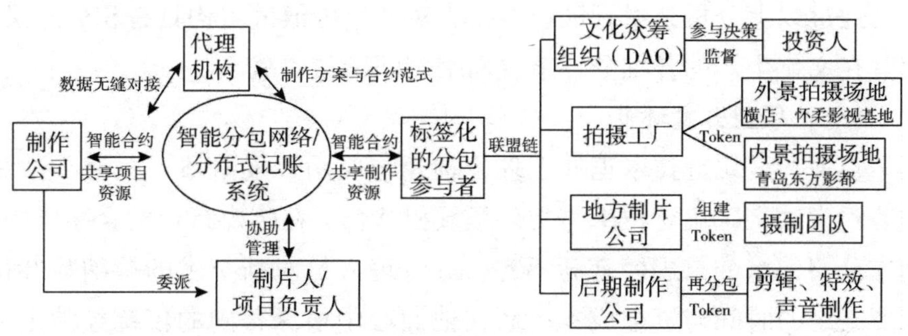

图3　区块链技术下文化生产的智能分包网络——以电影产业为例

消费者也可以通过区块链技术参与到分包系统中——发起"文化众筹"，建立众筹组织；分包系统可以根据出资额的大小设定股东，股东以投票等方式对组织制定的任务使命进行参与和监督。Big Couch② 公司正在做该方面的尝试，其运用私有链与智能合约技术搭建"电影链"平台（Filmchain），实现电影融资资金与收益的分配；由于

① ［加］唐塔普斯科特、亚力克斯·塔普斯科特：《区块链革命：比特币底层技术如何改变货币、商业和世界》，凯尔、孙铭、周沁园等译，中信出版社2016年版，第115—118页。

② Big Couch是一家于2014年创立的英国区块链初创公司，最初运用区块链技术搭建电影基金平台，后得到英国技术战略委员会的"创新英国"项目支持，与伦敦帝国理工学院合作开发Filmchain服务。

区块链技术还处于过渡阶段，该公司目前采用的还是去加密化货币①。另外，在影视产品被分包给各厂商制作生产时，线上分布式的制作日志记账系统，可以帮助主导企业实现成本支出的实时监控，提高制片人的工作效率，促使整个管理流程更加透明高效。

总而言之，文化生产的智能分包网络在区块链技术的驱动下，以及上述多方参与者的助力下，实现了合作竞争环境下的价值再创造，帮助文化市场从层级化运营转化为扁平化运营（数字内容），营造了去信任化的价值生态环境②。

四 区块链技术在文化价值链中的应用局限

通过以上分析，尽管区块链技术对文化价值链重构具有积极意义，但其在文化生产的各细分环节也面临着问题与挑战。

（一）项目开发环节

目前，区块链技术正处于理论构建与应用开发阶段，只有少数制作公司尝试将区块链技术与文化领域相结合。在传媒行业的金字塔中，制作公司的水准与规模良莠不齐，其管理人员对新技术的接纳与共识需要一定的时间与资金成本。而在他们心中根深蒂固的传统经验主义理念，以及社群交际的合作生产行为，使得文化价值链的重构与变革难以与新技术实现同步。如果没有良好的传播机制与政策辅助，社会公众对区块链技术的了解与接受将是一个漫长的过程。而文化生产者将区块链技术更好地融入价值生产中，并在实践中不断磨合，实现文化价值链的范式重构，也非一朝一夕能够达成。

（二）融资与数据交易环节

在融资与交易环节中，数据与信息处理的效率问题是区块链技术

---

① G. Bisson，E. Stanford and A. Wilson，“Unblocking the Chain：Blockchain in TV & Filmproduction，Finance and Distribution”，https：//www. miptrends. com/wp-content/uploads/2019/06/MIP-COM2019-WP-UNBLOCKING-THE_ CHAIN-Ampere_ Analysis. pdf.

② G. Hearn，S. Roodhouse and J. Blakey，“From Value Chain to Value Creating Ecology：Implications for Creative Industries Development Policy”，*International Journal of Cultural Policy*，Vol. 13，No. 4，2007，pp. 419 –436.

面临的最大挑战之一。首先是数据容量问题。在未来，各个传媒公司、文化生产企业等参与主体将信息录入区块链系统，随着公司的发展与变化，无用数据的积压会挤压系统运行的效率，尤其是在分布式管理的环境下，需要技术人员在线上数据库中设立即时的信息处理与转换机制，解决文化产品“元数据”在链储存与离链储存中的矛盾，实现活跃数据的存储与实时同步。其次是抗压能力。由于区块链技术还未被广泛使用，其在拥有多样化需求的文化市场中，以及在大规模交易的环境下，是否还能保证原先的信息处理效率，并在交易量庞大的情况下灵活疏通平台系统的压力，是一个有待检验的问题。

（三）知识共享与合作生产环节

在文化产品的生产过程中，企业间的合作是不可避免的。出品方与分包方通过数据共享的方式维持一致的知识协作水平。在此过程中，保护隐私与安全是实现多方数据交互的前提。不可否认的是，在无止境的研究环境下，非对称加密算法是可以被破解的。熊彼特的破坏性创新理论认为，一个技术的出现就是另外一个新技术的开始。这需要相关机构加强文化产业法律体系建设，辅助文化市场不断整合、革新区块链技术的加密原理，从理论、实践双重角度来维护文化产品、企业、消费者的信息安全。

另外，多方企业在合作过程中，会设置“联盟链”的技术结构，建立共识机制，以实现对生产支出、项目进展的监控。但区块链技术本身并不完美，其存在数字货币经济学的不可能三角（去中心化、低能耗、安全）。真正的分布式系统需要高昂的运行成本，尤其是影视项目的国际合作，双方及多方线上系统运行的共享、协调机制不仅会增加管理成本，还会加大各方的能源消耗额；若减少能源消耗，则会牺牲掉系统的安全性与去中心化程度。如何平衡这三个基本点，需要根据文化生产的实际情况，进行适当调整。

五　结语

在文化生产全球化的背景下，各国文化交流不断加强。中国本土的文化市场处在高速发展的阶段，但其与好莱坞工业化的生产模式间仍存在一定距离。主导企业治理能力与行业监管标准的缺失，使中国不能照搬全球文化价值链的生产模式。如何应对多变的文化经济环境，化解参与者之间的信任危机，成为中国建立有序性、分工化的文化价值链的前提条件。区块链技术凭借分布式的技术架构，为中国本土文化价值链的重构提供了新的着力点。本文从上述问题出发，以电影产业为例，探讨区块链技术对文化价值链各环节的重构模式，并将分布式的智能网络带入文化生产中，同时指出了区块链技术在该环节的应用局限。

基于研究结果，本文认为，区块链对文化价值链的重构不是一蹴而就的。一方面，文化产业需要借助外部驱动力量解决区块链技术在安全性、效益性、可持续性（资源能耗）等方面的应用问题，建立过渡机制（下放技术权限给文化项目负责人），引导行业参与者采纳区块链技术架构，建立去信任化、分布式的内容生产范式，提升各环节参与者的产业升级能力。另一方面，区块链去中心化特质并不是清除行业“中心管理”的橡皮擦，其目的是寻找一种“中庸”的方式——与经验丰富的传统影视公司达成共识合作，创造“多链并行、跨链互通”的价值生产模式，提升中国本土文化行业的规模效益。此外，单纯的技术手段无法包罗万象。尽管区块链平台能够营造去信任化的文化生产环境，却不能代替政府监管机制。因而，这更需要产业政策与区块链技术的联姻，以搭建与政府机构合作的桥梁，化解双方的矛盾。

“万物并育而不相害，道并行而不相悖。”[①] 后疫情时代下文化共融的发展趋势成为区块链技术引领文化价值链重构的风向标，赋予多元文化一片清澈澄明的交互空间：对外消解文化霸权的势力圈，对内增强与监管机制的适配度，不断保护媒体组织的全球话语权，将开放包容的合作理念带入文化生产环境中。鉴于本文的重构模型主要服务于全价值链条，对各环节的分析与创新仍有不足，笔者在未来研究中将继续对这一问题进行探索。

---

① 出自《礼记·中庸》，原用于表述宇宙、自然法则中蕴含的和合之道。

互联网生态下的"动漫出版"之变[*]

孙　平[**]

摘要　"动漫出版"确切讲分别指的是漫画的传统出版与网络出版以及动画的网络出版，这个词诞生伊始就存有误解和歧义，随着互联网的崛起，动漫画的数字出版如火如荼，此时与传统出版相比，动漫画网络出版呈现了文化背景之变、传播过程之变、创作生产之变、产业格局之变，这使动漫画出版更显示出巨大的活力。

关键词　动漫出版；网络出版；动漫画；互联网

一　动漫出版概念辨析

有学者认为，动漫出版指的是以创意为核心，包含动漫图书、报刊、数字出版等多种文化产品开发、生产及销售传播给受众的系统性行为。[①] 但对于动漫出版的理解还需仔细分解，因为这个概念中的"动漫"和"出版"两个关键词的界定在历史中存在误解，在数字时代、融合时代存在争论和分歧。

动漫一词最初见于1998年创刊的漫画杂志《动漫时代》，后经由《漫友》杂志传开，因其概括性强，在大陆地区的使用开始普及。

---

* 本文原刊于《出版发行研究》2017年第12期。

** 孙平，北京电影学院中国动画研究院副研究员。

① 王艳：《论中国动漫出版升级转型策略》，《中国出版》2015年第2期。

2003年之后，该词为我国主管行政机构所采用。事实上，动漫就是动画和漫画的合称，在产业链条上，两者的关联也并不像日本模式那样紧密。日本动画、漫画出版模式中动漫画联系紧密，一般是先有卡通形象，再依据形象进行漫画设计，连载之后如果市场反映良好就会有单行本发行，之后就是影视动画制作、衍生品授权等，这与美国的先影视动画再图书发行完全不同，与中国的漫画、动画各行其道也不同，所以从我国的产业发展路径来看，“动漫”也仅仅是一种基于偶然的约定俗成。

对于动画起源的讨论分为两种倾向，一种是活动的漫画，画出来的运动；一种是动画是电影的一种（电影动画早于电视动画）。动画更接近电影，漫画则是以画作为手段来反映各种事物信息和人的思想、理念、情感等。[①] 不管是哪一种倾向，动画这种影像类型是不依赖纸张的，而漫画则主要以纸张为载体。所以，在当时，动漫出版也是不严谨的泛称。当媒介融合加深，网络与动漫画形式的结合，使得动漫出版的概念在新的生态环境中被重新界定和规划并与传统漫画出版物和传统影视动画片播出以及简单的动画漫画上网传播形成了明显的界限。

如果从传统出版谈到动漫出版，中间必须要谈到一个概念是“数字出版”。原新闻出版总署《关于加快我国数字出版产业发展的若干意见》中描述：数字出版是指利用数字技术进行内容编辑加工，并通过网络传播数字内容产品的一种新型出版方式。其主要特征为内容生产数字化、管理过程数字化、产品形态数字化和传播渠道网络化。这一定义将电子图书、数字报纸、数字期刊、网络原创文学、网络教育出版物、网络地图、数字音乐、网络动漫、网络游戏、数据库出版物、手机出版物、彩信、彩铃、手机报纸、手机期刊、手机小说、手机游戏等都纳入数字出版范畴之中。这种划分使网络动画这一类型也随着动漫的统称而被划入出版范畴。数字出版认识的转型与范畴的变化使

---

① 世界动画协会（ASIFA）在1980年南斯拉夫的Za-greb会议上对动画给出如下定义：除知识动作或方法外使用各种技术创作的活动影像。

传统出版企业与数字出版的技术提供商、通信运营商、销售商在对数字出版的理解上各不相同。长期以来，各界对数字出版的界定未能形成一致意见。但数字出版较之出版原意的一个重要的变化就是纸张消失了。那么网络上的漫画也被称为出版，但网络动画呢？原有的动画是在影视媒介上播出的，放到网络上也变成了“出版”？

2013年国务院公布大部制改革方案，新闻出版总署与国家广播电影电视总局合并，这是顺应媒介融合发展的必然趋势，这样对于数字出版的范畴问题就随着管辖权的合并不再棘手。

发起于2009年的新闻出版总署，大部制合并后，现由国家新闻出版广电总局规划发展司实施的“‘原动力’中国原创动漫出版扶持计划”的申报范围为原创漫画图书作品、期刊连载漫画作品、网络漫画作品（包括互联网及移动互联网漫画等）、网络动画作品（包括互联网及移动互联网动画等）及原创漫画图书民文（蒙文、藏文、维文、哈萨克文和朝鲜文）译制作品。其中已将动漫出版的范畴明确，网络动画属于此动漫出版的范畴，而电视、电影动画不在“出版”范畴内，虽然这一划分可能还是基于原有传统媒体的条块分割，但这样边界的逐渐清晰无疑对于新的生态环境下动漫画出版的理解有重要的意义（后文将动漫出版表述为动漫画出版）。

二 动漫画的传统出版（播出放映）

由于我国动漫画制作技术或商业模式一直受漫画出版、动画播出放映的掣肘，除了20世纪80年代，我国影视动画制作达到巅峰，形成举世瞩目的“中国动画学派”，之后影视动画因制作成本高、缺乏市场意识、缺乏商业模式导致了产业长时间的萧条。近两年来，国产动画电影票房偶有突破，比如《大圣归来》《大鱼海棠》《大护法》等，但总体而言并没有形成持续性的热点。

我国漫画出版的载体主要是中国漫画杂志，其始于20世纪90年代后期。整体上看，大陆漫画杂志出现如雨后春笋，十几年里，先后出现了近百种动漫期刊，如《卡通王》《卡通先锋》《漫动作》《动漫时代》《北京卡通》《新干线》《中国卡通》《少年漫画》《漫友》《乐漫画》《神漫》《锋绘》《知音漫客》《天漫》《劲漫画》《悦漫画》《漫品》《漫王》等。20世纪50年代起，连环画成为漫画主要表现形式，几乎成为全民读本，单册最高出版发行量高达300万册。[①] 但教育性、思想性为主要准绳的审查制度，盗版的冲击，缺乏商业意识等原因一直困扰着漫画产业，加上网络媒体对于纸媒的冲击，多数漫画期刊以停刊、休刊或转型收场。

从两者关系来看，我国动漫画出版产业链长期处于分割状态。动漫纸媒与影视动漫出版（播出）各自为政，衍生产品与产业链完全断裂，版权贸易和特许经营在动漫价值链中几乎空白。漫画、动画、游戏、衍生产品开发互不相干，完全脱节。[②]

2017年文化部动漫产业报告指出，传统漫画出版市场相对萎缩，互联网和手机渠道分流了部分漫画用户。互联网动漫和手机动漫产值均为70.4亿元，新兴的互联网原创漫画平台开始崛起，如大角虫、快看漫画等；二次元视频平台Acfun弹幕视频网和哔哩哔哩弹幕视频网，继续在粉丝互动与用户黏性层面保持独特优势。

以互联网、手机为主要媒介的动漫画的数字出版则越发活跃与繁荣，越来越多的专业运营机构，如漫友文化传播机构、童趣出版公司、知音动漫公司、学友园教育传媒集团、天闻动漫传媒公司等纷纷探寻互联网出版领域，用数字出版的理念展开新的业务模块。

此时的动漫出版并不是媒介间的平移，而是全方位变化，这种变化的程度可以视为整个网络动漫已经脱离原有的动漫画产业的轨道，开掘了一个新的立体的、弥漫的空间。

三 新型媒介生态之下的动漫出版之变

新媒体的发展给动漫出版带来了深远的影响，不仅仅是动漫出版的管理、经营、传播模式层面的问题，而是整体的颠覆性变化，由于动漫画这种品类的特殊性，这种变化可能远远超出其他品类影视作品。

① 陈旭姣：《国产动漫出版如何实现产业化发展》，《新闻世界》2014年第12期。

② 李琦：《我国影视动漫产业链发展及竞争分析》，《当代电视》2015年第11期。

（一）文化背景之变

1. 青年亚文化

动漫不再仅仅是一种艺术形式，而且还成为一种文化行为，网络在将传统动漫以形象为先导转向以技术为先导的大生态系统过程中，对动漫亚文化的构成要素进行技术创作和创建，历史性地改写了青年亚文化的特质。[①] 二次元用户是重要的一类。艾瑞咨询等多家研究机构认为，2016 年泛二次元用户规模已达 2 亿，而对“二次元”的理解应更多从文化认同的维度进行思考。在这个文化的社交关系中，最基本的表现为对 ACGN（Animation、Comic、Game、Novel，即动画、漫画、游戏、小说）喜爱的特征，这样就会被二次元文化圈认同，以示与上几代人之间三观的区别。[②]

此外，除了二次元人群，后现代主义、后结构主义时代的中心消解、流变性、开放性和碎片化的网状复杂性文本兴起，新媒体动漫画也呈现出新形式、碎片化、草根性等特征，更喜轻松诙谐，个人主义精神更为强烈，其价值观趋于多元和开放，正好契合了青年群体以及更大范围人群的需求，由此带来庞大的娱乐消费和文化表达的空间。

2. 社区文化

新媒体动漫受众有着极强的社区文化属性，其交互的社群对于网络媒介有着极高的依附度。有调查数据显示，其中 80% 的二次元用户主要驻扎在 QQ 贴吧、弹幕网站等适合小范围同好交流沟通的垂直平台，会不同程度地关注各类相关的圈子。其中弹幕因其独特的社交特性能给予受众参与媒介作品讨论表达和再创造的可能性，从而吸引了大批新生代用户，蕴含并衍生了新的网络亚文化。[③]

---

① 谭雪芳：《虚拟异托邦》，广西师范大学出版社 2016 年版，第 214 页。

② 胡智涛等：《二次元领域手游市场深度分析：泛二次元人群 2—3 亿要火》，http：//www.sfw. cn/xin-wen/462250. html。

③ 谭雪芳：《虚拟异托邦》，广西师范大学出版社 2016 年版，第 8 页。

3. 虚拟文化

如今在网络上，动漫创作已经完全摆脱了既有文化的束缚，进入虚构创作的时代，动漫创作也深受“虚拟文化时代”的影响而更加自由。

作为一种再造社会关系和社会结构的媒介，网络使人们摆脱了面具焦虑，自由发表言论、获取信息和社交活动。其所蕴含的时间与空间观念，从本体上解构了以往对存在的理解和解释，打破了关于主体客体的原有认识，重新组合了存在、真实、虚拟，显现出了复杂的社会与文化景观。①

网络最大的价值应该在于它从物质时间空间突破了原有的社会和技术的樊篱，构筑了一个协同合作的虚拟空间。

（二）传播过程之变

数字化存储与媒介融合，使动漫画传播的过程发生了颠覆性变化，主要体现在以下几个方面。

1. 媒介

终端便携性和即时点播的观看体验，内容的海量存储和集成共享，超越时空的无障碍互动传播……新媒体的优越特性为动漫画艺术带来了巨大变革。动漫画利用网络传播技术，面向电脑、手机、平板（Pad）等终端设备传播产品。在新的接收终端，连续构图、灵活分格、叙事碎片化、后现代审美等特性，催生出的条漫、声漫等新形态成为新媒介下新的形式；弹幕、贴吧使网络动漫画成为一种关系紧密、相互取暖的社群……网络动漫画传播几乎成为一类全新的媒介接触行为。

2. 受众到“prosumer”（产销合一者）

传统的动漫画观众被称为观众或读者，传播学术语叫受众。新媒体语境中的受众被描述为 prosumer（产销合一者），他们既是内容的消费者，同时又是内容的生产者。因此，当动漫画文本在新媒体中流通时，prosumer 通过不同以往的媒介渠道，比如论坛、贴吧、微博、弹

① 刘自力：《新媒体带来的美学思考》，《文史哲》2004 年第 5 期。

幕等，在消费动漫画文本之上生产出新的产品，比如同人作品评论等，同时这些零散的用户又结成社群（微博群、微信群、QQ 群以及线下团体），这与原有的松散的受众群体有巨大的区别。

网络动漫画繁荣的文化背景变化再加上互联网用户人群年龄的整体上移，动漫用户群从原来的低幼儿童向较为年长的少年、青年，甚至中年移动和拓展。

3. 接收方式

以往影院银幕、电视机变成了掌上的微小平躺状媒体，碎片化、个性化、交互性的特征与传统媒体相比，接收场景截然不同。在新的接受模式下，动漫画产品的再现与表现、编织与重组、沉静与越界、新技术与新媒体动漫画之间呈现出复杂的解构与建构关系，具有新的美学意义。[①]

（三）创作生产之变

2016 年研究数据显示，网络漫画作品数量 15.21 万部，作者数量 9.34 万人，点击量 2063 亿次，可以看出从事网络漫画工作的群体以及作品量相当庞大。[②] 腾讯动漫独播的网络动画《斗破苍穹》《全职高手》等单集点播量就近亿次，远超《海贼王》《火影忍者》等经典作品。

1. 叙事

网络动漫画与传统动漫画线性叙事和平面叙事各有不同，由于具有超文本（Hypertext）性，这些作品用超链接的方法，将各类信息组织在一起，形成网状文本。作品元素及相关信息的关联，这是一种传统媒体从没有出现过的用户界面范式，这种范式提供了多线性方向流，受众可以对故事及其结构与组织的不同画面、影像加以想象和自由解读。从某种意义上说，一个新媒体动漫画文本就是一个网状叙事结构形成的事实去拆解的活性审美。它把时间拆解为永恒碎片的瞬间，可

---

① 谭雪芳：《虚拟异托邦》，广西师范大学出版社 2016 年版，第 5 页。

② 牛兴侦：《中国网络漫画出版发展报告》，http://comic.sina.com.cn/guonei/2017-02-24/doc-ifyavvsk3096182.shtml。

选择性的非线性叙事，寻找生活经验与文化内涵的关联，激活主体被遗忘的生存体验。[①]

2. 题材

网络动漫画面向全体网民，用户更广泛；审核机制宽松；类型也更为细分和多样。无厘头、恶搞、性暗示、暴力、耽美元素、玄幻、科幻、魔幻、都市、校园、搞笑、悬疑、恐怖、推理等细分类型已经在各个网络动漫画平台出现。很多青少年可以在二次元的虚拟世界中寻找身份认知和情感共鸣。

此外，武侠题材是中国独有的题材样式，武侠题材动画《秦时明月》系列和《画江湖》系列宣扬“侠文化”，这是在网络动画兴起的背景下对于更多题材的成功性尝试。下表为2015年新媒体动画作品点击排行，从题材可见，这与传统动画题材相去甚远。

2015 年新媒体动漫作品点击排行

序号	作品名称	点击次数（单位：万次/集）
1	《十万个冷笑话》	5438
2	《超神学院第三季》	2600
3	《画江湖之不良人第一季》	2526
4	《秦时明月第五季君临天下》	2115
5	《画江湖之灵主》	2014
6	《中国惊奇先生》	1953
7	《我叫白小飞（师兄第二季）》	1774
8	《纳米核心第一季》	1585
9	《莽荒纪》	1418
10	《英雄别闹》	1324

数据来源：根据爱奇艺、优酷土豆、腾讯等8个网络视频播放平台数据整理。

3. 形态

在互联网技术和计算机技术的合力之下，动漫画的呈现形式发生了根本性的变革，网络漫画的创作形式更加自由丰富，视觉效果更强烈和个性化，“无限画布”概念下的连续构图，不拘一格的分格方式，

---

① 罗靖：《数字化时代及其网络文学的审美价值视域》，《中国文学研究》2005年第4期。

更加灵活多变；篇幅、结构和形式趋向碎片化；催生出条漫、声漫等新形态；交互性增强了创作者与用户之间的互动；漫画作品的更新和传播速度大大加快，从周更发展到日更；网络动画作品也实现了周更，随着动漫自动生成技术的出现，未来动画与小说同步更新将会更大程度改变新媒体动画的创作生产生态；大数据技术为用户提供了个性化产品推荐；作品的弹幕吐槽等信息交流和反馈机制也成为作品本身的构成元素。

（四）产业之变

1. 市场主体

网站、论坛、微博、微信、播客这些客户端，智能手机、Pad、Kindle 等日渐丰富的移动终端使动漫画媒体平台空前多样化，与此相应的动漫画出版途径开始增多，进入市场的主体也自然拓展。技术提供商、服务提供商、视频网站、智能终端等非传统出版企业开始进入动漫画生产、传播、营销领域，这也极大推动了动漫画出版实践以及版权交易。

国内知名门户网站，如腾讯、爱奇艺、优酷、百度、搜狐、网易等纷纷开设动漫频道，与知名动漫、游戏企业合作，通过内容签约、联合制作等方式从单纯网站发行平台向内容出版领域扩张。比如腾讯与迪士尼、中国动漫集团合作推出原创类动漫出版平台；爱奇艺通过正版版权引入实现内容储备。

二次元垂直视频平台 Acfun、哔哩哔哩、酷米网等，在粉丝互动与用户黏性层面保持独特优势。

手机动漫引起中国移动、中国电信和中国联通高度关注，手机彩信、手机漫画、手机动画、App 动漫定制等手机动漫产品迅速抢滩动漫画市场。比如爱动漫、咪咕动漫、沃动漫。中国移动在厦门建立手机动漫基地，中国电信推出了“天翼动漫”品牌，中国联通则致力于手机动漫出版平台开发。

传统漫画生产机构也转型至线上，实现跨媒体运营。比如有妖气、漫客栈、锋绘、i 尚漫；新兴漫画企业则以移动端为重点，比如快看漫画、漫画岛、可米酷、大角虫等。

网络文学聚合平台也开始在原有网络文学的基础上增设漫画频道，比如掌阅。

2. 价值链

越来越多的市场主体将动漫画纳入整个全媒体 IP 产业链的前端，此时动漫画不再是独立的、封闭的产品形态，与其他影视产品类型形成了更紧密的前后端衍生关系，比如网络动画《画江湖》系列已被爱奇艺开发成网剧，取得了7.5亿的播放成绩，阅文集团旗下的网文 IP《择天记》《斗破苍穹》《女娲成长日记》《全职高手》《全职法师》等被改编为动漫作品。

网络媒体使动漫数字出版实现了多业态联合、多平台联合、跨专业联合；拓展了消费市场，丰富了产品形态，增加了产品的渗透性、覆盖率，触角遍布传统纸媒、影视、网络、衍生产品、主题公园等全产业链，实现了动漫画出版产业链升级。数字动漫画出版还与教育、体育、科技、金融、健康科普等专业领域实现结合，实现了动漫画的全行业化拓展。

3. 赢利模式

与传统出版不同，网络动漫画的盈利模式有很多创新，目前主要有内容付费模式，这其中包括付费阅读收入、粉丝打赏收入两类；广告推广模式，其中包含广告活动收入、游戏联运收入；版权增值模式，其中包括动漫画授权收入、影视授权收入、游戏授权收入、衍生品授权收入等。灵活的盈利模式为动漫画的网络生存提供了持续的动力支持。

四 结语

探讨互联网生态下动漫画出版，必须要回到互联网的本质，网络可以被理解为一种技术、一种载体、一类渠道、一种关系、一种结构。[①] 当它与传媒产品结合在一起的时候，往往发生的不仅仅是渠道层面的物理反应，而应是从创作到产业的全方位、立体化的化学反应，

① 孙平：《中国网络动画产业现状探析》，《新闻世界》2017年第2期。

由于品类的特殊性，动漫画的这种反应则更加强烈和惊艳。

在媒介融合、网络崛起的生态下，目前动漫画之间的界限还是存在的，但是这两种形态的融合之势已经初露端倪，声漫、抽帧动画和动态漫画这些新形态的出现会使这个界限越来越不清晰，而到完全融合的时候，动漫画出版可能就直接被称为“动漫出版”了。

揭开算法面纱：关于构建媒介生态绿色家园的探讨*

邵　鹏　虞　涵**

摘要　算法为媒介生态系统带来全新变革，改变了新闻生产分发的传统运用方式和传统的虚拟环境。但算法过度或不当应用也可能出现信息茧房、隐私泄露、新闻浅层化、算法权力黑箱和算法陷阱等生态问题。因此，算法必须把握好“尺度”，合理控制在整体均衡、和谐协调、不偏不倚、恰到好处的张力状态。同时，要从社会功能层、媒介功能层和生态意识层三个层面打造媒介生态失衡的“防波堤”，构建媒介生态绿色家园，促进媒介生态系统可持续发展。

关键词　媒介生态；算法；个性化推荐；绿色生态城堡

世界已进入全新的信息时代。算法、大数据、虚拟现实、人工智能、区块链等新技术的应用，正在催化新媒介变革，并建构起前所未有的媒介新生态。媒体已不再是各自独立的个体，而是媒体系统各要素之间互动互助、共进共演的生态整体。“全媒体不断发展，出现了全程媒体、全息媒体、全员媒体、全效媒体，信息无处不在、无所不及、无人不用，导致舆论生态、媒体格局、传播方式发生深刻变化，

* 本文原刊于《中国出版》2020 年第 16 期。

** 邵鹏，浙江工业大学人文学院副院长，教授、硕士生导师，浙江省网络生态研究中心副主任；虞涵，浙江工业大学人文学院新闻传播学硕士研究生。

新闻舆论工作面临新的挑战。"[①] 因此,"推动媒体融合发展、建设全媒体成为我们面临的一项紧迫课题"。[②]

"媒介生态学的研究宗旨,就是从人类社会的普遍联系中,从媒介生态的内在机制和外在联系以及各种媒介生态因子之间的相互关系中,探索和揭示媒介生态发展与变化的本质和规律。"[③] 它从个体出发、观照社会,注重人的特性和需求,聚焦人与媒介、社会、自然以及相互之间所形成的媒介生态关系的稳定性和媒介生态可持续性的问题。

媒介生态牵一发而动全身。在智媒时代,算法技术正在逐步脱离人的操控,成为影响媒介生态变化的一种重要的媒介手段。媒介组织在"可计算"的探索中正逐渐用数据和算法说话,"令新闻生产得以超越地理、学科与语言的界限"[④];而"算法型信息分发也正给传播领域带来了权力结构的改变"[⑤]。算法技术作为新兴的媒介生态因子或"外来物种",强行影响进而改变着传统新闻业态与新闻传播模式及信息环境。我们必须密切关注它的发展动态、走向及其对媒介生态环境的影响。

一 计算范式下媒介生态的多元效益

从生态系统稳定性和可持续性的角度来看,生态系统的物种越多样、生态系统结构越复杂,调节能力越强,媒介生态系统亦是。"差异性和多样性是生态动态平衡的重要标志和生态合理序级的必要条件,也是丰富资源生态位、满足不同信息需求的正确对策。"[⑥] 从媒介微观

---

① 习近平:《加快推动媒体融合发展,构建全媒体传播格局》,《求是》2019 年第 6 期。

② 《媒体融合发展是一项紧迫课题习近平这样提出要求》,央视新闻客户端,http://politics.people.com.cn/n1/2019/0126/c1001 -30591655.html。

③ 邵培仁:《媒介生态学:媒介作为绿色生态的研究》,中国传媒大学出版社 2008 年版,第 13 页。

④ 王昀:《"可计算"的迷思:计算导向的新闻生产及其公共性效应》,《湖南师范大学社会科学学报》2019 年第 1 期。

⑤ 喻国明、杜楠楠:《智能型算法分发的价值迭代:"边界调适"与合法性的提升——以"今日头条"的四次升级迭代为例》,《新闻记者》2019 年第 11 期。

⑥ 邵培仁:《媒介生态学:媒介作为绿色生态的研究》,中国传媒大学出版社 2008 年版,第 13 页。

生态即生态内部来看，由于算法技术与新闻实践的结合模糊了新闻生产者与消费者之间的边界，合理应用 MGC（机器生产内容）、AGC（算法生产内容）、UGC（用户生产内容）可以让信息食物链趋于多向化和复杂化，进而打破原先固定、单一流动的信息食物链，实现媒介食物链的低能耗高运作。从媒介宏观生态即外部生态来看，算法技术增强了“技术因素”对生态系统的影响，虚拟环境在技术催化下将逐步接轨真实环境，意味着万物皆媒的时代即将到来，在原有的政治、经济、文化、教育等因素之外，趋于真实的拟态环境也对媒介生态起着调节作用。

1. 微观生态：信息生态食物链的多向流动

如果说媒介微观生态系统可以分为一级生产者（传播者）、二级生产者（媒介）、三级生产者（营销）、消费者（受众）、分解者（回收、利用）的模型，那么就可以据此生成“生产者→信息→符号→媒介→消费者→回收者→传播者”这一相对单一完整的信息生态食物链，而算法技术介入食物链则不仅强化了消费者的核心地位，而且催化了信息生态食物链形成了多生产者、多传播者协同发力的新景观（见图 1）。

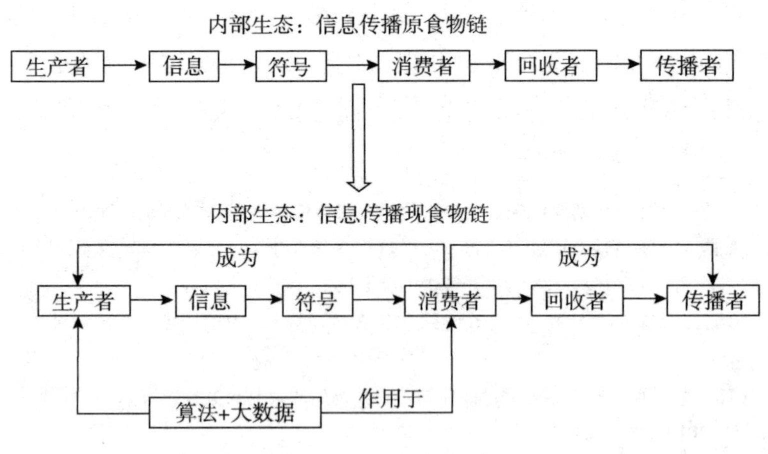

图 1　算法技术介入后的信息传播食物链

新的信息传播食物链和“计算新闻呼唤更多外围者参与到新闻生

产空间”[①]。在传统新闻传播中，突发事件、热点新闻线索发掘往往来源于“线人”提供或记者主动寻找。但在互联网和新媒体时代，受众开始觉醒并自主发声，“人人都是记者”，“个个都有麦克风”。于是“传统新闻媒体的专业传播者们开始发现，新闻的品质、价值和渠道已经不完全在他们的掌控之中了，一种潜在的力量正在慢慢生长，并开始颠覆甚至重塑新闻学的威权和版图”。[②] 媒介组织亟待以新型技术洞察受众关注点，抓取散落在互联网中的重要信息因子，以重拾媒介生态中信息传播与把控的主导权。因此，算法技术高频分析检索的优势和特点，使之成为新闻线索发掘的重要手段。如今我国已有 25 款媒体机器人忙碌于新闻生产的流水线上，其中基于深度学习算法模型的“突发识别机器人”就能检索社交平台视频素材中“火灾”“爆炸”“碰撞”等关键词，提醒编辑快速处理视频标志性片段并推荐给记者或受众。[③] 同时，在以用户数据为中心的信息传播食物链后端，专业新闻生产者在一定程度上已无法满足消费者日益增长的多样化信息需求，官方新闻生产的权力正在部分让渡给算法技术。人民网“媒体大脑”、美联社机器人记者词语大师（Wordsmith）等高频、高速、便捷地生产新闻的模式，的确解放了记者的双手，使其可以用更多时间来关注深度新闻的生产，但也充分说明一种多媒体的、多层次的人机混合的新闻生产者队伍正在形成。

传统的新闻传播过程固定、单一、方向明确，但线路长、“体量大”、耗能多。新型信息传播食物链则灵活、多向、精准、快捷、低耗，注重千人千面的个性化需求。牛津大学路透社新闻研究所在新闻消费习惯研究报告中指出，“在新闻饱和的环境下，新闻消费者最看

---

① 王昀：《“可计算”的迷思：计算导向的新闻生产及其公共性效应》，《湖南师范大学社会科学学报》2019 年第 1 期。

② 邵培仁、章东轶：《颠覆还是重建——市民新闻学的兴起及其应对》，《当代传播》2005 年第 1 期。

③ 姜继葆：《机器人写稿已经不够了 新华智云首推媒体机器人矩阵》，http: //news. cyol. com/app/2019 -08/27/content_ 18130819. htm。

重与他们相关的报道”。[①] 算法正好架构起符合受众消费心理的“生态传播网”，以精准投放与个性化定制的方式推动生态链的高效率低成本运转，避免有效能量的浪费。例如，今日头条、一点资讯等聚合类媒体平台在注册时就要求用户输入个人信息与喜好关注，利用大数据和算法技术分析用户行为，生成用户画像，向消费者精准推荐内容，并引导和促使受众从受者中心转为传者中心，形成二次分发，为生态链的传播者角色充实内容。

2. 宏观生态：技术环境对拟态环境产生现实导向

在传统媒介环境中，受众对外界的认识来源于被筛选和过滤的新闻事实，受众成为“被分配”的信息对象。在“智能+媒介”时代，万物互联的技术环境正影响和重构着拟态环境，而拟态环境与现实世界的重合与互动又对政治、经济环境和受众的思想与行为产生影响（图2）。

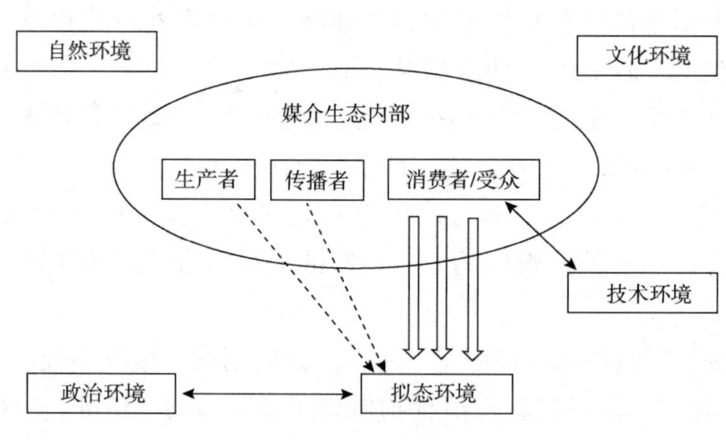

图2 算法对宏观生态的影响

算法导向的新闻生产让受众身份平等化和多样化，受众既是新闻的生产者也是传播者，有能力依靠技术获得公共性议题更深入的参与体验。特别是“当讯息与真实的行为和事件联系得愈加紧密时，就愈

① 《被新闻包围的受众究竟爱看怎样的内容?》，新京报传媒研究，https：//baijiahao. baidu. com/s? id = 1625869394746227813 & wfr = spider & for = pc。

不容易被操纵和控制”,[①] 受众有权制造热点,推动新闻真相浮出水面。“微博报警”正是受众让自己的声音成为网络时代意见领袖的表现之一。同时,网络技术为受众在虚拟空间中获取真知实情提供了可能和方便。VR/AR、H5 等技术应用下的沉浸式新闻让受众实现了虚拟与现实的“临场”体验,“用户在现场的观察与感受,更多取决于他们的主观兴趣与认知需要,而较少受到传统电视直播的摄像、导播视角的限制”。[②] 另一方面,算法技术下的新闻生产呈现出用户思维和互联网思维,网络空间给予了受众发声的平等机会,而“数据的可变现、可利用让公众意见被国家及时感知到的可能性大大提高”。[③] 数据智能和网络协同的融合,不仅是新闻传播也是政务服务的新引擎,还正在为新型智慧城市建设增光添彩。

二 算法过度或不当应用的媒介生态困境

算法为媒介生态的内外部运作带来了活力,实现了对人的延伸和对媒介环境的重塑。但是算法必须把握好“尺度”,即应该控制在整体均衡、和谐协调、不偏不倚、恰到好处的张力状态,努力做到信息的质和量的统一,否则极易“导致媒介地理疆界的偏移和消解,造成内容同质化、传播普适化,伤害文化的多样性和异质性”。[④]“因此,我们必须以高度社会责任感和历史使命感保护媒介生态环境,否则我们将会受到惩罚。”[⑤]

1. 全能公民的破灭:个性化推荐下的信息茧房与隐私泄露

在算法的纵容下,生态多元成为表象,人与文化正趋于单向度流

---

① [美] 约书亚·梅罗维茨:《消失的地域:电子媒介对社会行为的影响》,肖志军译,清华大学出版社 2002 年版,第 103 页。

② 彭兰:《更好的新闻业,还是更坏的新闻业?——人工智能时代传媒业的新挑战》,《中国出版》2017 年第 24 期。

③ 陈鹏:《算法的权力:应用与规制》,《浙江社会科学》2019 年第 4 期。

④ 邵培仁、夏源:《媒介尺度论:对传播本土性与全球性的考察》,《当代传播》2010 年第 6 期。

⑤ 崔保国:《理解媒介生态——媒介生态学教学与研究的展开》,《2003 中国传播学论坛暨 CAC/CCA 中华传播学术研讨会论文集(上册)》,2004 年,第 265 页。

动。有学者对今日头条客户端稳定用户进行访谈和问卷调研，发现受众“乐于每天看自己感兴趣的个性化推荐内容”①，且关注领域趋同。网络延伸了受众信息选择的广度与深度，但受众却走进“信息茧房”而浑然不知；受众“本以为自己对生活有确定、完整的认识”②，实际上却成了信息社会的井底之蛙，“只听我们选择的东西和愉悦我们的东西”，③ 并深陷其中不能自拔。我们经常看到因相似兴趣爱好而聚集的人群以群体内的一致观念回应社会现象或发起网络声讨，算法推荐显然难辞其咎。算法推荐虽然让用户享受到便捷与高效，但长此以往，信息多方供给的食物链与信息消费的多样性模式必然面临挑战，生活在信息茧房中的受众会思维固化、远离真相和看不清事物的整体，而更可怕的是，受众会在算法支配下陷入无意识的盲人摸象和自我沉溺状态。

算法对隐私有与生俱来的偏好。用户以个人注意力与私人信息换得网络咨询和信息获取的便利，但公域与私域之间的界限模糊不清，“受众与那些掌握并利用甚至可能出卖他们的隐私数据的公司之间，关系是不平等的”。④ 隐私会在何时何处被以什么程度暴露，我们不得而知。一方面个性化定制的前提是受众需要向各类平台主动输送个人信息以便构成用户画像，另一方面大数据的信息抓取正在收获注意力背后的个人隐私，并据此对受众行为进行影响。2018 年脸书（Facebook）超 5000 万用户信息被英国政治数据公司剑桥分析（Cambridge Analytica）获取，并以向用户精准投放内容的方式干预美国总统大选。隐私给予之本意是为了更高效便捷地获取和分享信息，而网络公司却利用算法为权力和资本服务，挥霍消费者给予的“信任资源”。

---

① 李佳音：《基于个性化推荐系统新闻客户端的“信息茧房”效应研究》，硕士学位论文，中央民族大学，2017 年，第 38 页。

② ［美］沃尔特·李普曼：《舆论》，常江、肖寒译，北京大学出版社 2018 年版，第 101 页。

③ ［美］凯斯·R. 桑斯坦：《信息乌托邦：众人如何生产知识》，毕竞悦译，法律出版社 2008 年版，第 8 页。

④ 彭兰：《假象、算法囚徒与权利让渡：数据与算法时代的新风险》，《西北师大学报》（社会科学版）2018 年第 5 期。

2. 媒介业态重塑：新闻浅层化与从业者危机

今日头条等聚合类平台的成功正在向新闻业传输一种观念：拥有数据和算法就能够抢占媒介营养生态位（受众资源、广告资源），把劣势种群淘汰出局。“算法 + 新闻”与网络的结合的确可以为媒介业态创造逆风翻盘的机会，但是许多媒体放弃原有营养生态位蜂拥而至，不仅导致竞争更加白热化，造成营养生态位单一化和狭窄化，而且为了迎合受众需求会造成新闻内容浅层化和同质化。算法似乎正在打造新闻以量取胜代替以质取胜的媒介环境。网络用户群体的增加让算法新闻的影响越来越大，收益也越来越好。这种转变吸引新闻传播者变身为数字劳工，主动或被迫走向智能数据化，而不能做出改变的则面临失业。其实，变革中的大量媒体并未实现对数据和技术的全盘掌握，“数据应用多流于表层，其中的漏洞也越来越多”。[①] 原以为浅层化和同质化的新闻内容会受追捧，没想到有趣、新奇、零碎的小新闻也有市场。算法新闻满足了受众日益增长的新闻需求，但它并未达到“人的情感”温度和“人的思考”高度，无法看到事件背后复杂的真相与原因。也许正是基于这种考虑，Facebook 和今日头条正在招募优秀的人工编辑，以人工选取高质内容对算法推荐进行补充，并通过人工进行内容审查以减少算法新闻的分发不当。传统的具有思辨能力的新闻从业者在算法新闻广泛应用的当下，正不得不从事一些重复的但必须由人来进行的流水线工作。但是，在算法思维的长期影响下，即使是优秀的编辑也会形成一定的思维定式——用机器思维理所当然地进行新闻“筛选”与传播，从而最终导致人与机器同流合污。

3. 社会治理的困局：中立、温情算法背后的算计

如果说网络与新媒体让新闻生产者、传播者、消费者处于相对平等的状态，那么算法则以巨大的热情营造了一种中立的、温情的传播与接受氛围，以各种方式鼓励他们持续地生产受到欢迎的信息或继续接受算法推送来的信息。目前，算法因其较高的技术门槛主

---

① 彭兰：《假象、算法囚徒与权利让渡：数据与算法时代的新风险》，《西北师大学报》（社会科学版）2018 年第 5 期。

要由互联网巨头掌控，商业性倾向使算法的程序设计过程和运行流程犹如“算法黑箱”而不具有透明性，程序员的价值取向、原始数据的准确性、算法结果的输出标准等无意识因素也让算法无法做到真正的客观公正。Facebook 的编辑曾说他们的工作是“在算法的框架下完成，并不知道新闻选择背后的算法原理或明确标准”。[①] 伴随着国家、社会、公众对于算法依赖的加深，“算法背后的资本甚至拥有了影响和主宰国家治理秩序的能力”。[②] 其一，算法新闻中时常包含着虚假、推销、不确定新闻，受众被定义的“真实环境”往往并不真实，有的只是利用算法打造新拟态环境。Facebook 的算法推荐以“原始新闻”搜索和话题增长速度为标准，在美国大选中将新闻主播梅根·凯利（Megyn Kelly）的假新闻顶到热门话题榜首，并传递了 Facebook 支持候选人川普的政治倾向。其二，算法新闻基于用户画像，迎合用户兴趣，推送猎奇、趣味以及与个人相关的内容，造成“群体意识”的假象，让庸俗、享乐、拜金、色情等信息污染媒介生态，给社会治理增加难度。其三，多数媒体甚至政府部门由于不具备独立研发应用算法技术的能力，往往会以与互联网技术公司合作的方式收集、汇聚和使用信息，操控算法的资本有可能隐含商业意识形态取向，从而影响政府决策和议程设置。因此，只有揭开算法中立、温情的面纱，弄清其真正的动机，才能破解社会治理的困局，避免掉进“算法陷阱”。

三 构建可持续发展媒介生态系统

构建可持续发展的媒介生态系统必须以“最先进的媒介生态理论为指导，以系统观、整体观、平衡观和循环观为考量，以多样、优化、适应、健康为基本目标，以‘绿色生态链’替代‘灰色生态链’和‘黑色生态链’”。[③] 当前算法技术视角下的媒介生态，亟待从三个层面

---

① 《开除了所有编辑 Facebook 算法为什么还没有消除新闻偏见?》，爱科技，https://www.evolife.cn/html/2016/88787.html。

② 陈鹏:《算法的权力：应用与规制》，《浙江社会科学》2019 年第 4 期。

③ 邵培仁:《媒介生态学：媒介作为绿色生态的研究》，中国传媒大学出版社 2008 年版，第 131 页。

打造媒介生态失衡的“防波堤”，建构绿色媒介生态系统。

1. 社会功能层：提升治理规范化，促进生态安全

政府机构、社会组织、企业事业单位可以在该层面发挥重要作用。习近平总书记指出：“我们要瞄准世界科技前沿，集中优势资源突破大数据核心技术，加快构建自主可控的大数据产业链、价值链和生态系统。”① 未来，政府应该加强大数据建设能力，培养发掘技术人才，实现数据与技术的独立，保障国家与公民信息安全。对于互联网虚假信息、不良信息、隐私泄露等生态系统问题要进行立法规制，为媒介生态链形成有力保护罩。对于社会组织尤其是互联网公司要在守法遵法的基础上，适时地对算法背后的运作系统进行透明化处理。通过治理，形成一种清新、清洁、清静的媒介生态环境。

2. 媒介功能层：提升专业性，实现新闻业态升级

算法改变了新闻生产与分发的方式，新媒体以迎合消费者需求、兴趣和大批量生产新闻的方式抢占受众资源和广告资源，打破了传统大众媒介的拟态环境，似乎要把传统新闻业逼上绝路，其实也让自己站在了悬崖的边缘。当代信息传播在渠道、层级、内容和形式上的多样性、平衡性和差异性的生态需求，正在重新校正算法推荐的方向和坐标。消费者并不局限于一种口味，其实各种美味都想品尝。除了快餐式新闻，揭露社会问题的批评性报道、说明新闻事实因果的解释性报道也是需要了解的。算法也没有剥夺新闻从业者新闻生产的权利，只是对他们提出了更高的要求。报纸、广播、电视也不会“化为泡沫”，但必须提升专业性，以新的姿态积极参与生态竞争。

3. 生态意识层：提升受众素养，注重人的发展

人是构建可持续发展媒介生态系统的主体。“只有人人对媒介生态环境都有正确的认识与行为，才能有效解决媒介生态环境的问题。”② 政府、社会组织应该为公众提供媒介生态环境所需的知识、价

---

① 《习近平主持中共中央政治局第二次集体学习并讲话》，中国政府网，http：//www.gov.cn/xinwen/2017－12/09/content_ 5245520. htm。

② 邵培仁：《媒介理论·前言》，浙江大学出版社2009年版。

值观、态度等，告诉他们如何防止信息污染、信息伤害，如何应对信息贫困、信息茧房和信息爆炸，如何保护自己的隐私和信息安全。当然，促进媒介生态系统和谐、健康发展，不仅要依靠外部力量，也需要受众强化媒介生态责任意识，增强个人的观察和分析能力，提升鉴别和判断能力，实现信息生产者、传播者、消费者、分解者和算法技术之间的互动互助、共进共演、共享共赢。

总之，我们觊觎算法带来的便利，也忌惮算法成为“达摩克利斯之剑”。算法给媒介生态带来喜忧参半的影响，改变了新闻生产和分发的传统模式，让受众有更广泛接触真实世界、参与社会公共议题的权利，但当媒介生态对算法过度依赖，技术的触角不断蔓延，又不可避免地造成信息茧房、隐私泄露、新闻浅层化、算法黑箱等生态问题。面对“算法+新闻”的新模式，致力媒介生态可持续的每一位参与者都应该意识到，算法技术仅是我们创造、形塑和更透彻认识世界的工具。未来，我们不仅要正视算法带来了什么，更要科学、合理地利用算法，着力构建技术赋能下人机共生、协同发展的媒介生态绿色家园。

有声阅读作为弥合视障人群数字鸿沟的场景研究

——政策、技术与法律、市场[*]

徐　佳[**]

摘要　中宣部等部门联合组织实施的"盲人数字阅读工程"运行3年多的经验揭示，将有声阅读的技术可能性转化为弥合视障人群数字鸿沟的方式，是一项政策、技术与法律、市场等多种力量交织融合的综合实践。文章提出视障人群有声阅读的场景设想：一种基于福利事业化向准市场化延伸，公共化向个人化、固定化向多位置化、专门化向生活化转变的"无障碍"场景。

关键词　有声阅读；媒介融合；数字鸿沟；视障人群；无障碍

在日趋丰富的数字鸿沟研究体系中，有必要纳入一种新的视角，尤其是当视障造成80%以上的信息无法被主体感知之时，满足其信息刚需、保障其信息权利以及基于此的受教育权、社会平等参与等权利，是一个亟待研究和解决的课题。传统意义上，盲文为盲人识字并接入信息提供了一种可能性，然而由于盲文学习难度大且盲文出版物时空利用率低，盲文普及率始终不高。

有声阅读作为新一轮媒体融合中出现的一种新的产品形态，在技

---

* 本文原刊于《中国出版》2021年第17期。本研究获部校共建复旦大学新闻学院专项经费资助。

** 徐佳，复旦大学新闻学院副教授。

术上提出了一种可能性——将文字转换成语音，以耳听代替眼看，以移觉补偿的方式向视障用户提供信息。基于此，本文结合“盲人数字阅读推广工程”的经验分析提出视障人群有声阅读的场景设想，以期为行业发展提供借鉴和参考。

一 视障人群的数字鸿沟有待弥合

在关于信息传播新技术与新产品的种种讨论中，数字鸿沟视角始终在场。长期以来，传播研究者从基础设施、经济能力、知识技能、使用意愿等多个层面揭示着数字鸿沟并推动其弥合。以近年的研究为例，以年龄、城乡、受教育程度等人口学指标划分的一些群体，尤其是老年人群体①②③的数字鸿沟问题成为一组显性议题；此外，中国扶贫事业大背景下产生了新的数字鸿沟弥合实践与理论议题，即网络扶贫④。在日臻丰富的数字鸿沟研究体系中，普遍缺乏的是对于用户生理基础的关注——先于其他“体外”因素，人本身的感觉能力是接入一切媒介的最基本前提，而在所有感觉中，视觉是人感知世界的最主要途径，也正因此，认知科学首先关注的是视觉感知，而模仿人类视觉的机器视觉构成人工智能学科一个快速发展的重要领域。人通过视觉获取的信息占总量的83%，⑤ 对于视障人群而言，这意味着八成以上的信息无法被感知，视障人群与非视障人群之间存在巨大的信息鸿沟。

1. 视障人群的信息刚需

据统计，中国有1730万盲人，占全国总人口的1.23%，即每一百

① 王茜、杰玛·威尔逊：《数字鸿沟如何影响老年人的技术使用》，《青年记者》2021年第5期。

② 潘曙雅、邱月玲：《“银色数字鸿沟”的形成及弥合——基于2001—2019年的文献梳理和理论透视》，《新闻春秋》2021年第1期。

③ 刘海明、马晓晴：《断裂与弥合：“银发数字鸿沟”与人本主义伦理建构》，《新闻爱好者》2021年第3期。

④ 何宗樾、张勋、万广华：《数字金融、数字鸿沟与多维贫困》，《统计研究》2020年第10期。

⑤ 袁海龙：《公共有声数字图书馆合理使用分析——以〈马拉喀什条约〉及视障群体参与全民阅读为视角》，《图书馆学研究》2019年第5期。

名中国人中有超过一名视力残疾人士[①]。这个数字还不包括视力衰退的老年人以及有视力障碍但构不成残疾的人士。如何满足视障人群信息刚需、保障其信息权利以及基于此的受教育权、社会平等参与权等，是中国与全球共同面临的问题，是时代与学科的重要课题。

2. 助盲政策的基本情况

在残疾人权益保障领域，政府部门做着持续的探索。新中国残疾人事业 70 年，从国情实际出发，经历了若干阶段的发展——中华人民共和国成立以后注重“国家保障、集体保障和家庭保障相结合”；改革开放以后确立倡导“劳动福利型、企业养事业、基层保障网”的发展模式；进入新世纪确立残疾人“生命健康权、生存权、发展权”的基本权益保障架构；党的十八大以来确立残疾人社会保障制度和公共服务体系建设的发展重点。[②] 这个过程中，贯穿始终的是对残疾人身心健康的支持和生活困难的帮扶，主要落实在残疾人康复、教育、就业、养老等领域。

2021 年政府工作报告有六处内容关系到残疾人权益保障：就业帮扶；脱贫；办好特殊教育、继续教育；健全社会福利制度、“兜住民生底线”；筹办北京冬残奥会；支持社会组织、人道救助、志愿服务、公益慈善发展。[③] 具体到视障残疾人，“满足盲人群众精神文化需求、让盲人朋友平等参与社会生活”的宗旨已纳入新时代盲协工作，然而，其具体内容则主要指向盲人音乐会、盲人散文大赛、盲人冰雪活动等文体活动，未涉及更为基本的、弥合盲人信息鸿沟等相关任务。

可以说，在宏观层面，政府部门在视障人群权益保障方面给予了原则性的政策指导，在微观层面则有待进一步落实到根本性、有针对性的操作中去。

---

① 冀鸿：《盲文出版社的出版“战疫”》，《读书报》2020 年 5 月 13 日。

② 《中国残疾人事业发展道路》，http：//www. gov. cn/xinwen/2019 - 07/27/content_ 5415748. htm。

③ 李克强：《政府工作报告——2021 年 3 月 5 日在第十三届全国人民代表大会第四次会议上》，http：//www. gov. cn/guowuyuan/zfgzbg. htm。

3. 盲文出版的发展困境

在现有助盲政策当中，进一步普及盲文被认为是维护盲人语言文字权利、提高盲人受教育水平的主要方式。盲文在本质上也是一种移觉式媒介，它利用触觉感知来识别文字符号。19 世纪中后期，在北京传教的苏格兰圣经公会的传教士威廉·穆瑞借鉴布莱尔盲文体系并以 408 个不同音节的数字代表汉语语音，创制了“康熙盲字”[①]。中华人民共和国成立以后，黄乃改良提出以普通话为基础的《新盲字方案》[②]，后几经修改完善，2018 年 7 月 1 日，经国家语言文字工作委员会审定，《国家通用盲文方案》正式实施。

不可否认，盲文在历史上是具有突破性意义的，为盲人识字提供了可能性。然而在中国乃至世界范围内，盲文的普及率始终不高，为 10% 左右[③]。究其原因，首先是由于盲文学习起来枯燥且难度大；其次，盲文图书出版存在校对过程烦琐、印制工艺要求高、成品书体积大等问题，一方面成本高，另一方面时间与空间效率低，不利于发行与使用；最后，有些内容无法做成盲文，不得不删除或进行标注之后才能录入，也造成了内容信息的损失。

从盲文出版的情况来看，国家级机构中国盲文出版社 2015 年出版 1540 种 47 万册盲文出版物，[④] 也就是说，每位盲人年均拥有图书仅为 0. 027 册，或约 37 位盲人仅拥有 1 册盲文图书。对照全国图书出版情况，据 2019 年统计数据，全国新版图书出版量达 224762 种 24. 97 亿册（张），重印图书 281217 种 61. 96 亿册（张），[⑤] 人（年）均拥有新印图书 6. 16 册。全球情况类似，依据世界知识产权组织的数据，在所

① 李海音、王丹：《晚清来华西人创制“康熙盲字”系统》，http：//news. cssn. cn/zx/bw-yc/202001/t20200113_ 5075261. shtml。

② 马建强：《从一张毕业证书来看新中国初期的盲人教育》，《现代特殊教育》2019 年第 8 期。

③ 李彩萍：《数字图书馆知识产权问题探析》，《图书馆研究》2013 年第 2 期。

④ 上官云：《中国盲人读物出版现状：“书荒”仍然存在》，http：//www. chinadp. net. cn/datasearch_ /journal/mryk/2016 - 06/17 - 15418. html。

⑤ 《2019 年全国新闻出版业基本情况》，国家新闻出版署，http：//www. nppa. gov. cn/nppa/upload/files/2020/11/a0fbd38dab39dd1f. pdf。

有出版物中，可供盲人或低视力者使用的只有1%—7%。[①]

并且，盲文图书主要在盲人学校师生当中使用。而目前全国范围内仅有26所官方认证的盲校，[②] 无法满足超过1730万视力残疾人群的学习需求。鉴于此，客观现实是，盲人群体受教育程度普遍较低。

此外，盲文出版物主要以图书为主，除极少量特刊以外，报纸、杂志等其他出版物则基本没有盲文版，电脑、手机等电子屏幕介质目前尚无触感设计广泛面市，因此，“阅读新闻”这一普通人的日常活动对盲人而言几乎是“不可能的任务”。

二　移觉补偿——一种融合技术的解决方案

弥合这道长期存在的信息鸿沟，这一轮媒介融合提出了一种技术可能性：移觉补偿。新近出现的移觉式的融合产品，如有声阅读，将文字转换成语音，以耳听代替眼看，向用户提供信息。

“通感”，这种文学中将人的不同感觉互相沟通彼此挪移转换的修辞，成了对今天中国人阅读新习惯的写实。据统计，2020年，有31.6%的成年人与32.5%的未成年人有听书习惯；听书成了继纸质书阅读、手机阅读、电子阅读器阅读、网络在线阅读之后又一种阅读方式。[③] 用户听书的渠道主要包括移动有声App、微信公众号或小程序、智能音箱、广播以及有声阅读器等。听书正在嵌入当代人的日常生活场景，且在大多数情况下充当一种多任务状态下的伴随式媒介，在家庭等室内空间中、交通工具内以及其他移动状态下，听书正在通过物联网、智能音箱、车载机、手机等[④]实现人们对空间流转中的碎片化时间的高效利用诉求。

---

① WIPO, “*The Marrakesh Treaty-Helping to end the Global Book Famine*”, https: //www. wipo. int/edocs/pubdocs/en/wipo_ pub_ marrakesh_ overview. pdf.

② 《全国盲校一览表》，http: //www. chinadp. net. cn/channel_ /barrier-free/mangxiao/284_ 1. html。

③ 《第十八次全国国民阅读调查成果发布》，国家新闻出版署，http: //www. nppa. gov. cn/ nppa/contents/280/75981. shtml。

④ 张莉：《移动有声阅读场景分类与场景应用路径探析》，《出版科学》2020年第2期。

当前，技术与市场主导下有声阅读的发展尚未被应用于服务视障人群，然而恰恰是这一群体可能最需要接触有声阅读这一新型融媒体产品——对于一般用户来说，意味着提纯时空利用率的多一种可能性，对感官受损人群而言，则可能是满足信息获取刚需的一种突破性的有效方式。

作为媒介融合新形态的有声阅读以耳听代替盲文的手触，形成一种新的移觉，由于识别语音无须专门学习，盲人接入媒介的门槛可能显著降低。此外，相对于必须依托实体介质的触觉感知，听觉所依托的声音文件可数字化，生产、存储、出版、发行等环节皆更为便捷，具备在盲人群体中普及推广的可能性。据统计，已有超过58%的视障人群通过听书方式进行阅读。①

三 盲人数字阅读推广工程：法律、事业与市场的综合实践

为实现这种可能性，中宣部、财政部、文化部、国家新闻出版广电总局联合中国残联于2017年9月共同启动“盲人数字阅读推广工程”。

该项目包括一个平台和两个盲人数字阅读推广渠道。一个平台指的是由中国盲文出版社与国家图书馆共建的盲人读物融合出版与传播平台，拥有约4亿字的电子盲文阅读材料、共计长达4.5万小时的1.3万余种有声读物，为盲人数字阅读推广和各类盲用阅读设备提供数字内容资源和传播服务。两个盲文数字阅读推广渠道，一是为全国400家设有盲人阅览室的公共图书馆配置20万台基于互联网的智能听书机，免费向盲人读者出借；二是为全国100所盲人教育机构配置1000台盲文电脑和盲文电子显示器，免费向盲生出借。② 中国盲人协会也将“开展盲人信息无障碍技术培训，配合中国盲文图书馆和各地图书

① 袁海龙：《公共有声数字图书馆合理使用分析——以〈马拉喀什条约〉及视障群体参与全民阅读为视角》，《图书馆学研究》2019年第5期。

② 韩寒：《“盲人数字阅读推广工程”用书香点亮人生》，http://www.wenming.cn/book/pdjj/201709/t20170914_4422964.shtml?COLLCC=1786954545%26。

馆开展盲人阅读推广活动”列入其2021年的工作计划。[①]

研究发现，该工程运作近4年，盲人数字阅读从行政事业演变为政策与法律以及其他力量交织融合的综合实践过程，对于我们认识数字鸿沟议题的复杂性，尤其是探索如何弥合特殊群体的数字鸿沟，具有样本意义。

1. 法律修订与限制解除

在盲人读物融合出版与传播平台搭建方面，法律提供了保障。

新修改的《中华人民共和国著作权法》（以下简称《著作权法》）于2021年6月1日正式实施。本次修改的一个要点在于以“合理使用”制度原则对一些可能的情形作相对封闭的立法规定，包括增加两处针对视障人士的友好条款[②]。其中，第二十四条规定：在“以阅读障碍者能够感知的无障碍方式向其提供已经发表的作品”的情况下使用作品，“可以不经著作权人许可，不向其支付报酬，但应当指明作者姓名或者名称、作品名称，并且不得影响该作品的正常使用，也不得不合理地损害著作权人的合法权益”。第五十条规定，在“不以营利为目的，以阅读障碍者能够感知的无障碍方式向其提供已经发表的作品，而该作品无法通过正常途径获取”情形下，“可以避开技术措施，但不得向他人提供避开技术措施的技术、装置或者部件，不得侵犯权利人依法享有的其他权利”。

可以说，这为盲人有声阅读的生产端与传播渠道提供了正当性合理使用的背书，过去长期存在于该领域的“著作权困扰”被解除，取而代之的是“著作权保障”。

《著作权法》又与2018年1月1日起实施的《中华人民共和国公共图书馆法》形成呼应，后者规定，“公共图书馆是社会主义公共文化服务体系的重要组成部分，应当将推动、引导、服务全民阅读作为重要任务”，“国家构建标准统一、互联互通的公共图书馆数字服务网

① 《中国盲人协会2021年工作计划》，http：//www.zgmx.org.cn/newsdetail/d－71782.html。

② 《全国人民代表大会常务委员会关于修改〈中华人民共和国著作权法〉的决定》，https：//www.chinacourt.org/article/detail/2020/11/id/5572728.shtml。

络，支持数字阅读产品开发和数字资源保存技术研究，推动公共图书馆利用数字化、网络化技术向社会公众提供便捷服务”。[①]

国际层面，中国是《马拉喀什条约》的最早签约国之一。《马拉喀什条约》以《世界人权宣言》和联合国《残疾人权利国际公约》中提出的人权原则为构想，由世界知识产权组织推动，于2013 年6 月27 日成立。[②] 该条约中指出：

“注意到不利于视力障碍或其他印刷品阅读障碍者全面发展的种种挑战限制了他们的言论自由，包括在与其他人平等的基础上，寻求、接受和传递各种信息和思想的自由，其中包括通过他们自行选择的一切交流形式寻求、接受和传递各种信息和思想的自由，也限制了他们享受教育的权利和从事研究的机会”；

“强调版权保护对激励和回报文学与艺术创作的重要性，以及增加机会，使包括视力障碍或其他印刷品阅读障碍者在内的每个人参加社会的文化生活，享受艺术和分享科学进步成果及其产生的利益的重要性”；

“意识到视力障碍或其他印刷品阅读障碍者为在社会上实现机会均等，在获得已出版的作品方面面临的障碍，还意识到既有必要增加无障碍格式作品的数量，也有必要改善这种作品的流通”。

条约详细规约了缔约方在无障碍格式版权的跨境交换中的权利与义务，旨在推动解决这一领域的全球书荒。《马拉喀什条约》生效以后，研究界注意到我国既有法律法规存在一些与之不适应的条款，[③] 从保障视障群体信息利益的根本立场出发，《著作权法》中引入了“合理使用”原则，即在某些特定的合理情况下无须经过著作权人同意即可免费使用版权。这样一来，原先的规范冲突得以协调，我们得以更顺畅地参与全球“放松对专为盲人或视力障碍者改编的图书在印制

---

① 《中华人民共和国公共图书馆法》，http：//www. npc. gov. cn/npc/c30834/201711/86402870d45a4b2388e6b5a86a187bb8. shtml。

② 《马拉喀什条约》，https：//www. wipo. int/marrakesh_ treaty/zh/。

③ 袁海龙：《公共有声数字图书馆合理使用分析——以〈马拉喀什条约〉及视障群体参与全民阅读为视角》，《图书馆学研究》2019 年第5 期。

和国际转让时的限制”行动，加入提升盲人信息福利、“不歧视、机会均等、无障碍、充分和切实地参与和融入社会”① 的全球努力之中。

2. 公共图书馆与盲人个人化信息获取

盲人数字阅读推广渠道方面，公共图书馆的盲人阅览室担当着公共文化服务职能。而更本质上，信息获取是随时随地融入使用者生活本身并构成其认知框架的，因而盲人数字阅读又是个人化、移动化的。

当前中国网民接入互联网设备使用的基本情况呈现了这一特征：笔记本电脑、平板电脑、电视、台式电脑等个人及家庭终端充当着上网的主要设备，手机作为个人移动终端更是99.8%的网民接入互联网的端口，其中又有75.2%的网民通过手机获取网络新闻。② 研究亦指出，新媒体环境下，个人即门户，个体构建传播中心，节点化的用户构成传播的基础单元，也是社会网络连接的基本单元。③ 鉴于此，公共图书馆作为信息内容的一种集成空间，其之于盲人获取信息的个人化需求之间存在一定的时空差距与悖论。

尽管智能听书机本身代表着盲人信息接入门槛的可能性，然而当它置身于公共图书馆，而公共图书馆需要使用者有一个专门“去”的身体行为过程，这事实上又增加了另一道接入门槛。实际中，由于“盲人出行不便，平时过来看书的人不太多”④。前往图书馆的行为要求之于盲人行动不便的现实之间存在悖论。

可见，在视障人士信息接触的全过程中，目前公共图书馆盲人阅览室实现了部分环节的无障碍，另一些环节，需要基于对视障人士的“位置”去实现无障碍，这些“位置”，除作为终端地理位置与物理空间位置以外，还包括基于网络关系的社会位置以及基于对服务与内容

① 《残疾人权利国际公约》，https：//www. un. org/chinese/disabilities/convention/convention. htm。

② 《第47次中国互联网络发展状况统计报告》，http：//www. cnnic. net. cn/hlwfzyj/hlwxzbg/hlwtjbg/202102/P020210203334633480104. pdf。

③ 彭兰：《移动时代的节点化用户及其数据化测量》，《暨南学报》（哲学社会科学版）2016年第1期。

④ 《马拉喀什条约》，https：//www. wipo. int/marrakesh_ treaty/zh/。

的需求的服务位置。①

上述分析帮助我们理解这样一个调查数据：40% 以上的视障者希望可以远程访问公共图书馆有声读物数据库。②

3. 事业与市场

尽管如此，盲人数字阅读推广工程仍然具有示范意义。行政事业先行，向社会揭示了有声阅读为盲人提供信息服务的必要性与可能性。

当下互联网高度产业化、有声阅读融合产品纯市场化发展，市场主体谋求在激烈的竞争中通过产品变现来获利。在尚未找到视障人群市场利益增长点之前，尤其鉴于全球 90% 的盲人属于发展中国家的低收入人群,③“由谁来做”的问题再次被提出。

如前文所述，行政事业本身的公共属性只能部分满足视障人群的信息需求，无法为其提供个人化、个性化的产品与服务，而这恰恰是市场主体在新媒体转型尤其是媒体深度融合的进程中业已习得的方法能力与资源能力。

四　场景设想：有声阅读作为视障人群日常生活中的伴随媒介

数字鸿沟问题始终困扰着我们，最根本的信息鸿沟从来不在于上网人群之间的带宽差异、使用差异等，而在于上网与不上网，线上与线下两个彼此孤立的世界之间。在现有的经济视角、社会视角、文化视角以外，有必要引入生理视角来进一步破题数字鸿沟。截至 2020 年末，我国总体网民规模达到 9. 89 亿人，互联网普及率达 70. 4%，“构成全球最大的数字社会”④；另外，依然有接近 30% 的国民未接入互联网，而占全国总人口 1. 23% 的盲人群体几乎完全身处线下，无法享受

---

① 彭兰：《移动时代的节点化用户及其数据化测量》，《暨南学报》（哲学社会科学版）2016 年第 1 期。

② 袁海龙：《公共有声数字图书馆合理使用分析——以〈马拉喀什条约〉及视障群体参与全民阅读为视角》，《图书馆学研究》2019 年第 5 期。

③ 《马拉喀什条约》，https：//www. wipo. int/marrakesh_ treaty/zh/。

④ 《第 47 次中国互联网络发展状况统计报告》，http：//www. cnnic. net. cn/hlwfzyj/hlwxzbg/hlwtjbg/202102/P020210203334633480104. pdf。

在线信息与在线服务。

人类进入数字时代，信息接入业已成为最主要的权利。在对有声阅读作为一种移觉媒介及其在弥合盲人数字刚需可能性分析的基础之上，并基于对近年来我国助盲事业尤其是“盲人数字阅读推广工程”的经验分析，本研究提出，保障视障人群的信息权利，应成为我国媒体深度融合事业的一个重要命题，且这是一项事业、法律、市场及其他力量交织融合的综合实践。

研究尝试进一步提出视障人群有声阅读的场景设想：一种基于福利事业化向准市场化延伸，公共化向个人化、固定化向移动化、专门化向生活化转变的场景。在这一场景中，“无障碍”是关键词，全部过程、全部环节无缝连接的无障碍是原则宗旨。在这一场景下，融合技术的移觉补偿得以赋能，有声阅读充当视障人士日常生活中“博物馆语音导览式的伴随媒介”，为其提供“自行选择的一切交流形式寻求、接受和传递各种信息和思想的自由”以及“享受受教育的权利”并“充分和切实地参与和融入社会”[①] 的均等机会。

---

① 世界知识产权组织：《关于为盲人、视力障碍者或其他印刷品阅读障碍者获得已出版作品提供便利的马拉喀什条约（2013 年）》，https：//www. wipo. int/edocs/pubdocs/zh/wipo_ pub_ 218. pdf。

互联网治理：全球脉络与本土挑战*

苗伟山　汪炳华　盛　阳（翻译）**

摘要　互联网治理是当下全球热门议题，包括基础设施、网络安全、网络经济和信息治理等众多内容。中国已经成为全球互联网空间的重要力量，在积极主动地参与世界互联网秩序的过程中，我们必须对既有的治理体系有深入了解和反思。来自新加坡南洋理工大学的汪炳华教授于2016年当选国际传播学会的主席，成为新闻传播学顶级学术组织的首位亚洲主席。他的研究专长集中在互联网政策法规和治理，在这个领域积累并拥有丰富的经验和研究成果。本次访谈全面系统地探讨了这个领域中的核心概念、历史发展、组织关系、相关争议性话题以及中国在此全球脉络中所面临的机遇和挑战。

关键词　互联网治理；国际组织；网络主权

苗伟山（以下简称苗）：围绕互联网治理的学术争议首先集中在对它的定义上。不同的定义反映了不同的社会立场和利益诉求。您认为如何定义更为妥当？您又如何看待互联网治理这一议题？

汪炳华（以下简称汪）：在联合国互联网治理工作组（Working

---

* 本文原刊于英文期刊 *Communication and the Public*，已经得到英文期刊出版社的授权发表。中文版本略有删减，英文原文请参考 Miao，W. & Ang，P.，Internet Governance：From the Global to the Local，*Communication and the Public*，2016，1（3），pp. 377－384。

** 苗伟山，中国社会科学院新闻与传播研究所助理研究员；汪炳华，新加坡南洋理工大学黄金辉传播与信息学院教授；盛阳，清华大学新闻与传播学院博士研究生。

Group on Internet Governance，WGIG）的工作报告中，其中第十条对互联网治理作出如下定义：“互联网治理是指，在共享的原则、行为标准、法规、决策制定过程以及在推动互联网使用变革的各项计划中，政府部门、私人机构和市民社会等各方社会角色的发展和落实。”①

我始终认为所谓“治理”有一个简单的定义，即“统治以及统治的法则”，就是说，治理意味着所有的统治术及其制定过程：治理委员会的成员由谁任命？又是谁决定了首先必须得设立一个委员会？如此等等。

在互联网领域，治理涉及了互联网法规以及法规的一整套制定过程。这也是为什么关于在制定过程、征求意见以及利益相关者的参与等方面都存在不少争议。

苗：您对制定过程的强调令我想起了多方利益者模式（multistakeholder model），这被认为是一种包容的、充分民主的制度。但我记得您曾经对这一概念进行了批判分析，并提供了一种名为“深思体系”（deliberative system）的替代方案。② 您是否能够就此作出详细的解释？

汪：多方利益主义（multi-stakeholderism）通常被理解为一种体现了透明、公开、包容以及民主等特性的治理理念。近期，这一理念却在一些地区受到挑战。有人认为，多方利益主义只是以往排外主义的遮羞布。毕竟多方利益者的协调过程只保证了利益相关者自身的参与权。由于把非利益相关者排除在外，这一路径实际上是非民主的。它可以被权力集团利用，强化自身的参与性、发言权，以及在治理过程中的影响力，而不兼顾各个利益团体间的权力平衡。

我曾经在你提及的论著中追溯了“多方利益者”的词语来源，试图理解这个词语的概念意涵及其与民主的关系，并提出了“深思民主模式”这一似乎在全球互联网治理中的最佳适用模式。从参与度方面

① Working Group on Internet Governance, Report of the Working Group on Internet Governance, 2005, Retrieved from http: //www. wgig. org/docs/WGIGREPORT. pdf.

② Ang, P. H. & Haristya, S., Multistakeholderism and the Democratic Deficit; In W. Drake (Ed.), The Working Group on Internet Governance: 10th Anniversary Reflections, 2015, pp. 123 - 134, Quezon City: Association for Progressive Communications.

来说，这一模式是完全开放的。尽管在相关利益集团的责任制以及开放度方面仍存有疑问，这一模式却能够带来相对正面的结果。

苗：从传播学研究角度来说，您如何看待互联网治理与其他传统媒介治理模式的差异与联系？互联网及其治理的特殊性在哪里？您在之前的一篇论文中提到，在最初阶段，中国仍然以应对传统媒体的方式管理互联网。[①]

汪：由于互联网能够推送信息，因此不仅是中国，而且各国政府都把互联网当作一种媒介渠道。在传统模式下，我们只知道广播和印刷这两种渠道。所以十分自然的，我们就把互联网当作广播渠道来处理了。

这意味着存在以这种模式来制定法规的趋势，以及任命广播管理者同时监管互联网领域。

但如今我们已经知道，互联网拥有广泛得多的应用领域，它改善了例如电子商务、酒店预订、旅游规划等商业交易和信息传播的一整套流程。互联网提升了经济效率，带来更多商业机会。

所以，即使在内容构成方面的互联网规制，也会产生外溢效果。以电子商务为例，需要对产品和服务进行描述或点评。在新加坡，发生过一起饭馆老板起诉博客写手的案例，因为后者在博客上对前者发布了差评。部分学者进而认为，应该在互联网上对力量薄弱的个体设立更多的保护机制。否则，像那样的一件小事就能伤及整个餐饮行业。但是，如果所有的餐饮点评都是积极正面的，谁会去相信这些点评，谁又会到这些饭店消费呢？

这是国家层面的管控问题。另外，除非个别网站遭到封锁，其他情况下网站还可以用来进行跨境电子交易，因此还有一个国际层面的问题。中国可算作一个例外，因为中国国内市场广阔，足以维持其在线经济的持续发展（这里还有一个语言使用的问题）。但对于大多数

① Ang, P. H., "How Countries Are Regulating Internet Content", Annual Meeting of the Internet Society, Kuala Lumpur, Malaysia, 1997, pp. 25 – 27, Retrieved from https://www.isoc.org/inet97/proceedings/B1/B1_ 3. HTM.

其他国家来说，国内人口基数不足以满足经济发展的自我维持，因此无法切断与外界的贸易往来。联合国 193 个成员国中，有近一半的国家人口少于 600 万。

这又带来了国际政治方面的问题。任何国家的政府都希望能够维护自身的治理主权。但确保互联网的顺利运转，需要各国政府在主权方面作出一定的妥协。对此我写过一篇论文：在全球化、主权和民主三个选项中，互联网治理不可兼得，只能保留其中的两项。[①] 我们都赞成全球化，因此在主权和（国际）民主之间需要做出抉择。

苗：在您提到的这篇论文中，您拓展了 Dani Rodrik（2000）的全球化三重困境问题，[②] 并分析了国际互联网治理的可能性。您的结论是，政府或者只能达成浅全球化（thin globalization），否则就要在主权和民主间进行选择。您能否给出一些相关案例，便于我们更好地理解？

汪：的确在全球化进程中，存在着三重困境。你也知道，每个人对全球化的期待是能够施行统一的规则。所以他们如何达成规则的共识？通过大众投票吗？但这就与国家主权发生冲突了。

相关的案例有很多，我来试举一例。比如谈到网络安全问题，标准的全球化能够使得各方更顺利地展开合作。但政府机构也有所顾虑，他们担心来自特定国家的技术因素会给个别国家带来潜在的利益。所以即使世界大多数人能参与投票，选出合适的标准，那些深有顾虑的政府也不会同意。由此造成的结果就是我所说的浅全球化，它是未完成的全球化。这一理念延伸出对反政府言论、仇恨言论、调停人责任制等一系列涉及审查制度的问题。

苗：能否简要介绍一下互联网治理的历史进程，以及在发展过程中出现的问题与挑战？

汪：这里不便详细解释。我在亚太地区互联网治理论坛（Asia Pa-

---

① Ang, P. H. & Pang, N., Globalization of the Internet, Sovereignty or Democracy: The Trilemma of the Internet Governance Forum, Revue Françaised' étudesam é ricaines, 2012, 134, 114 - 127.

② Rodrik, D., "How Far will International Economic Integration Go?" *The Journal of Economic Perspectives*, 2000, 14, pp. 177 - 186.

cific Regional Internet Governance Forum，APrIGF）上做过发言。[①] 划分互联网治理发展阶段的主要标志是政府机构在何种程度上理解这一治理问题。在早期，人们普遍认为它是一个技术问题，后来他们推翻了这一认识。在中国广为流行的观点是，互联网资源不断地流向西方，中国因此处于被剥夺的境地。[②] 这就是中国日益强调并推广 IPv6 的原因。他们之所以在 v4 之后直接命名 v6，正是因为有人试图绑架 IPv5 的名称使用权。

如今，人们意识到更为妥善的做法是，由那些大国首先把互联网真正“互联”起来，而不是更加割裂。否则，扮演统治角色的将不是同一批机构，互联网用户也会面临切换系统、转换语言等种种麻烦。对社群成员来说，他们也在一定程度上蒙受了损失。

在世界排名前 20 的网站中，15 家来自美国，另外 5 家来自中国。[③] 因此中国很愿意展开互联合作。全球互联网的搭建也会带来更多商机。

在当代互联网治理方面最具挑战性的问题是，新的服务模式不断出现，对传统服务模式及其治理模式带来冲击。我们可以看到，Uber、AirBnB 等都引发了相应的问题，有些国家甚至禁用这些程序。这显然是错误的，因为接下来的问题是，是不是仅仅因为它们打破了既存规则，我们就要杜绝所有的创新？香港的数字亚洲中心（Digital Asia Hub）正在展开的一项研究是，对 Uber 的管理规则展开全球范围的比较。这家位于香港的研究所是哈佛大学伯克曼中心（Berkman Center of Harvard）的亚洲“分支”。

苗：您如何看待大数据以及社交媒体对互联网治理的潜在冲击？

---

① Ang，P. H.，“The History of Internet Governance，In Asia Pacific Regional Internet Governance Forum”，Masco，China，2015，Retrieved from http：//2015. rigf. asia/wpcontent/uploads/2015/07/APrIGF2015 – APILP – 1 – PengHwa. pdf.

② Global Business News，“Twenty-six Chinese People Share One IP Address and Every American Enjoys Six IP Addresses”，JXNEWS，2005，Retrieved from http：//www. jXnews. com. cn/oldnews/n12038/ca813940. htm？ COLLCC = 230693690.

③ Alexa，“The Top 500 Sites on the Web. Alexa”，2016，Retrieved from http：//www. alexa. com/topsites.

汪：社交媒体，特别是那些大众使用的媒体，在互联网治理中承担的角色十分有限。这是因为想要获得变革政治议程的影响力，必须对该领域有深入研究。这不是娱乐节目，更不是成人秀。

大数据获取能够带来影响，但需要在数据使用方面发挥充足的想象力。我们不缺乏数据积累，但我们需要有人或者有机构告知，应该如何使用那些数据。

苗：不少人也对大数据的潜在危机、对它的误用和错用表示了担忧，例如它会带来隐私、个人主权以及更复杂的主权社会问题。

汪：所有这些问题都与政策法规的不同类型相关。互联网治理实际上更多的是一个过程问题。随着国家的不同，法律的具体诠释也会发生改变。共同之处在于法律的制定必须基于多方利益者模式。

苗：学界的核心问题是政策制定的过程，以及国家政府、社会组织以及全球机构的实际角色，特别是中国在其中的角色。考虑到社交媒体的崛起，我们也观察到一个有趣的现象，互联网治理工作在很大程度上受到社交媒体驱动，例如中国政府发起的实名登记政策，以此对日益活跃的微博领域进行监管。我认为社交媒体在国家层面的互联网治理，比在国际层面的影响力重要。

汪：是的，我同意你的观点。这带来的结果是，国际层面的互联网治理将在更为正式的条件下展开。社交媒体意味着公民对政府带来了社会压力，政府需要作出回应，否则将失去它们公民的拥护。这并不能在国际层面展开。

苗：您对不同国家内部的互联网治理做过许多比较研究，同时您也积极参与了全球互联网治理的实践。就您的观察而言，这一领域有哪些议程框架、路径和模式？

汪：对这个问题的回答可以从两个层面展开，即国际层面和国家层面。从国际层面看，互联网治理论坛（Internet Governance Forum，IGF）是一家提出并讨论议题，并且获知主要参与者的重要论坛。它并不参与实际管制，但致力于开启这一进程。国际互联网名称与编号分配公司（Internet Corporation for Assigned Names and Numbers，ICANN）是专门处理域名和数字地址分配问题的技术性组织。

然而，国际层面的合作进程更多是由西方，或者说由美国所主导。例如与会者如果需要提问，必须在麦克风前排队等候。我看到过即使是西装笔挺的部长级人物，也得站在扎着马尾辫、穿着 T 恤牛仔的研究生后面乖乖排队。这显得相当的平等主义，但对亚洲官员来说却并不那么舒适。我们中的亚洲同伴已经写文章讨论过这件事了，但这一进程仍将继续。

从国家层面看，地方政治能够并且实际参与到治理行动中去，因为这本身就与当地利益及当地生态有关。更为关键的是，国家级监管人应当充分注意到这种生态。例如脸谱网（Facebook）的互联网“免费基础设施服务（free basics）”计划，支持用户通过智能手机免费使用脸谱数据，并不需要缴纳宽带数据使用费。经过社会团体的多方游说，这一项目在印度遭到搁浅。市民社会团体声称，他们并不希望由此产生一个“巨大”的赢家；他们私下认为，基于脸谱网的鼎力支持，这一举措将会导致资本集团大量资源的流入，最终只会危及地方利益。事实并非如此。现在他们私下开始质疑，之前是否走得太远？

虽然不保证百分之百成功，最好的防护手段是设立广泛的公众磋商机制。这虽然不是亚洲国家政府的惯常做法，但他们可以通过学习其他国家，进一步“优化”治理方式。如果我们回过头来看印度的案例，我们已经知道了当地市民社会的切身感受，我们就可以从中学习并推广“免费基础设施服务”。

苗：您刚刚提到例如国际电信联盟（International Telecommunication Union，ITU）、ICANN、互联网工程任务组（Internet Engineering Task Force，IETF）、WGIG、IGF 以及国际互联网协会（Internet Society，ISOC）等国际组织和论坛在全球互联网治理中扮演了重要的角色。您能否就此简要介绍一下这些机构的功能、关系（合作/冲突）及其演变过程？

汪：简单来说，大约在 1992 年出现了第一次分界，互联网在美国开始向公众普及。到了 1994 年，互联网的公共化几乎已经遍布世界各地。

国际电信联盟是联合国的一家专门机构。它一开始负责管理国际电报通信，现在主管信息通信技术。它转向互联网的进程十分缓慢，因为当互联网正进行公开普及时，电信公司也正在开发一项智能传输技术——ATM 网络（Asynchronous Transfer Mode，即“异步传输模式”）——以及自动治愈网络。每当我就此进行演讲，我总会向观众提问，如果我们重回 1992 年，你有机会在智能 ATM 网络和差劲的因特网之间进行选择，你最终的决定会是什么？至今，没有人说他们会选差劲的网络。

互联网编号分配系统最初由乔恩·波斯特尔（Jon Postel）创造。波斯特尔因能够决定谁将在网络平台“存活”而被尊称为“互联网之神”。他的网络发明后来被 ICANN 收编。后者是一家受到美国商务部监管的本土公司。

作为技术标准化组织，互联网工程任务组（IETF）早在 1990 年以前就由技术研究专家创建。IETF 规定，任何组内协议都经由“工作代码以及取得大致的共识”，而非投票过程得以确立。这一模式在非技术领域并不适用。

经过 1990—1992 年大约两年的时间，IETF 成员组织成立了国际互联网协会（ISOC）。如今 IETF 的各项会议都得到了 ISOC 的资金支持。

ISOC 继而成为一家 dot. org 域名注册组织。其掌握了 dot. org 网站的域名注册权。在创建早期，ISOC 每年都在斯德哥尔摩组织年会。在渡过 2000 年的解散危机之后，如今 ISOC 每年的域名注册利润高达 3000 万美元。

尽管 ISOC 理应是一家全球性组织，但从 WGIG 报告中可以发现，协会似乎代表了美国方面的立场，而不是单纯的研讨机构。ISOC 从不希望单纯地探讨互联网治理议题。正是在这家多边机构内部，复杂的治理议题都得到了激烈争论，恰恰相反，协会却积极主张凡事都应顺其自然。这一立场与美国政府完全一致。

WGIG 报告并没有认定唯一的解决方案，而 ISOC 却坚持这一立场。报告建议，可由信息社会世界峰会（World Summit on the Information Society）执行裁决任务，但 ISOC 始终拒绝这一选项。由于 ISOC 否认 IGF 组织的合法性，一些人因而对前者持反对意见。当前联合国以及 ISOC 的态度都发生了 180 度大转弯，两者纷纷开始扶持 IGF 组织。

苗：真是错综复杂，而又引人入胜！考虑到不同的语境、利益诉求和理解角度，不同国家之间发生了太多理念碰撞和政策冲突，很难在互联网治理方面达成共识。您如何看待这个问题？以及在日益串联的世界中，全球互联网治理的原则与挑战是什么？

汪：这类似于判断一瓶水是半满还是半空的问题。管控的主要目的是提高我们的生活质量。生活的大部分时间内都要用到互联网，因此全球层面的管控在大多数情况下都如期发生。

但我们也需要制定规则，保护我们中的一部分人免受另一部分人的伤害。这在所有人类活动中都是正常现象。再次声明，在大多数情况下，大部分人并不会因为使用互联网而受到伤害。因此可以说，管控起到了一定作用。

但我们对于伤害的定义存在分歧。侮辱宗教信仰算不算伤害，是否应该被管制？侮辱首相、总统或国王算不算伤害？这里意见并不统一。

最符合逻辑的做法是，承认以上所有行为都造成了伤害，统统都要进行管制。让我们看看西方在这方面的做法。例如，欧盟委员会《网络犯罪公约》就统一划定了需要受到管制的在线活动类型。西方在此类行动中也有更为深入的合作。例如传播有儿童出现在其中的色情读物属于全球性的犯罪行为，互联网加剧了犯罪情节的严重性。欧洲内部设立了在线机构，专门负责接听投诉热线，并且与行业部门、公安机关保持密切沟通。不少儿童因此获得解救。亚洲也有不少儿童淫秽制品，但我们还没有像欧洲一样对此展开有力打击。

我们也同意在有些领域内的确无法达成共识。媒介内容议题就是其中一例，它的背后蕴含着丰富的文化和历史背景，因此很难达成全球性的认同。即便如此，也可以设立有关机构处理文化间的冲突问题。事实上例如“全球网络倡议”组织（Global Network Initiative）等一些非政府组织正力图找到记录文本的通用方式。

苗：谈到中国的互联网，我们总是绕不开巨大的网民基数（截至 2015 年底人数已达 6.68 亿）、中国互联网公司的崛起（例如百度、腾讯、阿里巴巴以及京东）等议题。您如何看待中国在全球互联网治理中扮演的角色？中国面临着什么样的挑战？您如何理解新兴国家在全球互联网治理中话语权的日益增长？

汪：我在2000年与学人在兰德公司合作组织了一场会议，旨在对印刷媒体与互联网进行比较研究。会上邀请到了来自韩国和中国的部分学者。尽管我们无法进一步确认，但其中一个意味深长的结论是，那些熟稔印刷媒体发明史的中国官员们是否也曾预见其潜在的冲击。在西欧范围内，印刷媒体削弱了教会权力，激发了新教的崛起。的确存在其他因素，例如教会腐败等，但全部研究都强调，如果没有印刷媒体的存在，马丁·路德·金无法做到——套用一句俗语——“病毒式”的思想传播。在韩国，印刷媒体过去仅限于在宗教书籍和法庭档案方面使用。在中国，则仅用于官方公告。所以那些正在或曾经负责互联网工作的中国官员是否预见，社交媒体在未来20年内将如何推动政治的透明化，如何曝光政府官员的腐败案件？这样是否会削弱官员的权威？正如我刚刚所说，这是一个意味深长而又充满不确定性的结论。

中国外部的观察员视中国本土互联网公司为西方成功公司的克隆版本，其中汉语是一道重要的天然屏障。我接触过一家德国公司，他们采用了类似的手段——模仿美国成功的在线商业模式，继而打造德国的派生版本。这家公司如今的市值已达数百万美元。所以一直存在一种出于商业逻辑的模仿行为。对于中国的担忧在于，这一行为在国家层面执行，审查机制也被用于为商业进入设置门槛，另外中国政府最终希望本土企业获得成功，以便对其进行管控。这里的逻辑是一种政治逻辑——每一家政府机构都渴望尽可能拓展其主权边界。对于互联网和中国来说，问题是这一模式是否持续可行？它是否会遏制本土的创新发展？

可以肯定的是，这并不是说中国人只精于模仿。在信息科技和互联网空间领域，有许多开拓意义的技术创新来自中国。这一议题是关于中国创意空间治理的更大问题。

由于中国政府似乎在培育中国互联网企业方面获得了成功，试想一下，唯一能够对美国互联网巨头发起挑战可能的公司来自中国；那么带来的问题是，中国的治理模式是否能够被输出?

另一个重要的议题是，IP 地址在中国被视为一种网络资源。让我们回到 20 世纪来看这个问题。那时美国高校比中国拥有更多 IP 地址，由于其有限性，在中国产生了争夺互联网资源的恐慌。虽然最后问题得到了解决，但仍有人担心一旦中国参与维护互联网，它会再次将 IP 地址作为资源而贮藏封存起来。

因此中国在全球互联网治理问题上面临了信任危机。的确，美国在互联网治理方面也会虚假伪善，实际上所有的国家或多或少都存在这一问题。中国方面由于语言的隔离造成了对其诟病的加深。

新兴国家在互联网治理方面并不能畅所欲言。如果你研究一下相对的阵营，就会发现有美国阵营以及金砖国家阵营（巴西、俄罗斯、印度、中国以及南非/沙特阿拉伯）等。许多小国并不觉得自身在这一领域有任何话语权。

苗：近期，中国领导人在第二届世界互联网大会上发言，呼吁各个国家尊重别国的网络主权。如果我们试着从历史的角度理解网络主权，巴洛（John Perry Barlow）（1996）著名的《赛博空间独立宣言》提醒了我们早期互联网治理的关切在于现实世界与赛博空间的关系，即互联网是否创造了一个独立空间，从而脱离了政府机构、官僚体系、学术机构以及法律部门等狭窄地域?①

现在这些问题已经相当明确，我们使用互联网主权这一概念来标注全球、区域和本土之间的争议，难道不是吗?

汪：我理解的互联网主权表示为一种在互联网领域可操作的国家主权。正如我们前面所说，每一家政府机构都渴望尽可能拓展其主权边界，所以中国方面提出互联网主权，这并不令我感到惊讶。但它必须被限定在领土范围之内。如果我们基于这一认识，那么各个国家间将免于许多争论。

也正如前面所讨论的，主权方面并不是两重困境，而是“三重困

---

① Barlow，J. P.，“A Declaration of the Independence of Cyberspace”，*Electronic Frontier Foundation*，1996，Retrieved from https：//www. eff. org/cyberspace-independence.

境”,即主权、民主和全球化问题。三者只能取其二,除非愿意发展出我称之为“浅全球化”的结果,那么全球化因只得到了部分实现而变得锈迹斑斑。

新加坡前总理李光耀接受过一次有趣的访谈(Allison, Blackwill, Wyne & Kissinger, 2013),李光耀在访谈中说道,那些经历了战争、饥荒、“文革”等历史事件的一代中国人无比渴望中国能够和平崛起。但是他们的后辈却不尽相同,他们如果认为确有必要,则会毫不吝啬地施展拳脚。即使祖辈多加劝告,后辈们也会不为所动。[①] 从这个角度说,也许中国要更多顾及民主,而非主权,并提防不自觉地走向反面。

苗:互联网研究对网络接入、互联网自由、治理等方面极为关注。在网络化的环境中,我们如何重新定义言论自由?

汪:美国以及西方其他一些国家把言论自由定义为与政府相对的言论自由。所以其他国家由政府机构组织的活动,在美国则由私人机构代劳。典型的案例是电影分级制度。美国宪法第一修正案禁止政府“剥夺”言论自由的权力,因此政府无法从事电影分级工作。所以美国政府可以大胆地说,它从不进行内容审查。

然而在实际操作中,对审查机制由政府还是商业主导的区分,并没有太多意义。我们现在已经知道,由于受到利润驱使,商业主导的审查机制在很多情况下反而更为有效。

所以我认为,在网络化环境中的言论自由必须包括设立保护机制,防止商业力量侵蚀的自由。所以例如美国基督教科学派(Church of Scientology)就诉诸版权保护,对其批评意见施行封锁。他们认为,任何出版他们书写言论内容的行为,都触犯了版权法条例。

我认为,我们对诽谤罪的定义也应该作出调整。在包括新加坡等在内的英联邦国家中,不管话语是否造成了伤害,只要本身涉嫌诽谤,就被定义为诽谤言论。由于互联网使得信息生产和传播更加便捷,我

---

① Allison, G., Blackwill, D. R., Wyne, A. & Kissinger, H. A., *Lee Kuan Yew: The Grand Master' Sinsights on China, the United States, and the World*, Cambridge, M. A.: MIT Press, 2013, pp. 37 – 50.

们能更加随意地自我表达。但这种自由同时意味着人们现在对信息的真实性有所保留，而不会欣然接受。这具有好的一面，也有不好的一面。毕竟因此所有的信息不再被认真对待。

所以，更充分的互联网自由也同时意味着信息失去聚焦，失去聆听机会的更多可能。

数字出版的本土概念与实践：一种基于产业关联的实证研究视角*

张　琛**

摘要　当数字化概念出现以后，直接改变了出版企业内部的生产、经营和财务状况，也改变了原有的出版产业。此时，传统出版企业与其他产业的融合发展，也代表着一种开放和转型的趋势。基于此背景，本研究的主要目的从产业关联的理论视角入手，探讨当前的数字出版产业与其他产业的相关联程度，这种实证测算对于了解数字出版发展的表象和本质都有着重要意义。

关键词　本土概念；数字出版实践；关联度计算

一　数字出版的本土概念演化

数字出版的发展历程可以追溯到20世纪80年代，并且数字出版的概念一直在演变，较全面的一种概念是：在整个出版过程中，从编辑、制作到发行，所有信息都以统一的二进制代码的数字化形式存储于光、磁等介质中，信息的处理与传递必须借助计算机或类似设备来进行的一种出版形式。① 后来"电子出版""在线出版"等名词让数字

* 本文原刊于《出版发行研究》2018年第3期。

** 张琛：北京服装学院时尚传播学院讲师，社会科学文献出版社特约研究员。

① 谢新洲：《电子出版技术》，北京大学出版社2006年版，第5—9页。

出版概念内涵和外延变得模糊，既指编辑工作的变化，也指呈现介质的变化。因此，有必要对数字出版的概念进行重新研究。

在中国，最早的数字出版形式体现在终端上，市场出现大量电子阅读器之类的产品，此时数字出版概念主要是指“文本数据化”，有两种主要的数字出版类别，一类是电子书，纸质书籍直接电子化；另一类是文献资料数据库，对于拥有丰富图书资源的企业来说，文本在进行数字转化后加上全文检索技术，为用户提供的是一种知识服务。这时候数字出版的概念已经发展为利用数字技术而实现内容编辑、生产传播、消费阅读上的数字化传播形态，以二进制代码的数字形式而呈现新型知识服务的出版形态。

在2009年文化体制改革的背景下，出版企业转企改制进入市场进行竞争，为了提高自身的市场竞争力，把数字化技术与内容的专业优势相结合，来满足网络媒体传播的快速、海量等特性。但市场化的运作仍不成熟，其收入也兼具文化产业组织的典型特点，其表现在文化产业组织的收入来源主要来自产品、广告、订阅及政府补助①，对比国外的出版社发现，Springer（施普林格）推出 Springer link 数字出版平台，提供全文学术期刊的检索服务；励讯集团的 HTTC 全流程数据平台，提供科研论文全文数据库、民航业数据库等细分领域的专业数字内容服务。辩证地看西方发达国家出版社的数字业务还能发现，由于历史悠久，积累了大量的版权资产，还有严格的知识产权保护体系，这些都有助于国外大型出版社迅速进行数字化转型，占据着出版市场的绝对优势。而中国数字出版市场发展，有来自两方面的压力，一是市场竞争激烈所引发的经营转型；二是不完善的知识产权保护体系，大量数字版权流出，挤压版权方的市场份额。因此，我国的出版业需用数字技术改变传统编辑生产方式，把数字出版业务提高到重要位置，而那些没有纸质图书版权的数字出版企业，则面临着经营困难等问题。

实际上，传统的印刷和发行这两个出版必备基本环节在数字出版

---

① Golding, Golding, P., “Media Role in National Development: Critique of Theoretical Orthodoxy”, *Journal of Communication*, 1974, 24 (3), pp. 44 – 47.

流程中被消解、取代，基于造纸和印刷技术以及光磁胶片技术的出版之外还开辟了新的出版途径，裹挟着众多相关企业或机构、个人，如各种数字内容提供商、数字技术提供商、数字营销商、数字设备生产商、社会化媒体、网络运营商、金融（支付）服务商、数字版权运营商、数字广告运营商等。[①] 但数字出版发展到现在所产生的问题是：到底数字出版业与这些相关产业的关联程度如何？如果能尝试回答这一问题，将会为数字出版下一阶段发展提供依据。

二 理论与研究假设

1. 理论基础

对数字出版产业进行产业关联分析之前，应先对产业关联理论进行了解。法国经济学家魁奈（Quesnay）应该是最早进行产业关联理论研究的学者了，他用《经济表》来分析产业间的贸易关系。在此之后，产业关联研究的继续发展帮助对产业结构研究的推进。费希尔（A. B. Fisher）提出三次产业的分类，有利于从宏观角度把握各个产业之间的关联程度。经济学家里昂惕夫（Leontief）提出投入产出模型，该研究成果发表于《美国经济结构 1919—1929》，[②] 把一个经济复杂结构内部产业之间用数量化方法进行相关联分析，由此产业关联理论得以形成。进入 21 世纪，产业间融合发展，跨产业间合作更为密切，许多经济学家深入各个产业内部进行研究，以此来找到影响产业结构形成的主要因素，这一研究开始的前提是各个产业间绝非孤立存在，而是存在着不同程度的关联。在全球化发展的今天，用产业关联观点去分析信息技术推动下的产业投入和产出，进一步带来的是产业之间通过关联活动相互连接和制约。

关于产业关联更具体的定义，美国经济学家赫希曼在《经济发展战略》中论述，产业之间的相互关联便是产业关联结构的表现形式，每一个产业都存在投入和产出两个环节，同时，也有其他产业提供和

① 王军：《数字出版平台：概念、本质及其基本功能》，《出版发行研究》2017 年第 3 期。

② ［美］沃西里·里昂惕夫：《投入产出经济学》，崔书香译，商务印书馆 1980 年版。

使用，每一个产业都与与之相关联的产业存在联系。从投入到产出需要中间环节，这一中间环节在产业相关关联度中具体是指，产业间产品和服务关联、产业间就业关联、产业间技术关联、产业间价格关联、产业间投资关联，这些要素构成了产业之间的合作变化。对于数字出版产业及其他相关产业的关联性研究的前提是，数字出版已经形成产业化形态，那么再把研究入口放在关联度上的意义就在于，通过发现哪些是关联度大的企业，然后有重点地进行关注，来促进产业更好地发展。

2. 研究假设

根据产业关联理论，认为数字出版产业的关联性研究是指与出版产业发生关联，并且以数字出版为核心与其有密切联系的产业要素集合，是为了提高数字出版内容、技术和使用体验而形成的一系列相关产业。在传统出版转型驱动下，每一个环节都有关联产业参与其中，彼此影响。依据产业关联的相关理论，从关联方向上进行分类，产业关联的相关产业要素可分为前向关联度和后向关联度，前向关联的相关产业要素指某一产业与需求本产业产品或服务的产业部门的技术经济关联度，对于数字出版产业来说，是指电子商务产业（售书）、数字出版广告商。后向关联度是指某一产业与向本产业提供产品或服务的产业部门的技术经济关联度，再具体到数字出版产业细分的后向关联度产业有传统图书出版产业、网络文学产业、网络游戏产业、在线教育产业。除去前向关联度和后向关联度这两个概念外，还有旁侧关联度指标（数字出版的网络运营商），这主要是为数字出版产业提供支撑和支持的产业类型（见图 1）。

为了解决数量级带来的干扰，使用灰色关联度模型进一步来研究数字出版产业的各个变量间的关系。这里的灰色关联度模型针对的是少数据这类不确定问题的研究，其特点是“少数据建模”，即对“部分”信息的生成、开发，提取有价值的信息，实现对系统运行行为、演化规律的正确描述和有效监控，这种方法对样本量的多少和有无规律都同样适用。

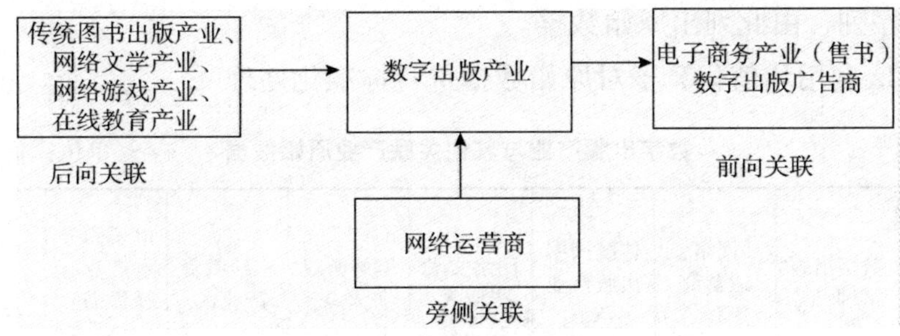

图1　数字出版产业与其他产业的关系变量

三　研究计算与过程

1. 收集原始数据

确定原始数据序列，包括两个方面。一是参考序列，又称系统特征序列，它是反映系统行为特征的数据序列。其公式记作 $X_0=[X_0(1), X_0(2), \cdots, X_0(n)]$；二是比较序列，与参考序列作关联比较的相关因素序列。一般记为 $X_1(n), X_2(n), \cdots, X_m(n)$。其中，m 代表比较序列的数据个数，n 代表每一个比较序列内部的数据个数。

表1　变量

变量名称	单位	变量定义
数字出版产业　X_0	亿元	数字出版产业年营收规模
网络运营商　X_1	亿元	网络运营商的总收入
传统图书出版产业 X_2	亿元	图书出版产业年产值
网络文学产业　X_3	亿元	网络文学产业年收入
网络游戏产业　X_4	亿元	网络游戏产业年收入
在线教育产业　X_5	亿元	在线教育产业年收入
电子商务产业（售书）X_6	亿元	网络平台售书年交易额
数字出版广告商　X_7	亿元	数字出版广告商年收入

根据对数字出版产业与其他关联产业的分析，提取出网络运营商、传统图书出版产业、网络文学产业、网络游戏产业、在线教育产业、电子商务产业（售书）、数字出版广告商这七个产业的相关数据作为

比较序列，由此列出原始数据。

2. 利用均值化算子对原始数据进行标准化处理

表 2　数字出版产业与其他关联产业原始数据　单位：亿元

年份	数字出版产业 X_0	网络运营商 X_1	传统图书出版产业 X_2	网络文学产业 X_3	网络游戏产业 X_4	在线教育产业 X_5	电子商务产业（售书）X_6	数字出版广告商 X_7
2012	1939.23	10542	750.97	28	569.6	723	130	753.1
2013	2540.35	12423	770.80	46	718.4	839.7	170	988
2014	3387.70	12504	791.20	79	869.4	998	210	1540
2015	4403.90	12765	822.60	70	1407	1186	280	2093
2016	5720.90	13349	832.30	90	1655.7	1409	364	2902

注：由于样本来源不同，本文对数据进行 b 筛选以及分析，以此确定各指标数据。

资料来源：根据国家新闻出版广电总局、中国新闻出版研究院、阅文集团等资料整理计算所得。

3. 求关联系数（反映两个数列某一时刻的紧密程度）

表 3　均值化算子处理后的标准化数据

年份	数字出版产业 X_0	网络运营商 X_1	传统图书出版产业 X_2	网络文学产业 X_3	网络游戏产业 X_4	在线教育产业 X_5	电子商务产业（售书）X_6	数字出版广告商 X_7
2012	1	1	1	1	1	1	1	1
2013	1.309978704	1.178429	1.026406	1.642856	1.405633	1.16141	1.307691	1.311912
2014	1.746930483	1.186112	1.053571	2.821427	2.414022	1.380359	1.615384	2.044882
2015	2.270952906	1.210871	1.095383	2.499999	2.139007	1.640387	2.153846	2.77918
2016	2.950088439	1.266268	1.1083	3.214284	2.750152	1.948823	2.799999	3.853407

对表 3 标准化处理过的数据进行关联系数测算，代入公式 1：

给定实数 $\gamma\left[x_0(k), x_i(k)\right]$，设 $\zeta \in (0, 1)$，令

$$\gamma\left[x_0(k), x_i(k)\right]=\frac{\min\limits_i \min\limits_k \left|x_0(k)-x_i(k)\right|+\zeta \max\limits_i \max\limits_k \left|x_0(k)-x_i(k)\right|}{\left|x_0(k)-x_i(k)\right|+\zeta \max\limits_i \max\limits_k \left|x_0(k)-x_i(k)\right|}$$

（公式 1）

其中 ζ 称为分辨系数，其作用是削弱两极最大差数值过大而引起的失真，并增强关联系数之间的差异显著性，$\zeta \in (0, 1)$，其值可取 0.1—0.5，本文在计算中所用的是 $\zeta = 0.5$。

得出数字出版产业与相关产业的关联系数见表 4。

表 4　　数字出版产业与其他相关产业关联系数

年份	网络运营商 $\gamma_{01}(k)$	传统图书出版产业 $\gamma_{02}(k)$	网络文学产业 $\gamma_{03}(k)$	网络游戏产业 $\gamma_{04}(k)$	在线教育产业 $\gamma_{05}(k)$	电子商务产业（售书）$\gamma_{06}(k)$	数字出版广告商 $\gamma_{07}(k)$
2012	1	1	1	1	1	1	1
2013	0.875005	0.764566	0.734499	0.905903	0.861081	0.997522	0.997906
2014	0.621506	0.570477	0.461511	0.579913	0.715277	0.875008	0.755546
2015	0.464869	0.439261	0.800819	0.874676	0.593566	0.88718	0.644378
2016	0.353549	0.333333	0.777067	0.821617	0.479094	0.859859	0.504817

4. 对数据的关联度计算

根据已经求出的关联系数代入公式 2 中，求数字出版产业与其他相关产业的关联度数值，进行大小排序，继而得出系统行为序列与关联比较的相关因素序列的联系程度及影响大小，从而最终确定其他序列与系统特征行为序列的关系紧密程度（见表 5）。

$$\gamma(X_0, X_i) = \frac{1}{n}\sum_{k=1}^{n}\gamma[x_0(k), x_i(k)] \qquad \text{（公式 2）}$$

表 5　　数字出版产业与其他相关产业的关联度数值

	网络运营商 $\gamma_{01}(k)$	传统图书出版产业 $\gamma_{02}(k)$	网络文学产业 $\gamma_{03}(k)$	网络游戏产业 $\gamma_{04}(k)$	在线教育产业 $\gamma_{05}(k)$	电子商务产业（售书）$\gamma_{06}(k)$	数字出版广告商 $\gamma_{07}(k)$
关联度	0.6629	0.6215	0.7547	0.8364	0.7298	0.9239	0.7805
排序	7	6	4	2	5	1	3

从计算的排序结果看，$\gamma_{06}(k) > \gamma_{04}(k) > \gamma_{07}(k) > \gamma_{03}(k) > \gamma_{05}(k) > \gamma_{01}(k) > \gamma_{02}(k)$，具体看数字出版产业与其他相关产业的排序发现，关联性较强的分别为电子商务产业（售书）、网络游戏产业，处于中间关联性数字的为出版广告商、网络文学产业、在线教育产业，

在七个变量中处于弱关联的是传统图书出版产业和网络运营商。表5所得出的结论，通过灰色关联分析去掉了数据量纲问题的影响。

四 结论与分析

第一，从计算出的关联度数据看，这里选取排名位于前两位的变量，电子商务产业（售书）、网络游戏产业，它们与数字出版产业的关联度在0.8—0.9，其中与电子商务产业（售书）的关联度高达0.9239，也就是说在与数字出版关联产业结构中，电子商务产业（售书）和网络游戏产业是影响其发展的关键产业，也是指能促进数字出版产业发展的最有利因素。电子商务产业（售书）属于前向关联产业，网络售书渠道的快速发展是数字出版最主要、最重要的流通渠道，也是数字出版产生附加值的环节。从2012—2016年这五年的数据看，网络售书平台实现数字出版流通增长180%。下一阶段，互联网渠道实现的电子书、数据库等形式产品的流通将会产生更大经济效益。

如果说网络售书平台对数字出版的影响是在预料之中的，那么网络游戏产业与数字出版产业竟然有这么高的关联度则是本研究一个意想不到的发现。最后关联度数值达到0.8364，仅次于网络售书平台。网络游戏产业属于数字出版产业的后向关联产业，在数字出版的研究中认为，整个产业链将由从版权售卖模式走向内容增值模式，如果仔细分析数字出版的上游产业主体，会发现网络游戏的开发商也加入了上游数字内容生产中。网络游戏产业本身作为集娱乐、科技和变现能力于一身的产业，在内容数字化这个点上与出版产业发生交集。由此，也说明网络游戏产业与数字出版产业的合作有着重要意义。

第二，根据分析结果，数字出版广告商、网络文学产业、在线教育产业与数字出版产业的关联度处于第二层，其关联度分别为0.7805、0.7547、0.7298。说明在数字出版产业的关联结构当中，这三者是影响数字出版的重要产业，其自身发展直接关系到数字出版产业的整体规模。数字出版的广告收入是数字出版产业的重要来源，该类收入一直保持着40%的增长率，与传媒产品的市场交换特性“一次售卖”无法实现成本抵消，所以就需要进行“二次售卖”，而二次售卖实现的最重要通道便是广告商。

这里的网络文学产业虽然关联度在0.7547，但对数字出版的影响并没有完全发挥出来。网络文学背后的产业链条已经日趋成熟，IP[①]化以后的网络文学拥有了改编成影视剧、动漫、网游等机会，在数字出版这个环节，是由专业的出版商介入，把作者自己随意的写作行为进行类似传统图书一样的加工。大量网络文学作品给数字出版提供了丰富的内容资源，可以说，在中国从传统出版向数字出版的转型中，网络文学近似于助推器的角色。但换个角度分析，如果能提高内容附加值，那么网络文学产业与数字出版的关联度还会增强。

拥有庞大市场潜力的在线教育产业催生了更多互联网平台、教育内容资源及数据服务平台等主体。在教育内容资源这一环节中，数字出版定位是提供已有书籍的电子形式。此外，数字出版在介入在线教育前端以后，也变成了教育平台的合作者，本文把在线教育划入后向关联度这个类别，即向数字出版提供产品和服务的产业。教育现代化这一研究问题在国内存在有30年，如果以该分析视角来看待数字出版，可以认为在强调多元化、科技化的话语环境下，在线教育是在互联网普及以后出现的必然现象，数字出版配合着教育现代化的各种客观需要，成为整个国家教育体系专业化的重要组成部分。

第三，分析结果显示，传统图书出版产业、网络运营商与数字出版产业的关联度小。传统图书出版产业在这次关联度测算中的数据为0.6215。数字出版发展初期，需要借助传统图书出版的版权资源。但很快数字出版平台商直接与作者签约，获得内容资源。另外，部分传统图书出版企业的经营效益逐年下滑，其数字出版业务的投入也大不如前，这些都为关联度测算的数据提供了解释。网络运营商曾是出版数字化的重要传播载体，也是数字化行销渠道。文学站点通过网络运营商的官方下载平台，实现了文学作品到文学商品的转化，读者借助手机媒介直接获得内容下载服务。在本文测算中，网络运营商与数字

---

① IP：Intellectual Property，原意是知识产权。现在的IP指文学作品、漫画、电影、电视剧，或者只是一个热词，然后进行的衍生品的开发。

出版的关联性只有 0. 6629，这是因为无线网络的覆盖及各种应用市场的出现，分割了以往网络运营商的市场份额。现在网络运营商只提供辅助服务的功能，因此在与数字出版产业的关联度上较弱。在此基础上认为，被划分为旁侧关联度的网络运营商变量，对数字出版产业的影响还会继续式微。

五 结语

数字出版最早在英文资料中翻译为“e-book”（电子书），后来才有了 Digital Publishing（数字出版）、Online Publishing（在线出版）等，数字出版已由最初的电子书形态演化为流程全数字化形态。本文中所应用的关联度计算方法把对数字出版融合发展的研究，转化为分析每个产业商品或服务可以满足数字出版需要的能力。从上文的结果数据看，数字出版产业与对商品和服务有需求的前向关联度产业所受推动和影响更大。在本文的众多发现中，令人意想不到的是，网络游戏产业和在线教育产业这两个在过去研究中未有涉及的变量，竟然已经与数字出版产业发生如此高的关联度，它们迸发出的创新力将会对数字出版产业产生更广泛、更深入的影响。最后还要辩证地看待一个问题，较高关联度的产业是否更能影响数字出版产业的走向？这就有待从历时性角度更全面地比较研究了。

社交媒体中的隐私困境：隐私边界与大数据隐忧*

李唯嘉 杭 敏**

摘要 在社交媒体发展的过程中，网络用户的隐私问题引起了各界关注。社交媒体中的隐私问题主要表现为两个方面，其一为网民之间的隐私博弈，即随着社交网络中的陌生人越来越多，用户的隐私边界濒临失控，形成一种窥视与被窥视的拉锯战；其二表现为用户与技术之间的抗争，在大数据的“全景敞视”之下，技术让隐私无处可藏。此外，针对上述两个问题，笔者认为可以从个人节制以及国家规制两个层面进行治理。

关键词 社交媒体；边界；大数据；隐私

随着社交媒体的发展，隐私问题逐渐成为焦点。《中国网民权益保护调查报告2016》显示，54%的网民认为个人信息泄露严重。① 据不完全统计，中国个人信息泄露数达55.3亿条，平均每个人有四条相关个人信息泄露。② 有高达48%的网民表示自己很担忧社交网络中的

---

* 本文原刊于《编辑之友》2019年第1期。

** 李唯嘉，南开大学新闻传播学院助理教授，2021年毕业于清华大学新闻与传播学院，获博士学位；杭敏，清华大学新闻与传播学院副院长，教授、博士生导师，经济传播研究中心主任。

① 《中国网民权益保护调查报告2016》，中国互联网协会，2016年6月26日，http：//www. isc. org. cn/zxzx/xhdt/listinfo－33759. html。

② 方家喜：《“黑市”与“黑客”侵蚀大数据安全技术创新与完善法制是解决数据安全的两大关键》，2018年2月8日，http：//www. jjckb. cn/2018－02/08/c_136957564. htm。

隐私安全。[①] 中国社科院的调查显示，个人隐私保护的议题是互联网治理中亟须解决的首要问题。[②] 另有研究指出，出于对隐私泄露的担忧，过去一年有40%的用户至少卸载了一个社交媒体软件。[③]

隐私并不是单指那些被故意隐藏的、不可能出现在公众视野之中的信息，更多的是指个人能够决定哪些信息可以公开以及向谁公开。[④] 具体来说，可以将其分为信息隐私、通信隐私、空间隐私以及身体隐私。[⑤] 这些隐私对于人们的生活至关重要，它使得“我”和“他人”区分开来，让“我”觉得自己才是私人信息的合法拥有者。[⑥] 随着社交媒体技术的发展，隐私一词的内涵也变得有所不同：传统的隐私问题主要是指私密的、敏感的、非公开的个人信息[⑦]，而新的隐私问题则发生在公开的、共享的、原本不敏感的信息之中——我们关注的不是信息是否公开，而是信息能否受到我们的控制。[⑧] 多数时候当我们谈到保护隐私这个问题时，并不是要保护丑闻，而是要保护一些平凡单调的事物。[⑨]

社交媒体上，用户的隐私隐患主要表现为两方面。

---

① “The Value of our Digital Identity”, *The Boston Consult Group*, 2012, pp. 45 – 46.

② 殷乐、李艺：《互联网治理中的隐私议题：基于社交媒体的个人生活分享与隐私保护》，《新闻与传播研究》2016年第S1期。

③ Lucy Handley, “Four in 10 People Have Deleted a Social Media Account in the Past Year Due to Privacy Worries, Study Says”, 2018 – 06 – 18, https://www.cnbc.com/2018/06/18/people-are-deleting-social-media-accounts-due-to-privacy-worries.html?_source=twitter%7Cmain.

④ ［美］菲利普·帕特森、李·威尔金斯：《媒介伦理学：问题与案例》，李青藜译，中国人民大学出版社2006年版，第135页。

⑤ Banisar, D., Davies, S., Global Trends in Privacy Protection, “An International Survey of Privacy, Data Protection, and Surveilance Laws and Developments”, *Journal of Computer & Information Law*, Vol. 18, No. 1, 1999, pp. 3 – 111.

⑥ Petronio, S., “Boundaries of Privacy: Dialectics of Disclosure”, State University of New York Press, 2002, pp. 1, 99, 105.

⑦ 李兵、展江：《英语学界社交媒体“隐私悖论”研究》，《新闻与传播研究》2017年第4期。

⑧ 吕耀怀：《信息技术背景下公共领域的隐私问题》，《自然辩证法研究》2014年第1期。

⑨ ［美］杰夫·贾维斯：《公开——新媒体时代的网络正能量》，南溪译，中华工商联合出版社2013年版。

其一，社交媒体逐渐显示出公共化的趋势，陌生的好友越来越多，我们在社交媒体上分享的内容存在着被陌生人窥视的风险，网民与网民之间形成了一种窥视与被窥视的拉锯战。以微信为例，截至2016年底，微信月活用户达8.89亿人次，45%的用户具有200人以上的微信好友，拥有超过500好友的用户占13.5%。[①] 据此估算，至少有一半用户在微信上拥有的好友数量已超越了“邓巴数字”。以微信为代表的社交媒体重塑了人们的社交生活，并重新定义了“朋友”一词的含义：一方面“朋友”的门槛降低了，从知己到只联系过一次的陌生人，都能以“好友”的身份进入朋友圈；另一方面，“朋友”的社交价值和情感价值不断消解，转而成为一个只具有操作性功能的专有称谓。[②]

其二，社交网络中受众的信息变成了一种更加高级的可以被买卖的产品，精准推送背后的逻辑是用户隐私数据的二次售卖，大数据技术使得网民置身于一个“全景敞视”的数字监狱中，在用户和技术之间的这场不平等抗争中，使用者的隐私成了最大的牺牲品。在社交网络里，每个人都被抽象成了一个号码，存储了这些号码，就相当于存储了一个人的种子，这个人的全部信息都可以在这个号码中萌芽。[③] 这意味着，即使我没见过你，我也可以通过你的朋友圈获取相关信息，甚至依靠大数据向你推送让你感兴趣的内容。在大数据的支持下，用户的每一次搜索行为都会留下痕迹，记忆成为“默认值”，而删除遗忘反而成了一种权利。[④]

综上，本文将从上述两个层面来探讨社交媒体中的隐私保护问题，并尝试对社交媒体上的隐私管理问题进行回应。

---

① 《2017微信用户 & 生态研究报告》，企鹅智酷，2017年5月8日，http：//www.sohu.com/a/138987943_ 483389。

② 蒋建国：《微信朋友圈泛化：交往疲劳与情感疏离》，《现代传播》（中国传媒大学学报）2016年第8期。

③ 汪民安：《机器身体：微时代的物质根基和文化逻辑》，《探索与争鸣》2014年第7期。

④ 周丽娜：《大数据背景下的网络隐私法律保护：搜索引擎、社交媒体与被遗忘权》，《国际新闻界》2015年第8期。

一 网民与网民：逐渐失控的隐私边界

Sandra Petronio 用“隐私边界”（Privacy Boundary）这一个概念来区分属于公领域以及私领域的信息，Petronio 关于隐私边界的论述成为理解在线人际传播的重要理论基础。①

Petronio 认为，隐私管理的核心就在于协调隐私边界（Boundary Coordination Operations）。她进而提出用以管理隐私边界的三条规则：控制边界链接（Boundary Linkages）、掌握边界渗透（Boundary Permeability）和明晰边界所有权（Boundary Ownership），上述三者分别对应着“向谁说”、“说什么”和“如何控制”的问题，但是在社交媒体上，这三条规则都面临着失控的风险。

首先，“边界链接”意味着我们在管理隐私时需要考虑披露对象的问题，然而社交媒体上的边界链接变得更加被动，让谁加入自己的好友圈并非完全由社交情感所决定。Web2. 0 是一种开放的、具有弹性的以及不断延展的关系网络。真正值得关注的并非连接的频率或强度，而是连接的动因，比如社交需求、认同需求、利益需求以及信息需求等。由于不同动因的存在，“强关系”与“弱关系”的边界逐渐模糊，比如可能基于某种利益需求，“弱关系”也可迅速成为“强关系”。② 然而，这种“强关系”并没有增强朋友圈的信任感和安全感，反而更有可能让自己的隐私暴露给“熟悉的陌生人”。和线下交往不同的是，线上的关系网络是难以抹除的，除非特地删除“好友”，否则所有联系过的人都将保留在自己的社交网络中。这意味着面对众多的、异质的、由于不同原因而被纳入自己社交圈的“好友”，网络用户很难控制“向谁说”这样一个问题。据此，以“微信”为代表的社交媒体用好友认证、分组管理等功能来保护隐私，然而这一操作增加了社交成本，其结果是令用户产生社交倦怠进而造成用户

---

① 徐敬宏、张为杰、李玲：《西方新闻传播学关于社交网络中隐私侵权问题的研究现状》，《国际新闻界》2014 年第 10 期。

② 彭兰：《“连接”的演进——互联网进化的基本逻辑》，《国际新闻界》2013 年第 12 期。

的流失。①

其次，“边界渗透”是指隐私内容的拥有者有能力决定隐私的边界应该开放或封闭到什么程度，即在多大程度上向外界展露自己的个人信息。② 随着社交技术的普及，越来越多的网民已经将“晒”信息视为一种生活方式。2009 年，一项基于 Facebook 的研究显示，99. 3% 的网民会在社交网站上使用真实姓名，97. 4% 的人在社交网站上暴露了自己的学校信息，92. 2% 的人暴露了生日，83. 1% 的人暴露了电子邮箱地址，98. 7% 的人暴露了自己的照片。③ 有学者从涵化理论的视角研究了社交媒体的使用如何影响了人们的隐私观念，分析显示，社交媒体的使用会促使网民产生一种更为开放和包容的隐私态度（Relaxed Privacy Attitudes），进行更多的自我揭露。④ 此外，在使用社交网络过程中所获得的满足感，也会促进用户产生更多的自我披露行为。⑤ 这意味着，虽然社交媒体用户对隐私泄露的风险心知肚明，但是却没有停止自己“晒”信息的行为，这一现象被称为隐私悖论（Privacy Paradox）。⑥ 目前关于隐私悖论的研究大多基于功利主义视角，悖论之所以产生，是因为个人信息的披露可以带来某种切实的利益：比如为了满足信息和娱乐需求，为了维持人际关系，为了获得更多的社会资

---

① 黄莹:《语境消解、隐私边界与“不联网的权利”：对朋友圈“流失的使用者”的质性研究》,《新闻界》2018 年第 4 期。

② Petronio, S. , *Boundaries of Privacy: Dialectics of Disclosure*, State University of New York Press, 2002, pp. 1, 99, 105.

③ Young, A. L. , Quan-Haase, A. , “Information Revelation and Internet Privacy Concerns on Social Network Sites: a Case Study of Facebook”, *International Conference on Communities and Technologies*, 2009, pp. 265 – 274.

④ Tsay-Vogel, M. , Shanahan, J. , Signorielli, N. , “Social Media Cultivating Perceptions of Privacy: A 5 – year Analysis of Privacy Attitudes and Self-disclosure Behaviors among Facebook Users”, *New Media & Society*, Vol. 20, No. 1, 2016, pp. 141 – 161.

⑤ Zhang, W. , Huang, P. , “How Motivations of SNSs Use and Offline Social Trust Affect College Students' Self-disclosure on SNSs: An Investigation in China”, 8th International Telecommunications Society (ITS) Asia-Pacific Regional Conference, June, 2011.

⑥ Barnes, S. B. , “A Privacy Paradox: Social Networking in the United States”, https: //journals. uic. edu/ojs/index. php/fm/article/view/1394/1312.

本以及为了进行在线的印象管理。① 网民的“边界渗透”程度并非受到个人意志控制，而是反过来被社交网络“支配”。与此同时，用户对社交媒体上的隐私泄露问题还表现出明显的第三人效应：用户明知道社交媒体中存在隐私安全问题，却认为隐私被入侵的风险不会发生在自己身上。② 总之，社交网络的使用促进了隐私边界的渗透，让用户更倾向于将隐私内容公开化，这就使得越来越多的隐私处于暴露的风险之中。

最后，“边界所有权”规定了对隐私数据的使用权限问题，而社交网络拓展了隐私边界的所有权，进而引发了“何处是边界”的追问。通常来说，可以从两个层面来定义隐私的所有权，其一是谁正当地拥有信息，其二是谁有能力去控制信息。③ 有些时候拥有信息的人并没有控制信息的能力。④ 比如自己的信息可能会被社交圈中的朋友披露，数据显示，96.1%的网民承认曾经在自己的社交账号上暴露过他人的照片。⑤ 这意味着，如果从“拥有信息”以及“控制信息”两个维度进行考量，隐私边界将划分为两个部分，其一是私有边界（Personal Boundary），即只有本人知晓这部分信息，并有权对其进行处理；其二是共有边界（Collective Boundary），即除了自己之外，他人也知道的关于自己的信息，这时的隐私就变成了共有物品（co-owners）。社交网络极大地拓展了隐私的共有边界，拥有自己隐私信息的人不仅是熟人、朋友，还可能有陌生人。也就是说，经过几轮转发之后，曾经小范围流传的私密信息也有可能会传到陌生人手中，与自己不熟悉的人也成为自己隐私的一部分共有者。在社交媒体上，我们无

---

① 李兵、展江：《英语学界社交媒体“隐私悖论”研究》，《新闻与传播研究》2017 年第 4 期。

② 徐剑、商晓娟：《社交媒体国际学术研究综述——基于 SSCI 高被引论文的观察》，《上海交通大学学报》（哲学社会科学版）2015 年第 1 期。

③ Petronio, S., “Boundaries of Privacy: Dialectics of Disclosure”, State University of New York Press, 2002, pp. 1, 99, 105.

④ Petronio, S., “Boundaries of Privacy: Dialectics of Disclosure”, State University of New York Press, 2002, pp. 1, 99, 105.

⑤ Petronio, S., “Boundaries of Privacy: Dialectics of Disclosure”, State University of New York Press, 2002, pp. 1, 99, 105.

法控制我们的观众，照片分享网站 Flickr 允许网民在照片上贴上标签，这就使得在网上找到一张属于某个人的照片要容易很多，成千上万能够上网的人都可以查到你曾经上传的信息。[①] 可是这部分人究竟是谁？个人的隐私信息究竟会传播到哪里？谁将和我共同拥有我的隐私？对于大部分网民来说仍然是无法估算的。我们在社交媒体上遇到的是一种想象的观众（Imagined Audience），[②] 同时还因为想象的认知局限与偏差而遭受挫败。[③]

网民与网民之间在隐私问题上所表现出来的张力同样反映出另一个问题——如今我们无法界定社交媒体属于公领域还是私领域。[④] 一方面人们不断地在社交网络上公开自己的信息，但是另一方面又会出于对隐私的担忧而设置分组。可见，公私界限的混淆使得网民和网民之间的隐私边界变得更加复杂甚至失控。[⑤]

二 用户与技术：大数据的隐忧

社交网络中的隐私保护问题不仅是网民与网民之间的博弈，也是用户和技术之间的抗争。某种程度上，我们害怕的并不是失去隐私，而是单方面的失去——也就是说，我们无法监视那些监视我们的人。[⑥]

个人隐私数据存在着巨大的价值，欧盟委员会消费者事务专员 Meglena Kuneva 曾经说过："个人信息是互联网世界新的石油，也是数

---

① ［英］维克托·舍恩伯格：《删除：大数据取舍之道》，袁杰译，浙江人民出版社 2013 年版，第 23、25、148、150、153、159 页。

② Marwick, A, E., Boyd, D., "I Tweet Honestly, I Tweet Passionately: Twitter Users, Context Collapse, and the Imagined Audience", *New Media & Society*, Vol. 20, No. 1, 2010, pp. 1 – 20.

③ 董晨宇、丁依然：《当戈夫曼遇到互联网——社交媒体中的自我呈现与表演》，《新闻与写作》2018 年第 1 期。

④ Gillen, J., Merchant, G., Contact Calls, "Twitter as a Dialogic Social and Linguistic Practice", *Language Sciences*, Vol. 35, No. 1, 2013, pp. 47 – 58.

⑤ 袁梦倩：《"被遗忘权"之争：大数据时代的数字化记忆与隐私边界》，《学海》2015 年第 4 期。

⑥ ［美］约书亚·梅罗维茨：《消失的地域：电子媒介对社会行为的影响》，肖志军译，清华大学出版社 2002 年版，第 313 页。

字世界新的流通货币。”[①] 大数据比用户自己还要了解用户，数据监测为精准推送提供了可能性。

早在20世纪60年代，第一代数字存储器在美国风靡时就遭到了Alan Westin和Arthur Miller等学者的坚决反对，他们认为这些存储器侵犯了信息隐私。用户每一次搜索行为都会留下痕迹，这些痕迹可以被概括为数字脚印（Digital Footprint）和数据影子（Data Shadow）两种形态，前者是用户自己留下的数据痕迹，而后者是其他人建立的有关使用者的数据。两者相比，数据影子的增长速度要快于数字脚印。[②] 这说明，社交媒体上隐私边界的失控和数字记忆特征的叠加，放大了隐私泄露的可能性，社交媒体平台本身对用户数据的收集，第三方机构对用户数据进行追踪以及数据贩卖问题，都增加了隐私泄露的风险。[③] 用户披露、数据监视及信息不对等问题也有可能造成隐私侵权问题。[④] 数据整合对隐私的穿透力不是“1+1=2”，在很多情况下是大于2的。[⑤] 一方面，在大数据技术的支持下，人们不经意间的信息披露都会为日后的隐私泄露造成隐患。社交网络记住了人们想要忘记的东西。[⑥] 这就使得人们不得不“带着历史记录生活”，遗忘变成了例外而记忆却成为常态，记忆与遗忘的斗争，构成了数据的核心矛盾。谷歌分析显示，如果人们获得了清除网络数据的机会，会选择首先清除人们在社交网站上留下的痕迹。[⑦] 用户9%的信息删除请求指向以

---

① Meglena Kuneva, “Keynote Speech”, 2009-03-31, http://europa.eu/rapid/press-release_SPEECH-09-156_en.htm.

② Koops, B. J., “Forgetting Footprints, Shunning Shadows: A Critical Analysis of the ‘Right to Be Forgotten’ in Big Data Practice”, *Social Science Electronic Publishing*, No. 8, 2013, pp. 229-256.

③ Fomenkova, G. I., “For Your Eyes Only? A Do Not Track Proposal”, *Information & Communications Technology Law*, Vol. 21, No. 1, 2012, pp. 33-52.

④ 孟小峰、张啸剑：《大数据隐私管理》，《计算机研究与发展》2015年第2期。

⑤ 涂子沛：《大数据》，广西师范大学出版社2012年版，第162页。

⑥ ［英］维克托·舍恩伯格：《删除：大数据取舍之道》，袁杰译，浙江人民出版社2013年版，第23、25、148、150、153、159页。

⑦ Andrea Peterson, “What People Want Forgotten Online: Social Media Posts”, 2015-11-26, https://www.bendbulletin.com/business/3737562-151/what-people-want-forgotten-online-social-media-posts.

Facebook 和 Twitter 为首的社交媒体。[①] 舍恩伯格在《删除：大数据取舍之道》中记载了这样一个案例：2006 年一位单身母亲准备应聘一名教师，然而她心仪的学校拒绝了她的请求，原因是她曾经在 My Space 的主页上发布了一张喝醉酒的照片，这张图片被学校的另一名老师发现并举报给学校，于是校方认为这名应聘者不具备成为一名教师的资格。自然的遗忘是一种天赋也是一种优势，它赋予人们忘掉过去以及重新开始的可能性，但是精确的数字记忆将人们做过的每一件事都记录下来，迫使人们不得不为过去做过的事情负责。社交网站曾经以一种允许网民"自由表达"的姿态迅速崛起，然而当热度消散，当用户回归理性，越来越多的人逐渐意识到社交网站从来就不是一个适合张扬个性的地方，数字记忆的特征使得社交网站上写着"我的空间"以及"我的主页"的栏目变得形同虚设，"自由"的背后是更深刻的"不自由"。网购共享网站 Blippy 的联合创始人 Philip Kaplan 说，你放在互联网上的信息就像是文身一样，它会永远在那里，不会消失。[②] 无论是个人的还是公开的，无论是线上还是线下，用户都不敢让自己在言行方面轻佻妄动。[③]

另一方面，周密的数据监视使得数据加工者能够基于人们同意公开的数据生产以及推测出未经人们同意公开的信息，这一技术迫使个人丧失了对这部分信息的控制权。[④]

在大数据时代，从用户在网络中披露的个人信息，到网民在搜索中留下的数据痕迹都被一一记录在案。一条关于个体的孤立的信息通常并不能透露出什么，但是当社交媒体上的大数据汇集了很多信息之后，就开始展露一个人的个性了。[⑤] 即使数据是匿名的，大数据也可以通过与

---

① 黄霄羽、王墨竹：《我的记忆谁做主？——社交媒体信息"数字遗忘权"的权责主体探讨》，《北京档案》2016 年第 4 期。

② ［美］杰夫·贾维斯：《公开——新媒体时代的网络正能量》，南溪译，中华工商联合出版社 2013 年版。

③ 胡泳：《从敞视、单视到全视》，《读书》2008 年第 1 期。

④ 郝庭帅：《当代社会生活的大数据化：困境与反思》，《社会发展研究》2014 年第 3 期。

⑤ ［美］杰夫·贾维斯：《公开——新媒体时代的网络正能量》，南溪译，中华工商联合出版社 2013 年版。

其他信息的交叉比对，实现“去匿名化”（de-anonymization）。[①] 2018年初，剑桥分析公司（Cambridge Analytia）未经授权访问了5000万用户的脸书（Facebook）资料，通过数据分析来影响选民意愿，协助特朗普赢得大选。在这一过程中，分析脸书用户的点赞、浏览以及转发等行为即可分析出用户的政治倾向。这些点赞行为是用户认为可以公开的信息，用户也允许他人看到自己的留言以及转发内容，然而并不是所有用户会在社交平台上直接公开自己的党派立场，这意味着剑桥分析解读出来的关于个人政治倾向的信息是未经本人同意的，甚至是本人不想让别人知道的。

当我们面对着屏幕说话时，每个人可能会异常真实。定义人们的不仅仅是基本的人口统计学变量，还有偏好、习惯、行为以及情绪等，通过社交网络上的数据，机器正在试图一步一步地接近一个更真实的用户图景。当数据监视变得越发容易，互联网用户仿佛住进了数字圆形监狱。圆形监狱的特点在于“可见的”以及“不可确知的”，即网民们逐渐意识到自己正在受到监控，但是任何时候都看不到监视者的影子。[②] 互联网的监视是“审慎”的，因为它始终在沉默中发挥作用，数据分析的过程没有声音，它不会提醒你究竟发生了什么，在这片沉默的战场上，大数据在不经意间就完成了周密的监视任务。[③] 甚至有观点认为，在大数据全景敞视的监视之下，我们已经到了“后隐私”（postprivacy）时代，这一时期表现出了一种消极的隐私观，即我们应该主动放弃隐私，采取一种放任自流的态度来面对隐私泄露问题。[④]

如今，社交媒体平台已经意识到用户对隐私安全的担忧，开发出分组管理、屏蔽、撤回以及删除等功能，然而在大数据面前，这些功

---

① Joshua Fairfield，“Hannah Shtein，Big Data，Big Problems：Emerging Issues in the Ethics of Data Science and Journalism”，*Journal of Mass Media Ethics*，Vol. 29，No. 1，2014，pp. 38－51.

② ［法］米歇尔·福柯：《规训与惩罚》，刘北成、杨远婴译，生活·读书·新知三联书店2007年版，第220、226页。

③ ［法］米歇尔·福柯：《规训与惩罚》，刘北成、杨远婴译，生活·读书·新知三联书店2007年版，第220、226页。

④ Burkart，P.，“Post-Privacy and Ideology”，Peter Lang Publishing Group，2014，pp. 218－237.

能只能算是一种“安慰剂”，数据痕迹仍然被完整地记录在后台中。甚至有研究指出，当人们意识到可以通过技术手段对信息内容进行更好的保护时，就会增大隐私披露的频率和程度。[①] 这意味着，这些用以保护隐私免于泄露的功能反而会收到适得其反的效果，增大隐私泄露的风险。

然而值得注意的是，大数据的监视是周密的，却是不完整的。监视的内容仅仅是数字存储器中捕捉到的一些片段而已，不以数字形式存储的内容被排除在外，总有一部分人性无法用数据解释。[②] 研究指出，运用大数据技术对 Twitter 上的标签（hashtag）进行数据抓取时会存在数据偏误，这些标签内容并不能完整地反映出用户的网络行为。[③] 因此，大数据分析出来的个人隐私可能是一个扭曲的拼图，数据对隐私的挖掘不是一个“再现”和“还原”的逻辑，而是存在着某种程度的“创造”和“想象”。这说明，大数据究竟能从网民发布的碎片化信息中整合出什么意义，是用户无法控制的。一方面，无法控制意味着一种不可知性；另一方面，无法控制也意味着一种和现实的不相符。

三 社交媒体中的隐私管理：节制与规制

在社交媒体上，隐私不仅仅意味着信息是否公开，也关乎信息的控制权以及被解读的方式。社交媒体中网络用户的隐私困境主要表现为两个方面，其一是网民与网民之间在窥视与被窥视过程中的隐私博弈，其二是用户与技术在数据监视背景之下的抗争。针对上述两个问题，对社交媒体用户隐私的管理可以从两个方面入手：网络用户本身的数字化节制，以及国家在政策层面进行规制，前者在源头上进行保

① Brandimarte, L., Acquisti, A., Loewenstein, G., “Misplaced Confidences Privacy and the Control Paradox”, *Social Psychological & Personality Science*, Vol. 4, No. 3, 2012, pp. 340 - 347.

② ［英］维克托·舍恩伯格：《删除：大数据取舍之道》，袁杰译，浙江人民出版社 2013 年版，第 23、25、148、150、153、159 页。

③ Rafail, P., “Nonprobability Sampling and Twitter: Stra, Tegies for Semibounded and Bounded Populations”, *Social Science Computer Review*, Vol. 36, No. 2, 2018, pp. 195 - 211.

护，后者在制度上提供支持。

数字化节制是指我们在社交网络中披露信息时应该持有一种更加审慎的态度，降低信息披露的程度，并尽可能远离那些会产生信息泄露的互动。减少信息披露的程度和范围也就意味着从源头上减少了隐私泄露的可能性。个人在应对隐私管理的问题中扮演了中心角色，当面对风险和隐患时，我们理应先试着学会审查自己，而不是选择承担不可预料的后果。[①] 然而，在社交媒体时代，“数字化表演”变成了一种集体现象，每个人不是在看别人的状态，就是在发状态或者在发状态的路上，大数据技术对表演者的隐私侵犯引起了表演者的隐私恐慌。[②] 谷歌前 CEO Schmidt 说：“如果你不想让别人知道一件事，或许你从一开始就不应该做。”此外，通过某些技术手段也可以促使网民实现数字化节制，懒惰和不理性是人之常情，大多数网络用户会懒得修改默认选项，因而精心设计默认选项或有助于社会发展。[③] 比如，修改社交媒体上的默认设置，使得个人隐私需要“通过努力才被设置为公开信息”。遗憾的是，如今某些社交媒体在这方面的规定则刚好相反，在脸书的界面上，“默认设置是公开的，要通过努力才能将其变为隐私”。[④] 这意味着隐私泄露的风险被进一步加大了。

此外，在用户和技术的抗争中，国家层面的规制给用户的隐私保护提供了另一种可能性。2012 年，欧洲议会和理事会首次提出了数据主体应该享有“被遗忘权”（Right to Be Forgotten），这一权利包括三个层面的含义：一是在合理的情况下要求清除历史数据的权利；二是要求历史清白（Clean Slate）的权利，即有权利要求停止数字记忆的

① ［英］维克托·舍恩伯格：《删除：大数据取舍之道》，袁杰译，浙江人民出版社 2013 年版，第 23、25、148、150、153、159 页。

② 王波伟、李秋华：《大数据时代微信朋友圈的隐私边界及管理规制——基于传播隐私管理的理论视角》，《情报理论与实践》2016 年第 11 期。

③ ［美］理查德·泰勒：《助推》，刘宁译，中信出版社 2009 年版，第 93 页。

④ ［美］杰夫·贾维斯：《公开——新媒体时代的网络正能量》，南溪译，中华工商联合出版社 2013 年版。

永恒性，让用户有机会全新开始；三是用户拥有自由表达的权利。[①] 2018 年 5 月 25 日，欧盟《通用数据保护条例》（GDPR）对欧盟全体成员国正式生效。GDPR 规定用户有权“被遗忘”，网络用户可以要求企业删除不必要的个人信息，比如，用户在搜索引擎上搜索自己的名字，发现了一条很早之前的有关自己的债务信息，网民有权利要求对方删除链接，让公民有权利对信息采集说“不”。与之类似的是，2017 年 6 月 1 日开始施行的《中华人民共和国网络安全法》第四十五条明确规定：保护个人隐私和商业秘密，不得泄露、出售或向他人提供。以期从国家政策层面对公民信息进行保护。

社交网络技术的普及以及大数据技术的发展逐渐成为社会转型的助推器，在经历了社交媒体的“狂欢”之后，逐渐回归理性的受众开始担忧社交媒体平台上的隐私问题。数字节制和国家规制的有机结合，或能缩短社会转型的“阵痛期”。总之我们需要意识到，隐私是一种伦理上的自知，我们需要知道符合当下社会环境的隐私规范，这样我们才能更好地理解什么时候一些事情要私下里说，什么时候信息在未经允许的情况下不能被使用，以及怎样给予人们对信息更多的控制权。[②]

---

① Koops, B. J., “Forgetting Footprints, Shunning Shadows: A Critical Analysis of the ‘Right to Be Forgotten’ in Big Data Practice”, *Social Science Electronic Publishing*, No. 8, 2013, pp. 229 - 256.

② ［美］杰夫·贾维斯：《公开——新媒体时代的网络正能量》，南溪译，中华工商联合出版社 2013 年版。

中外主流英文报纸对外财经新闻报道比较*

——以《中国日报·美国版》与《亚洲华尔街日报》为例

刘沫潇**

摘要 首篇报道具有"首因效应"，因为不仅很大程度上影响受众对新闻事件的认知，也会为事件的后续报道奠定基调。本文选取《中国日报·美国版》与《亚洲华尔街日报》两份报纸，以2014年中国人民银行降息的首篇报道作为研究样本，比较中外主流英文报纸对外财经新闻报道的差异。

关键词 英文报道；财经报道；比较研究

2014年11月21日，中国人民银行决定自次日起下调金融机构人民币贷款和存款基准利率，这是继2012年7月以来中国人民银行的首次降息调控，是中国经济新常态下的重要举措，引发国际社会广泛关注。《中国日报·美国版》与《亚洲华尔街日报》均依托于本国业已成熟的主流传媒品牌，承担对外报道职责。本文选取两份报纸对2014年中国人民银行降息的首篇报道作为研究样本，比较中外主流英文报纸对外财经新闻报道的差异。首篇报道具有"首因效应"，因为不仅很大程度上影响受众对新闻事件的认知，也会为事件的后续报道奠定基调。

中国人民银行在2014年11月21日（周五）晚间宣布降息，由于

---

* 本文原刊于《青年记者》2015年第26期。

** 刘沫潇，北京外国语大学国际新闻与传播学院讲师。

《中国日报·美国版》每逢周一在全美发行，周末不出刊，因此对降息的首篇报道出现在11月24日，即事件发生后的第一个周一，当天第3版以《中国降息显示刺激增长意愿》（China's Interest-rate Cut Shows Willingness to Stimulate Growth）为题进行了报道。《亚洲华尔街日报》对降息的首篇报道同样出现在11月24日，题为《中国意外降息》（China Rate Cut Surprises），发表在当天第32版的“股闻天下”（Heard on the Street）专栏中。

本文采用新闻框架理论来分析新闻主题。美国学者加姆森认为框架分为两个层次，一是界限，二是架构。在新闻报道中，界限指新闻的报道范围和选取的报道事实，也就是新闻的报道主题；架构指报道方式和对新闻事件的建构。

一　新闻报道主题差异

在新闻报道主题方面，降息背后的原因及影响成为两家报纸的共同关注点。同样是对降息原因的分析，《中国日报·美国版》通过引述中国经济增长放缓的事实，如第三季度GDP增速的下滑以及国务院近期出台的减轻企业融资负担的决定，来论述此次降息的合理性，表明降息是在充分考虑当前宏观经济形势和遵循政府的政策指导下出台的，是为了刺激经济增长。而《亚洲华尔街日报》则通过报道中国人民银行内“鹰派”反对降息和罗列近几个月中国人民银行小规模调控的失败案例，总体上对降息持保留态度。此外，《中国日报·美国版》通过分析降息的有益影响对政策本身予以肯定，而《亚洲华尔街日报》则在预测降息影响方面采取了审慎怀疑的态度，未对其予以绝对好或坏的评价。

两家报纸之所以关注事件背后的原因和影响，是因为对于现在的财经新闻报道而言，“人们不满足于仅仅知道某个单一的经济事件，而希望知道事情的来龙去脉，知道经济事件背后的真相和本质，从而指导自己的各种经济活动”。①

---

① 王眉：《新闻如何创造价值——从〈21世纪经济报道〉的成功看经济报道的方向》，《新闻爱好者》2002年第4期。

二 新闻报道方式差异

《中国日报·美国版》通过引述诸多可信度较高且具备相关专业背景的信源，力求实现报道的观点平衡。大量引语的使用既体现了新闻报道的客观性原则，又暗含了报纸本身的观点。然而纵览整篇报道，所有的信源对降息都做出了肯定和积极的评价，如“降息是有益的”“降息是绝对正确的事情”等。观点的整齐划一不利于增强文章的可信性，且显得劝服意图过于明显，易使读者产生怀疑和排斥心理，影响传播效果。

《亚洲华尔街日报》虽然也未引述意见相左的信源，但巧妙地通过转折词和预设命题的使用，在呈现事件正反两面的同时也表明了文章的观点。如报道中说“降息可以帮助这些市场（股票，石油市场等），但害怕重回依靠信贷促进经济增长的决策者们仍然态度审慎”。这看似客观公正，既说明了降息的利好方面又道出了隐忧，但实际上包含了一个预设命题，即“中国过去是信贷驱动的经济增长模式”。“预设命题是对意识形态的间接传达……当读者接受它所依附的直接命题时，也就接受了预设命题。”① 总体来看，《亚洲华尔街日报》虽然进行了平衡报道，却暗含了对中国经济发展方式的质疑。

三 新闻图示范畴差异

荷兰语言学家梵·迪克在其《作为话语的新闻》一书中，提出了包含新闻图示范畴在内的新闻话语结构分析方法。根据梵·迪克的定义，新闻图示范畴可看作某种“限定话题或主题在实际文本中插入或排列的可能形式”②，是新闻话语宏观结构的一套组织原则。具体来讲，包含以下四个方面：一是起到概述作用的标题和导语；二是属于情节范畴的主要事件和背景，包括语境与前事件；三是在一定程度上

① 黄敏：《再现的政治：CNN 关于西藏暴力事件报道的话语分析》，《新闻与传播研究》2008年第3期。

② ［荷］梵·迪克：《作为话语的新闻》，曾庆香译，华夏出版社2003年版，第50页。

决定新闻事件价值的后果，包括相关人士的引语；四是对新闻事件价值进行评价或对新闻事态发展进行预测的评论范畴。

《中国日报·美国版》文章的导语援引经济学家言论，指出由于中国经济增长放缓，中国人民银行的降息表明了政府刺激经济的意图。导语与标题呼应，阐明了报道的主题即降息与经济增长的关系。《亚洲华尔街日报》的导语则运用隐喻，将降息比喻为“眨眼”，认为“眨眼”这个小动作无法“看清”中国当前的经济发展形势，略带批判色彩的导语也对后文起到了暗示和引导作用。

情节范畴方面，虽然两篇报道的主要事件均为央行降息，但语境上《中国日报·美国版》认为降息是响应国务院减轻企业融资负担的决定，《亚洲华尔街日报》则推测中国人民银行几个月以来都在竭力避免降息。因此前者认为降息在情理之中，而后者则视降息为意料之外。前事件方面，虽然两家报纸均提及中国人民银行近几个月来的调控措施，但《中国日报·美国版》对调控做了中立的评价，而《亚洲华尔街日报》则只关注了调控的负面影响。两家报纸在分析政策背景方面也有不同着眼点，《中国日报·美国版》着眼于中国经济发展大背景，而《亚洲华尔街日报》则认为中国经济政策的制定一直存在两派激烈竞争。

详述事件发生的现实语境、历史背景和与之相关的前事件，能够增加新闻报道的附加值，在提升历史纵深感的同时也为文章进一步说理奠定了基础。然而两家报纸在语境、前事件和背景中通过选取不同的报道角度，辅以印证自己观点的消息引语，得出了对同一新闻事件不一样的评价和预测。

四　结语

由于中西方意识形态差异，中外主流英文报纸即使在专业性较强的财经新闻报道中仍然有不同的报道立场和舆论导向。在对 2014 年央行降息的报道中，《中国日报·美国版》着眼于降息的积极意义，将其定位于刺激经济增长的举措，而《亚洲华尔街日报》则将降息归结为中国一系列“来势汹汹”宽松经济政策的一部分，对中国的经济发展心存疑惑，持保留态度。在具体的财经新闻写作手法上，《中国日报·美国版》与《亚洲华尔街日报》相比，仍然存在某些经济术语未加解释以及一些重要数字缺乏深度挖掘等问题，在一定程度上影响了传播效果，亟须在日后的报道中做进一步改进和提升。总之，在中国经济发展新常态下，如何向世界讲好中国经济故事，应成为中国主流英文媒体进行对外报道的重要任务之一。